LES PRÉSIDENTS ET LA GUERRE

1958-2017

DU MÊME AUTEUR

Roman

Le Testament Aulick, Robert Laffont, 2016.

Essais, documents, biographies

Extension du domaine de la guerre, Robert Laffont, 2015.
Von Manstein, le stratège du IIIe Reich, Perrin, coll. « Les Maîtres de guerre », 2012.
Le Complexe de l'autruche. Pour en finir avec les défaites françaises. 1870, 1914, 1940, Perrin, 2011.
Les Guerres modernes racontées aux civils… et aux militaires, Buchet-Chastel, 2009. Prix d'Estienne d'Orves.
La Trahison des médias, François Bourin éditeur, 2007.
L'Europe de Yalta à Maastricht, avec Patrick Eveno, Le Monde/Éditions, 1994.
Le Travail parlementaire sous la Ve République, avec Jean-Pierre Camby, Montchrestien, 1993.
Le Mythe Pétain. Verdun ou les tranchées de la mémoire, Payot, 1992 ; rééd. Éditions du CNRS, 2015.
La Force de convaincre, Entretiens avec Philippe Séguin, Payot, 1990.
Œdipe à Matignon ou le Complexe du Premier ministre, Balland, 1988.

Ouvrages collectifs

Le Siècle de sang : 1914-2014, en codirection avec Emmanuel Hecht, Perrin, 2013.
Les grands duels qui ont fait la France. « Pétain-de Gaulle », Perrin, 2014.
Quelle politique de défense pour la France ?, L'Harmattan, 2007.
Vauban : la guerre, la gloire. 1707-2007, Cahiers d'études et de recherches du musée de l'Armée (CERMA), 2007.

Préfaces

Erich von Manstein. Mémoires, Perrin, 2015.
Le soleil se lève sur nos blessures, collectif « Debout marsouins ! », 2016.

Pierre Servent

LES PRÉSIDENTS ET LA GUERRE

1958-2017

PERRIN
www.editions-perrin.fr

12, avenue d'Italie
75013 Paris
Tél. : 01 44 16 09 00
Fax : 01 44 16 09 01
www.editions-perrin.fr

ISBN : 978-2-262-04323-0

À la mémoire de mon grand-père,
Maurice Fournera.

«Il n'y a pas de talent ni de génie militaire qui n'ait servi une vaste politique. Il n'y a pas de grande gloire d'homme d'État qui n'ait doré l'éclat de la défense nationale.»

Charles de Gaulle, *Le Fil de l'épée.*

Avant-propos

Passer en revue les sept présidents de la Ve République (1958-2017) pour se pencher sur leur rapport personnel et institutionnel à la guerre et à l'armée est une gageure. À lui seul, le général de Gaulle – officier ayant commandé au feu en 1914-1916 et en 1939-1940, figure historique de la Seconde Guerre mondiale, rappelé au service politique actif pour *faire la guerre* en Algérie – mériterait aisément plusieurs volumes pour traiter de sa geste guerrière. Il a d'ailleurs publié des *Mémoires de guerre* en trois tomes. Monarque nucléaire assumé, François Mitterrand pourrait également revendiquer un traitement sur mesure. Il est l'unique figure de notre série à avoir accompli deux septennats complets durant lesquels il a campé sans complexe en chef militaire, n'hésitant pas à se faire professeur de tactique à la télévision. Venu de la gauche, ayant en horreur le *phénomène guerre,* il l'aura pourtant amplement alimenté, battant les records d'interventions extérieures depuis la guerre d'Algérie. En dehors d'un Georges Pompidou *empêché,* les autres chefs des armées pourraient légitimement solliciter la même faveur éditoriale. Ils ont tous voulu incarner cette dimension élyséenne couleur kaki, souvent dans les sables africains, parfois jusqu'à une certaine ivresse.

En bonne logique, il aurait donc fallu proposer aux lecteurs au moins sept volumes, de tailles différentes, pour couvrir cette période sous ce seul angle militaire et guerrier. Parcourant plus d'un demi-siècle de notre histoire nationale, cet ouvrage ne prétend donc pas à l'exhaustivité. Ce n'est pas une histoire militaire de la Ve République, mais une tentative de décryptage du logiciel martial initial de ces sept hommes et de la façon dont ils s'en sont servis une fois en fonction. Même encadrée par l'article 35 de la Constitution pour la déclaration de guerre et par un vote parlementaire pour les opérations extérieures au-delà de quatre mois*, la marge d'action des présidents français impressionne par son élasticité nombre de responsables de pays démocratiques. Certains d'entre eux rêvent secrètement d'une liberté d'action opérationnelle à la française.

En France, à chaud, l'exécutif n'est soumis qu'à un modeste devoir d'information des élus de la nation trois jours au plus tard après le début d'une opération décidée par le chef des armées. Cette capacité à trancher et à s'engager sans vote préalable du Parlement – sauf déclaration de guerre donc** – est un marqueur fort de la singularité française, même si les opérations sont souvent internationales et sous mandats onusien, otanien ou

* Réforme Sarkozy (2008).

** La déclaration de guerre doit être approuvée par le Parlement : article 35, alinéa 1 de la Constitution. La Ve République n'a jamais déclaré la guerre à quiconque. La guerre n'a pas été déclarée en Algérie puisqu'il s'agissait de départements français. Lors de la guerre de libération du Koweït (1991) – guerre du Golfe –, le gouvernement Rocard a simplement demandé un vote de confiance (article 49-1) pour pouvoir s'engager au sein de la coalition anti-Saddam Hussein. Néanmoins, par dérogation, les soldats français ont pu être décorés de la croix de guerre des théâtres d'opérations extérieurs (TOE)... signe que la France était bien en guerre contre l'Irak sans l'avoir déclarée formellement.

européen. C'est sans doute la touche la plus évidente de l'héritage monarchique que perçoit un président nouvellement élu avec son nouveau paquetage tricolore. Sous les ors du palais de l'Élysée, le décorum qui encadre la prise de fonctions du nouvel élu – notamment son élévation à la dignité de grand maître de l'ordre de la Légion d'honneur – fleure bon ces temps anciens. Des époques bénies pour le dieu Mars, durant lesquelles un souverain français pouvait déclencher d'un mot ou d'un geste la mise en branle de ses armées et de sa flotte.

Dans l'examen clinique de la relation des présidents à l'armée, aux opérations militaires et aux guerres, il s'agit ici de serrer au plus près ce qui a pu façonner leur mémoire, leur histoire, leur identité et leur psychologie dans les années de jeunesse et de formation. Ensuite, il faut regarder si cela offre des clés de compréhension de leurs décisions ultérieures comme chef des armées – détenteur du feu nucléaire à partir du début des années 1960. Un constat s'impose : à l'exception de Georges Pompidou, tous les présidents de la République ont enfilé la tenue de combat avec énergie et une certaine jouissance, comme si chacun trouvait là, en comparaison des complications extrêmes de la politique intérieure, avec ses millions de sujets de mécontentement, le seul espace de liberté vraiment régalien. Sur le tard, Charles de Gaulle confiera*[1] que c'est durant la Seconde Guerre mondiale qu'il s'est senti le plus utile à la France, le plus en position de *chef* et le plus pleinement en charge d'une responsabilité étatique… qu'il ne possédait pourtant pas *de jure*.

* En l'occurrence à Valéry Giscard d'Estaing qui lui demande quelle partie de son action l'histoire devra retenir : « La guerre évidemment, de 1940 à 1944 ! C'était le moment où il y avait à faire de grandes choses, et où on pouvait agir sur de grands événements. Alors que maintenant… »

Ce livre explore également une face non pas cachée mais occultée dans une société convaincue de la disparition définitive de la guerre : le positionnement et le rôle très particuliers des grands commandeurs français à l'articulation du politique et du militaire. Pour la première fois, nombre de ces officiers généraux ont accepté de s'exprimer dans ces pages avec une grande liberté, de confier leur regard sur les relations entre les militaires et le pouvoir politique, sur les chefs d'État avec qui ils ont travaillé et sur les guerres engagées.

Introduction

Depuis 1958, ils sont sept hommes à avoir porté le titre prestigieux de chef des armées : un militaire d'active et six civils. Tous ont porté l'uniforme à un moment ou à un autre de leur vie. Cinq d'entre eux ont fait la guerre. Un seul, Charles de Gaulle, a combattu et commandé au feu à deux reprises comme officier de carrière. Trois ont été des civils mobilisés ou engagés volontaires durant la Seconde Guerre mondiale (tous décorés de la croix de guerre) : Georges Pompidou (lieutenant/infanterie, 1939-1940), Valéry Giscard d'Estaing (brigadier/cavalerie*, 1944-1945) et François Mitterrand (sergent-chef/infanterie coloniale, 1939-1940). Un seul a fait la guerre d'Algérie, Jacques Chirac (sous-lieutenant/cavalerie), où il a obtenu la croix de la valeur militaire avec citation. Enfin, les benjamins de cette petite cohorte, Nicolas Sarkozy et François Hollande, nés respectivement en 1955 et 1954, ont fait tous les deux un service militaire de douze mois : le premier comme deuxième classe à l'état-major de l'armée de l'air à Paris (base 107/Ballard), le second comme officier

* Il s'agit de la dénomination des caporaux dans l'arme blindée cavalerie.

de réserve (aspirant au 71e régiment du génie à Oissel). Contrairement à tous leurs prédécesseurs, tous deux n'ont pas connu personnellement l'épreuve du feu… faute de guerres. Ils appartiennent à une génération qui a cru que la paix était une donnée éternelle. Les cinq premiers présidents avaient tous travaillé à un moment ou à un autre de leur vie publique sous l'autorité du général de Gaulle avant d'entrer à l'Élysée. Il y a donc une réelle rupture générationnelle entre eux et les *petits derniers* qui sont nés juste avant ou pendant le début de la guerre d'Algérie. Cela n'a pas empêché ces deux benjamins d'engager vigoureusement les forces armées du pays sur plusieurs théâtres extérieurs, et pour le septième président, François Hollande, de déployer 10000 soldats en armes sur un territoire national désormais déclaré *en guerre* contre l'islamo-fascisme. Une première depuis la guerre d'Algérie.

Dans cette galerie de portraits, Charles de Gaulle bénéficie d'un privilège de taille : il est le fondateur de la République, cinquième du nom. Son *équation personnelle* en fait une figure singulière. Sa tenue vestimentaire en témoigne : l'homme du 18 Juin est un éternel général de brigade à titre temporaire. Il figure d'ailleurs sur les photos officielles de son règne en spencer militaire* avec les attributs de son grade. Tous les autres chefs d'État posent en civil, jaquette ou costume de ville. Le Général – puisque son grade suffit à le désigner – illustre ainsi à quel point, comme le pensait Napoléon Ier, rien de vraiment sérieux ne saurait être traité en dehors de la chose militaire.

* Tenue réservée aux cocktails et grandes soirées. La seule qui permette de porter élégamment le collier d'un ordre.

En plus des insignes de grand-croix de la Légion d'honneur, le général de Gaulle arbore sur sa photographie officielle le collier de l'ordre des Compagnons de la Libération qu'il a créé, dans l'adversité la plus totale, à Brazzaville en 1940. Ainsi, sur ce cliché disséminé à travers tout le pays dans les mairies et les lieux publics de 1958 à 1969, tout est dit de sa relation particulière à la France éternelle. Il est à la fois héritier et fondateur. Il est l'hier et le demain du pays. Il tutoie la France depuis l'enfance, ou plutôt depuis *l'en-France*. Comme les monarques portraiturés jadis en cuirasse et ordre du Saint-Esprit, Charles de Gaulle affiche les signes extérieurs d'une souveraineté qui puise sa source dans l'histoire. Cette symbolique parle à un pays qui sait encore ce qu'est la *chose militaire*. De Gaulle n'a pas été sacré à Reims, mais à Londres : le résultat est le même dans la psyché française. Il faisait déjà partie de l'histoire de France avant d'entrer, en 1958, dans le palais de l'Élysée et d'être élu, le premier de notre série, au suffrage universel direct en 1965.

Durant ses deux mandats (1958-1965 ; 1965-1969), il a d'ailleurs fait un usage sans retenue du port de la tenue militaire. Cela ne doit rien au hasard ni à la nostalgie. C'est une démarche foncièrement politique et psychologique. Pour l'anecdote, il l'a fait en dehors de tout respect des règles strictes afférentes au port de l'uniforme*. Il est vrai que l'on voit mal qui aurait pu

* Nommé général de brigade à titre provisoire en juin 1940, Charles de Gaulle n'a jamais été confirmé dans ce grade. Vichy l'a rétrogradé au grade de colonel en retraite avant de le condamner à mort. À la Libération, les condamnations de Vichy sont tombées pour tous les proscrits. Mais, à notre connaissance, le grade de général à titre temporaire n'a pas été réglementairement confirmé. Autant de Gaulle a su faire passer des officiers talentueux comme Leclerc et Kœnig de leur

s'aventurer à le lui reprocher. Certainement pas son fidèle ministre des Armées, Pierre Messmer, Compagnon de la Libération, qui passera neuf ans à l'hôtel de Brienne. À cette époque, le prestige de l'uniforme est intact, surtout porté par l'homme du 18 Juin. Tous les souverains français posaient en tenue militaire pour leurs portraits officiels : de simple colonel de la Garde pour Napoléon Ier à général de division pour Louis XVIII, Charles X, Louis-Philippe ou Napoléon III, pour évoquer les plus contemporains. Philippe Pétain, « le dernier roi de France » selon Louis Ferdinand Céline, n'a pas dérogé à la règle en jouant funestement de ses sept étoiles de maréchal. La France ayant été forgée par l'épée*, il convenait pour le général de Gaulle de signifier au peuple qu'il était détenteur des saintes reliques du temps. En se mettant le plus souvent possible en tenue, vierge de décoration – signe du suprême orgueil des grands qui n'ont pas besoin de *hochets* –, mais arborant les deux petits insignes tricolores des Forces françaises libres (terre et air), il a joué savamment de cette symbolique aussi bien

grade de capitaine de 1940 à celui de général d'armée à la Libération, autant il s'est toujours refusé à s'autopromouvoir. Il était au-dessus de tout cela. Il porte donc éternellement sur ses tenues le premier grade des officiers généraux avec deux étoiles d'argent. Ayant atteint depuis longtemps la limite d'âge de son grade quand il devint chef de l'État, Charles de Gaulle ne pouvait réglementairement revêtir l'uniforme sans demander à chaque fois l'autorisation du ministère des Armées pour motif particulier (mariage, décès, cérémonie, etc.). On comprend qu'il s'en soit abstenu et que personne ne lui ait jamais rien demandé. Il était devenu le double mètre étalon de ce grade qui revêt dans l'armée une aura particulière.

* « La France fut faite à coups d'épée. Nos pères entrèrent dans l'histoire avec le glaive de Brennus », peut-on lire en ouverture du livre de Charles de Gaulle *La France et son armée* (Beyrouth, Les Lettres françaises, 1943).

à l'intérieur qu'à l'extérieur des frontières (notamment en Afrique). L'image originelle est à ce point prégnante que depuis 1958 les caricaturistes s'amusent d'ailleurs à croquer les nouveaux locataires de l'Élysée flottant dans des habits de général de brigade toujours trop larges. La tenue étoilée du fondateur est devenue le double mètre étalon qui permet de jauger la carrure de ses successeurs. Court, trop court, toujours trop court…

La France a été à ce point militaire dans sa tête et dans son cœur que les présidents de la IIIe République s'étaient d'ailleurs demandé si la grandeur – discutée – de leur fonction n'exigeait pas d'être quelque peu rehaussée par une tenue toute spéciale. Le projet a été caressé à plusieurs reprises, puis abandonné devant les difficultés techniques : un maréchal de France se parant de trois rangées de broderies dorées, aurait-il fallu que le chef de l'État en exhibe quatre, au risque de ressembler à un général mexicain ? Il y eut un président bien malheureux de ce revers d'élégance : Raymond Poincaré. Durant la Grande Guerre, pour se donner bonne contenance dans les tranchées, ce *péquin* – comme disent les militaires de façon péjorative – tenta maladroitement de se doter d'une tenue paramilitaire en casquette et leggins. Las, elle donnait à ce grand patriote l'allure d'un chauffeur en livrée plus que celle d'un chef de guerre… une fonction qu'il n'occupait d'ailleurs pas, les présidents d'alors n'ayant pas la main sur les opérations.

Le général de Gaulle parti, qu'allait-il rester à ses successeurs nus, faute de tenue pour se prévaloir d'une dimension martiale et royale susceptible de les placer en légère lévitation par rapport à leurs concitoyens mortels ? Pour les successeurs du général-fondateur de la Ve République, la remise des insignes de grand maître de la

Légion d'honneur par le grand chancelier de l'ordre* le jour de leur intronisation a maintenu *a minima* un continuum symbolique avec lui et les siècles précédents**. « Monsieur le Président de la République, nous vous reconnaissons, au nom de la Légion d'honneur, comme le grand maître de notre ordre national », proclame le grand chancelier de l'ordre. Quant au protocole élyséen, il est là pour sacraliser le pouvoir et le corps du président... C'est pour cela que la vulgarité affichée d'un propos public dans les travées du Salon de l'agriculture ou la trivialité d'un moyen de locomotion au petit matin avec quelques croissants en bandoulière font désordre. Ils sont en rupture complète avec l'essence même de la présidence.

Doutant à l'avance de la carrure de ses successeurs, Charles de Gaulle a voulu les oindre d'un saint chrême... nucléaire. C'est lui qui a doté la France de « la force de frappe*** » en prolongeant les premiers travaux entrepris sous la IVe République. « Hourra pour la France ! » s'était-il écrié lors du premier essai nucléaire en 1960. Il offrait ainsi à la France, donc à lui-même et à ses suivants, un atomique instrument de souveraineté face aux deux Grands. Il poursuivait ainsi son rêve lié au traumatisme de mai-juin 1940 : préserver la souveraineté nationale et

---

* Il s'agit du collier de l'ordre, du grand cordon et de la plaque de grand-croix en argent (que de Gaulle transformera en vermeil pour la distinguer de la plaque de grand officier). L'ordre de la Légion d'honneur créé par Bonaparte, premier consul, est à la fois civil et militaire. La couleur du ruban, rouge feu, a été empruntée à l'ordre royal et militaire de Saint-Louis créé en 1693.

** Le président Pompidou est le dernier à poser en tenue officielle avec le collier de grand maître de l'ordre et les insignes de grand-croix.

*** Formule ambiguë et pour tout dire erronée : c'est en fait une force de *non-frappe*... Mais en la dénommant ainsi, sans doute Charles de Gaulle a-t-il voulu souligner que s'il fallait frapper, il ne mollirait pas.

protéger le territoire national contre toute invasion ou amputation. C'était aussi, on le verra plus loin, la prolongation d'une promesse implicite faite à sa mère qui portait le même prénom que la Pucelle de Domrémy : Jeanne. Charles de Gaulle n'a pas laissé à ses successeurs d'uniforme*, mais il leur a légué cet onguent très spécial pour en être oint immédiatement après leur élévation par le peuple. L'élection au suffrage universel direct (réforme constitutionnelle de 1962) a d'ailleurs été voulue pour que le chef des armées – seul détenteur du feu nucléaire – tire directement sa légitimité du peuple et non plus d'un cénacle d'élus et de notables[1]. Ainsi dotés, Charles de Gaulle espérait que les futurs locataires de l'Élysée, quelle que soit leur stature personnelle, se retrouveraient comme hissés malgré eux sur le pavois des souverains français de jadis.

À peine en fonction, le nouveau président – qu'il soit *ordinaire* (selon Georges Pompidou**) ou *normal* (selon François Hollande) – doit toucher physiquement le Graal de la force de dissuasion et accomplir sa *transfiguration****. Le corps du roi devient atomique. « Le premier système d'arme du nucléaire, c'est le président lui-même », souligne

* Pour la petite histoire, à la mort du Général, Yvonne de Gaulle a brûlé à la Boisserie (Colombey-les-Deux-Églises) les tenues civiles et militaires de son mari pour qu'elles ne puissent pas servir plus tard de reliques de la « sainte Croix » à quelques fétichistes ou nostalgiques du gaullisme. En comparaison, Danielle Mitterrand a vendu aux enchères publiques les habits de son défunt mari, jusqu'aux chapeaux et pantoufles. Il est vrai que leur valeur symbolique n'était pas la même pour l'une et pour l'autre épouse…

** Le général de Gaulle parti, il avait estimé qu'après « le temps des hommes extraordinaires était venu celui des hommes ordinaires ».

*** Terme utilisé par le général Jean-Louis Georgelin au cours de l'un de ses échanges avec l'auteur.

le général Jean-Louis Georgelin qui fut chef d'état-major particulier de la présidence (CEMP, 2002-2006) puis CEMA (chef d'état-major des armées, 2006-2010)[2]. L'« archevêque » qui officie pour appliquer ce saint chrême sur le front auguste, qui fleure bon le becquerel, est le chef d'état-major particulier du président de la République : un officier général, le plus souvent au solide passé opérationnel. C'est lui qui assure notamment la permanence opérationnelle de la dissuasion nucléaire française d'un président à l'autre. Les chefs des armées passent, la dissuasion reste !

Une fois intronisé dans les salons de l'Élysée, devant les corps constitués et la cour républicaine, le tout nouveau chef de l'État passe invariablement entre les mains de cet officier général, un général ou un amiral. Il est ainsi initié au *grand secret* par la transmission du code nucléaire d'identification. Le chef des armées doit pouvoir se faire reconnaître de ceux qui ont techniquement en main la capacité militaire de délivrer l'apocalypse. Aux balbutiements du système, le général de Gaulle l'avait écrit sur un petit carton glissé dans le boîtier de sa montre*...

Le système s'est perfectionné depuis. Mais la transmutation du nouvel élu commence à ce moment-là, dans ce

---

* Le jour de sa démission de la présidence de la République, il le donnera en souvenir à son inamovible ministre des armées Pierre Messmer. Ce minuscule bout de carton portait le n° 1/3 571302. Pierre Messmer l'a légué aux Archives nationales. Il a été présenté en 2016 lors de l'exposition « Le secret d'État » à l'hôtel de Soubise avec cette mention manuscrite de Pierre Messmer : « Chiffre "clé" des armes atomiques de la force aérienne stratégique écrit de la main du général de Gaulle, conservé par lui dans le boîtier de sa montre. » À l'époque du Général, il n'y a qu'une composante nucléaire aéroportée (Mirage IV).

premier tête-à-tête. Elle est parachevée dans le PC Jupiter de l'Élysée*. C'est au tour du CEMA** de lui présenter de façon très réaliste la panoplie des armes nucléaires, leur nombre, leur puissance, leur impact et leurs cibles (si elles sont préprogrammées***). La charge de la fonction est ainsi déposée sur ses épaules comme un lourd manteau d'hermine atomique. C'est pour cela qu'il ne peut y avoir de président *ordinaire* ou *normal* sous la Ve République quand on a dans les mains une telle puissance, même si sa finalité est de n'être jamais utilisée. « Quand le président prend en main le feu nucléaire, il ne rend compte alors qu'à sa conscience de ce qu'il en fera. Dans la fonction de chef de l'État, que vous le vouliez ou non, il y a une dimension sacrée faite d'abnégation. Vous ne vous appartenez plus du tout. Cela implique une grande éthique de responsabilité. Vous êtes une personne d'une autre nature [que le commun des mortels] », explique le général Georgelin[3]. Il ajoute encore : « En découvrant ses fonctions, le chef des armées se rend compte très vite que les questions militaires sont omniprésentes dans son agenda. »

Pour faire bonne mesure, certains présidents (Valéry Giscard d'Estaing – qui souffre pourtant de

* C'est Valéry Giscard d'Estaing qui fait d'un abri antiaérien de l'Élysée un poste de commandement dédié au nucléaire : le PC Jupiter.

** Le chef d'état-major des armées (CEMA) a en charge les opérations, en conformité avec les ordres du chef de l'État. Il s'appuie pour cela sur le CPCO : centre de planification et de conduite des opérations. Le CEMA, un officier général de l'une des trois armées, reçoit ses directives du président. Ce dernier est conseillé au plus près par son chef d'état-major particulier (CEMP) qui dispose au 14, rue de l'Élysée (Paris) d'une petite équipe d'officiers représentant les armées et les services. Un officier est également chargé du suivi du nucléaire.

*** Ce qui semblerait ne plus être le cas aujourd'hui.

claustrophobie – et François Hollande*) sacrifient au rite de l'immersion : ils le font dans les eaux baptismales de l'océan, par 300 mètres de profondeur, à bord d'un sous-marin nucléaire lanceur d'engins (SNLE), fer de lance de la dissuasion nucléaire avec ses seize missiles balistiques (10 000 kilomètres de portée aujourd'hui). Le nouvel élu – un homme politique encore tout couturé de la dernière bataille électorale – est ainsi très vite élevé au rang de chef de guerre putatif, avec dans une main les *foudres nucléaires* symbolisant une puissance de destruction apocalyptique et dans l'autre un *glaive* représentant une armée sur laquelle le soleil ne se couche jamais, même si elle a tendance ces dernières années à se réduire comme peau de chagrin.

Cette transformation est parachevée lors du premier 14 Juillet du président. La France est l'un des très rares pays démocratiques à avoir conservé ce rituel très en vogue du côté des régimes autoritaires. Entouré des escadrons en grande tenue du régiment de cavalerie de la garde républicaine – tradition hautement monarchique et impériale –, du haut de sa voiture de commandement, avec le chef d'état-major des armées (CEMA) à ses côtés lui murmurant à l'oreille, le chef des armées passe en revue des hommes et des femmes dont il tient désormais la vie et la mort entre les mains. La fête nationale est la confirmation républicaine de son baptême nucléaire. Il est en place. Il est dans la place. Mais qu'a-t-il fait de sa puissance guerrière ? Qu'est-ce que l'histoire retient du passage élyséen de sept présidents, qu'il soit long (quatorze ans) ou bref (cinq ans) ?

---

* Candidat à l'élection présidentielle, François Hollande se rend à l'île Longue, où se trouvent les SNLE, pour se faire briefer. Cette pratique républicaine est offerte à chaque élection présidentielle aux candidats qui souhaitent parfaire leurs connaissances sur le sujet.

1

Charles de Gaulle
1958-1969

Le visionnaire incandescent

Officier d'infanterie, puis de chars, soldat dans l'âme, ancien combattant courageux, chef de guerre ardent, homme d'État fondateur, Charles de Gaulle (1890-1970) a été confronté de son vivant, et après sa mort, à un rare degré de haine au sein de sa propre famille militaire d'origine. Il est le seul personnage de cette dimension dont la mort ait été sablée au champagne par certains officiers, tandis que d'autres le pleuraient comme un père ayant redonné à la France son honneur perdu. La phrase de Bossuet à propos du marquis de Louvois lui va comme un gant : « Cet homme d'un caractère si haut qu'on ne pouvait ni l'estimer, ni le craindre, ni l'aimer, ni le haïr à demi. » Il n'y a que son mentor Philippe Pétain pour rivaliser dans cette incandescence des contraires. Leur grande différence aura été que l'un, Charles de Gaulle, était intrinsèquement un soldat *et* un politique, tandis que l'autre, Philippe Pétain, n'était qu'un soldat tentant de *jouer* tragiquement au politique.

Passion d'enfance

Depuis sa plus tendre enfance, Charles de Gaulle a nourri pour la France une passion inextinguible et pour l'armée un amour sourcilleux. Il a très vite perçu que la puissance de la seconde garantissait la grandeur de la première. Cet élan patriotique a été nourri par deux affluents. Du côté de son père, ancien combattant de 1870 blessé au combat, c'est la raison qui fait comprendre au jeune Charles que la France ne peut être pleinement elle-même que dans la grandeur et au premier rang des nations. C'est par l'enseignement de l'histoire qu'il lui fait sentir l'impérieuse nécessité de toujours défendre la dignité d'un pays à nul autre pareil mais éternellement fragilisé par ses querelles intestines. Charles de Gaulle apprend très tôt d'une façon subliminale à se comporter en Romain stoïque et stratège plus qu'en Gaulois brouillon et batailleur. Avec sa mère, Jeanne, l'adulation de la France s'est fixée dans son âme de façon charnelle et spirituelle. « Ma mère portait à la patrie une passion intransigeante à l'égal de sa piété religieuse[1]. » Charles, ses trois frères et sa sœur ont été élevés, comme il le dira lui-même, dans « une certaine fierté anxieuse » au sujet de la France. Elle est fragile dès qu'elle s'oublie. Il faut donc la protéger… y compris des Français eux-mêmes. L'idée d'avoir à veiller sur sa grandeur lui a été insufflée par les récits tragiques de sa mère. Elle avait dix ans lors de l'invasion allemande de 1870. Ses souvenirs d'enfance de cette « année terrible » (Victor Hugo) – qui vit la France prospère de Napoléon III s'effondrer sur elle-même en quelques semaines* – a traumatisé la petite fille. Lui revient notamment en mémoire devant son jeune fils l'odieuse capitulation du maréchal Bazaine. Le désarroi et la douleur devant l'invasion de la Grande Nation passent directement des fibres de la mère à celles du fils avec une exhortation subliminale : « Fais que cela n'arrive plus jamais ! » Cœur et raison ne font qu'un dans l'âme du jeune homme qui entend bien se consacrer exclusivement à la passion de sa vie : la patrie. Pour le jeune de Gaulle, la défendre par les armes est une inaltérable obsession. Elle explique cette tension intérieure si dévorante qui le conduit parfois à la dépression quand il a le sentiment de ne pas être à la hauteur de ses exigences hors du commun. Très tôt le jeune de Gaulle ne s'appartient plus : il appartient à la France et il entend être son héros et son héraut. Son nom même ne le prédestine-t-il pas ?

Ses cahiers d'écolier sont remplis de chocs et de batailles. Il en est toujours le généralissime français, il laisse à ses camarades les mauvais rôles, ceux des ennemis.

> Je dois dire, expliquera-t-il dans ses *Mémoires de guerre*, que ma prime jeunesse imaginait sans horreur et magnifiait à l'avance cette aventure inconnue [de la guerre]. En somme, je ne doutais pas que la France dût traverser des épreuves gigantesques, que l'intérêt de la vie consistait à lui rendre, un jour, quelque service signalé et que j'en aurais l'occasion.

* La France déclare la guerre à la Prusse le 17 juillet 1870. Le 2 septembre l'empereur se constitue prisonnier à Sedan. Le 4 septembre, la IIIe République est proclamée.

Aussi rédige-t-il à l'occasion des poèmes où se déploie toute sa passion guerrière enfantine :

> Quand je devrai mourir, j'aimerais que ce soit
> Sur un champ de bataille ; alors qu'on porte en soi
> L'âme encor tout enveloppée
> Du tumulte enivrant que souffle le combat
> Et du rude frisson que donne à qui se bat
> Le choc mâle et clair de l'épée.
>
> [...]
>
> J'aimerais que ce soit, pour mourir sans regret,
> Un soir où je verrais la Gloire à mon chevet
> Me montrer la Patrie en fête,
> Un soir où je pourrais, écrasé sous l'effort,
> Sentir passer, avec le frisson de la Mort,
> Son baiser brûlant sur ma tête[2].

Vouloir consacrer sa vie à ce culte, c'est aussi une façon inconsciente de venger le chagrin de sa mère, de sa mère patrie. Cette mission sacrée ne saurait supporter la moindre faille, le moindre renoncement, la moindre compromission, le moindre sentimentalisme. Tout ceci s'est inscrit dans le psychisme du jeune enfant à l'âge où se forme le caractère. C'est un faisceau désormais consubstantiel à son ADN originel. Le tempérament particulier du jeune Charles de Gaulle a fait de ce legs parental une ardente obligation. Mais chez lui, dans cette alchimie indéchiffrable entre l'inné et l'acquis, la passion n'a jamais étouffé la raison. Une certaine forme de romantisme patriotique, que l'on trouve chez nombre de militaires, n'a pas éteint l'intelligence de situation globale et un sens politique aigu rarement observé à ce degré au sein de ce corps, exception faite de Bonaparte. C'est ce qui fait que cet homme d'État hors du commun, capable de fulgurantes anticipations, va camper toute sa vie en stratège amoureux de la France au confluent de la guerre et de la politique en suscitant chez ses contemporains fascination ou détestation, et parfois une détestation encore plus violente après un temps de fascination absolue.

Le choix des armes

À l'âge adulte, le choix des armes s'impose donc tout naturellement. « Quand j'entrai dans l'armée, elle était une des plus belles choses du monde », dira-t-il dans ses *Mémoires de guerre*. À dix-neuf ans, en 1909, il intègre la prestigieuse école de Saint-Cyr, d'où il sortira mieux qu'il n'y est entré*. Ses débuts ne sont pas faciles. S'il porte haut dans son cœur l'armée et ses valeurs, il ne sait pas très bien comment se comporter avec ceux qui ont fait le même choix que lui. C'est un timide qu'une taille démesurée pour l'époque éloigne encore plus de ses contemporains. En galoches cloutées et casoar (ou képi), il dépasse les deux mètres** quand ses camarades plafonnent en moyenne à 1,70 mètre dans le même équipage. Il est très vite décalé. Mentalement, psychologiquement et physiquement, il voit tout de haut, de très haut. De là à le croire hautain et méprisant, il n'y a qu'un pas, qui sera vite franchi par ses supérieurs et ses camarades. Il est vrai qu'il ne fait rien pour contrer cette première impression, car le jeune homme est doté d'un orgueil d'airain. Ses notations traduiront souvent ce décalage :

* Il y entre 119e sur 221 (1909) et en sort 13e sur 211 (1911).

** La taille de Charles de Gaulle varie dans les ouvrages de référence de 1,93 à 1,96 mètre. Dans les deux cas, c'est très grand.

« attitude de roi en exil, connétable », etc. Sans compter les surnoms donnés par ses pairs – tradition militaire oblige – : « le Dindon », « le Paon », « la Grande Asperge », « le Pachyderme », « le Connétable »... L'isolement par les moqueries et les notations cruelles n'ont jamais été de nature à aider un timide à se dépêtrer de sa gêne, surtout quand assez rapidement il se rend compte qu'il voit plus loin et plus vite que les autres. La seule voie qui lui reste alors, quand le sol se dérobe, c'est l'altitude. Un surdoué comme Charles de Gaulle a très vite compris qu'il avait plus de chance d'y rencontrer moins de monde.

C'est justement dans ces altitudes peu fréquentées que le sous-lieutenant de Gaulle croise, en 1912, un officier supérieur de cinquante-six ans qui partage avec lui plusieurs traits de caractère. Il a pour nom Philippe Pétain. C'est son premier chef de corps. Sentimentaux, les officiers français conservent le plus souvent un souvenir pieux de leurs premiers chefs. De Gaulle n'échappe pas à la règle. Mais la fusion est particulièrement forte. Le beau colonel Pétain* commande à Arras le 33e régiment d'infanterie. Le sous-lieutenant de Gaulle y a été affecté après sa sortie de Saint-Cyr. Dès la page 2 de ses *Mémoires de guerre*, il parle de celui qui fut son seul héros contemporain : « Mon premier colonel, Pétain, me démontra ce que valent le don et l'art de commander. » En peu de mots tout est dit d'une relation étonnante qui s'amorce. Elle passera au fil du temps du respect à l'affection, de l'admiration à la suspicion, de la distance à la rupture, de la séparation à l'affrontement. Épisode inconnu dans l'histoire, ces deux hommes (Philippe Pétain en 1940 ;

* On le surnomme dans l'armée « Philippe le Bel », allusion à ses nombreuses conquêtes féminines.

Charles de Gaulle en 1946), se gracieront mutuellement. Ils feront en sorte que la peine de mort qui les sanctionne ne soit pas appliquée[3].

De Gaulle est profondément marqué par la personnalité de ce premier chef de corps à l'allure de chef gaulois marmoréen. Pétain est tout aussi timide que ce jeune officier subalterne qui vient de rejoindre son régiment de biffins. Il camoufle cet embarras derrière une allure froide, hiératique et cassante. Il fustige les bavards et crible de ratures les rapports spongieux qui dégoulinent de mots. « Sujet, verbe, complément » : telle est sa doctrine littéraire. Dans l'armée, il a été vite surnommé « Précis le sec ! ». Il met les autres à distance en pratiquant souvent un humour vachard, au détriment de ses subordonnés. Ses propos acides ne font pas que descendre les marches de la hiérarchie. Ils remontent également vers le haut. Ainsi, à plusieurs reprises dans sa carrière, Philippe Pétain a ouvertement fait preuve d'insolence, d'ironie mordante et même d'indiscipline intellectuelle à l'égard de ses supérieurs. Tout le monde dans l'armée sait que, professeur d'infanterie à l'École de guerre avant de prendre son régiment à Arras, il a taillé en pièces devant ses auditoires les théories de l'offensive à tout prix, dogme intouchable du Haut État-Major.

Charles de Gaulle connaît cette réputation d'iconoclaste. Elle le fascine, même si son jeune tempérament le porte vers les belles offensives au petit matin blême. Il boit néanmoins les paroles sobres du visionnaire marginalisé. Il peut constater à sa table que son chef de corps ne s'embarrasse pas de circonlocutions pour dire tout le mal qu'il pense des conceptions de ces « messieurs des bureaux de Paris ». C'est d'ailleurs pour cela que ce colonel (né en 1856) prépare une gentille retraite ; il est programmé pour quitter très bientôt l'armée avec ses cinq « ficelles » de colonel sur les manches. Il n'est pas question que l'institution donne des étoiles de général à cet insolent. De son côté, le colonel Pétain est très vite séduit par la phénoménale mémoire, l'érudition, la finesse d'esprit et l'élégance jamais démenties de ce jeune lieutenant au si joli nom. Sûr. Il identifie chez ce jeune aristocrate encore non décrotté une personnalité digne de lui… Lui, l'homme à femmes mais l'homme sans enfants, sans fils. Il va donc l'élire, le faire sortir de sa cuisse. Ce soldat au cœur sec suivra longtemps son *enfant* des yeux et du cœur…

Sous sa plume, les notations du jeune disciple sont très élogieuses : « S'affirme dès le début comme un officier de réelle valeur qui donne les plus belles espérances pour l'avenir. » Le timide sous-lieutenant de Gaulle a adopté dès le départ un style de commandement assez rare à l'époque qui le met au contact direct de ses hommes. Il les connaît tous par leur nom et leur fait souvent des « sermons » sur les valeurs patriotiques. Il est proche, vit avec eux en manœuvre. Son très bon classement à la sortie de Saint-Cyr aurait pu le diriger vers un régiment de cavalerie*[4]. Il a choisi à dessein un simple régiment d'infanterie. L'infanterie, la reine des batailles. Son colonel apprécie sa façon d'incarner son rôle de chef de section car il a le même style. C'est celui qui fera son succès durant la guerre : à la fois distant et proche des hommes dont il veille à préserver la vie et la dignité de soldat. Pétain voit son reflet en de Gaulle. Il ne s'est pas trompé sur la qualité du fils qu'il s'est donné. Mais, comme souvent, le fils va déborder les espérances trop bornées du père.

---

* À Pierre Messmer qui lui demandera pourquoi il n'a pas choisi la cavalerie à laquelle se destinent les hobereaux bien classés à la sortie de Saint-Cyr, il répondra que « ce n'était pas assez militaire » pour lui.

L'épreuve suprême

La Grande Guerre sépare momentanément les deux hommes. Le vieux colonel obtient bien vite ses étoiles de général. Il est aspiré vers les sommets, jusqu'à décrocher le maréchalat : modeste cinq galons en 1914, il est maréchal de France avec sept étoiles sur les manches en 1918. Mais pour l'heure, cette guerre, nécessairement *courte,* doit être engagée. Comme bien d'autres, le lieutenant de Gaulle est confronté au grand rendez-vous. Le rendez-vous avec lui-même. Celui qu'espère et redoute tout officier : l'épreuve du feu. Le soldat doit se faire guerrier. Il en rêve depuis l'enfance. Mais comment va-t-il se comporter dans le grand bain, face aux balles allemandes et sous le regard omniprésent de la mère patrie ? C'est au sein de la 11e compagnie du 33e régiment d'infanterie qu'il connaît son baptême de fer. Le 15 août 1914, il est à Dinant en ligne avec ses hommes en pantalon garance et le dos couvert d'un lourd sac à dos tapissé de gamelles brillantes. Il porte son encombrant sabre réglementaire et le pistolet d'ordonnance à six coups modèle 1892.

> Au début, les hommes plaisantent. [De Gaulle] plaisante avec eux. Le bombardement s'intensifie. Les obus font rage. Ils rigolent toujours. De Gaulle, pour les mettre à l'aise, s'assied « sur un banc dans la rue du passage à niveau ». Il y reste « par bravade ». Mais les premiers blessés arrivent. On raconte que plusieurs officiers sont tués ou blessés. Les mitrailleuses se mettent de la partie. Pas moyen de riposter : les Allemands sont sur la hauteur. Les Français qui se replient se font tuer en traversant la route pour se mettre à l'abri. On voit passer leur commandant « pâle et triste comme la mort ». Enfin l'ordre d'attaque « baïonnette au canon » arrive ! C'est un soulagement pour les hommes qui se précipitent vers le passage difficile. Le lieutenant de Gaulle est en tête.

Il fait vingt mètres puis il reçoit « au genou comme un coup de fouet qui lui fait manquer le pied ». Il est blessé, il ne peut continuer. La grêle de balles frappe les pavés. Elles font « un bruit sourd dans les cadavres et les blessés qui jonchent le sol ». Il se traîne, pour se mettre à l'abri d'une grande maison, il enrage de voir des officiers perdre le contrôle de leurs nerfs. Un vieux commandant demande aux soldats de prier. De Gaulle lui demande « sans ménagement » de se taire. « Rien n'est plus mauvais, dit-il, pour la troupe la plus brave d'entendre ses chefs dire qu'elle va mourir. » Effectivement, les soldats valides, pris de panique, sortent en courant et se font tuer dehors par les mitrailleuses[5]. »

Le lieutenant de Gaulle a eu dans cette première affaire le péroné fracturé par une balle et il a reçu un éclat (peut-être de la même balle) dans l'articulation du genou. Il est évacué sur Charleroi pour y être soigné. En 1915, il reçoit la croix de guerre pour une action courageuse au début de l'année. Il passe capitaine. Il est blessé à deux reprises : sans gravité à l'oreille, et plus sérieusement à la main droite (infection, hospitalisation). L'année suivante, son régiment est envoyé en catastrophe à Verdun. Ce sera pour lui la fin de la guerre. En mars 1916, devant le fort de Douaumont, la 11e compagnie du capitaine de Gaulle est assaillie de toutes parts. Avec quelques hommes, il tente de s'extraire de la nasse en s'engageant dans un boyau. Il tombe sur un groupe d'Allemands. Il reçoit un coup de baïonnette qui traverse son porte-cartes et transperce de part en part sa cuisse*. Un de ses hommes à côté de lui est tué à bout portant. Une grenade à manche lui éclate « littéralement sous le nez », racontera-t-il plus tard. Il est

---

* Le médecin constate que la lame a pénétré au tiers supérieur de la cuisse gauche pour ressortir au tiers moyen de l'autre côté.

sonné par l'explosion et s'effondre. Il se relève prisonnier et est bientôt envoyé à Mayence pour y être soigné.

Le 7 mai 1916, il est cité à l'ordre de l'armée. Le général Pétain n'a laissé à personne le soin de rédiger cette citation qui lui a été décernée, d'autant plus que quand il écrit il croit que son jeune disciple est mort ou disparu :

> Le capitaine de Gaulle, commandant de compagnie, réputé pour sa haute valeur intellectuelle et morale, alors que son bataillon subissant un effroyable bombardement était décimé* et que les ennemis attaquaient la compagnie de tous côtés, a enlevé ses hommes dans un assaut furieux et un corps à corps farouche, seule solution qu'il jugeait compatible avec son sentiment de l'honneur militaire. Est tombé dans la mêlée. Officier hors de pair à tous égards.

Commence alors pour de Gaulle une période très sombre. De celles qui le feront cycliquement basculer dans la mélancolie, voire dans la dépression. Toutes ses tentatives d'évasion échouent. Son double mètre attire spontanément l'œil. Il est dénoncé à plusieurs reprises à la *feldgendarmerie* par des civils croisés en chemin et bien vite il repart en forteresse. Avec les fortes têtes de son genre, il est relégué de plus en plus loin de la frontière avec la France**. Il ronge son frein en préparant l'escapade suivante. Et en attendant, il ne peut plus répondre présent au grand rendez-vous que la mère patrie lui avait donné. C'est un terrible crève-cœur et un coup d'arrêt à la progression de sa carrière, tandis que ses camarades – du moins ceux qui

---

* Sur plus de 2000 hommes du 33e régiment d'infanterie, une soixantaine de soldats seulement n'ont pas été mis hors de combat.

** Il sera notamment relégué en Silésie puis en Lituanie avec les récidivistes de l'évasion.

ne sont pas tués – continuent le combat, se couvrent de gloire, de décorations et de promotions accélérées.

La guerre finie, il arrive la mort dans l'âme à Lyon le 3 décembre 1918. Il est heureux pour la France qu'il aime tant mais il estime que sa contribution a été amputée par sa captivité. Pendant ce temps-là, son grand homme a confirmé le jugement qu'il s'en était fait en 1912. Quelques semaines avant son retour, le général d'armée Philippe Pétain, généralissime des armées françaises, a été élevé à la dignité de maréchal de France. Lui, le visionnaire froid que l'institution avait tenu si longtemps à bout de gaffe, était enfin reconnu à sa juste valeur. Plus il admire Pétain, plus il sent en lui-même frémir l'appel d'un destin similaire.

Rebuffade

Le tout nouveau maréchal est définitivement son modèle, l'homme d'exception que les grands séismes de l'histoire révèlent. Sans cet événement hors du commun que fut la Grande Guerre, son génie n'aurait jamais été accepté par ses pairs empêtrés dans leur idéologie, leurs conventions et leur médiocrité de boutiquiers en uniforme. En pensant à son héros, de Gaulle ne peut s'empêcher de songer secrètement à lui-même. De la même façon, Pétain, en le contemplant, voit en lui l'officier hétérodoxe ostracisé jadis par un corps routinier dans sa gestion des talents. Encore confusément, le capitaine de Gaulle, en butte à l'institution, commence à nourrir dans les années 1920 une forme d'*antimilitarisme*. Ou, à tout le moins, émergent en lui une méfiance diffuse puis une franche détestation de l'institution en tant que corps consubstantiellement frileux. Bien qu'issu d'un milieu conservateur et provincial, de Gaulle est en perpétuel mouvement intérieur. Le culte de la France exige, selon lui, lucidité, courage et modernité. Il ne retrouve pas dans son corps social cette même ardente obligation. La petite cuisine y domine trop souvent les grandes ambitions. Comme sous le Second Empire, il estime que ses camarades ne consacrent pas suffisamment de temps à ce qu'à Saint-Cyr on nomme par dérision « la pompe » (les études). Durant sa scolarité dans cette école dont la devise est pourtant « Ils s'instruisent pour vaincre », il a été péjorativement classé parmi les « brutes pompières », c'est-à-dire parmi les intellectuels, les bûcheurs, ceux qui potassent. Dans son style inimitable, il formulera cette conviction à propos de sa caste : « Il est vrai que parfois les militaires, s'exagérant l'impuissance relative de l'intelligence, négligent de s'en servir. La tendance au moindre effort trouve là son compte » (*Le Fil de l'épée*).

Avec ce genre de jugement en bandoulière, Charles de Gaulle s'apprête à vivre des années bien difficiles. Sa carrière est une suite quasi ininterrompue d'avanies. Sans la bienveillance de son père spirituel, il n'aurait pas pu poursuivre son parcours dans l'armée. Le Maréchal lui sauve la mise à plusieurs reprises. Déjà handicapé par sa capture, le capitaine de Gaulle, en plus, a raté l'occasion de faire de l'École de guerre un tremplin pour se relancer. Trop d'indépendance d'esprit et d'intelligence nuisent fortement à la carrière, estime-t-il très vite, ne prenant pas la mesure de l'agacement ou de l'étonnement que son comportement stratosphérique ne peut que susciter, même chez ceux qui sont sensibles à son étrange aura.

Destin

Un de ses camarades de l'École de guerre (1924), le capitaine Chauvin, a rapporté un dialogue ô combien révélateur de l'altitude mentale à laquelle évolue le jeune capitaine. Des manœuvres viennent de s'achever. C'est la détente et les deux officiers stagiaires sont allongés dans l'herbe pour souffler. Ils regardent vers le ciel[6]. « Je romps le silence et je suis moi-même surpris de m'entendre parler », rapporte Chauvin :

> — Mon cher, je vais vous dire une chose qui vous fera sans doute sourire. J'ai ce curieux sentiment que vous êtes voué à un très grand destin…
>
> J'attendais donc en guise de réponse un rire moqueur et une bourrade dans les côtes pour m'apprendre à vaticiner. Non… aucune réaction. Surpris, et curieux tout de même de voir comment mon camarade a pris la réflexion, je tourne la tête de son côté. Immobile, le regard perdu vers un horizon très lointain, il prononce alors lentement et d'une voix sourde ces quatre syllabes que j'entends encore :
>
> — Oui…, moi aussi.

Tant que cela reste entre camarades, le mal n'est pas bien grand. Mais les difficultés s'accumulent quand de Gaulle veut faire comprendre la même chose à ses supérieurs, quitte à souligner leur médiocrité. En cela, il est le véritable fils spirituel de Pétain. Une anecdote l'illustre à l'envi. Sur le terrain, exaspéré par le ton dominateur, l'aisance et le calme du jeune capitaine de Gaulle qui explique avec brio pourquoi et comment il a conçu sa manœuvre, le colonel directeur d'un exercice cherche à rabattre le caquet de ce grand escogriffe qui semble se prendre déjà pour le chef d'état-major général. Après l'avoir bombardé de multiples questions oiseuses pour le déstabiliser, auxquelles de

Gaulle répond avec précision et impassibilité, le colonel exaspéré lui demande tout à trac : « Où sont donc les trains de combat du régiment de gauche de votre division de droite ? » Impérieux, Charles de Gaulle se tourne alors vers son camarade Châteauvieux, qui dans l'exercice joue le rôle de son chef d'état-major. Il lui demande de répondre à la question. Le colonel s'étrangle : « Mais c'est à vous que je pose la question, de Gaulle ! » Imperturbable, le Connétable réplique en donnant à l'officier supérieur une dangereuse leçon de commandement :

> Mon colonel, vous m'avez confié la responsabilité d'un [général] commandant de corps d'armée. S'il me fallait assumer par surcroît celles de mes subordonnés, je n'aurais plus l'esprit assez libre pour remplir convenablement ma mission. *De minimis non curat praetor**. Châteauvieux, veuillez répondre au colonel…

Le résultat de cette attitude – et d'un certain dilettantisme quand les sujets ou les matières lui semblent peu en rapport avec un *génie* intrinsèque que rien n'a encore révélé – se traduit inéluctablement dans ses notations : « Gâte malheureusement d'incontestables qualités par son assurance excessive, sa rigueur pour les opinions des autres et son attitude de roi en exil. »

Queue de promotion

À la sortie de l'École de guerre, le capitaine de Gaulle est classé dans le dernier tiers de sa promotion. C'est une relégation qui se remonte d'autant moins qu'il n'a pas fait *une très belle guerre*. Charles de Gaulle en est mortifié, il

---

* « Le préteur (le chef) ne s'occupe pas des questions subalternes. »

peste contre ces c... de l'École de guerre et songe à quitter une institution décidément incapable de déceler les vrais potentiels. Alerté, le maréchal Pétain pèse de tout son poids pour tenter de le faire remonter dans le premier tiers du classement. La fronde des professeurs de l'École, exaspérés par cet officier dilettante et donneur de leçons, est telle que le directeur, le général Dufieux, pour plaire au maréchal, ne peut que faire remonter arbitrairement le capitaine de Gaulle en milieu de classement. C'est déjà un tour de force.

Convaincu depuis longtemps des compétences hors normes de son cher de Gaulle, Philippe Pétain a le sentiment de revivre à travers son *fils* les affronts que l'institution militaire n'a jamais cessé de lui faire subir, y compris le jour du défilé de la victoire, le 14 juillet 1919, quand il a dû chevaucher derrière Joffre et Foch. Piétiner ainsi l'officier stagiaire de Gaulle c'est l'insulter à nouveau. Cet affront à sa personne ne saurait rester sans réponse. Aussi va-t-il armer sa froide vengeance, d'une part en prenant de Gaulle dans son équipe, d'autre part en l'imposant comme conférencier à l'École de guerre. Pétain, inspecteur de l'armée, vice-président du Conseil supérieur de la guerre, oblige en 1927 le corps enseignant de cette « maudite École » à entendre solennellement par trois fois – en sa présence pour que tout le monde soit bien là – son protégé en grande tenue. Pétain lui fournit ainsi l'occasion de donner officiellement ses leçons en forme de claques magistrales dans un bel amphithéâtre de l'école militaire. Dans les travées on entend murmurer : « Quel orgueil ce de Gaulle... », « Il se prend pour Napoléon... » Philippe Pétain entend et jubile.

Mais en imposant de la sorte son fils spirituel, Pétain devient le seul tuteur et protecteur du jeune de Gaulle.

L'institution sait plier, mais elle a la mémoire longue. Elle va le prendre définitivement en grippe. D'autant que Pétain, pour faire bonne mesure, n'hésite pas à présenter son protégé à des généraux croisés dans les couloirs en s'exclamant : « Le capitaine de Gaulle [...] le futur chef de l'armée française. » Les généraux tordent le nez devant ce grand escogriffe dont la réputation a déjà été taillée sur mesure depuis l'École de guerre et ses fameuses conférences. Cela ne sera pas sans conséquence pour la suite de sa carrière car le père-maréchal ne sera pas toujours là pour le protéger ou le sortir de l'ornière*. L'institution plie le genou quand le bras de fer ne lui est pas favorable – que faire face au vainqueur de Verdun ? –, mais elle garde toujours « un chien de sa chienne » pour celui qui a bénéficié d'un trop visible passe-droit. Nombreux sont les grands commandeurs et les pairs de De Gaulle à le considérer comme un prétentieux pistonné, un intrigant doublé d'un ingrat quand il prendra ses distances avec Pétain. La faiblesse des ralliements militaires de l'active à Charles de Gaulle en 1940 s'explique en partie – en partie seulement – par sa « mauvaise réputation » au sein de l'armée. Mais il est frappant de constater qu'il n'attirera à lui pratiquement aucun de ses anciens subordonnés**, alors que la camaraderie et la fidélité sont deux valeurs cardinales de ce corps. De Gaulle est fascinant mais il n'est pas attachant... La plupart des militaires qui le rejoindront

* Le commandant de Gaulle aurait pu être cassé de l'armée pour non-respect d'une instruction ministérielle quand il commandait à Trèves. Il monte à Paris voir « le patron » qui arrange les choses avec l'aide de son vieil ami politique, Paul Painlevé.

** Exception faite de son aide de camp, Chodron de Courcel, et de Gaston Palewski ; tous deux appartenaient à son cabinet ministériel de 1940.

à Londres ne le connaissent pas personnellement, ils ne l'ont jamais eu comme chef.

En dehors du petit cercle de ses *aficionados* et de ses lecteurs, il est perçu dans les années 1930 comme un insolent personnage toujours à la remorque d'un parrain militaire ou politique. Nombre de ses camarades lui reprochent d'avoir joué la carte du piston politique de Paul Reynaud quand il n'a plus été à même de le faire avec celle du Maréchal. Il est certain que mis sur une liste noire par la hiérarchie, sans l'influence de Reynaud il ne serait certainement pas passé colonel, encore moins général*[7]. Cela se sait au sein d'une corporation qui, bible** en main, scrute d'un œil particulièrement sourcilleux toute promotion. Quand il sera à Londres, la propagande vichyste utilisera à fond cette « mauvaise réputation » en expliquant que ceux qui le rejoignent sont les rebuts de la France, officiers mal notés et mal mariés, trafiquants et éternels comploteurs, magouilleurs et ex-taulards, quand ce ne sont pas des Juifs ou des francs-maçons. Un homme comme le vice-amiral Muselier, qui l'a rejoint à Londres, a dans la marine une réputation sulfureuse (une vieille affaire mêlant maîtresse et opium). Cela n'arrange pas l'image de marque des gaullistes. De Gaulle devra

* La guerre venue, Édouard Daladier, ministre de la Défense nationale et de la Guerre, s'opposera néanmoins à Paul Reynaud, président du Conseil, qui veut que de Gaulle soit nommé secrétaire du Comité de guerre. « Si de Gaulle vient ici [hôtel de Brienne], s'indigne Daladier, je quitterai ce bureau, je descendrai l'escalier et je téléphonerai à Paul Reynaud qu'il le mette à ma place. »

** Annuaire militaire qui fournit les principaux éléments biographiques des officiers et qui permet de suivre l'avancement des uns et des autres.

d'ailleurs s'en débarrasser, constatant que ce personnage a une passion funeste pour les intrigues et les coups fourrés.

L'émancipation

Au début des années 1930, la relation Pétain-de Gaulle n'est pas sans ambiguïté. Pétain aime de Gaulle à sa façon, celle des pères qui ne veulent pas que leur fils grandisse en dehors de leur lumière. De Gaulle reste impressionné. Mais son indépendance d'esprit est plus forte que le sentiment filial de dévotion. Vivant avec Pétain au sein de son cabinet, il a été aux premières loges pour constater les premières failles de l'âge et celles d'un ego démesuré. La rupture entre ces deux timides immensément orgueilleux va se faire en un double point particulièrement explosif : la paternité littéraire et la vision de la guerre qui se profile. Pétain, visionnaire d'hier, va se révéler atteint de cécité, alors que son ancien disciple se prépare à donner sa pleine mesure. Charles de Gaulle tend de plus en plus la corde du tuteur qui le lie à Pétain. Il se met à son compte… Il publie, en 1932, les fameuses conférences de l'École de guerre, imposées par Pétain, sous le titre *Le Fil de l'épée*. Il connaît par cœur son mentor, qui va nécessairement froncer les sourcils devant cette envie d'exister seul alors qu'il lui doit tout. Aussi, la page de garde porte-t-elle cette adresse dégoulinante de sirop :

> Au Maréchal Pétain.
>
> Cet essai, Monsieur le Maréchal, ne saurait être dédié qu'à vous, car rien ne montre mieux que votre gloire quelle vertu l'action peut tirer des lumières de la pensée.

Pour faire bon poids, le commandant de Gaulle ajoute à la plume dans l'exemplaire sur vélin pur fil Lafuma qu'il lui expédie : « Hommage d'un très respectueux et très profond dévouement*. » Il s'affranchit mais il ne veut pas se mettre à dos l'icône de Verdun.

Deux ans plus tard, en 1934, Charles de Gaulle, qui jouit d'une petite notoriété dans les milieux spécialisés, récidive. Il fait paraître *Vers l'armée de métier*. Contrairement à une erreur d'interprétation courante – y compris au sommet de l'État, comme on pourra le voir dans le chapitre consacré au président Chirac –, il ne prône pas la professionnalisation complète de l'armée. De Gaulle y défend la création d'un corps professionnalisé de 100 000 hommes (engagés pour six ans) pour servir au sein des unités blindées de choc. Il viendrait compléter l'armée de conscription. C'est donc une armée mixte qu'il appelle de ses vœux et non *stricto sensu* une armée de métier comme celle que Jacques Chirac créera en 1996. De Gaulle explique :

> [...] Si cette refonte nationale devait commencer par l'armée, il n'y aurait là rien que de conforme à l'ordre naturel des choses. Alors, dans le dur travail qui doit rajeunir la France, son armée lui servira de recours et de ferments. Car l'épée est l'axe du monde et la grandeur ne se divise pas.

Dans ses *Mémoires de guerre*, il souligne que sans l'engagement de l'État rien de cela ne serait possible :

> Pas plus qu'aucun autre corps, l'armée, en effet, ne se transformerait d'elle-même. Or, le corps spécialisé [blindé] devant amener de profonds changements dans l'institution militaire, en même temps que dans la technique et la politique

* Pétain emportera ce volume à l'île d'Yeu.

de la guerre, c'était aux pouvoirs politiques qu'il incombait de le créer. Certes, il faudrait, cette fois encore, un Louvois ou un Carnot. D'autre part, une pareille réforme ne pouvait être qu'une partie d'un tout, un élément dans l'effort de rénovation du pays.

On mesure dans ces réflexions à quel point de Gaulle n'est plus un simple technicien de la chose militaire. Il embrasse sans effort le cadre général politique dans lequel sa grande réforme devrait s'insérer. Il voit les points tactiques d'amélioration, mais il place tout cela dans une pensée globale qui intègre les dimensions de politiques intérieure et extérieure. S'il se rapproche du pouvoir, ce n'est pas seulement pour trouver en la personne de Reynaud un nouveau protecteur, mais bien pour se poster là où les leviers existent pour faire bouger un pays indolent, insouciant, idéologue et individualiste. La belle France est à l'image de la ligne Maginot, lourde et passive. Finalement assez contente d'elle-même. Ce qui est sans doute le pire de tout quand il analyse la montée des périls. Entre l'institution militaire et le pouvoir politique dominé par les radicaux-socialistes, pivots de toutes les alliances, c'est à qui gagnera la timbale de la frilosité et de l'inertie, tandis que Hitler, à partir de 1933, vocifère de l'autre côté du Rhin. De Gaulle constate :

> Une telle conception de la guerre [avec la ligne Maginot] convenait à l'esprit du régime. Celui-ci, que la faiblesse du pouvoir et les discordes politiques condamnaient à la stagnation, ne pouvait manquer d'épouser un système à ce point statique. [...] C'est pourquoi le corps militaire, auquel l'État ne donnait d'impulsions que saccadées et contradictoires, s'enfermait dans son conformisme.

Inerte, la IIIe République est également fortement volatile : elle connaît de 1932 à 1937 pas moins de quatorze équipes ministérielles... Le lieutenant-colonel de Gaulle voit de près ce fonctionnement délétère dans ses postes successifs[*8]. Comment une telle dispersion gouvernementale pourrait-elle assurer la pérennité de grandes réformes structurelles ?

Le de Gaulle de 1958 s'en souviendra pour jeter les fondations d'une république qui tournera le dos résolument à ce genre d'évaporation ministérielle. Mais en attendant, il ne peut qu'agir par les idées et faire ce que l'on n'appelle pas encore du *lobbying* auprès des politiques[**], notamment de Paul Reynaud (droite modérée), attentif à ses théories. Ce patriote énergique sera-t-il le nouveau Louvois que de Gaulle appelle de ses vœux ? Du côté des militaires, ils sont un petit noyau[***] à partager les mêmes convictions en faveur des blindés et d'une réforme de fond de la grande muette. Mais l'institution militaire est un énorme édredon qui encaisse les secousses et les coups de poing sans que cela fasse bouger sa masse inertielle d'un seul centimètre.

---

* « De 1932 à 1937 [...], je [de Gaulle] me trouvai mêlé, sur le plan des études, à toute l'activité politique, technique et administrative, pour ce qui concernait la défense du pays. »

** En 1936, il sera même reçu à Matignon par le président du Conseil Léon Blum. Intéressé par ses théories, après les avoir pourfendues dans *Le Populaire* en 1934, Blum a voulu le rencontrer pour se faire une opinion directement. Il ne pourra que constater qu'elles sont malheureusement incompatibles avec la gauche et avec le centre de gravité d'un pays aveuglément pacifiste. Durant l'entretien, rapporte de Gaulle, le président du Conseil a dû répondre à une dizaine de coups de téléphone...

*** Le général Alléhaut se bat dans le même sens. Il a publié *Être prêts. Puissance aérienne, forces de terre* (Paris, Berger-Levrault, 1935). Charles de Gaulle lui voue une grande admiration (voir chapitre 5).

Pis, elle s'agace de voir certains vouloir enlever la plume qui la constitue pour y mettre de l'acier.

La haute hiérarchie étoilée réserve donc au jeune trublion ses railleries, et même ses humiliations les plus acides. Certains parlent publiquement de « délire » à propos des thèses de De Gaulle. Pétain s'en mêle pour exprimer son plus profond scepticisme. Le père fustige le fils qui veut penser seul… et qui donc ne peut que le faire mal ! À la tribune de l'Assemblée nationale, le ministre de la Guerre, le général Maurin, pourfend les thèses de De Gaulle contraires « à la logique et à l'histoire ». Le même Maurin ne craint pas d'humilier le lieutenant-colonel de Gaulle, qui assure le secrétariat du Conseil supérieur de la défense nationale. La scène se déroule à l'Élysée. Une réunion se termine. Le perspicace général Maurin apostrophe vivement de Gaulle devant tout le monde : « Adieu, de Gaulle ! Là où je suis, vous n'avez plus votre place. » Humiliée hier par le jeune prodige de Pétain, la machine impavide se venge de celui qui a voulu jouer les affranchis. Qu'importe finalement ce qui se passe à Berlin, où Hitler a recréé un service militaire obligatoire, et en Sibérie, où les *panzerdivisionen* allemandes se sont entraînées avec la complicité des Soviétiques. L'important c'est que le jardin militaire à la française reste bien ordonné et que nul ne vienne prétendre que ses allées bien rectilignes seront immanquablement piétinées par des Huns insensibles à leurs charmes. Mesure-t-on bien ce qui se joue dans le cœur d'un de Gaulle qui voit, prévoit et prophétise face à une institution aveugle qui le maltraite ? Chez cet esprit suprêmement orgueilleux, tout cela s'inscrit en lettres de feu dans son esprit. Le plus douloureux sans doute est pour lui de trouver Philippe Pétain aux premiers rangs de ses contempteurs. « La vieillesse est un naufrage », dira-t-il.

La brisure

En 1937, Charles de Gaulle publie *La France et son armée*. C'est la première marche vers le meurtre du père : l'essentiel de cet ouvrage avait été rédigé par le capitaine de Gaulle, nègre en titre d'un futur académicien, Philippe Pétain, qui n'a jamais écrit une ligne tout seul. L'embryon de manuscrit, intitulé *Le Soldat*, avait fini par moisir dans les tiroirs de Pétain. Pour de Gaulle, la maturité venue – il a quarante-sept ans –, ce travail est son œuvre. On mesure par-là la prudence de l'homme, car cela veut dire qu'il a gardé une copie d'un travail qui ne lui appartenait plus… Le nègre se rebiffe. Il publie chez Plon son travail augmenté de nouveaux chapitres sans avoir demandé un *nihil obstat* à son ancien mentor. Brutus aiguise son couteau et fait à peine semblant de prendre des gants en publiant l'ouvrage avec cette dédicace alambiquée :

> À Monsieur le Maréchal Pétain, qui a voulu que ce livre fût écrit, qui dirigea de ses conseils la rédaction des cinq premiers chapitres et grâce à qui les deux derniers sont l'histoire de notre Victoire.

Il va s'en suivre une bagarre épistolaire homérique entre les deux hommes avec l'éditeur Plon en position d'otage. Pétain exige de De Gaulle, sans y parvenir vraiment, un changement de dédicace. Mais pour de Gaulle, Pétain n'est plus qu'un souvenir. Il a changé de cheval. Il a accroché son étoile à celle de Paul Reynaud*. Évidemment, le maréchal n'apprécie guère cette évolution

* Sachant qu'il ne peut progresser sans protection, il demandera directement à Reynaud d'user de son influence pour le nommer colonel. Il fera de même pour le grade de général de brigade.

à ses yeux funeste. Il note : « De Gaulle se frotte trop à la politique. Ce n'est pas le rôle d'un soldat. Il est atteint d'un orgueil cosmique. » Il parle en connaisseur. Quand Pétain est nommé ambassadeur en Espagne en 1939, de Gaulle l'enterre d'une pelletée de terre prémonitoire : « Il acceptera n'importe quoi tant le gagne l'ambition sénile. C'est terrible et lamentable. Il n'est plus en état d'assumer des responsabilités. »

En 1938, l'année de la publication de *La France et son armée*, de Gaulle reçoit le commandement du 507e régiment de chars de Metz. Il est fréquemment consulté sur les questions militaires par Paul Reynaud, convaincu de la nécessité de réveiller le pays. Ce dernier, ministre des Finances dans le cabinet Daladier, prend des mesures drastiques par décrets-lois* : aménagement de la loi sur les 40 heures pour augmenter la production de guerre, train d'économie (5 milliards en 1939) pour dégager des marges financières pour l'effort militaire. Ces mesures suscitent les plus vives protestations de la droite et de la gauche. « Quand la France est en péril, les intérêts particuliers n'ont pas la parole. Personne n'a de droits contre la nation », tonne Paul Reynaud, sans être vraiment compris.

Deux ans plus tard, le 21 mars 1940, Reynaud entre enfin à Matignon. Un motif de satisfaction pour de Gaulle, même s'il pense qu'il est bien tard. Quand le président du Conseil fait son discours d'investiture devant la représentation nationale pour être adoubé, le colonel de Gaulle

* Cela permet d'accélérer le processus de décision : de façon exceptionnelle, le gouvernement peut légiférer et le Parlement est saisi ensuite d'une sorte de ratification des décisions prises par l'exécutif dans le domaine de la loi. L'équivalent sous la Ve République existe avec les ordonnances.

est dans les tribunes du Palais-Bourbon. Infiniment navré, il note : « Après la déclaration du gouvernement, lue devant une Chambre [des députés] sceptique et morne, on n'entendit guère, dans le débat, que les porte-parole des groupes ou des hommes qui s'estimaient lésés dans la combinaison[9]. » L'historien et guerrier des deux guerres Marc Bloch* évoque également ces milieux parlementaires d'où émane « un parfum moisi de petit café ou d'obscurs bureaux[10] ». La formule aurait pu être de De Gaulle. Dans sa réflexion sur l'articulation des pouvoirs, l'homme de la Ve République ne manquera pas de se souvenir de ce spectacle lamentable. Sans institutions fortes, sans parlementarisme rationalisé et maîtrisé, les Français oublient d'être romains pour se faire gaulois… Mais pour l'heure, alors que la France est engoncée dans la « drôle de guerre », il voit poindre l'impensable : les terribles souvenirs maternels de l'effondrement de 1870. Un miracle est-il encore possible ?

À contre-courant

La guerre a été déclarée le 3 septembre 1939 après l'invasion de la Pologne par l'Allemagne nazie. Avec la complicité des Soviétiques, ce pays allié de la France est écrasé en quelques semaines. Mauvais présage, l'armée polonaise ayant été formée par les Français. Le « cas » Polonais n'a pas échappé à l'examen scrupuleux de De Gaulle. D'autant moins qu'après la Première Guerre mondiale il avait servi sur ce théâtre face à l'Armée rouge.

---

* Historien médiéviste, cocréateur des *Annales d'histoire économique et sociale*. Combattant des deux guerres, il sera fusillé par les nazis en 1944.

Il s'est procuré les « retex » (retours d'expérience) de cette tragédie où a émergé le concept de *Blitzkrieg* (guerre éclair) avec le couple char-avion, qu'il n'avait pas retenu lui-même dans ses études, privilégiant le seul blindé. Le principe de réalité devrait donc logiquement pousser ses chefs à l'écouter enfin.

Alors qu'il commande en Alsace les chars de la 5e armée, le colonel de Gaulle fait passer par la voie hiérarchique à ses chefs une note détaillant les enseignements de la campagne allemande en Pologne. Ses conclusions rejoignent, sans qu'il le sache, celles du général Billotte qui commande un groupe d'armées, signe que ses thèses ne sont pas totalement isolées. La conclusion s'impose : il faut de toute urgence créer de grandes unités blindées capables d'attaques puissantes et concentrées au lieu de pratiquer le saupoudrage de chars. La « note de Gaulle » franchit les différents échelons de sa hiérarchie pour aboutir, avec des réserves de ses supérieurs, sur le bureau du général Georges (numéro deux de l'armée en charge des opérations). Celui-ci note en marge : « Intéressant, mais la construction n'est pas à la hauteur de la critique. Faire étudier[11]. » De Gaulle enrage. Il n'est plus temps de faire étudier. Il faut agir. Mais le haut commandement a du mal à décrocher d'un concept d'emploi du char comme simple appui de l'infanterie. L'idée maîtresse de De Gaulle, poussée par Reynaud, de grandes unités de blindés bouleverserait l'organisation rigide de l'armée française*. Mais il

* À l'époque, les chars français relèvent soit de la cavalerie, soit de l'infanterie. Les unités de chars de la cavalerie ont été regroupées en trois divisions légères mécaniques (DLM). Les chars de l'infanterie sont ventilés soit au sein de bataillons autonomes (une quarantaine de chars), soit destinés à rejoindre de futures divisions cuirassées (DCR) qui ont bien du mal à émerger.

y a une autre raison que de Gaulle n'ignore pas : l'armée française n'a pas les moyens de ce bouleversement. Pour regrouper les bataillons de chars autonomes en brigade ou division – pour en faire une pointe acérée de plusieurs centaines de chars – il faut un solide environnement : camions-citernes pour le ravitaillement en carburant, ateliers mobiles de réparation, transports de munitions, artillerie motorisée pour porter le feu loin devant les chars. Or, la France n'a rien de tout cela, du moins pas à la hauteur de ce qu'il faudrait pour accompagner de grandes unités. Le « à étudier » du général Georges est un constat d'impuissance. On aurait pu néanmoins pousser les feux dans le sens proposé par de Gaulle, en acceptant un certain degré d'imperfection. Mais cela est contraire à la philosophie du moment. Le goût des épures sans défaut empêche d'avancer avant que la copie ne soit absolument parfaite. Plutôt ne rien faire que de prendre le risque d'une certaine improvisation.

Devant cette extension du domaine de l'impuissance, le colonel de Gaulle ne peut rester inerte. Une fois de plus il va se mettre à dos une bonne partie de l'institution. Voyant que la note qu'il a envoyée à sa hiérarchie en novembre 1939 ne suscite aucune réaction, il pousse les feux en s'asseyant au passage sur le sacro-saint règlement militaire. Le 26 janvier 1940, il fait parvenir en pleine « drôle de guerre » un mémorandum à quatre-vingts personnalités du monde politique et militaire. Voilà ce que l'on peut notamment y lire :

> À aucun prix, le peuple français ne doit sombrer dans l'illusion que l'immobilité militaire actuelle serait conforme au caractère de la guerre en cours, écrit-il. C'est le contraire qui est vrai. Le moteur confère aux moyens de destruction modernes une puissance, une vitesse, un rayon d'action

tels que le conflit présent sera, tôt ou tard, marqué par des mouvements, des surprises, des irruptions, des poursuites dont l'ampleur et la rapidité dépasseront infiniment celles des plus fulgurants événements du passé [...]. Le conflit qui a commencé pourrait bien être le plus étendu, le plus complexe, le plus violent de tous ceux qui ravagèrent la terre. La crise politique, économique, sociale, morale dont il est issu revêt une telle profondeur et présente un tel caractère d'ubiquité qu'elle aboutira fatalement à un bouleversement complet de la situation des peuples et de la structure des États. Or, l'obscure harmonie des choses procure à cette révolution un instrument militaire – l'armée des machines – exactement proportionné à ses colossales dimensions. Il est grand temps que la France en tire la conclusion.

Quel impact a eu la note du « colonel Motor* » ? Combien parmi les quatre-vingts personnalités destinataires l'ont-elles vraiment lue ? La réponse est dans la question. On dirait aujourd'hui que son mémorandum a fait un flop. Pourtant, ce qui y est décrit deviendra réalité dans les mois qui viendront. Sa démarche irrite au plus haut point le haut commandement : « Encore du de Gaulle... », dit-on dans les bureaux et les coursives. Il est mis sur la touche à la fois pour les étoiles de général de brigade et pour le commandement important auxquels il aspire**. La France est en état de guerre mais il n'est pas question de céder sur les questions de gestion domaniale du pouvoir. Il lui faut attendre le printemps 1940 et la nomination de Paul

* Surnom que lui a donné la presse.

** D'où une lettre qu'il envoie à Paul Reynaud ce même mois de janvier 1940 pour obtenir le grade de général de brigade et le commandement d'une division de blindés en cours de constitution (voir Pierre Servent, *Le Complexe de l'autruche*, Paris, Perrin, 2011).

Reynaud à la présidence du Conseil pour voir ses vœux du mois de janvier enfin exaucés. Que de temps perdu !

Quoi qu'il en soit, de Gaulle prend enfin en Alsace le commandement par intérim de la 4e division cuirassée, qui n'existe en fait que sur le papier. En le lui confiant le 11 mai 1940 (l'offensive allemande a été lancée la veille…), le général Alphonse Georges, bras droit du général en chef Gamelin, lui dit : « Allez de Gaulle ! Pour vous qui avez, depuis longtemps, les conceptions que l'ennemi applique, voilà l'occasion d'agir[12]. »

Enfantillage

Une semaine plus tard, à Montcornet (Aisne), le colonel de Gaulle lance une offensive brutale avec sa division incomplète contre ce point névralgique où campe l'état-major du corps blindé de Guderian, ainsi qu'une partie du soutien de la 1re *Panzerdivision*. Les Allemands sont surpris et bousculés par cette attaque inattendue. Ils n'y reconnaissent pas la patte habituelle des Français. Les chars de De Gaulle récidivent deux jours plus tard sur Crécy-sur-Serre, avec quelques succès ponctuels. Dans les deux cas, ses unités sont finalement freinées puis repoussées, notamment par la chasse allemande omniprésente. Plus tard, des esprits chagrins et injustes reprocheront à l'impétueux colonel de ne pas avoir coordonné son attaque avec l'aviation française. Son caractère solitaire lui aurait ainsi fait perdre une occasion de franche victoire tactique sur les Allemands. « C'est là une des différences fondamentales avec Guderian, pour lequel chars et avions formaient un couple indissociable[13] », note l'historien allemand Karl-Heinz Frieser, qui ajoute aussitôt : « Néanmoins, sur un strict plan technique, une collaboration étroite avec son aviation n'aurait guère été possible, de toute façon, car les forces armées françaises, contrairement à la Wehrmacht, ne possédaient pour cela ni organes de liaison appropriés ni appareils de radio adéquats. » Le général Weygand, qui a pris le commandement suprême derrière un Gamelin effondré, décerne au colonel de Gaulle une citation élogieuse pour ses dernières actions d'éclat. Mais pour de Gaulle, qui est allé le voir dans son état-major, Weygand n'a pas le caractère pour se muer en chef résolu et imaginatif dans l'adversité.

À la suite de son action sur la Somme, les services de propagande interviewent le 21 mai ce colonel qui a su tenir la dragée haute aux Allemands. Le fait est suffisamment rare pour valoir quelques minutes à la radio. Le texte de cet « appel » du 21 mai est peu connu*. Pourtant, il en contient déjà en germe l'autre… Style et fond, toute la patte gaullienne y est.

> C'est la guerre mécanique qui a commencé le 10 mai. En l'air et sur la terre, l'engin mécanique – avion ou char – est l'élément principal de la force. L'ennemi a remporté sur nous un avantage initial. Pourquoi ? Uniquement parce qu'il a plus tôt et plus complètement que nous mis à profit cette vérité. Ses succès lui viennent de ses divisions blindées et de son aviation de bombardement, pas d'autre chose ! Eh bien ! nos succès de demain et notre victoire – oui ! notre victoire – nous viendront un jour de nos divisions cuirassées et de notre aviation d'attaque. Il y a des signes précurseurs de cette victoire mécanique de la France. Le chef qui vous parle a l'honneur de commander une division cuirassée française. Cette division vient de combattre durement ; eh

* On doit son utile exhumation à Pierre et Anne Rouanet (*L'Inquiétude outre-mort du général de Gaulle*, Paris, Grasset, 1985).

> bien ! on peut dire tout simplement, très gravement – sans nulle vantardise –, que cette division a dominé le champ de bataille de la première à la dernière heure de combat. Tous ceux qui y servent, général [il ne l'est pas encore] aussi bien que le plus simple de ses troupiers, ont retiré de cette expérience une confiance absolue dans la puissance de cet instrument. C'est cela qu'il nous faut pour vaincre. Grâce à cela, nous avons déjà vaincu sur un point de la ligne ? Grâce à cela, un jour nous vaincrons sur toute la ligne[14].

Paul Reynaud, qui a de la suite dans les idées, décide de faire entrer le général Charles de Gaulle dans son gouvernement. Le 6 juin 1940, il est nommé sous-secrétaire d'État à la Défense nationale et à la Guerre (il avait été nommé général le 1er juin). Apprenant de la bouche de Reynaud la prochaine entrée de De Gaulle au gouvernement, Maxime Weygand lui dit tout de go : « C'est un enfant ! C'est plus un journaliste qu'un officier. » Philippe Pétain, dans les mêmes circonstances, s'indigne : « Il est non seulement vaniteux mais ingrat. Il n'a guère d'amis dans l'armée et ce n'est guère étonnant. Il donne l'impression de mépriser tout le monde. » Reynaud répétera ces éloges spontanés à de Gaulle… Ce qui permet de mieux comprendre certains passages de son futur appel du 18 Juin où ils fustigent ces chefs aveugles.

Pour l'heure, au sein de l'institution plus d'un s'étrangle devant la nomination politique de cet éternel pistonné. Mais le ver est dans le fruit gouvernemental que de Gaulle rejoint. Le nouveau président du Conseil, Paul Reynaud, a également embarqué Philippe Pétain. Il a besoin de l'aura intacte du sauveur de Verdun. Or, le maréchal est le porte-fanion de ceux qui veulent arrêter le combat. De Gaulle est bien placé pour savoir que l'homme est intellectuellement inapte à comprendre les tenants et les aboutissants du drame qui se joue. Il est né pendant la guerre de Crimée (1856) et il ne s'est jamais beaucoup intéressé aux questions internationales. Le drame de Reynaud est de vouloir continuer à composer avec les uns et les autres, conformément à la délétère tradition parlementariste de la IIIe République. De Gaulle fulmine. Le gouvernement éphémère auquel il appartient va mourir d'un excès de combinaison alors que les Allemands sont aux portes. Il est en première ligne pour constater l'impuissance d'un président du Conseil pourtant ardent patriote et lucide, mais à qui les institutions de la IIIe République n'offrent aucune arme constitutionnelle pour défendre efficacement la nation en péril. L'article 16 (pleins pouvoirs) de la Constitution de *sa* république puise directement sa source dans ces semaines tragiques de juin 1940. « En fait, résumera-t-il, au milieu d'une nation prostrée et stupéfaite, derrière une armée sans foi et sans espoir, la machine du pouvoir tournait dans une irrémédiable confusion[15]. »

Il se bat néanmoins comme un beau diable, multipliant les prises de contact avec les alliés britanniques. Il retient très vite l'attention du Premier ministre Winston Churchill, impressionné de voir dans les rangs français quelqu'un d'aussi déterminé que lui. Les deux hommes n'ont pas fini de se revoir, de s'épauler, de se supporter, de s'insupporter et de « s'obstacler », comme dit Churchill dans son français savoureux. Rapidement, devant la cavalcade des panzers allemands, de Gaulle est convaincu que la guerre en métropole est perdue. Elle doit être poursuivie à partir du vaste empire colonial français, en s'appuyant sur une flotte parmi les plus puissantes du monde. « Enfantillage ! » lui rétorque Weygand en l'entendant évoquer cette hypothèse. On notera au passage la dose de mépris que ce mot recèle à l'égard d'un ministre de la République. Charles de Gaulle reste un enfant capricieux et illégitime aux yeux de l'institution. Il n'a même pas droit à un semblant de déférence du *sabre* devant la *toge*. Le généralissime Weygand campe sur les mêmes positions que Pétain : il faut arrêter tout au plus vite. À court de combinaisons et d'énergie, miné par l'activisme de son hyperbolique maîtresse, Hélène de Portes – proche des thèses de Pétain-Weygand –, Paul Reynaud, le 16 juin 1940, cède le pouvoir au vieux maréchal avec la bénédiction du président Lebrun. Le général de Gaulle n'est évidemment plus dans les petits papiers du dernier président du Conseil de la IIIe République. *Exit* le fils prodigue, sous-ministre éphémère d'une République moribonde que Pétain va euthanasier à coup d'eau de Vichy.

Il faut à ce stade conserver en tête la chronologie de cette incroyable séquence si l'on veut tenter de restituer ce qui s'est sédimenté dans la tête de De Gaulle : le 1er juin, il est général à titre provisoire ; le 6 juin, il est sous-ministre ; le 14 juin, les Allemands entrent dans Paris ; le 16 juin, il n'est plus au gouvernement ; le 17 juin, Pétain appelle les Français et les troupes à cesser le combat ; le 18 juin, de Gaulle lance de Londres son fameux appel prophétique ; le 22 juin, l'armistice est signé. Vingt-deux jours tragiques qui font basculer la vie de De Gaulle, et avec elle celle de millions de personnes. Ces vingt-deux jours marquent au fer rouge l'histoire de France.

Le meurtre du père

Le 18 juin 1940, à Londres, vers 18 heures, le général de brigade à titre provisoire Charles de Gaulle lance à la BBC son appel à poursuivre la lutte armée. Il entre ce jour-là dans l'histoire et remplit la promesse tacite faite à sa mère de ne jamais abandonner la France. Presque nu, il prétend incarner désormais la France en exil. Le Premier ministre Winston Churchill a donné son feu vert pour cette bouteille à la mer radiophonique. L'allocation de De Gaulle est *folle*, si on prend en compte les séquences précédentes. Il n'est rien, il n'a rien, il ne représente rien. Son ancien mentor est tout : le recours, le sauveur, le bouclier, le grand-père, le grand prêtre, le thaumaturge, Cincinnatus...

Si le lecteur essaie de s'abstraire quelques instants de ce qu'il sait de la suite de l'histoire, il mesurera à quel point l'appel du 18 Juin est une folie incroyable, inspirée, lumineuse, extraordinaire. Du haut d'une position politique étique et éthique, Charles de Gaulle pointe du doigt les responsables de l'effondrement de l'amour de sa vie, la France :

> Les chefs qui, depuis de nombreuses années, sont à la tête des armées françaises ont formé un gouvernement [Pétain, Weygand]. Ce gouvernement, alléguant la défaite de nos armées, s'est mis en rapport avec l'ennemi pour cesser le combat [...]. Mais le dernier mot est-il dit ? L'espérance doit-elle disparaître ? La défaite est-elle définitive ? Non !

Ce jeune général de quarante-neuf ans est visionnaire en expliquant que cette guerre « n'est pas tranchée par la bataille de France. *Cette guerre est une guerre mondiale.* Toutes les fautes, tous les retards, toutes les souffrances n'empêchent pas qu'il y a dans l'univers tous les moyens nécessaires pour écraser un jour nos ennemis ».

Pour faire bonne mesure, cet officier qui ne représente que lui-même demande à tous ceux qui veulent poursuivre la lutte de se joindre à lui. Quelle impudence dans l'indigence ! Il en a conscience. Aussi écrit-il à certains grands commandeurs pour leur proposer de reprendre le flambeau à partir de l'Empire. Il se dit prêt à se placer sous leurs ordres, ce qui détruit l'argument de ses ennemis qui par la suite lui reprocheront d'avoir voulu profiter de la défaite pour se hisser sur le pavois. Malgré ses nombreux différends avec lui et la vigueur de son appel du 18 Juin, il écrit dans ce sens à Weygand, ministre de la Défense du tout nouveau gouvernement Pétain. « Je crois devoir vous dire très simplement que je souhaite pour la France et pour vous, mon Général, que vous sachiez et puissiez échapper au désastre, gagner la France d'outre-mer et poursuivre la guerre. Il n'y a pas actuellement d'armistice possible dans l'honneur. » Cette lettre du 20 juin 1940 est directement transmise à Weygand par le général Lelong, attaché militaire à Londres. Elle ne recevra jamais de réponse. L'institution veille... En septembre, le général de Gaulle reçoit sa lettre réexpédiée de Vichy avec un papillon dactylographié ainsi rédigé : « Si le colonel en retraite de Gaulle veut entrer en communication avec le général Weygand, il doit le faire par la voie régulière[16]. » Le général de Gaulle n'oubliera pas cette humiliation, ni celles qui suivront (déchéance de nationalité, confiscation de ses biens, condamnation à mort). En 1945, alors que Weygand sort d'un camp d'internement allemand*, de Gaulle le fera arrêter puis conduire sous bonne escorte au Val-de-Grâce pour y être interné... L'homme a la

* Suspect de menées antiallemandes, il a été arrêté et déporté par les Allemands en novembre 1942. Libéré en 1945 par les Américains qui lui rendent les honneurs, il est arrêté et transféré dans la foulée à Paris sur ordre de De Gaulle. Il est libéré en 1946 puis lavé de toute accusation en 1948. Il restera un opposant politique farouche au général de Gaulle.

mémoire longue et sait se montrer féroce. Président de la République, il refusera que les honneurs militaires soient rendus au général Weygand, grand-croix de la Légion d'honneur, lors de ses funérailles aux Invalides*.

En ce triste printemps 1940, deux dates se font la guerre : le 18 contre le 17. L'appel du 18 juin est une réponse cinglante à celui du 17 juin. Ce jour-là, le vainqueur de Verdun s'est adressé aux Français. Il a fait « don de sa personne à la France pour atténuer son malheur » et a lancé le processus de demande d'armistice plutôt que de poursuivre le combat à partir de l'Empire. Une lecture comparée des deux textes est édifiante. Celui du 17 juin ne prend à aucun moment la mesure de l'enjeu de cette guerre mondiale qui commence. Il est régressif. Celui de De Gaulle est prospectif. Pétain perçoit les événements à plat, avec le logiciel obsolète d'un beau vieillard de quatre-vingt-quatre ans, quand de Gaulle, à cinquante ans, les saisit instantanément en relief, fort d'années de travail, d'écriture et de réflexion politique et militaire, hexagonale et internationale. En vieil acteur sur le retour, Philippe Pétain joue l'affaire au *feeling*, sûr de son étoile et de son charisme. Il « finira bien par rouler les Allemands » dans la farine. En stratège, de Gaulle a évalué finement les équilibres mondiaux et soupesé la véritable nature du régime nazi qui va embraser une partie du monde. En passant le 16 juin le pouvoir à Pétain, Paul Reynaud, plein d'amertume, a bien tenté de mettre en garde le vieux maréchal : « Vous croyez négocier avec Guillaume Ier**, c'est avec Gengis Khan que vous allez devoir le faire », lui a-t-il

* Ces honneurs sont normalement de droit pour un dignitaire de l'ordre de la Légion d'honneur : grand officier ou grand-croix.

** Roi de Prusse qui a battu la France en 1870.

dit à propos d'Hitler. Mais le vieil homme chargé de tant de gloire n'entendait déjà plus que le battement de son propre cœur qui scandait le bonheur d'être enfin seul à la tête du pays, fût-il écrasé, écartelé, émasculé. Il était le dernier roi de France… Pauvre royaume. C'était compter sans un dauphin «régicide» bien décidé à sacrifier le père pour sauver la mère patrie.

La France libre

Juin 1940-août 1944… Il faudra un peu plus de quatre années terribles, atroces, brûlantes, pour que le fils enterre le père après l'avoir tué symboliquement un certain 18 juin. Durant toutes ces années, où son orgueil fut maintes fois bafoué par les Américains et les Britanniques, la tentation du suicide a effleuré Charles de Gaulle. Et puis, il s'est ressaisi en pensant peut-être aux deux Jeanne, la Pucelle et sa mère. Quatre années où, avec une petite cohorte de Français libres, relayée par une résistance intérieure divisée, il a remonté la pente qui sépare la capitulation morale de la résurrection nationale. Durant ces années de cendre, de Gaulle s'affirme en stratège et en politique de haute volée, ce qui n'exclut ni le cynisme, ni la brutalité, ni les coups tordus.

Ses prophéties de 1939 (mémorandum) et de 1940 (son appel) confirment sa dimension visionnaire. Il est stratège en décidant de partir de l'Empire pour revenir dans le jeu militaire européen, non sans mal ni déboires tactiques (Dakar, Saint-Jean-d'Acre, etc.), mais avec de beaux succès, même s'ils sont parfois défensifs, comme la magnifique équipée des 3 700 Français libres du général Pierre Marie Kœnig à Bir Hakeim (désert de Libye, 1942). Désormais, grâce à sa petite cohorte d'insoumis menés par des capitaines devenus généraux (Kœnig, Leclerc), de nouveaux faits d'armes vont s'inscrire sur les étendards français relevés de la fange de 1940 : citons la folle épopée des troupes de Leclerc de Koufra à Strasbourg, puis de Strasbourg au nid d'aigle d'Hitler à Berchtesgaden ; la légendaire aventure du corps expéditionnaire français en Italie, avec notamment les combats homériques de Monte Cassino sous les ordres du général Alphonse Juin ; la longue et belle campagne de la 1re armée de De Lattre de Tassigny qui a réalisé l'impossible amalgame entre unités de la France libre et de l'ex-armée d'Afrique de Vichy, et qui les a fait débarquer en Provence pour une fulgurante remontée de la vallée du Rhône. Que dire de la magnifique saga des SAS français (commandos formés sur le modèle britannique) parachutés en Bretagne avant le 6 juin 1944 pour détourner l'attention des Allemands du véritable lieu du débarquement… On ne peut citer ici tous ces exploits, sans compter ceux de la résistance intérieure (le Vercors, etc.).

Charles de Gaulle, général sans terre et sans peur, sait se faire manœuvrier quand il lui faut mettre hors jeu un général Giraud débarqué à Alger, en 1942, avec ses cinq étoiles qui fascinent tant les Américains. Le brave et honnête général, privé de tout sens politique, ne fera pas le poids face à un homme rompu aux manœuvres politiciennes d'encerclement et d'isolement. De Gaulle s'est frotté à la IIIe République. Il l'a détestée mais il en a retenu quelques leçons. Il est prévoyant et il anticipe les défis de la Libération en unifiant sous son autorité, grâce à Jean Moulin, les mouvements de résistance intérieurs souvent centrifuges et en dotant la France libre d'institutions embryonnaires à Alger pour résister aux risques de satellisation de la France une fois la libération accomplie ; il est politique et militaire en recyclant son camarade de promotion de Saint-Cyr, le général vichyste Alphonse Juin*, après le débarquement anglo-américain en Afrique du Nord en novembre 1942 ; fin tacticien toujours en lançant, en 1944, ses commissaires de la République à l'assaut des préfectures d'une France encore dans le chaos et en partie occupée ; politique toujours en sachant ménager les communistes français, tout en les asphyxiant par le retour à la légalité et en ne craignant pas de s'appuyer tactiquement sur Moscou, notamment pour faire pièce aux Anglo-Saxons tout disposés à occuper la France après l'avoir libérée** ; politique et psychologue en faisant croire aux Français qu'ils ont été massivement résistants durant l'Occupation…

C'est à travers ces multiples facettes, rarement concentrées à ce degré en un même personnage, que l'on mesure à quel point Charles de Gaulle est un homme d'État exceptionnel doublé d'un manœuvrier hors pair. Il est stratège *et* tacticien.

On reste stupéfait aujourd'hui en mesurant le poids des responsabilités qui a pesé sur les épaules de ce chef autoproclamé qui n'avait le plus souvent pour seul viatique que sa volonté, son irascibilité, son intransigeance, son incandescence, son amour démesuré pour la France et

---

* Commandant en chef des forces françaises de Vichy en Afrique du Nord, il s'oppose d'abord par la force au débarquement anglo-américain. Il se rallie ensuite. Il fut le major de promotion de Saint-Cyr de De Gaulle. Les deux hommes se tutoyaient. Alphonse Juin sera un des quatre maréchaux issus de la Seconde Guerre mondiale.

** C'est grâce à l'appui des Soviétiques que de Gaulle parvient à envoyer en catastrophe le général d'armée de Lattre de Tassigny à Berlin le 8 mai 1945 pour assister à la capitulation de l'Allemagne nazie. Les Anglo-Américains n'y avaient pas songé…

un culot monstre. Il a mis tout cela dans la balance d'un rapport de force qui lui était structurellement défavorable. Winston Churchill sera toujours partagé à son égard entre l'admiration fervente et la cordiale détestation. Devant un parlementaire britannique qui vante devant lui les qualités de De Gaulle, irrité, il énumère longuement tous les défauts de l'homme providentiel, pour conclure, surpris lui-même par le cheminement de sa pensée : « Oui..., c'est vraiment un homme d'exception. » Les Britanniques auraient pourtant songé à un moment à s'en débarrasser. « Puisqu'il se prend pour Jeanne d'Arc [...] pourquoi ne pas le brûler ? », entendait-on parfois dans les coursives du pouvoir londonien, quand l'affrontement avec le chef des Français libres devenait par trop violent. Des agents des services secrets britanniques auraient franchi un pas dans ce sens – en avaient-ils reçu l'ordre ? – en communiquant à leurs homologues de Vichy (2e Bureau-Renseignements), avec lesquels le contact n'a jamais été rompu, un plan de vol du général de Gaulle pour l'Afrique du Nord. L'abattre eût été facile. Prévenu, le maréchal Pétain aurait demandé de ne pas exploiter ce renseignement.

Libération

La très belle statue en bronze de Jean Cardot montrant le général de Gaulle descendant la plus belle avenue du monde en août 1944 est désormais installée pour l'éternité au rond-point des Champs-Élysées pour rappeler que l'homme solitaire de 1940 a rempli la promesse de l'enfance de rendre à la France « quelque service signalé ». Il est entré dans l'histoire tandis que Pétain en est sorti. Il l'a néanmoins gracié. Le vainqueur de Verdun est parti pour l'île d'Yeu où il mourra en 1951. Mais Charles de

Gaulle n'en a pas fini avec la France. Il la voit à nouveau s'enfoncer dans ses éternelles querelles gauloises. Débarrassés de l'occupant, les partis politiques sont repartis de plus belle pour confectionner « leurs petites soupes sur leurs petits feux ». À la surprise générale, le chef du gouvernement provisoire démissionne en janvier 1946. C'est un événement politique majeur dont on n'a toujours pas déterré toutes les clés de compréhension. Qu'a voulu exactement le général de Gaulle ? Simple ras-le-bol ou coup politique manqué ? A-t-il surévalué l'attachement des Français à sa personne ? Espérait-il un électrochoc et une mobilisation populaire immédiate pour son retour qui lui aurait donné les coudées franches pour bâtir *sa* république ?

En cette année 1946, il occupe indéniablement une place immense dans le cœur des Français reconnaissants. Eux qui, pour la plupart, n'ont longtemps juré que par Pétain. Mais de Gaulle souffre toujours après la guerre d'une forme de méfiance ou de distance à son égard. Plus exactement, ce très fin politique ne sait pas structurer les affinités qui l'entourent pour en faire des piliers sur lesquels construire un pouvoir durable. Il reste un soldat et un chef militaire dans l'âme. Aussi entend-il qu'on lui obéisse d'amitié ou d'autorité, mais qu'on lui obéisse. Composer, cajoler sont autant de *terrae incognitae* qu'il n'a aucunement l'intention de découvrir. Ses subordonnés, soumis à rude épreuve à Londres ou à Alger, en savent quelque chose. Charles de Gaulle est loin de ce que l'on appellerait aujourd'hui un management éclairé ou collaboratif. Il ordonne, on obéit. Il n'est pas le seul, car l'époque est ainsi faite que l'introspection et la psychologie sont des luxes encore inconnus. De Gaulle ne dirige pas, il commande rênes courtes et de façon souvent brutale, même s'il sait parfois avoir des gestes amicaux ou écrire des lettres chaleureuses qui marquent d'autant plus les récipiendaires qu'elles sont rares.

En période de paix, cette propension à vouloir gouverner comme on commande n'est pas de nature à rallier tous les suffrages. C'est peut-être pour cela qu'aucune manifestation populaire de masse n'est venue exiger le retour au pouvoir du général de Gaulle. L'homme est pour le moins rugueux. Les Français ont sans doute besoin de plus de douceur dans cette période de convalescence.

Handicapé du cœur ?

Même s'il a autour de lui un carré d'indéfectibles compagnons – ceux qu'il nomme « les miens » –, sa capacité à brûler ses soutiens les plus fervents est étonnante. Autant l'homme est délicat, attentionné et amusant en privé, autant il est réfrigérant, distant et humiliant en fonction. Il est bien le fils de son père spirituel, Précis le sec, dont il a tout appris du style de commandement à l'âge de vingt et un ans. On ne se refait pas, surtout après cinq années de guerre dantesques. Le général de Gaulle est un handicapé de la relation sociale par tempérament, par histoire personnelle et par construction militaire. Il a d'ailleurs théorisé la nécessaire solitude du chef et le mystère qui doit toujours l'entourer. Dans ce domaine, il est croyant et pratiquant. Dans *Vers l'armée de métier*, il dévoile sa philosophie :

> Si les enseignements reçus et les quotidiennes occupations suffisent à façonner la plupart de nos semblables, les puissants se forment eux-mêmes [...]. Ils bâtissent dans le secret de la vie intérieure l'édifice de leurs sentiments, de leurs concepts,

de leur volonté. C'est pourquoi, dans les heures tragiques où la rafale balaie les conventions et les habitudes, ils se trouvent seuls debout et, par là, nécessaires.

On ne saurait donner une définition plus claire de ce qui forge un homme providentiel.

Charles de Gaulle avait quarante-quatre ans lorsqu'il avait écrit cela. Il le pense depuis l'enfance. Aussi a-t-il beaucoup de mal à prendre en compte les autres, ceux qui selon lui se sont fait « façonner par l'extérieur ». L'altérité se heurte à cette conception élitiste de la vie. Il ne comprend notamment pas que l'on puisse attendre quelque chose de particulier sur le plan affectif quand on fait tout simplement son devoir pour la France. Les témoignages abondent, à Londres comme en France après la Libération, sur sa façon de ne tenir aucun compte de la dimension affective et psychologique de ses hommes. À la Libération, il ne manifeste aucune chaleur particulière vis-à-vis des unités FFI qu'il passe en revue après quatre années terribles d'occupation. Certains l'attendent comme le Messie. Ils espèrent un simple mot chaleureux, un remerciement affectueux, une bourrade de camarade, un sourire entendu. Ils déchantent. Ils sont durablement blessés de s'entendre dire qu'ils n'ont fait que leur devoir et qu'ils doivent repartir chez eux sans rien demander de plus, pour reprendre leurs études, leur travail de bureau ou leur labour. Nombre parmi eux ont tout sacrifié, ont perdu des amis, des membres de leur famille, ont connu l'enfer des geôles de la Gestapo, la déportation. Leur attente de reconnaissance, voire d'affection, est douchée par un de Gaulle altier et impavide. Des chefs FFI, tout particulièrement, sont mortifiés. Ils ont alors des mots sévères pour ce chef qu'ils accusent à mots couverts de s'être servi d'eux. Ressortent les vieilles accusations de « magouilleurs », auxquelles s'ajoute celle de « chef de bande sectaire ». Le gaullisme serait une secte, murmure-t-on. Certes, les anciens de Vichy ne sont pas les derniers à colporter ces rumeurs. Mais ils ne sont pas les seuls. D'authentiques résistants ne se reconnaissent pas dans le grand homme approché de près. Cela crée une hostilité latente de certains cercles – qui ne sont pas tous ex-vichystes –, qui resurgira plus tard dans les années 1960 sur fond de guerre d'Algérie.

De Gaulle n'en a cure. Il campe sur les hauteurs dans un tête-à-tête avec la France, loin des faiblesses humaines, ou tout simplement de ce qui fait la pâte humaine. On se souvient qu'en 1940, à Londres, il n'avait pas su attirer massivement ses anciens subordonnés. Il ne les a pas vus arriver à Londres, alors qu'en bien d'autres circonstances des unités entières ont basculé pour la France libre ou pour Vichy sur un claquement de doigts de leur chef… La Libération acquise, il estime sans doute que s'attendrir ou s'apitoyer devant des hommes courageux serait insultant pour eux, car c'est ainsi qu'il le vivrait personnellement. Or, tout le monde n'est pas de son essence. Déjà à Londres, certains collaborateurs avaient tenté de le mettre en garde contre son effet repoussoir. Un chef de guerre ne peut passer par pertes et profits les affects de ses hommes, surtout en période de pénurie de volontaires. Pierre Brossolette*, normalien, ancienne figure de la SFIO, journaliste renommé rallié à de Gaulle, essayera en vain de lui faire comprendre qu'il ne peut donner à ses commensaux le sentiment d'une indifférence olympienne, comme si seule la France comptait… mais sans les Français, sans ceux qu'il appellera plus tard les « veaux ».

---

* Arrêté par la Gestapo, il se suicide pour ne pas parler.

Une anecdote est très révélatrice de ce handicap majeur si on veut faire de la politique dans le cadre d'une démocratie ouverte – on verra que pour l'affaire algérienne, cette myopie sur les pesanteurs de l'affectif aura de graves conséquences. Polytechnicien, officier d'active, le capitaine André Dewavrin – plus connu sous le nom de colonel Passy – est un gaulliste de la première heure. Le général de Gaulle l'a chargé, en 1940, de créer *ex nihilo* et de prendre le commandement du service de renseignements de la France libre (le BCRA). Il a laissé des souvenirs intéressants[17] sur les premiers pas de l'aventure des Français libres à Londres. Le général de Gaulle l'apprécie, et n'est pas insensible à ses diplômes*. Il l'invite un soir à dîner à l'hôtel Rembrandt. Passy raconte :

> Ce fut pour moi une révélation de le trouver détendu, d'une politesse exquise, particulièrement aimable et urbain, débarrassé de la raideur sèche, parfois même brutale, qui caractérisait son attitude dans son bureau de Carlton Gardens. Dans son amabilité, bien davantage encore que dans sa rudesse ou son abord cassant, sa timidité me frappa fortement [...]. Après le dîner, tout en fumant un de ses traditionnels cigares, je dépeignis au Général l'atmosphère de Carlton Gardens, ce qui le fit sourire mais ne sembla guère l'émouvoir**. Puis comme je le voyais de bonne humeur, je me risquai à lui parler de l'état moral des jeunes officiers et des hommes, séparés de leurs familles depuis de nombreux mois et sans nouvelles d'elles*** et je lui fis sentir leur désarroi devant ce que certains appelaient son « inhumanité ».

---

* C'est aussi un point de critique contre lui : de Gaulle est extrêmement sensible aux « parchemins ».

** Les querelles intestines et les coups bas n'y sont pas rares.

*** Encore membre du gouvernement pour quelques heures, le général de Gaulle a fait faire en urgence pour sa famille des passeports qui lui ont permis de passer en Angleterre.

Ne pouvait-il pas leur dire de temps à autre quelques mots qui leur montrassent qu'il pensait à eux, tout en leur faisant réaliser les progrès accomplis sur la route de la victoire ? Mais je n'avais pas plutôt achevé ma requête que le Général se levait, le visage fermé et dur, et me disait : « Je n'ai pas de leçons à recevoir d'un galopin comme vous ! » Je pris congé et m'en fus, tout décontenancé. Or le lendemain, comme j'arrivais à Carlton Gardens, je vis la silhouette du Général qui montait l'escalier. Arrivé à mi-étage, il fut croisé par un planton qui, en le voyant, se colla au garde-à-vous contre la muraille. À ma grande stupéfaction, le Général s'arrêta, serra la main du brave garçon terrorisé et lui dit d'un ton qui eût découragé toute velléité de confidences : « Comment allez-vous ? Avez-vous des nouvelles de votre famille ? » Puis il continua sa route en laissant sur place le planton médusé et bredouillant une réponse inaudible, sans même lui dire le célèbre « Continuez ! » de Mac-Mahon*.

Revenu au pouvoir en 1958, il ne modifiera en rien ce comportement. Cette sécheresse apparente de cœur sera durement ressentie, notamment par ses plus proches collaborateurs. C'est ainsi qu'il refusera tout net que son aide de camp depuis la Libération, le colonel de Bonneval – serviteur exemplaire, grand résistant revenu de camp de concentration pesant 50 kilogrammes pour 1,80 mètre –, soit nommé général de brigade « quart de place** » alors

* Le maréchal de Mac Mahon (1808-1893), premier président de la IIIe République, était célèbre dans l'armée pour ses formules à l'emporte-pièce, sans imagination, voire ineptes.

** Expression courante dans l'armée qui désigne les colonels qui partent avec leurs étoiles : officiers généraux en 2e section (cadres de réserve), ils bénéficient alors d'une réduction SNCF à vie de 75 %, d'où l'expression « général ou amiral quart de place ». Cette disposition est souvent utilisée pour récompenser en fin de carrière un brillant sujet qui n'a pu toutefois décrocher ses étoiles pendant son temps d'active.

qu'il s'apprête à quitter le service actif. Le motif invoqué par de Gaulle ? Le malheureux Bonneval n'a pas derrière lui les deux ans réglementaires de commandement d'un corps de troupe, sésame pour pouvoir espérer les étoiles. Et s'il ne les a pas, c'est parce qu'il a servi de Gaulle dans ce poste très sensible… Comme le note très justement Georgette Elgey : « De Gaulle, qui au nom de la France a violé toutes les règles de la discipline militaire, n'admet pas, une fois au pouvoir, la moindre infraction aux règlements militaires[18]. » On pourrait ajouter qu'à partir du grade de lieutenant-colonel il n'a progressé que par la faveur du Prince…

La pétaudière algérienne

Après un exil politique de douze années (1946-1958), la guerre d'Algérie – on parle alors des « événements d'Algérie » – permet au général de Gaulle de revenir au pouvoir dans des circonstances rocambolesques. Elles prouvent qu'il sait toujours manœuvrer, manipuler et même mentir quand l'enjeu lui semble en valoir la peine*. Un climat insurrectionnel s'est installé à Alger avec le coup de force du 13 mai 1958 – prise d'assaut par la foule algéroise du Gouvernement général – pour s'opposer aux supposées velléités de la IVe République, à bout de souffle, de brader les douze départements français

* Il fera croire dans un communiqué qu'il s'est entendu avec le président du Conseil Pierre Pflimlin (investi le 14 mai) pour prendre la suite en douceur. Or, il n'en est rien… Les deux hommes se sont bien vus en secret, mais il n'a jamais été question de cette « transition ». Le coup de bluff fonctionne : le 1er juin 1958 Charles de Gaulle devient président du Conseil. Le 4 octobre 1958, la Ve République naît.

d'outre-Méditerranée*. Le président du Conseil pressenti, Pierre Pflimlin, provoque l'ire des tenants de l'Algérie française. C'est une époque où l'autorité militaire a pris le pas sur l'autorité civile : les préfets se font engueuler par des colonels. La IVe République est chancelante. « Sous son autorité, ou plutôt son absence d'autorité, l'armée française prend l'habitude de ne plus obéir au pouvoir politique, voire de s'y substituer », souligne Georgette Elgey. De Gaulle n'a-t-il pas fait de même en juin 1940, quand l'honneur du pays était menacé ? clament les apprentis factieux les yeux fixés sur Colombey-les-Deux-Églises. Militaires et civils sont à la manœuvre sur place et en métropole**, notamment les généraux Salan (grand colonial, très bon connaisseur de l'Asie, surnommé « le Mandarin ») et Massu (gaulliste historique, Compagnon de la Libération) regroupés au sein d'un comité de salut public.

Ce n'est pas le lieu de raconter par le menu comment de Gaulle, sorti opportunément de sa thébaïde, a su surfer très adroitement sur la menace d'un coup d'État menaçant la métropole – et déjà amorcé en Corse avec l'opération *Résurrection* – pour devenir le dernier président du Conseil de la IVe République avant de l'achever. Le moins que l'on puisse dire c'est que s'il a respecté scrupuleusement les règles d'adoubement d'un régime qu'il exècre autant que le précédent, son retour s'est fait *de facto* à la pointe des baïonnettes d'une partie de l'armée. Lui qui a eu

---

* Ils étaient au nombre de trois jusqu'en 1955. Le Sahara bénéficie d'un statut spécial. La France y a créé de toutes pièces une remarquable industrie pétrolière et va y procéder à ses premiers essais nucléaires en atmosphère.

** Des officiers sont arrêtés préventivement en métropole compte tenu de leurs liens supposés avec les comploteurs algérois.

tant de mal avec elle, se retrouve au pouvoir grâce à sa démarche factieuse et à l'habileté de quelques comploteurs gaullistes de talent comme Léon Delbecque et Jacques Soustelle. D'un fil, il a su éviter à cette république un *pronunciamiento* élargi. Comme il l'a dit lui-même lors d'une célèbre conférence de presse (19 mai 1958), il n'a jamais attenté au fonctionnement régulier des pouvoirs publics et il n'a jamais eu l'intention de commencer « à soixante-sept ans une carrière de dictateur ». C'est indéniable, mais les conditions de son retour sentent le soufre. Il a manifestement bénéficié de soutiens militaires qui, eux, l'envisageaient alors parfaitement. Trois ans plus tard, ils attenteront au fonctionnement régulier du pouvoir gaulliste qu'ils avaient contribué à mettre en place, sur un malentendu. En attendant, en cette année 1958, la classe politique se divise, mais le clan de ceux qui espèrent en de Gaulle est le plus fort. François Mitterrand, un des ministres inamovibles de la IVe République, résume la pensée des opposants au Général qui refusent la confiance, en déclarant à la tribune de l'Assemblée nationale : « [En 1944] le général de Gaulle avait auprès de lui deux compagnons qui s'appellent l'honneur et la patrie. Ses compagnons aujourd'hui [...] se nomment le coup de force et la sédition[19]. »

Face à la pétaudière algérienne, les Français applaudissent le retour de l'homme du recours. C'est l'éternel mythe de Cincinnatus cher à leur cœur. De Gaulle s'est arraché à sa charrue de Colombey-les-Deux-Églises pour relever de la tourbe sa chère France. Mais l'homme du 18 Juin a eu le temps de méditer dans sa retraite. Il n'est pas question pour lui de se laisser manipuler comme Pierre Mendès France en 1954 à propos de l'Indochine : trois petits tours autorisés par les partis pour régler une guerre coloniale… et puis s'en va ! Avec les institutions de la Ve République – pas très éloignées des grandes lignes institutionnelles sur lesquelles Pétain avait fait plancher quelques constitutionnalistes à l'époque de Vichy – Charles de Gaulle se dote des moyens de durer au-delà d'un mandat précaire pour régler le problème algérien. On mesure une nouvelle fois à cette aune à quel point l'homme est une charnière vivante entre le politique et le militaire. Georgette Elgey ajoute avec finesse :

> Chez de Gaulle, le visionnaire à l'amour de la France teinté de mysticisme cohabite avec le stratège, toujours fidèle aux règles de l'art militaire. Cette dualité est à l'origine de sa politique algérienne. Rarement une action publique aura suscité tant d'exégèses opposées, mais qui s'accordent sur un point : son manque de clarté, ses équivoques. En fait, si l'on tient compte de la spécificité gaullienne, elle paraît simple. Le visionnaire est depuis longtemps convaincu que le temps de la colonisation appartient au passé[20].

Je vous ai compris

Dans quel état d'esprit l'homme du recours arrive-t-il à Matignon ? Laissons la parole à Jean Lacouture, qui résume d'une façon limpide l'extrême complexité de la « schizophrénie » gaullienne[21].

> De Gaulle, vis-à-vis de l'Algérie, c'est au moins quatre personnages, imbriqués et contradictoires. Un philosophe de l'histoire, qui depuis le milieu des années 1950 a décelé dans le peuple algérien composite et déculturé une vocation nationale et l'aspiration à se bâtir, comme les autres, un État ; un général nationaliste qui répugne à céder, s'indigne d'être combattu et s'opiniâtre en combinaisons dilatoires ; un

> politique qui fait ses comptes, mesure obstacles et alliances, majorités et oppositions, barricades et motions de congrès, et pilote en fonction des circonstances ; un stratège enfin, qui n'aspire qu'à faire d'une France libérée de ses colonies et dotée du feu nucléaire l'archange d'une paix armée dont il serait le grand ordonnateur[22].

Selon le journaliste du *Monde*, ces quatre tendances demeurent jusqu'au printemps 1960.

Les exégètes du gaullisme disputent encore la question de savoir ce que le général de Gaulle, le 4 juin 1958, avait vraiment en tête en criant à Alger, de la tribune du gouvernement général, devant une foule en liesse : « Je vous ai compris ! » Quel est, des quatre personnages de Lacouture, celui qui s'est exprimé ? Que de dissertations divergentes sur ces quatre mots ! Cynisme absolu, effet de la fatigue, erreur de communication, sincérité momentanée avant de comprendre vraiment de quoi il retournait ? Comme souvent l'explication est bien plus simple que ce que les analyses subtiles tentent de démontrer. On partage le point de vue de l'historienne Georgette Elgey, car l'atmosphère qui entoure une prise de parole est essentielle pour saisir l'intention profonde de l'orateur. Au balcon du Gouvernement général, ce jour-là le général de Gaulle a bien du mal à parler. La houle de cris, de slogans – « vive de Gaulle », « vive Soustelle* », « vive Massu » – est telle sur le forum qu'elle empêche le Général de parler. Cela a pour effet de l'énerver prodigieusement, lui qui, sans doute, aimerait pouvoir faire claquer un sonore « garde-à-vous ! »

* Intellectuel de renom (normalien spécialiste des civilisations anciennes de l'Amérique latine), gaulliste historique, ancien gouverneur général en Algérie, il est adulé par les partisans de l'Algérie française. Il entrera en dissidence ouverte quand il comprendra que le Général veut « abandonner » l'Algérie.

pour faire rentrer instantanément la foule dans le rang et dans le silence. Présent sur place, le préfet Jacques Lenoir, dont Georgette Elgey exhume le témoignage oublié[23], rapporte ceci :

> Sur le moment même, j'ai immédiatement trouvé la signification de ce « Je vous ai compris ». Pour moi, c'est très simple. Cela signifie tout bonnement : « Bon ça va bien ! Ça suffit ! J'ai entendu que vous réclamiez Soustelle. J'ai compris ce que vous voulez dire. Maintenant foutez-moi la paix et laissez-moi parler... » [...] pour moi, sur le moment, cette exclamation n'est rien d'autre que le cri d'un orateur qui veut s'exprimer, qui n'arrive pas à se faire entendre de la multitude massée devant lui, et qui trouve les mots susceptibles de la faire taire.

Tous des cons !

Une chose est certaine, dans l'esprit du Connétable, le *statu quo* en Algérie n'est plus tenable malgré cent trente ans de présence française. Pour lui, toujours stratège, les grands enjeux se situent désormais ailleurs : dans la nécessaire réconciliation franco-allemande, dans la construction européenne (même s'il est méfiant sur la question), dans la grande confrontation Est-Ouest (guerre froide), dans le développement économique et social, l'industrialisation, la dissuasion nucléaire, le reformatage de l'armée... Le reste est pour lui de l'ordre des questions périphériques à régler au plus vite et sans état d'âme. La nostalgie ne saurait tenir lieu de politique quand il s'agit du devenir de la France.

Le Général a compris très tôt que l'option guerre conduisait dans le mur s'il n'y avait pas de perspectives politiques derrière :

> [...] bien sûr, nous pourrions continuer la guerre : nous en avons déjà tué 200 000, nous en tuons 500 par semaine, mais où cela nous mènerait-il ? L'armée qui ne voit pas plus loin que le bout de son djebel ne veut pas être privée de sa victoire et n'entrevoit comme solution qu'une solution sur le tas et qu'un moyen : casser du fellagha. [...] L'armée n'a jamais rien compris à la politique, et elle continue à n'y rien comprendre. Et puis il y a les Français d'Algérie qui se démènent et refusent de voir les faits. [...] À quoi cela nous mènera-t-il ? À perdre tout ce que nous possédons et rien d'autre[24].

Il ne se fait guère d'illusion sur la possibilité de rallier à ses vues le corps des officiers engagés outre-Méditerranée, ni ceux de métropole, qui communient avec leurs frères d'armes.

Très vite (dès juillet 1958), de Gaulle partage en privé un constat sans appel où l'on retrouve sa méfiance structurelle vis-à-vis de l'armée :

> Ils [les tenants de l'Algérie française] rêvent. Ils oublient qu'il y a neuf millions de musulmans pour un million d'Européens. [...] L'armée, qu'est-ce que c'est ? Quelques colonels qui se prennent pour Giap... Les Français là-bas ? Les gros n'ont rien compris, ils se cramponnent ; les petits sont affolés. [...] Nous ne pouvons pas garder l'Algérie. Croyez bien que je suis le premier à le regretter, mais la proportion d'Européens est trop faible. Si nous étions plus nombreux, mais un contre neuf... ! [...] La fraternisation [entre Européens et musulmans], c'est une illusion. Si l'on disait aux Français d'Algérie : la fraternisation, c'est l'égalité entre vous et les musulmans, ils en feraient une tête, et ils renverraient vite les Arabes dans leurs gourbis[25].

Au journaliste du *Monde* Pierre Viansson-Ponté, il confie la même année, en rentrant d'une nouvelle tournée en Algérie :

Les généraux, au fond, me détestent. Je le leur rends bien. Tous des cons. Vous les avez vus, sur l'aérodrome de Telergma ? Des crétins uniquement préoccupés de leur avancement, de leurs décorations, de leur confort, qui n'ont jamais rien compris et ne comprennent jamais rien. Ce Salan, un drogué. Je le balancerai aussitôt après les élections. Ce Jouhaud, un gros ahuri. Et Massu ! Un brave type, Massu, mais qui n'a pas inventé l'eau chaude… Enfin, il faut faire avec ce qu'on a[26].

Le général Salan, avec son imposant placard de décorations, sera effectivement « balancé » sans état d'âme*, mais non sans avoir reçu de la part du Général des lettres personnelles parmi les plus élogieuses… C'est ce qui permet légitimement à l'historienne Georgette Elgey de parler du « jésuitisme » du Général.

Derrière la ligne de mire, la politique

Le tragique épisode algérien a ceci de spécifique qu'il est un concentré de « gaullité », pour reprendre le néologisme de Jean Lacouture, et ce malgré les flottements initiaux. Qui peut prétendre que ce dossier est simple ? Qui ne chercherait pas sa voie à tâtons dans le dédale de la Casbah ? On retrouve dans cette « gaullité » ce mélange étonnant et détonant d'art militaire et de savoir-faire politique et diplomatique. Et dans l'art de la communication, le talent le plus extrême et les maladresses les

* Charles de Gaulle lui proposera sérieusement un poste d'ambassadeur au Japon… Salan le déclinera. Il aura ensuite un titre ronflant qui le contraint à rentrer en métropole. Peu de temps après, il découvrira que sa fonction a été tout simplement supprimée. Il se retrouve en disponibilité. Le Général pratique à l'occasion avec habileté la technique de l'étrangleur ottoman pour éviter les esclandres.

plus insignes. Le Général sait également être un manipulateur cynique. Alain Peyrefitte en a fait l'expérience, parmi d'autres. Le Général, qui aime à recevoir en privé ce normalien-énarque, l'encourage à prendre parti (dans une série d'articles dans *Le Monde* et dans un livre) pour la partition. L'idée est aussi simple qu'irréaliste : les pieds-noirs et les musulmans restés fidèles à la France se retrancheraient sur l'Algérie utile côtière, laissant le reste du territoire, sable et cailloux, à l'Algérie algérienne. Un cordon permettrait de relier ce réduit chrétien au Sahara. Peyrefitte s'emballe pour cette option, et avec lui nombre d'intellectuels comme Georges Pompidou. Ballon d'essai, leurre... il semble bien que le Général ait habilement fait agiter ce chiffon rouge pour faire pression sur le FLN dans les négociations. Il n'y a sans doute jamais cru. Après l'avoir poussé en avant, et même financé – pour la publication de ses articles sous forme de tiré à part –, cela ne l'a pas empêché de faire reproche ensuite au pauvre député Peyrefitte de s'être engagé si loin pour cette option. Sa capacité à avaler cette grosse couleuvre sera récompensée, au final, par un strapontin ministériel dans le gouvernement Pompidou.

Cette duplicité du grand homme est souvent mise en avant par ses détracteurs. Ceux qui ont la mémoire longue se souviennent de sa mauvaise réputation d'avant guerre. Mais parmi bien des angles d'attaque, l'antigaullisme se nourrit d'une mise en cause tout à fait pernicieuse : de Gaulle ne serait pas un véritable militaire. Il serait en fait un pur politique cynique déguisé en officier, et de plus un très mauvais tacticien. La preuve : il n'a jamais brillé comme chef de guerre ou comme combattant. Encore aujourd'hui, il arrive à l'auteur d'entendre parfois, à haut niveau, ce point de vue du côté de l'armée... L'auteur ne le partage pas. Les faits le démentent. La guerre d'Algérie en est une illustration supplémentaire. Mais chez lui, contrairement à nombre de ses pairs, l'art militaire n'est jamais séparé d'objectifs politiques de moyen et long termes. Le génie incandescent de De Gaulle réside dans cette articulation subtile.

Quand le Général prend la main en 1958, la posture militaire en Algérie est figée malgré la disproportion des forces (400 000 soldats français et 140 000 harkis* contre 40 000 à 50 000 combattants du côté de l'Armée de libération nationale). Elle se résume en deux expressions : quadrillage du terrain et guerre psychologique. Charles de Gaulle s'en étonne et tente au passage de lutter (sans grand succès) contre la pratique étendue de la torture. Il essaie de convaincre le général Salan de reprendre le combat, de remettre son armée au travail, de sortir d'une option trop statique, trop inspirée des guerres révolutionnaires rouges. Cette option de la guerre indirecte a transformé, selon lui, les soldats en gardiens statiques, en assistantes sociales ou en superpoliciers. Il conseille vivement à Salan de bouger et de reprendre une guerre de mouvement, en soulignant tous les avantages de l'usage massif d'un nouvel outil militaire, l'hélicoptère. L'hélicoptère est le char d'hier, il apporte la mobilité et la surprise.

On retrouve dans cette pensée des invariants gaulliens : l'immobilisme est le pis-aller des faibles et des « sans

* Le nombre de harkis varie d'une source à l'autre. Le nombre de 110 000 est évoqué en Conseil des ministres en 1962. *Le Monde* du 27 septembre 2016 parle de 55 000 à 75 000 harkis abandonnés à leur sort tragique en Algérie et 60 000 admis à venir en France (ils sont 500 000 aujourd'hui). Mais ce qui reste peu clair, c'est le *distinguo* entre harkis combattants avec la France et familles de harkis. L'auteur n'est pas parvenu à clarifier les chiffres sur ce point.

imagination» (en synthèse, c'est «l'esprit de Vichy» qu'il fustige constamment), seul le mouvement permet d'obtenir l'ascendant et de ne pas subir (c'est l'âme de la France libre qu'il incarne). S'il débarque de son poste le général Salan, ce n'est pas seulement parce que le «drogué» lui est insupportable avec ses allures de soudard en goguette, képi en arrière, ventre en avant, mais surtout parce que celui-ci n'a pas compris les exhortations militaires du nouveau patron. Et si le général Maurice Challe est nommé à sa place comme commandant en chef en Algérie, c'est pour mettre en œuvre un plan d'opérations musclé qui renvoie les colonels et leurs unités sur le terrain avec la volonté de vaincre. On a parlé du «plan Challe» (1959-1960), c'est un abus de langage : il s'agit bien du «plan de Gaulle»*. Il va conduire à la quasi-destruction de l'ANL** : 26000 rebelles seront mis hors de combat et plus de 10000 capturés.

Le grand malentendu

Ici encore, le coup d'œil du Connétable est fulgurant. Il pousse résolument l'armée à faire la guerre. Il ne va pas ménager sa peine pour l'encourager, la fouetter, la féliciter et la soutenir en débloquant des moyens. «Il faut

---

* «J'avais étudié avec [Challe] et approuvé son projet, qui consistait à porter l'offensive, en concentrant les moyens voulus, successivement sur chacune des "poches" rebelles, à les réduire l'une après l'autre et à tenir ensuite les emplacements, fussent-ils inconfortables, où elles pourraient se reformer» (dans *Mémoires d'espoir*, Paris, Plon, 1970).

** Jean Lacouture rapporte plusieurs témoignages qui vont tous dans le même sens : avec le plan Challe, pendant plus de quatorze mois, le FLN a été incapable «de se manifester en tant que force militaire» (dans *De Gaulle*, t. 3, *Le Souverain*, Paris, Le Seuil, 1986).

pousser jusqu'au bout, c'est-à-dire jusqu'à une victoire des armes», dit-il à l'un de ses ministres début 1959. Pour les officiers, ce formidable coup de reins est un ravissement. Une promesse. Ils savourent le retour de la victoire loin des opérations de basse police dans lesquelles les politiques de la IVe République les ont compromis. Les hélicoptères se révèlent un instrument majeur de reconquête du terrain : ils permettent de ne plus avoir à partir du bas pour monter péniblement vers le haut, entre mines et embuscades, mais de déposer directement sur les sommets les commandos de chasse. Ils peuvent redescendre progressivement en nettoyant les réduits des fellaghas. Les avions sont également engagés pour bloquer les rebelles sur les pitons ou pour les «napalmer» quand ils sont retranchés dans des anfractuosités. Aux yeux des centurions, cette mission fixée par le grand Charles ne peut avoir qu'un seul objectif : que l'Algérie reste française en écrasant la rébellion armée. C'est leur mission, croient-ils. Ils se donnent donc à fond, y laissant tripes, cœur et âme... Déjà, à l'automne 1958, ils avaient retenu du plan de Constantine la volonté du pouvoir de lancer sur cinq années un formidable effort de développement économique, social et éducatif. Pour eux, tout converge (guerre et développement) vers la volonté du Connétable de maintenir l'Algérie dans la France en la changeant de fond en comble. Ils ne tiennent pas compte des multiples coups de scalpel que le Général porte ici ou là au cœur de cette illusion.

C'est ici que se situe le point nodal du grand malentendu. Si de Gaulle leur demande de repartir au combat, c'est en fait pour deux raisons éminemment politiques : tout d'abord, pour que les colonels arrêtent de faire de la politique à Alger et fassent leur métier de soldat ; ensuite, pour être en position de force pour négocier avec les nationalistes algériens et trouver *in fine* «la solution la plus française» (formule ô combien ambiguë !).

> [...] de Gaulle desserre l'étreinte de l'armée sur lui, souligne Jean Lacouture. Il se donne de l'air. À chacun sa mission : aux uns la bataille, à l'autre la décision politique. Le plan Challe c'est, après dix mois de manœuvre, la récupération par de Gaulle du monopole politique à propos de l'Algérie[27].

À Alger, les colonels n'engueulent plus les préfets pour une bonne raison : ils ne sont plus là, ils sont dans la montagne avec leurs hommes à traquer les katibas de l'ANL.

Lors de ses tournées algériennes, Charles de Gaulle a parfaitement perçu le hiatus croissant. Il argumente, martèle et sermonne :

> Quant à vous [les militaires], écoutez-moi bien ! Vous n'êtes pas l'armée pour l'armée. Vous êtes l'armée de la France. Vous n'existez que par elle, pour elle et à son service. Or celui que je suis, à son échelon, avec ses responsabilités, doit être obéi par l'armée pour que la France vive[28].

Mais dans les popotes on murmure de plus en plus souvent, à l'instar du général Faure : « Ce mec a trompé l'armée[29]. » Ils n'en sont pas encore à la sédition, mais elle couve, y compris en métropole où les officiers les plus proches du Général la voient s'étendre à tous les esprits, y compris chez certains de leurs camarades qui servent pourtant à l'Élysée.

Si la forme, les contours, les liens futurs entre la France et la future République algérienne* ne sont pas encore

---

* Le Général lance l'expression « Algérie algérienne » le 5 mars 1960 : elle fait l'effet d'une bombe.

clairs dans l'esprit du chef des armées – l'issue des négociations* dépendra également des autres… –, la finalité, elle, le devient très vite. Pour de Gaulle, cette terre française depuis cent trente ans est un fardeau, un legs funeste du passé, un anachronisme**. Le grand Français qu'il est répugne à diminuer la surface portante de son pays, mais la raison politique et ses ambitions futures pour la France le lui commandent énergiquement. Ce point de vue n'est évidemment partagé ni par la population européenne – qu'il blesse, lui, le grand communicant, par des formules inutilement méprisantes*** – ni par les officiers, qui, après avoir dû abandonner l'Indochine, n'entendent pas remettre le couvert de la honte en bord de Méditerranée. Chez ces derniers, il n'y a pas que la nostalgie, l'aspect courte vue, l'obsession du djebel ou la question brûlante de l'honneur qui pèsent. Les plus politiques d'entre eux redoutent une Algérie indépendante, qui serait très vite sous influence soviétique. Surtout, ils estiment qu'il est possible avec des réformes hardies, à la fois politiques, économiques et

* Avec sa couverture idéale de cadre dirigeant de la banque Rothschild, Georges Pompidou sera chargé par le Général des premières rencontres secrètes avec les représentants de « l'ennemi ». Il n'est pas surprenant de retrouver l'homme à Matignon, en 1962, en lieu et place du très « Algérie française » Michel Debré.

** Le 16 septembre 1959, il proclame le droit des Algériens à l'autodétermination.

*** Comme le jour où il déclare dans la presse (avril 1959) : « L'Algérie de papa est morte. » Dans une conférence de presse (avril 1961), il dit « souhaiter bien du plaisir » à ceux (Russes ou Américains) qui voudraient prendre la suite de la présence française en Algérie. La salle de presse éclate de rire… La rue européenne en Algérie encaisse très mal le coup. Les officiers pro-Algérie française enragent devant ce mépris. Certains datent de cette conférence de presse leur décision de se révolter par les armes.

sociales, de transformer cette belle terre pour en faire une formidable tête de pont en Afrique, vitrine du développement et d'une intégration des populations (musulmanes et européennes) dans une même entité et sur un pied d'égalité. La France pourrait alors être à la pointe d'une Euro-Afrique prometteuse et stratégique face à la logique des deux blocs. Ils reprochent en outre au chef de l'État de feindre de confondre leur combat, devenu de fait politique, avec celui des gros bonnets européens qui « font suer le burnous des fellahs ». Ils ont souvent été choqués par le sort que certains de ces grands propriétaires réservaient à leurs « serfs » musulmans. Dans un cadre très différent, certes, ces officiers s'estiment donc en 1958 aussi révolutionnaires qu'un certain Charles de Gaulle en 1940... Qu'a fait à cette époque le Connétable, si ce n'est de la haute politique ? Enfin, ces officiers sont en première ligne, avec leurs hommes, pour constater les multiples crimes du FLN (massacres de populations musulmanes ralliées ou affiliées à un autre mouvement nationaliste ; tueries abominables d'Européens, y compris de femmes et d'enfants tués sur des plages, poses de bombes dans des lieux publics, mises en scène barbares de la mort, tortures et exécutions de prisonniers, etc.*). Ils ne peuvent donc concevoir une négociation politique avec les « terroristes » du FLN.

* Du côté français, outre la torture pratiquée au sein de l'armée, la violence de la répression contre les populations civiles (déplacements), les bombardements au napalm, les exécutions sommaires (« les corvées de bois ») ont fait de cette guerre une « sale guerre », même si tous les soldats, sous-officiers et officiers passés sur le sol algérien de 1954 à 1962 n'ont pas été mêlés à ses épisodes noirs. Cela a été du côté français un traumatisme longtemps occulté, jusqu'aux travaux des historiens (on pense à Benjamin Stora) et des journalistes qui ont soulevé le

Sans doute ces officiers avant-gardistes sous-estiment-ils un facteur clairement établi aujourd'hui[30] : la révolution nationaliste algérienne était dans ses soubassements – et peut-être essentiellement – une révolte religieuse. Pour les masses hésitantes sur le plan politique, chasser le chrétien d'une terre d'islam était un objectif qui parlait. Bien plus que les concepts d'État et de nation dans une terre qui n'avait jamais connu ni l'un ni l'autre. C'est d'ailleurs pour cela que l'organe de communication officiel du FLN fondé en 1956 se nommait *El Moudjahid* («le combattant de la foi»)*, dont la signification est liée au djihad, et que les premières mesures du gouvernement de l'Algérie indépendante seront de lancer de très importants programmes de construction de mosquées, au détriment des écoles et des hôpitaux**. Les Français venus de la gauche anticléricale et athée (les pieds-rouges) pour porter les valises du FLN ont très vite dû déchanter devant cette réislamisation du pays après les départs massifs des «incroyants». Les malentendus, les équivoques et les duperies ne furent pas l'apanage de la seule France.

Une cervelle de colibri

Dans ses tournées algériennes, le général de Gaulle a souvent entendu ces analyses sur les vertus de l'intégration et sur la voie ouverte par un esprit révolutionnaire qui tournerait le dos à l'approche coloniale «de papa». Le

---

couvercle de la guerre d'Algérie depuis une trentaine d'années. Ce travail reste à faire de l'autre côté de la Méditerranée.

* D'autres titres *laïcs* ont été écartés : *Le Soldat, Le Révolutionnaire,* etc.

** Un an après l'indépendance, le code de la nationalité algérienne fait de l'islam et du patriarcat musulman la colonne vertébrale du pays.

chef des armées n'y croit pas une seconde. « Ils ont une cervelle de colibri », dit-il de ceux qui rêvent d'intégration (il pense notamment au grand intellectuel Soustelle qui le fustige dans des discours acérés). Entre deux populations aussi radicalement différentes et disproportionnées que les Européens et les musulmans (neuf contre un), elle lui semble un leurre complet :

> Qu'on ne raconte pas d'histoires ! Les musulmans, vous êtes allés les voir ? Vous les avez regardés avec leurs turbans et leurs djellabas ? Vous voyez bien que ce ne sont pas des Français ! [...] Essayez d'intégrer de l'huile et du vinaigre. Agitez bien la bouteille. Au bout d'un moment, ils se sépareront de nouveau. Les Arabes sont des Arabes. Les Français sont des Français. Vous croyez que le corps français peut absorber 10 millions de musulmans, qui demain seront 20 millions et après-demain seront 40* ? Si nous faisons l'intégration, si tous les Arabes et les Berbères d'Algérie étaient considérés comme Français, comment les empêcherait-on de venir s'installer en métropole, alors que le niveau de vie y est tellement plus élevé ? Mon village ne s'appellerait plus Colombey-les-Deux-Églises, mais Colombey-les-Deux-Mosquées[31].

Au même Alain Peyrefitte, il lance un autre jour : « Vous voyez un président arabe à l'Élysée ? » ou encore : « C'est un terrible boulet [financier], il faut le détacher. » « Le temps travaille contre nous ! L'Algérie, ça nous gangrène ! Ça gangrène notre jeunesse ! Mieux vaut s'en aller la tête haute que de rester au prix du sang. Et qu'est-ce que c'est

* En 2013, la population algérienne atteignait les 40 millions d'habitants.

pour un pays comme la France, de recueillir 100000 ou 200000 rapatriés* ? C'est une goutte d'eau. »

Divorce à l'amiable

Pour le Connétable, il ne reste donc qu'une seule voie raisonnable : celle du divorce à l'amiable en essayant de conserver le Sahara (pétrole et essais nucléaires) et un lien négocié entre les deux pays. Mais le président français est saisi d'une fébrilité qui va enflammer une situation déjà explosive : il veut pratiquer l'ablation très vite. Trop vite sans doute. À bientôt soixante-dix ans**, il se sait mortel. En outre, il souhaite lancer très vite les fondations de sa nouvelle politique tournée vers l'Europe. Il n'a aucune confiance dans ceux qui viendront après lui, si le gros du travail n'a pas déjà été fait à sa main. Il peste sans cesse contre ces militaires qui ne comprennent rien aux enjeux stratégiques et qui n'ont que du sable dans les yeux. Ils vouent aux gémonies les Soustelle, Bidault et consorts, tous ces anciens gaullistes qui le contrent et vont entrer en dissidence tandis que son propre Premier ministre, Michel Debré, souffre mort et passion en voyant s'éloigner l'Algérie française.

Le Général a raison de vouloir mettre un terme à une situation non durable dans une ère de décolonisation générale. La départementalisation de l'Algérie a été une aberration. Par quelque bout qu'on prenne la question,

* Comme ses négociateurs, le Général se trompe lourdement sur le nombre de Français à vouloir quitter une Algérie devenue indépendante (ils seront plus de 800000 rapatriés).

** Il sera opéré de la prostate en 1964.

l'Algérie n'est pas la France, ne peut être la France, même si, pendant cent trente ans, des familles françaises y ont mis tout leur cœur et toute leur énergie, notamment pour transformer profondément ce pays. L'option politique retenue pour cette terre a rendu impossible une séparation en souplesse, comme avec la Tunisie et le Maroc*. Mais conformément à son autisme affectif quand il s'agit des affaires de l'État, de Gaulle s'y prend de telle manière qu'il va profondément heurter la conscience de nombreux militaires, politiques et fonctionnaires civils qui ont cru à la présence éternelle de la France. Ces hommes ont engagé leur parole d'honneur auprès de leurs troupes, de leurs supplétifs, de leurs administrés et des populations européennes ou musulmanes. Conformément à son style de commandement, de Gaulle passe en force. Il arrache, plus qu'il ne sépare. Le résultat est efficace et terrible. Ses défenseurs font valoir que compte tenu de « la mentalité pied-noir » arc-boutée et de l'état d'esprit factieux de nombre de militaires en Algérie et en métropole, une démarche progressive ou en douceur n'aurait jamais abouti. Et puis le peuple n'a-t-il pas voté massivement pour les accords d'Évian (1962) qui ont scellé la fin de la guerre et l'indépendance de l'Algérie ? Mais avant d'en arriver là, il faut passer par la case « putsch ».

---

* Charles de Gaulle estime que seul Napoléon III avait vu juste en voulant créer un « royaume arabe » sous influence française le temps de faire monter les élites locales. Le décrochage aurait pu se faire ensuite en douceur le moment venu (voir Alain Peyrefitte, *C'était de Gaulle*, t. 3, Paris, De Fallois/Fayard, 2000).

Le putsch

« L'armée suivra de Gaulle... », affirme péremptoirement le général de Gaulle en février 1961 à un ministre tunisien, envoyé spécial du président Bourguiba*. Ce dernier s'inquiète des réactions de l'armée française face aux perspectives d'une Algérie algérienne... Dans la nuit du 21 au 22 avril 1961, non seulement l'armée ne suit plus, mais de plus elle se révolte. Quatre généraux cinq étoiles, ayant tous exercé de hautes responsabilités**, déclenchent un coup d'État existentiel en Algérie***. Mal préparé, improvisé en marchant par bien des aspects, il se heurte à l'opposition de certains cadres fidèles au pouvoir et aux conscrits qui suivent les événements à la radio. La menace du putsch qui a ramené de Gaulle au pouvoir en 1958 entre cette fois-ci dans le concret... avec trois ans de retard. Et il est dirigé contre le grand *Restaurateur*. À l'Élysée, le commandant militaire du palais, le colonel

---

* Le ministre des Armées Pierre Messmer tient à l'époque le même type de discours.

** Les généraux Salan, Jouhaud, Zeller et Challe. Seuls Challe et Zeller appartiennent aux cadres de réserve. C'est donc abusivement que le chef de l'État parle d'un « quarteron de généraux en retraite ». Le général d'armée Salan est l'officier le plus décoré de France et c'est lui qui, en 1958, du haut du balcon du Gouvernement général, avait lancé à la foule un « Vive de Gaulle ! » retentissant, soufflé à son oreille par le gaulliste Léon Delbecque.

*** En janvier 1960, le rappel à Paris du général Massu qui commande le corps d'armée d'Alger (il a dans une interview à la *Süddeutsche Zeitung* mis gravement en cause la politique algérienne de Charles de Gaulle) avait déclenché un mouvement insurrectionnel des inconditionnels de l'Algérie française emmenés par les activistes Lagaillarde et Ortiz (la semaine des barricades), sorte de prologue civil et circonscrit à ce qui allait se passer militairement en avril 1961.

Dupuy, et les aides de camp organisent la résistance au sein de l'enceinte présidentielle, car tous redoutent un largage de parachutistes sur Paris*. Personne, dans l'entourage du chef des armées, n'est vraiment convaincu que les militaires de métropole s'y opposeraient. À son fidèle collaborateur, Bernard Tricot, le Général confie à chaud: «S'ils veulent débarquer en France, ils débarqueront. Il n'y aura pas grand monde pour leur résister**.» Le climat est pour le moins délétère, y compris dans la propre maison du président. Certains officiers de l'état-major particulier ne sont pas mis dans le secret de la défense des appartements du Général, car ils ne sont pas jugés sûrs...

Le dimanche 23 avril à 20 heures, à la télévision***, en tenue militaire, le Général s'exprime avec gravité, contenant difficilement la fureur intérieure qui l'étreint.

---

* Un plan d'investissement de la capitale par trois colonnes d'assaut a bien été prévu par les putschistes. Quelques officiers de réserve factieux furent même arrêtés alors qu'ils étaient en route pour rejoindre leurs postes. Mais «l'invasion» n'eut pas lieu. Dans la matinée du 22 avril, la police avait arrêté tous les officiers qui formaient la cheville ouvrière du complot parisien. Au total sept officiers, dont un général, et quatre civils. Dans *La Fronde des généraux*, par ailleurs, le général Challe a toujours déclaré qu'un lâcher de parachutistes sur Paris n'avait jamais été envisagé. Il n'est pas certain que cette idée n'était pas, elle, dans le cerveau fécond de Salan qui semble pendant ces journées délétères chercher à doubler Challe sur sa droite.

** Confidence de Bernard Tricot à Jean Lacouture (dans *De Gaulle*, t. 3, *Le Souverain*, *op. cit.*). On peut toutefois mettre en doute cette affirmation car dans les coulisses parisiennes le Premier ministre, Michel Debré, et le ministre des Armées, Pierre Messmer, s'activent énergiquement pour barrer la route à un assaut des putschistes. Si certains chefs semblent rétifs à tirer sur leurs camarades, d'autres ont bien l'intention d'appliquer les ordres du pouvoir légitime.

*** Un communiqué gouvernemental avait été lu à la radio le 22 avril à 6h30 pour condamner le coup d'État.

Un pouvoir insurrectionnel s'est établi en Algérie par un *pronunciamiento* militaire. Les coupables de l'usurpation ont exploité la passion des cadres de certaines unités spéciales, l'adhésion enflammée d'une partie de la population de souche européenne qu'égarent les craintes et les mythes, l'impuissance des responsables submergés par la conjuration militaire. Ce pouvoir a une apparence : un quarteron* de généraux en retraite. Il a une réalité : un groupe d'officiers partisans, ambitieux et fanatiques. Ce groupe et ce quarteron possèdent un savoir-faire limité et expéditif, mais ils ne voient et ne connaissent la nation et le monde que déformés au travers de leur frénésie. Leur entreprise ne peut conduire qu'à un désastre national. Car l'immense effort de redressement de la France, entamé depuis le fond de l'abîme, le 18 juin 1940, mené ensuite en dépit de tout, jusqu'à ce que la victoire fût remportée, l'indépendance assurée, la République restaurée ; repris depuis trois ans, afin de refaire l'État, de maintenir l'unité nationale, de reconstituer notre puissance, de rétablir notre rang au-dehors, de poursuivre notre œuvre outre-mer à travers une nécessaire décolonisation, tout cela risque d'être rendu vain, à la veille même de la réussite, par l'odieuse et stupide aventure d'Algérie. Voici que l'État est bafoué, la nation bravée, notre puissance dégradée, notre prestige international abaissé, notre rôle et notre place en Afrique compromis. Et par qui ? Hélas ! Hélas ! Hélas ! Par des hommes dont c'était le devoir, l'honneur, la raison d'être de servir et d'obéir. Au nom de la France, j'ordonne que tous les moyens, je dis tous les moyens, soient employés partout pour barrer la route à ces hommes-là, en attendant de les réduire [...] Françaises, Français ! Voyez où risque d'aller la France par rapport à ce qu'elle était en train de redevenir. Françaises, Français, aidez-moi !

---

* Erreur langagière de Charles de Gaulle – volontairement méprisante ? –, qui confond quarteron (le quart de cent) avec quatuor.

Pour de Gaulle, c'est non seulement un affront personnel venant de son corps d'origine, les officiers de carrière, mais l'expression, une fois de plus, de la stupidité intrinsèque de l'armée. « Ce sont des militaires, ils vont s'empêtrer », dit-il avec mépris à ses proches, quelques heures après le putsch. Il se moque même de cette incapacité à réussir ne serait-ce qu'un coup d'État. « Fidel Castro serait déjà là, lance-t-il à Chaban-Delmas. Mais ce pauvre Challe n'est pas Fidel Castro. » À 4 heures du matin, le 24 avril, le Général va se coucher tranquillement. Pour lui l'affaire est pliée. Les frondeurs ont raté leur coup. « S'ils n'agissent pas cette nuit, ils sont flambés », avait-il dit quelques heures plus tôt à son aide de camp, le marin François Flohic. En Conseil des ministres, il avait dit dans un silence de mort : « Ce qui est grave en cette affaire, c'est qu'elle n'est pas sérieuse… »

Le général Maurice Challe capitule dans la nuit du 24 au 25 avril 1961*. Le général Zeller suit. Les généraux Jouhaud et Salan entrent dans la clandestinité et prennent la direction de l'Organisation armée secrète**. On peut estimer le nombre des officiers putschistes réellement engagés entre 600 et 700, sur un effectif algérien de 10 000 officiers. Le coup d'État a eu beaucoup de sympathisants et de croyants mais bien peu de pratiquants. L'allocution choc du Général – le « aidez-moi ! » si puissant – a complètement cassé une dynamique qui montrait déjà en Algérie des signes sérieux d'autodislocation. Challe et Salan, notamment, ne semblaient pas

---

* Il sera condamné à quinze ans de réclusion, comme Zeller. Il s'attendait à être fusillé en arrivant en France.

** OAS créée un peu plus tôt pour lutter par les armes contre « l'abandon » de l'Algérie française. Ces deux généraux seront arrêtés plus tard.

poursuivre les mêmes objectifs. Le premier voulait créer une situation irréversible en Algérie pour provoquer par ricochet la chute de De Gaulle. Le second avait un projet politique plus radical. Estimant avoir été roulé dans la farine en mai 1958, il voulait obtenir de façon plus coercitive l'éviction de celui qu'il avait contribué à faire revenir au pouvoir. C'est pour cela que l'un se rend quand il voit son projet s'effondrer et que l'autre entre en clandestinité pour poursuivre son but ultime par d'autres moyens, en l'occurrence le terrorisme.

Accélérateur

Pour de Gaulle, ce tragique épisode n'est que le énième avatar de sa confrontation avec ce corps militaire qu'il estime, une fois de plus, en dessous de tout. Il reconnaît toutefois que les motivations des hommes de ce *pronunciamiento* avorté n'étaient pas toutes de « bas étage ». Peut-être pensait-il en formulant ceci au « lumineux* » commandant Denoix de Saint Marc. Résistant-déporté, ancien d'Indochine, figure emblématique du moine-soldat pétri d'éthique, il est entré dans la révolte avec son 1er REP (régiment étranger de parachutistes)** parce qu'il estimait que si l'« on peut demander beaucoup à un soldat, en particulier de mourir, c'est son métier », on ne peut exiger de lui « de tricher, de se dédire, de se contredire, de mentir, de se renier, de se parjurer[32] ». Il devait ajouter à l'intention du président du tribunal militaire spécial : « C'est en pensant

---

* Qualificatif utilisé par les deux journalistes du *Monde* Jacques Fauvet et Jean Planchais dans *La Fronde des généraux* (Paris, Arthaud, 1961).

** Il le commande par intérim.

à mes camarades, à mes sous-officiers, à mes légionnaires tombés au champ d'honneur que, le 21 avril, à 13 h 30, devant le général Challe, j'ai fait mon libre choix*. »

Au grand dam des putschistes, l'échec du coup d'État d'avril va accélérer le processus de négociation entre le pouvoir gaulliste et la rébellion nationaliste algérienne. Cette dernière craint que le processus d'indépendance ne vole en éclat si le Général vient à disparaître. Les chefs de la rébellion affirment désormais : « Le combat que mène de Gaulle contre les partisans de l'Algérie française est, pour le moment, notre combat. »

Une nouvelle fois, le Général pousse les feux derrière ses deux négociateurs en chef, les ministres Louis Joxe et Robert Buron**. Il veut en finir le plus vite possible. Aussi lâche-t-il sans contrepartie d'importantes concessions – cessez-le-feu unilatéral, libération de 6 000 prisonniers du FLN, transfert du leader indépendantiste algérien Ahmed Ben Bella*** et de ses compagnons de combat de leur prison à un château. Il demande également à ses négociateurs de ne pas en faire trop sur le Sahara et sur les garanties des Européens d'Algérie, car il ne veut pas que cela bloque les négociations avec les délégués du GRPA (Gouvernement provisoire de la République algérienne). Stratège et visionnaire, le Général serait-il un piètre négociateur ? À cette époque, il semble pris de coups de fatigue et de déprime. Un phénomène déjà constaté par

* Condamné à dix ans de réclusion, il fera cinq années de prison à Tulle.

** Ce dernier, présent à Alger le 21 avril, avait été arrêté par les putschistes.

*** Ben Bella est l'un des chefs historiques du Comité révolutionnaire d'unité et d'action (CRUA), qui donnera naissance au FLN. Il sera le premier président de la République algérienne (1963-1965).

le passé chez ce personnage cyclothymique. L'Algérie devient «la boîte à chagrins». Il faut en finir vite, la vider de son contenu purulent. L'OAS, de son côté, multiplie les tentatives d'attentats contre le Général. Il s'en inquiète, non pour lui mais pour la suite. À son aide de camp, l'officier de marine Flohic, il confie à l'époque :

> Ce qui est effrayant, c'est de penser que, lorsque je disparaîtrai, d'une manière ou d'une autre, il n'y aura rien ni personne pour me remplacer. [...] En fait, j'ai rétabli la monarchie en ma faveur ; mais après moi, il n'y aura personne qui s'imposera au pays. J'ai été élu sans qu'il ait été besoin de référendum ; après moi ce ne sera plus la même chose. Aussi convient-il d'instaurer un régime présidentiel, afin d'éviter de retomber dans les luttes d'autrefois. Il faut que le président de la République soit élu au suffrage universel : ainsi élu, il aura, quelles que soient ses qualités, quand même un semblant d'autorité et de pouvoir durant son mandat.

Années de plomb

À partir d'avril 1961, la réplique gaullienne au coup de force est féroce, comme si le Général réglait au passage quelques comptes anciens avec l'institution. Il en fait évidemment une affaire personnelle. Furieux de voir le général Raoul Salan échapper à la condamnation à mort avec une peine à perpétuité, il veut refuser la grâce au général Edmond Jouhaud qui, lui, a bien été condamné à la peine capitale. Il faudra toute l'énergie du garde des Sceaux, Jean Foyer, et celle de son tout nouveau Premier ministre, Georges Pompidou, qui menace de démissionner, pour que la mort ne s'abatte pas sur le pied-noir Jouhaud.

Ce sont des années de plomb qui s'ouvrent pour l'armée. C'est une époque où il n'est pas rare de voir un chef de section, tout à son affaire avec la formation de ses saint-cyriens le matin, n'être plus là le soir à l'appel... Il a été arrêté entre-temps par la sécurité militaire pour activisme. Pour échapper aux attentats dans Paris des ultras Algérie française de l'OAS, des ministres se replient avec leurs familles dans des enceintes militaires gardées. La suspicion est partout. Les perquisitions se multiplient chez des officiers ou sous-officiers, tout cela devant leurs familles. La justice militaire envoie en prison, à Tulle, les plus beaux spécimens de soldats décorés au feu, de la Seconde Guerre mondiale à la Résistance, de l'Indochine à l'Algérie. Leurs placards de médailles pendent lamentablement au portemanteau en signe de dérision et de protestation muette. Le bilan humain est lourd. Selon Pierre Messmer, 220 officiers ont été relevés de leur commandement. Plus d'une centaine ont été traduits en justice, dont 83 seront condamnés. «À vrai dire, note avec honnêteté le ministre des Armées de l'époque, il faut ajouter à ces sanctions les démissions spontanées et les dégagements de cadres volontaires ou "encouragés" d'officiers qui ne se sentent plus à l'aise dans une armée qui les a déçus[33].» Pierre Messmer évalue entre 500 et 600 le nombre de ces départs. Il ajoute:

> Avec les accords d'Évian conclus le 18 mars 1962*, suivis, le lendemain, d'un cessez-le-feu et, le 3 juillet, de

* Entre mars et novembre 1962, plus de 30000 soldats musulmans (harkis) engagés aux côtés de la France sont massacrés par la population dans des conditions souvent épouvantables (ébouillantés, émasculés, découpés, etc.). Des chiffres plus élevés sont donnés par certaines sources (notamment la revue *Histoire* n° 53 de février 1983) allant jusqu'à évoquer le chiffre de 150000 (sur les 210000 harkis). Ces chiffres s'établissent par différence entre le nombre total de harkis

l'indépendance de l'Algérie, la dernière guerre coloniale de la France cesse. Une armée pleine d'amertume, aux effectifs réduits de moitié, va retrouver dans les camps et les garnisons de la province française la grisaille et l'ennui[34].

Les soldats perdus de l'OAS qui n'ont pas été capturés n'ont pas dit leur dernier mot. Ils sèment la mort dans un combat sans issue, sans gloire et sans noblesse. Pour eux, Charles de Gaulle devient par mépris « la grande Zohra* », l'« objectif Z » à abattre. Bien qu'ils n'y soient pas parvenus, ils sableront le champagne à sa mort, en 1970.

Vider « la boîte à chagrins »

Pour vider « la boîte à chagrins », de Gaulle accélère le pas sans état d'âme excessif pour le million d'Européens potentiellement pris au piège de cette future indépendance mal négociée, malgré les efforts louables de Joxe et Buron. Pas de sentimentalisme ni d'apitoiement du côté de l'Élysée, comme hier à Londres, dans l'escalier de Carlton Gardens : il pose à la rigueur une ou deux questions référendaires aux Français, mais il est déjà parti

---

et celui de ceux rapatriés en France. Ils sont sans doute discutables. L'historien Maurice Faivre établit ces massacres dans une fourchette de 60 000 à 80 000 harkis (voir *Harkis, soldats abandonnés. Témoignages*, Paris, XO éditions, 2012). En Oranie, en juillet 1962, on dénombre 600 à 700 « disparus » européens que leurs familles ne reverront jamais. Pourtant les accords d'Évian disposaient que nul ne saurait être inquiété, recherché, etc., pour des actes en relation avec les événements d'Algérie.

* Tiré d'une chanson alors célèbre de Zizi Jeanmaire : « Il fallait voir la grande Zohra avec son boa… » Allusion à l'Algérie et à l'étranglement de cette terre et des opposants au Général.

ailleurs quand la réponse émerge. La France n'attend pas ! Il grimpe les marches de l'histoire quatre à quatre. Suive qui peut ! Il avait sans aucun doute politiquement raison, mais la gestion humaine de la séparation fut désastreuse. Pouvait-elle être différente ? La question reste ouverte car la plaie est toujours là pour nombre de Français qui n'ont pas fait le deuil de cette terre de soleil perdue. Les sentiments ne seront guère plus au rendez-vous en métropole, ni pour l'accueil des rapatriés (les négociateurs français n'avaient pas imaginé qu'ils puissent vouloir rentrer en France aussi massivement), ni pour celui des supplétifs harkis restés fidèles à la France. C'est une double tache sur le blason de la France*. Le traumatisme au sein de l'armée sera, quant à lui, profond et durable**.

* Une circulaire (25 mai 1962) de Louis Joxe, ministre des Affaires algériennes, interdisait le rapatriement sauvage de supplétifs harkis par leurs officiers, sous peine de renvoi en Algérie des intéressés et de sanctions des cadres français ayant tenté d'y procéder. Ce fut un épouvantable crève-cœur pour nombre d'officiers qui protestèrent énergiquement et qui, pour certains, passèrent outre la circulaire Joxe. Dans ses Mémoires, Pierre Messmer semble se désolidariser de cette circulaire inique et affirme n'avoir jamais sanctionné, pour sa part, les officiers pris en faute (*Après tant de batailles*, *op. cit.*).

** L'auteur peut en témoigner : en octobre 1983, envoyé spécial du quotidien *La Croix* au Liban, où la France vient de perdre cinquante-huit parachutistes (attentat du Drakkar), il croise un aumônier militaire, le père L., à la résidence des Pins qui sert de PC au général commandant les éléments français. À peine a-t-il donné le nom du journal pour lequel il travaille que le voilà pris très vivement à partie par l'homme d'Église pour le « rôle scandaleux de *La Croix* pendant la guerre d'Algérie ». Le quotidien chrétien avait, en effet, dénoncé le recours à la torture. La fureur du père (plus de vingt ans après la fin de la guerre) était telle qu'il ne lui a même pas semblé incongru de s'en prendre à un jeune journaliste qui n'avait pu connaître cette époque... même s'il approuvait la position prise jadis par son journal. Certaines rares

Pour beaucoup, l'officier Charles de Gaulle a tué l'armée dans les années 1960 et a effacé d'un trait une victoire militaire française acquise dans le djebel avec le plan de Gaulle-Challe.

Soldats perdus

L'armée va payer longtemps son affront au commandeur des croyants gaullistes – ils sont nombreux, car les Français le soutiennent massivement dans sa politique algérienne. Elle n'est pourtant pas responsable en bloc du putsch. Les conscrits l'ont fait échouer, tout comme un certain nombre de cadres d'active restés dans la légalité républicaine. Mais Charles de Gaulle semble la considérer comme collectivement coupable. N'a-t-il pas estimé le matin du 22 avril que si les rebelles à son autorité venaient sur Paris, ils ne rencontreraient guère de résistance… Sans doute partage-t-il, une fois n'est pas coutume, le point de vue de deux journalistes du *Monde*, Fauvet et Planchais, qui écrivent à chaud : « À la désobéissance active de quelques-uns répond la désobéissance passive de tous, l'activisme à l'attentisme. Et lorsque la crise survient, la complaisance devient en fait de la complicité d'un côté comme de l'autre de la Méditerranée[35]. » Donc, tous coupables !

De Gaulle entreprend de solder les comptes, dont certains sont très anciens : il va donc émonder le corps militaire, le réduire, le cantonner, le culpabiliser, le priver de voix, le matraquer de discours et le « nucléariser ». Cette

---

éminences catholiques avaient à l'époque donné un *nihil obstat* à cette pratique de guerre contre-révolutionnaire pour soulager la conscience de nombreux officiers chrétiens…

dernière évolution va, de fait, lui enlever une bonne partie de sa capacité *à penser la guerre* tactique. L'armée est remise dans le rang durement. Des unités factieuses sont dissoutes, comme le prestigieux 1er régiment étranger de parachutistes (1er REP). Charles de Gaulle demande même à son ministre Pierre Messmer de dissoudre l'ensemble de la Légion étrangère (créée sous la monarchie de Juillet...). Compagnon de la Libération, ancien officier de ce prestigieux corps, ayant combattu à Bir Hakeim (au sein de la 13e DBLE), Pierre Messmer pense recevoir « la foudre » en entendant la demande du Connétable. Il lui explique alors que si cela doit se faire, ce sera sans lui[36]... Sa fidélité a des limites. Le Général renonce finalement.

Le président de la République entend poursuivre son reformatage intellectuel et psychologique. À la fin de l'année 1961, il décide de se rendre à Strasbourg pour parler devant 3 000 officiers rassemblés pour écouter la bonne parole. Il rend hommage à l'armée d'Algérie, ce qui provoque une légère houle dans les rangs. Et il poursuit :

> Chacun peut s'expliquer – et moi-même le premier – que, dans l'esprit et le cœur de certains soldats, se soient fait jour naguère d'autres espoirs [concernant l'Algérie], voire l'illusion qu'à force de le vouloir on puisse faire que, dans le domaine ethnique et psychologique, les choses soient ce que l'on désire et le contraire de ce qu'elles sont. Mais dès lors que l'État et la nation ont choisi [par référendum] leur chemin, le devoir militaire est fixé une fois pour toutes. Hors de ces règles, il ne peut y avoir, il n'y a, que des soldats perdus...

Jean Lacouture commente avec justesse ce discours :

> Combien, parmi ces hommes au garde-à-vous, rêvent alors de le tuer ? [...] Ils savent bien tous que « l'État et la nation »

qui ont « choisi leur chemin », c'est ce vieillard énorme, là, qui se dresse devant eux sous ses mèches presque blanches, implacable et envoûtant, magistral et quelque peu condescendant. Parce qu'il a décidé quelques mois plus tôt, sans trop considérer le rapport de force sur le terrain, que le bien de la nation voulait que l'armée française ne pût exploiter sa suprématie sur le terrain et proclamer enfin sa première victoire depuis deux générations, faut-il le laisser faire ? Est-ce la nation, ou un aberrant phénomène[37] ?

L'armée baisse la tête, mais les signes d'insubordination ou de défiance ponctuent la fin du second mandat de Charles de Gaulle. On a du mal à imaginer aujourd'hui un tel degré de violence réelle et symbolique. Pendant les défilés militaires, les troupes défilent... sans percuteur dans les armes, au cas où certains auraient de mauvaises idées. Lors de cérémonies officielles, des porte-drapeaux refusent d'incliner leur emblème devant le chef des armées. En 1966, pour le cinquantenaire de la bataille de Verdun, les contempteurs du général tentent de lancer une basse rumeur : le *couard* capitaine de Gaulle, en 1916, aurait été capturé sans avoir combattu...

Le général n'en a cure... C'est toujours le *« de minimis non curat praetor »* de son insolente jeunesse. Il avance résolument, notamment en consolidant les institutions de la Vᵉ République. Il se sait désormais mortel, notamment depuis l'attentat du Petit-Clamart (août 1962) où sa voiture, dans laquelle se tenaient également son épouse Yvonne et son gendre, le général de Boissieu, a été criblée de balles*. « Foutus tireurs ! », lâche-t-il, toujours exaspéré par l'incompétence, en fût-il le bénéficiaire.

* On relèvera 187 étuis de munitions et quatorze impacts dans la voiture, dont certains proches de la tête de M. et Mme de Gaulle.

Il refuse la grâce présidentielle au chef du commando, le polytechnicien et lieutenant-colonel Jean Bastien-Thiry, considérant qu'il a commandé l'opération sans prendre de risque personnel et qu'il a mis en péril la vie de civils. Les tireurs maladroits échapperont à l'échafaud.

À marche forcée

Comme il l'avait dit à Flohic, il veut que ses successeurs puisent dans l'onction populaire la légitimité qu'il tire, lui, directement de l'histoire. Il gagne la bataille politique contre les partis coalisés* qui refusent l'élection du président au suffrage universel. Il est élu directement par les Français en décembre 1965. Mais plus fondamentalement cette réforme constitutionnelle – qui présidentialise une Constitution ambivalente au départ – trouve directement sa source dans la « force de frappe ». À Alain Peyrefitte, son ministre de l'Information, il confie : « Seul un homme incarnant la souveraineté populaire pourra engager le destin national. Un président désigné par le système des partis n'aurait jamais la capacité de presser sur le bouton. La dissuasion cesserait d'être crédible[38]. » Or, pour qu'elle fonctionne, il faut absolument qu'un agresseur potentiel soit bien certain qu'il y a en face de lui non un système de décision collégiale, mais un homme, un seul, investi de la force du peuple français et capable de brandir les foudres de l'atome si les « intérêts vitaux » du pays (volontairement non clairement définis) venaient à être menacés. L'outil nucléaire ne cessera de se développer et de se sophistiquer pour déjouer les boucliers antimissiles adverses. Les

* Seuls les républicains indépendants de Valéry Giscard d'Estaing le soutiennent.

premières lois de programmation militaire pluriannuelles – qui structurent la défense française pour ses investissements et ses grands programmes – ont d'ailleurs été conçues à l'origine pour la force de frappe.

Avec la création de cette force potentiellement apocalyptique, bientôt intégrée à l'ADN de la défense française, nous touchons du doigt à nouveau la dimension éminemment prophétique du Général. Le plus surprenant, c'est que l'âge n'altère en rien l'agilité mentale de ce surdoué dont le cerveau est en permanence en recherche d'anticipation stratégique. Deux ans avant son retour au pouvoir (1956) – retour d'ailleurs aucunement en vue –, il avait demandé au général Pierre Marie Gallois, alors en poste à l'OTAN, de venir le voir. Le cénobite de Colombey, âgé de soixante-six ans, voulait entendre son jeune camarade lui parler de l'arme nucléaire dont il est alors un des spécialistes français reconnus. La France n'a pas encore l'outil, mais elle travaille déjà à la conception et à la doctrine. Pendant plusieurs heures, Pierre Marie Gallois planche devant un de Gaulle silencieux et concentré. Dans un livre, il conte la suite :

> Puis, il s'est livré à un long monologue écouté religieusement et j'ai constaté que non seulement il avait compris l'ensemble de la nouvelle stratégie, mais qu'il le comprenait mieux que moi qui y travaillais depuis trois ans. [...] Je me suis rendu compte qu'il utilisait les mêmes expressions, leur donnant le même sens et que ce à quoi nous réfléchissions depuis des années à plusieurs, il l'avait déjà fait seul[39].

Certes, on peut supposer que le Général a eu le temps dans sa thébaïde de faire quelques lectures avant de recevoir le général Gallois. Non pour l'impressionner ensuite, mais pour vérifier en l'écoutant qu'il avait bien intégré les changements radicaux que cette nouvelle arme, qui avait déjà servi deux fois, introduisait. Il y a sans doute une autre raison qui explique sa proximité intellectuelle naturelle avec la Bombe. En exégète subtil des tours et détours de l'âme du grand homme, le journaliste-écrivain Jean Lacouture l'a bien identifiée :

> Tout ce qu'il a voulu être, tout ce qu'il a été – et tout ce qu'il a souffert de ne pas être – exige qu'il se dote de cet atout irremplaçable. Le feu nucléaire est consubstantiel au gaullisme d'État, comme le principe d'indépendance et la suprématie du décideur[40].

C'est son obsession originelle. Rien ne saurait l'« obstacler », comme disait joliment Churchill dans son impayable français. En 1961, le président de Gaulle entend lever un à un les obstacles qui viendraient freiner la progression de son grand projet national.

Dans le domaine militaire, il avance à marche forcée : reformatage-élagage de l'armée, construction de la dissuasion nucléaire (arme et doctrine), sortie du commandement intégré de l'OTAN… Souveraineté et indépendance sont ses deux guides avec toujours cette injonction maternelle subliminale si puissante : « Fais rempart de ton corps et de ton esprit pour protéger la France ! » Aussi veut-il lui laisser un double héritage : des institutions puissantes conférant au président un statut quasi monarchique face à un Parlement solidement encadré, une force de dissuasion nucléaire sanctuarisant* l'Hexagone, une armée reformatée loin des gros bataillons qui encombrent le paysage stratégique sans efficacité

* Le terme de « sanctuarisation » apparaîtra plus tardivement.

particulière. Charles de Gaulle est un homme en perpétuelle anticipation. Il a même caressé un moment l'idée d'une possible succession dynastique électorale en incitant son fils, l'amiral Philippe de Gaulle, à reprendre le flambeau après sa mort[41].

Comme le commun des mortels, Charles de Gaulle vieillit néanmoins. En 1968, il a soixante-dix-huit ans. Son mandat court normalement jusqu'en 1972. Il ne voit pas venir ni ne comprend les événements de mai 1968. La jeunesse veut tuer symboliquement le père, ou plutôt le grand-père. Le 29 mai 1968 se joue un événement à la taille de ce personnage hors norme. Charles de Gaulle disparaît des écrans radar en pleine contestation estudiantine, politique et syndicale… Alors qu'il a simplement dit qu'il partait pour Colombey-les-Deux-Églises, son Premier ministre Georges Pompidou découvre dans la matinée du 29 que le Général – parti en hélicoptère en famille et avec de nombreux bagages – n'y est jamais parvenu. Pour Pompidou, cette vacance du pouvoir est incompréhensible, inadmissible, catastrophique et de nature à ouvrir un boulevard à la gauche et aux syndicats, qui sentent le pouvoir chancelant. Le Général le surplombait de toute sa stature. Lui, le normalien, n'était que l'éternel second à qui de Gaulle faisait d'ailleurs durement sentir parfois qu'il n'était effectivement qu'un second, à l'image d'un commandant en second d'un régiment : l'homme de toutes les tâches ingrates à qui il est interdit de briller et de paraître. Le voilà désormais seul aux commandes de l'État, dans des circonstances inédites et tragiques. Il craint le pire, connaissant « les crises psychologiques du Général et les tentations périodiques du départ[42] ».

La fuite à Baden

En fin de journée, il apprend enfin par le ministre des Armées, Pierre Messmer, l'homme lige du Général, que celui-ci a bien décollé d'Issy-les-Moulineaux, mais pour se poser en Allemagne fédérale, à Baden-Baden. Là-bas commande les forces françaises en Allemagne l'un des siens, le général Jacques Massu, indéfectible grognard de la geste gaullienne, même s'il « n'a pas inventé l'eau chaude », Compagnon de la Libération. Imagine-t-on le général de Gaulle se réfugier en terre étrangère, qui plus est allemande, auprès de l'un de ses fidèles, pour fuir les émeutes du Quartier latin et la chienlit ? Un mythe s'effondre ! Dans la soirée, Pompidou a enfin un coup de téléphone du Général, qui le rassure : il est bien rentré à Colombey-les-Deux-Églises après son escapade allemande. Le Conseil des ministres aura bien lieu le lendemain. « Pour la première fois de ma vie, j'ai eu une défaillance, je ne suis pas fier de moi[43] », dit-il à son Premier ministre rassuré, mais traumatisé par cet épisode.

Sur la fin de sa vie, au cœur d'une défaillance de vieillard, Charles de Gaulle s'est tourné instinctivement... vers l'armée. Mais pas n'importe laquelle, l'armée des *siens*, celle de ses Compagnons, la seule qui vaille. Le général Massu dira plus tard avoir simplement remonté le moral d'un vieil homme complètement déprimé et qui ne dormait plus. Dans les paroles réconfortantes de ce fidèle malgré le drame algérien, le vieil homme a puisé au soir de sa vie un dernier surcroît de force. De retour sur le sol national, cela lui permet de conduire une ultime bataille politique et de terrasser à nouveau les partis coalisés, bientôt surpris par l'incroyable sursaut de ce vieux combattant. Les législatives de juin sont gagnées haut la main et confortent le point de vue du Premier ministre, Georges Pompidou*, sur celui du Général qui voulait un nouveau référendum. Le Premier ministre n'y survivra pas politiquement. Ce succès, qui emplit le Palais-Bourbon de gaullistes, n'est-il pas le sien puisque l'idée en est venue de lui seul ? N'a-t-il pas été aux premières loges pour constater la défaillance du grand homme ? Comment de Gaulle pourrait-il accepter d'avoir désormais à ses côtés un personnage qui, l'espace de quelques heures, n'a plus été l'éternel second effacé... mais bien le commandant en premier d'un bateau ivre en raison de la défaillance du Pacha. Aucune structure militaire ne saurait accepter un tel risque, une telle inversion des responsabilités. La psychologie profonde d'un de Gaulle ne saurait aucunement le tolérer. Le Général ne dirige pas, il commande. *Exit* Pompidou ! Il est remplacé par le très souple Maurice Couve de Murville, surnommé par la presse, pour son allure, « le Darry Cowl triste ».

Moins d'un an plus tard (avril 1969), Charles de Gaulle, soixante-dix-neuf ans, quitte l'Élysée. Sa démission répond au refus des Français de lui donner par référendum (réforme du Sénat, régionalisation) un nouveau blanc-seing. Les Français ont leur compte de guerres, d'épopées et de secousses telluriques. Ils veulent désormais vivre, jouir et consommer. Le temps de la grandeur est passé. Charles de Gaulle, visionnaire incandescent venu du fin fond de l'histoire de France, doit mettre sa lumière sous le boisseau. Il se retire à Colombey-les-Deux-Églises pour y mourir, et entrer définitivement dans la légende.

* Il a mis sa démission dans la balance pour obtenir la dissolution de l'Assemblée nationale et de nouvelles élections.

2

Georges Pompidou
1969-1974

Le père de la Triade

Écarté sans élégance de Matignon en 1968, Georges Pompidou (1911-1974) est élu à la présidence de la République l'année suivante. S'il s'inscrit évidemment dans les pas du Général, dont il fut un proche, il n'a pas dans ses poches de morceaux de *la vraie croix de Lorraine*. Il le sait, et il en éprouve une gêne, une sorte de complexe diffus. Et ce depuis longtemps. D'autant que le Général, qui sait être très vachard, lui a parfois fait sentir, quand il était à Matignon, qu'il n'appartenait pas au premier cercle historique des siens, celui de la guerre. À peine nommé Premier ministre en 1962, en remplacement d'un Michel Debré usé jusqu'à la corde, il avait confié au député Alain Peyrefitte :

> Je vais être un Premier ministre de transition. Je veux bien aider quelque temps […]. La situation va être surréaliste.

> Je n'ai de ma vie mis les pieds à l'Assemblée, même pas dans les tribunes [du public]. De tous ceux qui seront dans l'hémicycle, je serai seul dans ce cas. Je ne suis sorti de rien, ni de la France libre, ni de la Résistance, ni des combats du RPF [Rassemblement pour la France]. C'est justement pour cela que le Général m'a appelé. Ce qu'il attend de moi, c'est d'être l'anti-Debré [...]. Il est parlementaire jusqu'au bout des ongles. Il a sa doctrine, sa clientèle. Moi, je n'ai rien. Je suis totalement transparent[1].

Premier ministre de moins en moins transparent au fil du temps (1962-1968), il a souffert en silence de voir le Général avoir pour les *siens* des égards, des apartés et des complicités dont il se sentait exclu. Il était donc particulièrement susceptible sur ce point. Une anecdote l'illustre à l'envi*. La pratique gaullienne du pouvoir a créé très tôt le fameux « domaine réservé ». La diplomatie et la défense, intimement liées dans l'esprit du Général, bénéficiaient d'un traitement particulier. Elles ne relevaient que de lui seul. Aussi, les détenteurs de ces maroquins avaient-ils le privilège de voir le Général en tête à tête chaque semaine, voire plus en cas de crise ou de tensions. Deux ministres ont relevé de ce cadre spécial en étant reçus en particulier au « château » : Pierre Messmer pour les Armées (1960-1969) et Maurice Couve de Murville (1958-1968) pour les Affaires étrangères. Leur longévité laisse rêveur aujourd'hui... Le premier était Compagnon de la Libération, et une figure emblématique des Français libres partie à Londres dès juin 1940 ; le second avait servi Vichy avec zèle comme haut fonctionnaire, avant de basculer du bon côté en 1943**.

---

* Anecdote racontée à l'auteur par Pierre Messmer, en 1988.

** Directeur des finances extérieures, il occupe sous Vichy les fonctions de vice-président de la délégation française auprès de la

Il arrivait souvent que Messmer fût convoqué au palais de l'Élysée hors du créneau habituel, c'est-à-dire en dehors du fameux rendez-vous hebdomadaire. Feignant un air affairé, le ministre des Armées se rendait donc toute affaire cessante à la présidence de la République avec quelques lourds dossiers sous le bras. Après son entrevue avec le Général, à peine rentré à sa résidence de l'hôtel de Brienne, son téléphone sonnait immanquablement, le Premier ministre au bout du combiné. Alerté de la visite surprise de son ministre, Georges Pompidou s'en inquiétait. Il voulait, l'air de rien, en connaître les raisons. Il tournait tout d'abord autour du pot, posant à Pierre Messmer des questions sans intérêt sur les sujets militaires pendants. Amusé, l'ancien officier de la Légion étrangère laissait venir le normalien madré en tournant lui aussi autour du pot, mais en sens inverse. Et puis, non sans un certain agacement, Georges Pompidou finissait par lâcher : « Je crois que vous avez vu le Général récemment... » Et Pierre Messmer de confirmer et de broder autour des dossiers militaires courants. Rien qui puisse justifier l'urgence de sa convocation hors cadre habituel. Il cachait donc nécessairement au Premier ministre quelque chose d'important sur ordre du président... La conversation prenait fin froidement. Pierre Messmer raccrochait avec déférence, en riant intérieurement.

---

commission allemande d'armistice de Wiesbaden. L'étiquette « giraudiste » lui collera à la peau car en 1943 il a été nommé secrétaire général du Comité de guerre par le général Giraud, qui a les pleins pouvoirs civils et militaires en Algérie. Mais son intention semble bien d'avoir voulu se rallier à la personne de De Gaulle qui l'a subjugué (voir Georgette Elgey, *Histoire de la IVe République*, t. 4, *De Gaulle à Matignon. La République des Tourmentes. 1958-1959*, Paris, Fayard, 2012).

Aussi curieux que cela puisse paraître, il arrivait au général de Gaulle de s'ennuyer, de n'avoir rien à l'agenda*, raconte Pierre Messmer, en 1988, dans son bureau de président du groupe RPR de l'Assemblée nationale. Dans ces moments-là, il me faisait appeler. Je pouvais difficilement dire au Premier ministre que durant ces tête-à-tête le Général voulait se détendre, penser à autre chose, simplement bavarder. Nous nous racontions des souvenirs de soldats, nous partagions des anecdotes de l'époque de la guerre et parfois quelques histoires légères**. Le Général ne voyait plus en moi son ministre, mais un officier, un ancien camarade de combat. Voilà le grand secret... que je devais cacher à Georges Pompidou qui supportait très mal de se sentir marginalisé. Il n'aurait jamais pu imaginer la teneur de nos échanges. Chaque fois que j'étais exceptionnellement convoqué, cette petite danse avait lieu.

Faible sur son flanc gaulliste, ayant pu donner aux fervents du Général le sentiment d'avoir voulu tuer le père en évoquant prématurément une possible succession du grand homme***, Georges Pompidou s'est donc paré d'un

---

* À l'Élysée, il arrivait au Général de ne rien faire, de rester immobile pendant de longues minutes, le regard dans le vide, assis derrière son bureau comme un « mégalithe » (voir Jean Lacouture, *De Gaulle*, t. 3, *Le Souverain*, *op.cit.*).

** Le Général ne détestait pas les cancans. L'un de ses aides de camp s'en était fait une spécialité appréciée jusqu'au jour où le Prince l'a écarté sans explication, considérant que si l'homme était aussi bavard à l'extérieur à propos des cancans de l'Élysée, il pouvait être dangereux...

*** À Rome, en janvier 1969, des journalistes l'interrogent sur son avenir politique (il n'est plus à Matignon). Il répond : « Ce n'est un mystère pour personne que je serai candidat à une élection à la présidence de la République quand il y en aura une, mais je ne suis pas du tout pressé. » Les gaullistes de stricte obédience lui en voudront terriblement, estimant que cette discrète mise sur orbite aurait pu nuire

gaulliste de la plus belle eau pour occuper Matignon : le sautillant, pétillant et sémillant Jacques Chaban-Delmas, Compagnon de la Libération et général de brigade à vingt-neuf ans*. Légataire institutionnel du père fondateur, Georges Pompidou veille scrupuleusement avec ce jeune Premier ministre très entreprenant à ce que le pouvoir ne repasse jamais la Seine. Il a retenu les leçons de commandement du Général. Il ne peut y avoir qu'un seul chef. Il n'y a pas de dyarchie en France, malgré certains trous dans la Constitution[2]. Pour ne pas l'avoir compris, cela vaut en 1972 au *général* Jacques Chaban-Delmas un limogeage

---

au succès du général de Gaulle quelques mois plus tard. Un dauphin existait et il venait de sortir une lame, tel Brutus…

* Impossible de lire une biographie de Jacques Chaban-Delmas sans voir apparaître cette précision concernant sa jeunesse et son grade. Une ambiguïté récurrente pourrait laisser penser qu'il a gagné ses galons au feu comme les généraux de la Révolution et de l'Empire. Or, il n'en est rien. Lieutenant de réserve, le jeune Chaban-Delmas doit à des circonstances fortuites cette étonnante promotion (même si sa dimension de résistant est certaine). Nommé en mai 1944 délégué militaire national, il est chargé de transmettre à la résistance intérieure les ordres et consignes du haut commandement interallié. Pour donner plus de poids à cet homme au physique de jeune premier face à des interlocuteurs parfois rudes, couturés et plus âgés, il est décidé en juillet de le bombarder général. Le général de Gaulle, qui déteste ce genre de fantaisie, accepte cette entorse à la règle. Paris vaut bien deux étoiles de général en *zinc* (dans l'armée le *zingage* se pratique encore aujourd'hui quand il faut donner un grade immédiatement supérieur à un officier qui doit occuper un poste dans une structure internationale pour être au niveau de ses pairs : un lieutenant-colonel devient colonel ; un colonel général. Quand l'officier revient en France, il reprend son vrai grade de départ). Une célèbre photographie de la libération de Paris montre d'ailleurs le général de Gaulle, assis, jetant un coup d'œil soupçonneux vers ce général juvénile dans une tenue de brigadier particulièrement bien coupée et non défraîchie…

brutal de simple *sous-lieutenant*. Il est remplacé par un autre Compagnon de la Libération du nom de Pierre Messmer : l'homme des messes basses élyséennes du temps de De Gaulle. Est-ce pur hasard ?

Socialiste

Revenons un peu en arrière, car rien ne semblait prédestiner Georges Pompidou à faire de la politique à haut niveau, et hors du sillon de la gauche. Il est né à Montboudif (Cantal) le 5 juillet 1911. Du côté de sa famille paternelle, la branche est paysanne. Son père, Léon Pompidou, est devenu enseignant d'espagnol à force de travail. Il a été gravement blessé dès août 1914 et s'est ensuite porté volontaire pour le front d'Orient. Il semble qu'il ait fait partie des taiseux de la génération 14-18, car on ne trouve pas de témoignage de Georges Pompidou sur l'influence qu'auraient pu avoir sur lui les récits de guerre de son père. Du côté maternel, ce sont des commerçants de petite aisance. Il confiera dans ses Mémoires :

> Mon père et ma mère appartenaient profondément à la race française, dure au travail, économe, croyant au mérite, aux vertus de l'esprit, aux qualités du cœur. Je n'ai pas eu une enfance gâtée. Mais, si loin que je remonte, je n'ai reçu que des leçons de droiture, d'honnêteté et de travail[3].

La famille Pompidou est socialiste, canal jaurésien. Le père du futur président ne s'opposera aucunement à l'éducation chrétienne du jeune Georges. La tolérance et l'ouverture d'esprit sont dans les gènes familiaux.

À partir de l'âge de neuf ans, le jeune Auvergnat prend l'habitude de lire force livres, qu'il assimile de façon assez stupéfiante, révélant des facilités dont il usera, et parfois abusera. Poussé par son père, qui porte très haut les valeurs de l'étude et de la promotion sociale, il se retrouve dix ans plus tard en hypokhâgne au lycée de Toulouse. L'historien Gradat, gueule cassée de 1914-1918, le marque particulièrement par sa façon de faire revivre l'histoire de France, comme si ses acteurs étaient là devant les étudiants. Quant à ses idées personnelles, elles sont naturellement de gauche : « Politiquement, cet intellectuel, en apparence, nonchalant et esthète, n'en est pas moins, à l'époque, fortement attaché aux idées socialistes[4] », souligne Éric Roussel. Il lit *Le Populaire* et les articles du normalien Léon Blum, patron de la SFIO depuis la séparation d'avec les communistes (SFIC puis PCF). Il aspire d'ailleurs à intégrer lui aussi l'École normale supérieure, ce temple de l'intelligence et de l'érudition françaises. Entré en khâgne au lycée Louis-le-Grand à Paris, il met tous les atouts de son côté pour réussir le concours. C'est une des fabriques des élites françaises. Il rencontre en « prépa » celui qui va devenir l'un de ses amis chers et intégrer avec lui l'école de la rue d'Ulm : Léopold Sédar Senghor. Celui-ci confiera bien plus tard à son biographe Éric Roussel à quel point Pompidou l'a influencé sur le plan des idées :

> Politiquement, il m'a [...] beaucoup fait évoluer. C'est lui qui m'a converti au socialisme. Lorsque je suis arrivé en France, j'étais en effet monarchiste et le lisais *L'Action française*. Si par la suite j'ai supprimé, au Sénégal, le système féodal dont mon père était l'un des représentants, c'est sous influence[5].

Éric Roussel affirme que son socialisme non marxiste n'a jamais impliqué un volet « pacifiste » très en vogue dans l'entre-deux-guerres. On veut bien le croire. On verra que l'homme, s'il est profondément patriote et socialiste de type jaurésien, ne porte à l'armée aucune affection particulière. Dans son esprit raffiné, gentiment dilettante, amoureux des belles épures et d'art moderne, celle-ci campe bien loin de son panthéon personnel. Mais comme tous les jeunes Français, il va devoir porter l'uniforme. Nul, alors, ne saurait échapper à son devoir.

Sous-lieutenant

En 1934, le futur président a vingt-trois ans. Comme l'immense majorité des Français diplômés (il est normalien et agrégé de lettres), le jeune Georges Pompidou commence son service militaire en faisant les EOR (élève officier de réserve) à Saint-Maixent. Étudiant, il a suivi une préparation militaire supérieure (PMS) pour pouvoir les intégrer dès le début de son service. À l'abbaye de Clairvaux, devenue enceinte militaire, il retrouve d'autres normaliens, mais également des instituteurs et quelques séminaristes. Il y a là des jeunes hommes prometteurs : Jean Arnaud, futur patron de Chanel Couture, Roger Grégoire, qui sera président de section au Conseil d'État, Philippe de Montrémy, inspecteur des finances et futur directeur des douanes, Maurice Gaït, qui prendra la direction de *Rivarol*, Henri Van Effenterre, futur grand professeur à la Sorbonne. Interrogé par Éric Roussel[6], ce dernier résume la pensée de ses camarades de régiment à propos de leur compagnon : « J'ai gardé [de lui] le souvenir d'un très bon camarade. Ironique, fermé, se mêlant rarement aux discussions, mais gai, pas du tout fanatique, bref un élève officier ni meilleur ni pire que d'autres qui n'appréciait pas beaucoup la vie militaire. » Roger Grégoire complète le portrait en précisant : « Au demeurant, un garçon assez sceptique qui donnait l'impression de regarder les choses venir, pas très engagé, un peu socialiste intellectuel, un peu vieux radical[7]. »

Malgré son style de commandement assez souple, l'EOR Pompidou sort dans un bon rang, confirmant sa réputation aux yeux de ses camarades de dilettante talentueux. Lors de l'amphi-garnison qui permet aux jeunes officiers de réserve de choisir leur corps d'affectation, il opte par goût et par commodité pour Clermont-Ferrand. Un de ses amis, Jean-Michel Flandin, vit dans la capitale du Puy-de-Dôme depuis son mariage. Ce sera un point de chute sympathique pour échapper de temps en temps à la routine de la caserne. Pompidou couchera sur le papier quelques impressions sur cette époque :

> Ce fut pour moi une année de bonne camaraderie. J'étais sensible aux vertus des militaires de carrière, gêné par leur faiblesse quelque peu démagogique à l'égard des normaliens, intellectuels supérieurs... On avait gardé de la guerre de 14 la honte d'avoir fait tuer des générations entières d'universitaires intellectuels à des postes modestes dans l'infanterie et le souvenir de Péguy pesait sur tous les esprits. Or rien n'est plus grave pour un pays que de faire des intellectuels une classe privilégiée. En mettant tous les normaliens, ou presque, dans les états-majors, l'armée croyait mieux utiliser les cerveaux. En fait, elle créait un fossé entre le peuple et les bénéficiaires de la culture[8].

Dans son régiment, il prend parfois quelques libertés avec ses responsabilités de chef de section. Rentrant un jour trop tard à la caserne, il doit payer un taxi pour rejoindre ses hommes déjà partis en manœuvre... Son séjour régimentaire se termine tranquillement. Revenu à la vie civile, il fait consciencieusement ses périodes de réserve. Il préfère même rester dans un corps de troupe plutôt que de se tourner vers les formations d'état-major*, où se pressent les jeunes têtes bien faites. Il n'aime pas cette idée de coupure avec le peuple. Il en vient, il entend lui rester fidèle, même si l'ascenseur républicain le porte vers les sommets.

En 1938, professeur de français-latin-grec au lycée Saint-Charles de Marseille, il est affecté comme officier de réserve au 141e régiment d'infanterie alpine, dont la caserne se trouve à deux pas de la gare Saint-Charles. Au retour d'une période de réserve sur la frontière italienne, il apprend la déclaration de guerre. Il ne quitte pas l'uniforme et est mobilisé comme sous-lieutenant d'infanterie dans son régiment d'affectation. Le futur président de la République algérienne, Ahmed Ben Bella (1916-2012), y sert également comme sergent. Germaniste, Pompidou est vite repéré par le chef de corps, le colonel Manhès. Il devient officier de renseignement. Les témoignages sur cette époque révèlent un officier calme, pondéré et particulièrement apprécié de son premier chef qui le compare à un « roc » dans l'adversité[9]. Lors d'un stage effectué pendant la « drôle de guerre », il demande à un colonel d'aviation quelle chance a la France de gagner face au puissant potentiel militaire allemand. Il s'entend répondre que l'état-major français est en tout point supérieur : « L'Allemagne n'a pas de doctrine militaire. Notre supériorité dans ce domaine sera décisive[10]. » Cela n'améliorera pas le regard dubitatif qu'il semble avoir toujours porté sur la chose militaire.

Le 16 juin, il est à Sully-sur-Loire avec son régiment commandé désormais par le colonel Gravier. Deux

* Les ORSEM (officier de réserve du service d'état-major), considérés comme la crème des réservistes. Aujourd'hui, nul ne peut être officier supérieur de réserve sans être passé par l'école des ORSEM.

officiers, 34 sous-officiers et 657 soldats ont déjà été mis hors de combat (sur un effectif de 2 900 hommes). Dans le journal de marche du régiment, le normalien Pompidou note :

> La journée du 16 est marquée par des bombardements aériens répétés... La ville est en flammes. Sully offre un aspect horrible [...]. La journée du 17 est plus calme. Petit à petit les réfugiés s'en vont, le régiment s'installe, creuse des abris et installe les armes automatiques qui lui restent puisque la plupart des mitrailleuses sont restées avec le convoi hippo [mobile] [...]. La position est solide. Mais le régiment est épuisé. Tout effort nouveau semble impossible[11].

C'est dans la région de Limoges, où le régiment s'est retiré, que le sous-lieutenant Pompidou apprend que le maréchal Philippe Pétain a demandé l'armistice. Quelques jours plus tard, il entend parler d'un certain général de Gaulle. Toutefois, il n'a personnellement jamais entendu ses appels. Son colonel explique à ses cadres que ce quasi-inconnu est un officier « vaniteux à l'esprit faux ». Le jugement lapidaire de Gravier reflète bien la réputation de Charles de Gaulle colportée dans l'armée : un ambitieux toujours en quête de propulseur.

Le jeune officier est démobilisé avec la croix de guerre. Son tempérament ne le porte pas aux extrêmes, notamment à rallier Londres pour poursuivre le combat. Il a fait une campagne 1939-1940 très honnête, mais ce n'est pas un foudre de guerre. Il rejoint donc la capitale, placée sous la botte allemande depuis le 14 juin. Il troque tranquillement l'uniforme contre la blouse de professeur de français-latin-grec en seconde et première au lycée Henri-IV. Ses pairs voient très vite se déployer ses talents d'enseignant, mêlant érudition réelle, décontraction certaine et improvisation feinte. Pour le reste, la question est de savoir ce que le jeune Pompidou a fait de particulier dans cette période sombre de l'histoire de France. Éric Roussel note que les choses sont assez simples, mais que certains de ses soutiens ont eux-mêmes créé la polémique en tentant plus tard d'en faire un modèle de résistant proactif. On verra plus loin que d'autres présidents ont une histoire un peu compliquée avec ces années noires... Le point de vue étayé d'Éric Roussel est recevable quand il dit que Georges Pompidou, à l'instar de nombreux Français, n'a rien fait d'indigne ni de contraire au patriotisme, mais qu'il n'a pas non plus brillé par un engagement énergique et risqué dans la Résistance. Il n'a vraiment basculé à aucun moment. C'est un homme de la mesure, celle des paysans qui attendent la fin de la tempête pour sortir le nez et réagir devant le ravage de leurs récoltes.

Profondément légaliste, il tance un jour ses élèves qui ont décroché dans la classe le portrait du Maréchal. Il met en garde le chef de classe pour lui faire comprendre qu'il n'acceptera pas que ce genre d'épisode se reproduise. Si c'est un dilettante, c'est aussi un homme d'ordre. Il transmet pourtant des tracts hostiles aux Allemands (il ne les distribue toutefois pas), il abrite des amis juifs menacés et fait lire à ses élèves *Le Silence de la mer* de Vercors (Jean Bruller), livre séditieux pour les occupants et Vichy. Éric Roussel ajoute finement :

> Georges Pompidou sera, sa vie durant, le contraire d'un aventurier. Partant, on voit mieux pourquoi il ne se jeta pas dans la lutte au moment crucial et aussi pourquoi les résistants, qu'il fut amené à rencontrer, ne le mirent pas au courant de leurs projets et ne l'invitèrent pas à les rejoindre : dans de telles actions, un homme soucieux de peser le pour et le contre est plus une charge qu'un secours.

Le Général

Le 25 août 1944, Georges Pompidou aperçoit le général de Gaulle sur les Champs-Élysées. Il se voit mal continuer benoîtement à enseigner à ses chères têtes blondes quand tout est à reconstruire. Grâce à un camarade de Normale sup', René Brouillet, qui est directeur de cabinet du Général, il entre dans l'équipe du chef du Gouvernement provisoire de la République française. Son très faible bagage résistant ne lui est pas opposé quand il demande cette faveur insigne. Il est en charge de questions touchant à l'information et à l'éducation nationale. Il entre alors en gaullisme comme on entre en religion. Dans ses Mémoires posthumes abrégés, il décrit son état d'esprit face à l'ombre portée du géant qu'il a désormais l'honneur de servir, sans être du gaullisme canal historique :

> Qui n'a pas connu cette époque ne peut imaginer ce qu'était le général de Gaulle aux yeux de ceux qui l'approchaient pour la première fois. Jusqu'alors, il était une voix qui, à la radio, disait la France. Il apparaissait comme un être de légende, un héros mythique, un personnage hors de l'ordre commun. Et tout à coup l'image se matérialisait, d'un homme au physique étrange, trop grand avec une tête mal proportionnée à son corps, vêtu d'un uniforme de général de brigade en opérations, montant d'un pas maladroit les marches qui conduisaient à son bureau, en jetant autour de lui un regard altier. Chacun sur son passage se figeait dans une sorte de garde-à-vous, mais en baissant les yeux comme pour ne pas voir celui qui ne devait pas être vu puisqu'il n'appartenait pas au monde des humains. Et c'était avec stupeur que l'on entendait les collaborateurs de Londres – Palewski, Burin des Roziers – parler du Général comme d'un être admirable, certes, mais enfin d'un homme, de même que les bonnes

sœurs parlent de Dieu comme d'un être familier. Pour moi, en tout cas, j'étais béat d'admiration à l'idée de participer modestement à l'action d'un surhomme[12].

Comment aurait-il pu imaginer succéder à cette icône de fer vingt-cinq ans plus tard ? Même si la belle image du Général a subi quelques dégâts en 1969, notamment avec la mystérieuse escapade de Baden-Baden, elle a pesé de tout son poids sur ses épaules jusqu'à sa mort en 1970. Dans ses *Mémoires d'espoir*, alors que son second est à l'Élysée, le général de Gaulle le cingle en soulignant ses « attitudes prudentes et [ses démarches] réservées ». Les deux hommes ont pourtant travaillé longtemps ensemble et en confiance. Mais ils ne sont pas faits du même métal. Un gouffre psychologique sépare l'auteur des *Mémoires de guerre* de celui de l'*Anthologie de la poésie*.

En janvier 1970, quelques mois avant la mort du Général (9 novembre), Georges Pompidou se livre. Il répond aux questions habiles de Jean-Raymond Tournoux[13]. Cet échange permet de prendre la mesure d'une psychologie qui laisse peu de place à la dimension « chef des armées » de la fonction. Ces confessions ne seront publiées qu'après la disparition du second président de la Ve République.

Le journaliste Tournoux lui demande si le pompidolisme existe…

S'il s'agit de l'ensemble de mes idées politiques, je dis oui. S'il s'agit d'une doctrine qui se serait imposée comme le gaullisme, je dis non. La France représente davantage qu'une puissance. C'est une civilisation, un art de vivre, une éthique des rapports humains. La littérature française est moraliste, plus que toute autre : La Bruyère, Vauvenargues, Montaigne, Pascal, Descartes, Chamfort et combien d'autres. La France, c'est cela qui impose une certaine conception des rapports avec le monde extérieur et aussi une certaine conception des rapports entre les hommes. Ce point à mes yeux est capital. Rien n'est dû par décret céleste. Je n'ai jamais admis qu'un homme pouvait être d'une essence supérieure à un autre, dit-il en envoyant un pavé dans le jardin du gaullisme gaullien. Je suis fondamentalement égalitaire [...]. La première nécessité pour un homme au pouvoir est de remettre sans cesse en question ses propres idées. Le monde évolue constamment, les situations évoluent. Il faut se tenir prêt soi-même à remettre en question les idées sur lesquelles on vit. Sinon on est conservateur. Eh bien, je ne suis pas conservateur [...]. Écoutez, il serait ridicule, à mes yeux, de me demander à chaque pas : « Est-ce que le Général aurait marché comme moi ? Aurait-il agi comme moi ? » Ce serait une caricature, une singerie. Il y avait les réactions propres au Général, à son tempérament, à sa stature internationale. Je ne réagis pas forcément comme lui en telle ou telle circonstance. Je réagis en fonction d'un certain nombre de principes que j'ai acquis de lui. Je ne réagis pas toujours comme aurait réagi le Général [...]. Le gaullisme, c'était de Gaulle au pouvoir. C'étaient les idées et les actes du Général. Cela n'appartient à personne. Dans le gaullisme il y a des idées-forces. J'ai été le collaborateur du Général pendant vingt-cinq ans.

On ne peut qu'être frappé par le caractère circulaire des réponses de ce grand intellectuel, comme si chaque fois qu'il voulait affirmer « lui c'est lui, moi c'est moi », il ne pouvait s'empêcher de revenir bien vite à la source de toute légitimité... Lui ! On notera également la prise de distance par rapport à une France-puissance, vision très gaullienne, pour mettre en avant un art de vivre plus proche des canons pompidoliens. Le deuxième président de la Ve République n'est pas l'homme des tumultes, de l'armée et de la guerre, mais celui du développement, de la culture et des relations pacifiques.

Il lui faudra attendre la chute du Grand Chêne étoilé, en novembre 1970, pour qu'il se sente enfin libéré de son ombre tutélaire. Pompidou peut être alors pleinement lui-même sans craindre les foudres du fondateur. Le poète se fait capitaine… d'industrie pour le compte de la France, avant que la mort ne s'en saisisse prématurément. Il fera, notamment, la courte échelle à une Grande-Bretagne – honnie par de Gaulle – pour qu'elle entre dans la Communauté européenne et équilibre ainsi par sa présence le poids d'une Allemagne économiquement florissante et un peu trop tournée vers l'est à son goût. Sur le plan militaire, sans manifester d'inclination personnelle pour tout ce qui touche à cet univers, il poursuit l'action du Général en Afrique, singulièrement au Tchad, et consolide l'héritage stratégique nucléaire du maître fondateur.

L'Afrique

Compte tenu des accords de défense signés avec ses ex-colonies africaines, la France est devenue le gendarme de l'Afrique francophone après les indépendances. Un pays se montre alors particulièrement agité : le Tchad, fragilisé par sa fracture ethnique nord-sud. C'est une constante de la Ve République : il se passe toujours quelque chose d'incandescent au Tchad. Le général de Gaulle avait déjà dû intervenir en urgence en 1969*, à la demande du président Tombalbaye aux prises avec une rébellion armée : le Front de libération nationale du Tchad

* Compte tenu de la gravité de la situation et de l'appel au secours de la présidence tchadienne, le Général avait décidé d'agir alors que le référendum dont le résultat devait le conduire à la démission était en cours. Seuls des soldats professionnels avaient été engagés.

(FROLINAT) soutenu par plusieurs pays de la région (Libye, Soudan et Centrafrique). Le président Pompidou hérite donc de ce dossier. En trois ans, son esprit large, civilo-militaire pourrait-on dire, va en faire un modèle en matière de contre-insurrection[14]. On perçoit dans ce dossier à la fois l'influence gaullienne du «faire face» et son tempérament propre. La France ne se contente pas d'envoyer des militaires sur zone pour épauler et former l'armée nationale tchadienne (ANT), qui ne compte que 3000 hommes, ou de mettre en place des milices locales d'autodéfense. Le chef des armées donne des instructions pour que le sujet soit traité sous tous ses aspects. Via le Quai d'Orsay, Paris pèse de tout son poids sur les pays qui soutiennent la rébellion. On leur fait comprendre qu'il faut qu'ils lèvent le pied. Dans le même temps, la France cherche à assécher le terreau du mécontentement qui alimente le FROLINAT. Grâce à une phalange d'administrateurs et de militaires particulièrement compétents, la France aide à la modernisation de l'administration tchadienne jusqu'au niveau du canton. Il s'agit de soutenir un pays livré au chaos à se doter d'une bonne gouvernance de proximité pour éviter frustration, abandon et antagonisme qui nourrissent traditionnellement en Afrique les séparatismes et les rébellions, sur fond de fractures ethniques. Progressivement la situation s'améliore. «Le Tchad utile est pacifié, note le colonel Goya, et l'ANT, formée et équipée par les Français [...], l'armée tchadienne peut assurer la sécurité.» Fort de ce succès, le président Pompidou diminue la présence française et, en 1972, se rend sur place pour saluer l'émergence d'un nouveau Tchad. Trois ans plus tard, les derniers éléments français s'envolent pour la France. Mais dans cette région, tout est toujours infiniment fragile, comme on le verra dans les chapitres suivants.

Cet engagement africain a conduit le président Pompidou à affronter pour la première fois une épreuve qui marque profondément tous les chefs des armées : la mort de soldats en opération. Le 11 octobre 1970, une colonne de la Compagnie parachutiste d'infanterie de marine (CPIMa) tombe dans une embuscade dans la palmeraie de Bedo (région de Borkou). Douze soldats sont tués et seize blessés durant des combats extrêmement violents contre un groupe de plus d'une centaine d'insurgés. Grâce à des renforts envoyés de Fort-Archambault et de Fort-Lamy, la bande rebelle est détruite et les survivants de la colonne secourus. C'est le plus lourd bilan depuis la guerre d'Algérie. Il faudra attendre août 2008, et le mandat de Nicolas Sarkozy, pour que l'armée française subisse un niveau de perte comparable au combat (dix tués) à Uzbin, en Afghanistan.

Atomic Pompidou

Trois ans et demi plus tard, le 2 avril 1974, le président Pompidou meurt en fonction. Son fils, Alain, remet solennellement au Premier ministre, Pierre Messmer, le médaillon que son père a porté autour du cou jusqu'à son dernier souffle. S'y trouve inscrit son code d'identification nucléaire. Grâce à ses efforts durant son quinquennat imposé, ce code va permettre à son successeur, en l'occurrence Valéry Giscard d'Estaing, d'avoir autorité non plus sur une seule composante nucléaire stratégique – comme à l'époque du Général –, mais sur trois : les sous-marins nucléaires lanceurs d'engins (SNLE), la composante aérienne et le plateau d'Albion avec ses silos.

Georges Pompidou a été le premier président de la Triade nucléaire*. Pourtant, comme le note Bruno Tertrais et Jean Guisnel[15], l'affaire n'était pas jouée d'avance compte tenu de ses réticences sur le sujet. Pacifique ou pacifiste, le deuxième président de la Ve République ?

Au début de son mandat, le nouveau locataire de l'Élysée décide en effet de tailler dans le budget de la force de dissuasion. Il se refuse à dégager des crédits supplémentaires pour financer des engins de nouvelle génération. Il n'a pas d'hostilité à l'égard de la force de frappe du Général, mais la course à la modernisation lui semble contenir une dérive dangereuse. Elle pourrait favoriser un jour un glissement funeste de la doctrine du non-emploi vers un engagement au combat rendu tentant par des armes de plus en plus sophistiquées et raffinées. Il adopte la même attitude prudente pour le nucléaire tactique (missile Pluton) censé délivrer une frappe d'avertissement limité avant l'apocalypse. Il souhaite conserver cet outil lancé à l'époque du Général pour éviter le « tout ou rien » de la dissuasion stratégique (destruction des principales cités russes), mais toujours en évitant que certains ne soient tentés plus tard de s'en servir comme d'une « super-artillerie » sur le champ de bataille. L'idée fondamentale est toujours la même : dissuader un adversaire surarmé de vouloir conquérir un territoire qu'il perdrait dans les mêmes proportions chez lui par la force de destruction de l'atome français.

Contrairement aux deux Grands – États-Unis et Union soviétique –, les Français ne participent pas à la course démente au nombre de têtes nucléaires. Ils disposent

---

* Il faudra attendre 1995 et le mandat de Jacques Chirac pour passer de trois à deux (suppression du plateau d'Albion).

d'un volume suffisamment important pour calmer les éventuelles ardeurs guerrières de l'Union soviétique. Ayant en horreur la guerre, Pompidou mesure parfaitement que la Bombe est la meilleure façon d'éloigner le spectre de la guerre classique par la perspective de l'apocalypse : cette épée de Damoclès doit anéantir toute envie de confrontation conventionnelle dans une Europe qui, au XXᵉ siècle, en a connu deux, qui ont occasionné, au total, 65 millions de morts.

Le deuxième président de la Vᵉ République change progressivement de position sur le nucléaire stratégique en constatant que le développement de la politique de détente entre les deux superpuissances, consécutive à la crise de Cuba (1962), pourrait bien se faire sur le dos de l'Europe et singulièrement de la France. Notamment si l'armement nucléaire français était inclus dans les négociations de désarmement entre les deux blocs, ce que Paris refuse avec véhémence. Les autorités françaises tiennent à la spécificité d'une force autonome dissuasive de « juste suffisance » face aux monstrueux arsenaux des deux blocs. Le nucléaire demeure un apanage de puissance, un club restreint dans lequel la France compte bien tenir sa place singulière, même si sa dissuasion est celle du faible (la France) au fort (le bloc soviétique). « Tout problème tendait à devenir l'occasion d'un tête-à-tête entre l'URSS et les États-Unis, avec les risques inhérents et les humiliations et dangers que cela représente pour les pays européens », confie Pompidou dans un document transmis à son Premier ministre, Pierre Messmer, et à son ministre de la Défense, Robert Galley (un autre Compagnon de la Libération). Nous sommes fin 1973, et il n'a plus que quelques mois à vivre. Dans ce document en forme de « testament stratégique », il insiste pour donner la priorité aux sous-marins nucléaires lanceurs d'engins (SNLE) – l'arme la plus sûre, protégée par l'opacité des fonds marins – et à l'armement tactique « sous réserve que l'on ne raffine pas à l'excès ». C'est encore et toujours l'obsession de ce chef d'État profondément pacifique d'éviter que la Bombe ne devienne *in fine* une arme d'emploi, ce qu'elle est pour les Soviétiques qui l'ont considérablement miniaturisée – jusqu'à la taille des obus d'artillerie. À quelques mois de sa mort, Pompidou décide le lancement d'un sixième SNLE de façon à pouvoir en déployer jusqu'à quatre en permanence à la mer. Le Kremlin est ainsi prévenu de la détermination de la France.

Un allié surprenant

Sur le chemin de la modernisation et du développement raisonnés de sa force de frappe, la France a trouvé un allié du côté des États-Unis. Ces derniers ont en effet conseillé la France dans ce domaine ultrasensible. Les Américains ont tout particulièrement aidé les Français pour leur éviter de s'engager dans des voies de recherches sans issue. Le 11 mars 1972, le ministre de la Défense, Michel Debré, faisait passer au président Pompidou une note dans laquelle on pouvait lire :

> Nous sommes en droit de considérer que les dirigeants américains entendent nous fournir une aide très précieuse, c'est-à-dire qu'ils estiment de leur intérêt de soutenir et d'améliorer le développement de notre force nucléaire. Il n'a été question, en aucune façon, de la moindre contrepartie[16].

C'est un secret qui a été conservé pieusement pendant longtemps : il en allait du dogme de l'indépendance nationale, surtout vis-à-vis de l'encombrant allié nord-atlantique. À peine arrivé à l'Élysée, Valéry Giscard d'Estaing découvrira sans y avoir été préparé ce « grand secret » lors d'un entretien avec Henry Kissinger, conseiller diplomatique du président américain. Il ignorait tout de cette collaboration que l'Américain lui a proposé tout naturellement de poursuivre[17].

Sur le plan des symboles, le président Pompidou décide en juin 1973 de recevoir à l'Élysée deux des trois commandants de SNLE (le troisième est à la mer, permanence stratégique oblige). Il souhaitait ainsi s'assurer de la détermination de ceux qui auraient peut-être un jour à obéir à l'ordre « redoutable », selon son mot, donné par le chef des armées, ce qui signifierait alors l'échec de la dissuasion et la mort de millions de civils européens et russes*. « Georges Pompidou est le seul à avoir adopté ce rite républicain, illustrant de manière particulièrement éclatante la singularité de la relation entre le chef des armées et celui qui serait, sous ses ordres, l'instrument de l'apocalypse nucléaire », soulignent Tertrais et Guisnel.

Durant son quinquennat, le président, atteint d'une maladie rare, s'est finalement peu exprimé sur les questions de défense. Pudeur face à l'ombre portée du Général ? Il ne le fera publiquement sur le nucléaire, par exemple, que l'année précédant sa disparition. Néanmoins, son fonds doctrinal apparaît à travers ses choix : intervention en Afrique, mais en évitant le côté « corps expéditionnaire », pour une approche globale pertinente (intervention, pression internationale, formation, développement et

* La France a un armement nucléaire tactique (le Pluton) pour délivrer une « frappe d'avertissement » contre un agresseur avant le déclenchement du feu nucléaire stratégique anticités.

gouvernance) ; amplification du nombre de touches sur les orgues nucléaires français ; vigilance vis-à-vis de l'Allemagne tentée par l'Est (*Ostpolitik*) et donc corrélativement renforcement de l'Europe communautaire ; refus de se faire marginaliser par les deux supergrands. Seul président mort en fonction, Georges Pompidou aura donc été un fidèle héritier du fondateur, mais doté d'une psychologie fort différente. En 1964, alors qu'il n'est encore que Premier ministre, il est en déplacement à Verdun, sanctifié durant la Première Guerre mondiale, sol meurtri et rougi du sang de son chef, Charles de Gaulle, blessé et capturé sur cette terre de Meuse en 1916. Il y fait un discours magistral qui ne porte pas sur le thème de l'héroïsme, mais bien sur celui de l'absurdité de la guerre. Pompidou aura mis toute son énergie à lutter contre elle.

3

Valéry Giscard d'Estaing
1974-1981

L'Africain

Valéry Giscard d'Estaing est né en 1926 dans une famille de la grande bourgeoisie – les Giscard – ayant relevé quelques années avant sa naissance la particule de l'amiral d'Estaing*. Comme pour toutes les familles françaises, la guerre de 1939-1940 est pour les Giscard un traumatisme. Valéry a treize ans au début du conflit. L'adolescence est une période durant laquelle la cire psychologique s'imprime aisément. Or, les temps sont pour le moins troublés. Comme nombre de Français, les

* Dès 1919, René et Edmond Giscard, respectivement oncle et père de Valéry, se mettent en chasse d'une particule. Après quelques déboires, ils parviennent en 1922 à relever le nom de l'amiral d'Estaing resté sans descendance. Ils entrent alors dans ce que l'aristocratie nomme avec condescendance «la fausse noblesse», dans laquelle figurent également les Galouzeau de Villepin.

Giscard d'Estaing, qui appartiennent à la droite conservatrice, sont maréchalistes, et les thématiques de la révolution nationale (Travail, Famille, Patrie) n'ont rien pour les effrayer. Pour autant, note Georges Valance dans sa remarquable biographie de Valéry Giscard d'Estaing[1] : « Ils ne sont pas collaborationnistes. » Chef d'entreprise, le père de Valéry est mal vu par les autorités allemandes à cause de son refus de travailler avec elles. Parmi les souvenirs de cette époque qui ont marqué le jeune homme figurent le rassemblement des chevaux au tout début de la guerre, la tristesse des paysans qui doivent abandonner leurs bêtes réquisitionnées (certains les embrassent avant de les laisser) et la débâcle du printemps 1940. À ce propos, il confie en 2009 à son biographe :

> C'était un mélange de réfugiés et de soldats à moitié débandés, sans armes, à la limite de la désertion. Puis est arrivée derrière eux une unité à peu près constituée commandée par de Lattre de Tassigny [...]. Ils ont organisé une sorte de résistance et installé sur la petite route, au-dessus de la maison, un canon de 75. Nous allions à bicyclette leur porter de la nourriture, du café. Puis, ils sont partis[2].

L'arrivée des premiers Allemands à Clermont-Ferrand le frappe également. Tombant par hasard sur leur avant-garde en *side-cars*, il fait demi-tour prestement. La famille écoute l'appel du général de Gaulle et est choquée des propos très durs prononcés à l'encontre du maréchal Pétain.

Une imagination féconde ?

Bien que nettement plus jeune que son prédécesseur (né en 1911) et que son futur successeur (né en 1916), la question de l'attitude de Valéry Giscard d'Estaing durant l'Occupation se pose néanmoins, compte tenu d'un décalage entre la réalité de sa résistance et les mérites qu'il s'est décernés dans ce domaine. Georges Valance est le premier à avoir aussi clairement mis en exergue les travestissements de Valéry Giscard d'Estaing sur ce point sensible*. Bienveillant à l'égard de son sujet, Valance – qui parle pudiquement d'exagération plutôt que d'affabulation ou de mensonge – s'est livré à une contre-enquête très serrée. Elle ne révèle aucune turpitude, aucun fait indigne, et elle souligne très justement l'engagement volontaire à dix-huit ans dans la 1re armée de De Lattre de Tassigny (1944). Mais elle révèle un récit giscardien épique, très enlevé, formellement démenti par un de ses camarades de classe, François Girard, résistant déporté à Buchenwald et grand professeur de pédiatrie**. À Janson-de-Sailly, François (plus âgé de deux ans) et Valéry sont à la même table, tout comme sur les photographies de classe. Ce sont de bons copains, sans être de véritables amis. François Girard précise la chose suivante à Valance : « On savait tous en classe qu'il vivait dans un milieu proche de Vichy. Il était très influencé par son père. Un moment il portait même une francisque à la boutonnière. » Il ne s'agissait pas de l'ordre créé officiellement par Philippe Pétain, mais d'un « objet décoratif », souligne Girard, en ajoutant que Valéry ne l'avait pas porté longtemps et que son copain ne se mêlait pas des conversations de classe concernant Vichy et la Résistance.

---

* Ils avaient déjà fait l'objet de polémiques lors de la campagne de 1974.

** Toute la famille est résistante chez les Girard. Le père de François et l'une de ses sœurs sont également déportés. Une autre de ses sœurs est tuée par les Allemands dans l'Oise alors qu'elle ravitaille un maquis.

S'agissant de ses premiers pas dans la Résistance, Valéry Giscard d'Estaing affirme s'être rendu à la manifestation interdite des étudiants et lycéens du 11 novembre 1940 à l'Étoile (Paris). Rappelons qu'il a alors quatorze ans. François Girard, qui livre son témoignage pour la première fois en réponse aux questions de Georges Valance, s'en étonne. Il sait le milieu familial des Giscard peu favorable à ce type de démonstration. En outre, le jeune Valéry n'y est pas allé avec lui, son copain de classe, ni avec leur groupe de camarades de lycée, ce qui aurait été tout naturel pour une expédition potentiellement dangereuse*. Par ailleurs, Girard ne l'a aperçu à aucun moment sur place. Difficile toutefois de trancher sur ce point. La suite est plus troublante. Durant la campagne de 1974, sa notice biographique affirme sans détour que le candidat VGE a servi dans la Résistance à « quinze ans », soit dès 1941. En l'occurrence, au sein du mouvement Défense de la France, dirigé par Philippe Viannay qui publiait alors un journal résistant clandestin. Or, ce chef résistant fait savoir que le candidat Valéry Giscard d'Estaing est inconnu au bataillon de Défense de la France et que le ministre n'a pas souhaité répondre au questionnaire biographique qui aurait permis de combler les archives éventuellement défaillantes du mouvement sur ce point. Pourquoi ce refus du candidat à la succession de Georges Pompidou ? Orgueil d'avoir à se justifier ou difficulté à le faire en apportant les preuves de son engagement précoce ?

Georges Valance débouche sur deux versions absolument incompatibles des « faits de résistance » du futur chef des armées. L'ancien président explique dans ses Mémoires, avec un luxe de détails un peu étrange, qu'après le

---

* Elle le sera réellement, les Allemands procédant à des arrestations.

débarquement anglo-américain en Afrique du Nord (novembre 1942), il s'est dit qu'il fallait « faire quelque chose ». Il en parle à son copain Girard : « Il m'a présenté à son réseau, qui s'appelait Défense de la France. Au début, je n'ai connu que des échelons subalternes [...] », explique Valéry Giscard d'Estaing, ce qui paraît assez évident pour un adolescent de seize ans. Il ajoute que Girard lui a fait rencontrer ensuite « le chef », Philippe Viannay, lors d'un rendez-vous qui a eu lieu, se souvient-il, place du Palais-Bourbon. Sa mission de résistant consistait, par ailleurs, à prendre en charge le transport des plaques typographiques nécessaires à l'impression du journal clandestin. Pour faire bonne mesure, l'ancien chef de l'État précise à son biographe qu'il a voulu avec son cousin François partir pour Londres. Mais le démantèlement de la filière d'évasion de France les en aurait empêchés *in extremis*. Il n'explique pas pourquoi il n'a pas tenté une autre voie, notamment celle de l'Espagne. En réponse à une question sur sa participation à une action armée, il affirme :

> Oui, et c'était encore sur l'initiative de Girard qui assurait ma connexion avec la Résistance. Les gens de Défense de la France m'ont demandé de participer à un transport d'armes en direction de Meaux pour tendre une embuscade à un train de déportés de Drancy vers l'Allemagne. Nous sommes partis avec des gens que je ne connaissais pas, par le cours de Vincennes. Nous avions une Citroën classique et toutes les armes dans le coffre [...].

Il précise que lui et ses jeunes camarades ont échappé de peu à un contrôle des Allemands, qui aurait pu leur être fatal : les soldats voulaient leur faire ouvrir le coffre bourré d'armes. Mais au dernier moment, ils sont passés à la voiture suivante en les laissant partir sans fouille.

À la question « Avez-vous fait entrer votre camarade de classe dans la Résistance ? », François Girard répond catégoriquement :

> C'est faux ! Il ne m'a jamais rien demandé et je ne l'ai jamais fait entrer dans le réseau ni présenté personne. [...] Quant à la rencontre avec Philippe Viannay, c'est absurde : voyez-vous le chef d'un réseau rencontrer, comme cela, un jeune militant ?

De la même façon, il dément totalement l'affaire du transport d'armes en Citroën et se demande si son ancien camarade de classe n'a pas brodé autour d'une affaire qui lui est réellement arrivée, à lui, François Girard, lors d'un transport d'armes avec deux Citroën. Apercevant un barrage allemand, Girard avait eu l'idée d'attacher une voiture à une autre pour donner l'impression de la remorquer. Abusés par cet équipage de secours, les Allemands avaient laissé passer le convoi sans le contrôler. En revanche, une autre fois, le jeune résistant n'a pas la même chance : il est fouillé et arrêté. Le 30 avril 1944, François Girard se retrouve à vingt ans dans le dernier convoi qui part pour Buchenwald. Il précise à Georges Valance qu'à la Libération Valéry Giscard d'Estaing est allé voir sa mère. Il raconte : « Ma mère l'a viré : il était venu pour essayer de se refaire une santé, pour se faire remarquer dans les milieux de la Résistance [...]. » Georges Valance se garde de trancher catégoriquement entre les deux versions, même si la balance ne penche pas naturellement du côté du jeune Auvergnat. Le brillant biographe se trahit néanmoins – volontairement ? – par une citation de Montaigne mise en exergue de son chapitre intitulé : « La question de la Résistance. » On peut y lire : « Une imagination forte produit l'événement... »

Brigadier

Ce qui est indéniable en revanche, c'est l'implication modeste du jeune Valéry lors des combats de la libération de Paris. Il ne fait pas le coup de feu, mais il joue les messagers d'un groupe de résistants à l'autre. Tout aussi avéré est son engagement volontaire à la même époque pour se battre pour la durée de la guerre. À son père il explique qu'il ne se pardonnerait pas « de ne pas avoir participé au combat de la France ». Plus tard, il ajoutera :

> Je me disais que si, à l'âge que j'avais, c'est-à-dire dix-huit ans, je ne participais pas à la guerre avant qu'elle ne soit finie, toute ma vie j'en mourrais de honte. Il fallait que je me dépêche[3].

Sa famille, qui voit avec stupeur s'éloigner pour lui le concours de l'École polytechnique, tente de l'en dissuader. Il tient bon et se retrouve dans la 1re armée. Il est affecté au 2e régiment de dragons, dans un groupement de soutien qui accompagne les blindés. Il piaffe pendant ses six semaines de classes. Le dragon Giscard, affecté au 2e escadron, part finalement pour la guerre sur un char baptisé *Carrousel*, en hommage à l'un des monuments de la capitale. En avril 1945, son tank franchit le Rhin à Spire sur un pont de bac-portières du génie. La vraie guerre commence et son régiment enregistre alors la perte de plusieurs de ses chars destroyers et de leurs équipages. Le 13 avril, il passe brigadier (caporal). Les 21 et 25 avril, il se signale par son courage : à pied il dirige son char sous le feu ennemi et, quatre jours plus tard, il tire sur l'ennemi bien que son blindé ait encaissé un coup au but de *Panzerfaust* (bazooka léger). Cela lui vaut la croix de guerre, avec une belle citation. Le 26 avril 1945, son char a l'honneur d'entrer le premier dans Constance. Quelques jours plus tard, le chauffeur de la Jeep de son lieutenant crie à la cantonade : « La guerre est finie ! » Comme la plupart de ses camarades, le jeune dragon se saoule en buvant à la victoire.

Le 20 mai 1945, le général de Gaulle, chef du Gouvernement provisoire de la République française, passe en revue le 2e régiment de dragons à Oberstdorf, dans les Alpes bavaroises. Le régiment s'est mis sur son trente et un. Valéry Giscard d'Estaing a la tête bandée à la suite d'une blessure. Il a également à la jambe les traces d'une brûlure. Un demi-siècle plus tard, il raconte :

> Nous étions brossés, fringants et rasés ; l'ensemble était vraiment superbe, très professionnel et guerrier. On nous a annoncé le général de Gaulle. Il est passé devant nous d'un bout à l'autre avec le général de Lattre, sans un mot, sans un geste, sans un regard. J'ai compris pourquoi quelques années plus tard, lorsque je l'ai connu davantage : c'était quelqu'un qui faisait les choses par devoir, et non pour faire plaisir aux gens. Pour lui, nous étions des figurants, nous faisions notre travail[4].

Le 14 juillet 1945, le 2e régiment de dragons défile sur les Champs-Élysées et place de la Bastille. Le brigadier Giscard d'Estaing, sa croix de guerre au côté, aperçoit à nouveau l'imposante silhouette du général de Gaulle. Comment pourrait-il imaginer se retrouver à sa place presque trente ans plus tard ? En 1974, après la cérémonie de son investiture, il se rend dans le parc de l'Élysée où l'attendent des éléments du 2e dragons, *son* régiment. « J'ai demandé qu'on les fasse venir à l'Élysée parce que c'est à la fois mon seul et, si je puis dire, mon meilleur souvenir militaire[5]. » La boucle était bouclée.

Une saloperie

Quand, à quarante-huit ans, plus jeune président de la Ve République, il entre à l'Élysée, Valéry Giscard d'Estaing est un ministre aguerri dans le domaine de l'économie et des finances et un néophyte en matière de défense, malgré ses quelques semaines de campagne en 1945. Il a tout, ou presque, à découvrir dans ce domaine après sa victoire éclair sur le clan gaulliste au premier tour (Chaban-Delmas) et sur la gauche unie au second (Mitterrand). Dans le domaine nucléaire, il est bien vite initié par son chef d'état-major particulier (CEMP), puis par le chef d'état-major des armées (CEMA). Ces officiers jouent dans les institutions françaises un rôle central de conseiller au cœur du pouvoir*. Le nouvel élu se forge rapidement la conviction qu'il ne « se servira jamais de cette saloperie[6] [nucléaire] ». Quelques semaines après son élection, il réunit à l'Élysée une batterie d'experts militaires et civils (y compris deux journalistes du *Figaro* et du *Monde*) pour plancher sur la question. Raymond Aron, qui est présent, confirme l'esprit des propos cités plus haut. « Je ne parviens pas à imaginer dans quelles conditions je devrais appuyer sur le bouton[7] », confesse le nouveau chef des armées devant la petite assemblée abasourdie. Raymond Aron tente de faire pénétrer mentalement ce très jeune président dans les arcanes de la dissuasion à la française. Il explique qu'elle « ne dépend

* C'est une pièce essentielle du dispositif politico-militaire français. Les présidents noueront des relations souvent étroites et même affectueuses avec leur CEMP et leur CEMA. S'ils ne sont pas toujours écoutés par leur patron (ce qui est la règle du jeu démocratique), ces officiers généraux de grande qualité ont toujours voix au chapitre et sont, *a minima*, écoutés, notamment au sein des conseils de défense.

pas des seuls instruments que possède chacun des joueurs, mais aussi de la résistance nerveuse, du consentement à courir des risques, de l'art de faire prendre au sérieux une menace improbable[8] ». Et le philosophe de souligner un fondement essentiel de ce que le Général a conçu, et que Pompidou a complété : la guerre étant la confrontation de deux volontés, « l'équilibre de la dissuasion est un équilibre *psychotechnique* ». Elle repose donc sur une réalité bien tangible (l'outil militaire stratégique et tactique disponible en permanence*), mais également, et peut-être surtout, sur la force mentale de l'homme qui en détient la clé : le chef des armées. Or, pour Aron, il manque à ce chef très cérébral, séduisant et séducteur, jeune et jouisseur, une faculté essentielle : « Ce jeune homme ne sait pas que l'histoire est tragique[9]. » Dans *Le Figaro* du 10 janvier 1975, il écrit : « Le général de Gaulle vivait en permanence les drames de l'histoire. M. Giscard d'Estaing, qui connaît Keynes mieux que Thucydide, maintient les lignes de force de la politique gaulliste, mais dans un esprit tout autre. »

Artillerie nucléaire

Il y a indéniablement dans la dissuasion française une dimension psychologique subtile, retorse, que le cerveau riche en arborescences de ce président polytechnicien et énarque ne sait comment saisir. La crédibilité de l'outil vient de ce qu'un certain nombre de questions doivent être laissées à l'agresseur éventuel et non au détenteur de l'arme. Ce jeu, assez diabolique, convenons-en, consiste à faire basculer dans la cour du Kremlin toute une série

---

* D'où le rôle clé des aides de camp du président qui doivent assurer la continuité des transmissions lors de ses déplacements, de façon à garantir la permanence d'une dissuasion qui repose sur un seul homme.

de questions : où commencent les intérêts vitaux français ? Le président français est-il déterminé à tuer la guerre en Europe en menaçant d'abattre ses foudres atomiques sur les cités russes ? A-t-il réellement les moyens permanents de sa détermination ? Le doute existentiel doit étreindre l'ennemi potentiel, non le président français. Ainsi la terreur suprême est de nature à chasser du ciel européen le spectre de la guerre.

Le président Giscard d'Estaing n'a, semble-t-il, jamais vraiment bien saisi le concept de la dissuasion[10]. Il est même allé un jour jusqu'à parler d'« artillerie nucléaire » devant des officiers médusés. Une bourde, car cela revenait implicitement à concevoir les armements nucléaires de courte portée (tactique) comme des armes du champ de bataille, ce qui est totalement contraire à la doctrine française. Pour le reste, il semble n'avoir imaginé l'usage de cette arme que comme une *vengeance* exercée contre un ennemi qui aurait frappé la France et l'Europe. Or, tout l'édifice intellectuel de la dissuasion consiste à ne pas se placer mentalement dans cette posture. En matière de dissuasion nucléaire, s'il est pratiquant (la France ne baissera pas la garde), c'est en fait un non-croyant qui a du mal à incorporer les ressorts profonds de « l'évangile » : créer une arme coûteuse, sophistiquée et redoutable, dont la vocation intrinsèque est… de ne jamais servir.

La violence extrême sous-jacente au concept est pour cet hédoniste, heureux de lui et de son sort, parfaitement contre-nature et en décalage avec une époque qu'il veut dépoussiérer et moderniser. Son ministre Jean-Jacques Servan-Schreiber l'a bien compris en le convainquant dans un premier temps d'abandonner les essais nucléaires*. Tout cela sent trop, selon son camarade polytechnicien

* Ce sera fait pour les essais en atmosphère.

jamais à court d'idées*, le parfum *old fashion* du gaullisme en treillis, celui d'un monde par trop brutal. L'ère est à la subtilité, pas aux missiles... Mais le Premier ministre, Jacques Chirac, gardien des débris de la grande armée gaullienne, ne l'entend pas ainsi. Il met sa démission dans la balance. Les essais reprendront (mais en sous-sol). Le 9 juin 1974, le ministre des Réformes, Servan-Schreiber, donne une interview pour dénoncer les essais qui pollueraient Mururoa (Polynésie française). Jean-Jacques Servan-Schreiber perd son maroquin et se fait qualifier dans la foulée de « turlupin » par le Premier ministre Chirac, ravi de s'en être débarrassé aussi vite. Il ne sera resté au gouvernement que douze jours.

Le grand réformateur

En 1974, les Français ont élu un jeune président en parfaite santé. Bronzé, décontracté, alerte et sportif. Il n'a pas hésité à exhiber son corps longiligne dans les vestiaires de stades de football ou sur les plages, arborant un boxer moulant bleu, réplique exacte de celui de 007 dans le dernier *James Bond*. Voilà pour la forme. Pour le fond, Valéry Giscard d'Estaing s'affirme durant son septennat comme un véritable réformateur estimant devoir libérer le pays de ses carcans. Il est, selon lui, prisonnier d'une ombre portée gaullienne qu'il juge trop crispée, trop encasernée, trop archaïque, trop patriarcale, trop tournée vers la grandeur extérieure et pas assez vers l'intérieur et la vie quotidienne des Français. Il veut réconcilier, recoudre, ressouder, réformer et rassembler deux Français

* Giscard dira de lui un jour qu'il avait « non pas une case en moins mais une case en trop »...

sur trois. Aron a tout à fait raison : cet homme couvé par de nombreuses fées à sa naissance, né une cuillère d'argent à la bouche, ne croit pas au tragique de l'histoire. Sa vie n'est-elle pas la preuve que tout peut sourire à celui qui aborde les défis avec énergie, ambition, intelligence, dextérité et une certaine légèreté de l'être... Il faut être de son temps et faire bouger un pays complexe, saisi cycliquement d'un prurit révolutionnaire, pour le transformer en douceur en rassemblant les énergies et les talents d'où qu'ils viennent.

Il y a un domaine dans lequel cet objectif ne manque pas de pertinence : c'est celui de l'armée. Les séquelles psychologiques de la guerre d'Algérie et de la répression du putsch, le dégagement massif des cadres, la réduction des budgets, le très faible niveau des soldes (pour les appelés du contingent*, mais également pour les personnels d'active) : tout cela crée un fonds dépressif malsain. Le développement du nucléaire militaire provoque également un sentiment de déclassement pour une partie des forces, même si l'armée de terre a l'illusion de jouer dans la cour des grands avec le Pluton (missile nucléaire tactique d'ultime avertissement). Mais ce dernier atout ne suffit pas à dissiper le trouble d'une armée de plus en plus technique et qui doit abandonner progressivement, sous le poids du dogme nucléaire, ses anciennes prérogatives en matière de réflexion doctrinale sur la stratégie et la tactique. La pensée militaire classique, hors dissuasion (on pense aux généraux Gallois et Beaufre), s'appauvrit considérablement.

Sur le théâtre européen, la mission n'est pas exaltante. Il faut se préparer au débouché des forces du pacte de Varsovie par la trouée de Fulda (Allemagne de l'Est)

---

* Ils font un service militaire de douze mois.

considérée comme l'un des axes stratégiques naturels d'invasion de l'Allemagne de l'Ouest. Des générations d'officiers d'état-major d'active et de réserve ont planché sur cette hypothèse mettant aux prises le parti bleu et le parti rouge... Mais les scénarios concernant la suite des événements manquaient singulièrement de suspens. Comme le disent les militaires, les choses seraient ensuite pliées rapidement : soit les opérations s'arrêtaient avec la menace du recours au nucléaire (et éventuellement un tir tactique d'ultime avertissement avant de vitrifier les grandes villes soviétiques si Moscou ne reculait pas), soit l'Europe de l'Ouest et l'Europe de l'Est étaient rayées de la carte par la puissance de l'atome. Les armées conventionnelles, dans ces hypothèses, étaient ravalées au rang de faire-valoir ou de chèvres au piquet attendant l'ours russe affamé pour faire jouer la menace de la Bombe. Les Soviétiques, qui avaient perdu 25 millions de citoyens durant la Seconde Guerre mondiale, avaient là matière à réflexion. C'est ce qui a sauvé l'Europe d'une nouvelle guerre.

Cautériser

Depuis plusieurs années, l'armée française marche alors à deux vitesses, avec d'un côté une armée du théâtre européen surnommée « eau chaude, eau froide* » et de

---

* Expression qui désigne les officiers encalminés sur le front européen en attendant l'arme au pied le pacte de Varsovie. Ne participant à aucune opération extérieure, leurs poitrines sont maigrement décorées : à l'ancienneté, ils reçoivent automatiquement l'ordre national du mérite avec son ruban bleu (eau froide) et bien plus tard, en fin de carrière, la Légion d'honneur avec son ruban rouge (eau chaude). D'où

l'autre une force professionnalisée avec les troupes de marine et la Légion étrangère qui continuent à guerroyer outre-mer et à se couvrir de décorations. Le président Giscard d'Estaing évoque cette cassure sous un autre angle :

> Les anciennes générations, hantées par le souvenir de l'Indochine et de l'Algérie, et désireuses de ne pas voir dilapider leurs moyens trop limités, poussaient à la prudence. Les nouvelles générations d'officiers et de sous-officiers qui avaient choisi la carrière militaire à un moment ingrat, puisqu'il suivait de peu les événements d'Algérie, souhaitaient tester sur le terrain leurs capacités personnelles et celles des unités où ils servaient. L'expérience leur a donné raison[11].

En France, des comités de soldats commencent à faire leur apparition pour protester contre les conditions de vie et de solde des appelés du contingent. Des manifestations éclatent dans les gares à l'occasion des retours de permission, des tracts antimilitaristes sont distribués. Un « appel des cent » est lancé contre le service militaire par des militants d'extrême gauche. En septembre 1974, plus de deux cents appelés du 10e régiment d'artillerie descendent dans les rues de Draguignan et manifestent poings levés. Une autre unité suit le mouvement (le 22e BCA). Des tracts circulent à travers la France et sont distribués le dimanche soir dans les trains qui ramènent les permissionnaires. Quelques mois plus tard, lors d'une rencontre avec des officiers de réserve, à Niort, le général Marcel

---

l'expression « eau chaude, eau froide », la Légion d'honneur se portant en premier sur la tenue, la « bleue » ensuite. Dans l'armée de terre (au sein de laquelle les décorations revêtent une importance toute particulière), chacun pouvait donc se jauger instantanément en jetant un coup d'œil sur le placard de décorations porté au-dessus de la poche gauche.

Bigeard, qui commande la 4e région militaire, demande publiquement, dans son langage habituel, que les autorités mettent un terme à ce « bordel » :

> Qu'attend le gouvernement pour réagir ? Que fait-il pour l'armée ? Nous sommes injuriés, calomniés, traînés dans la boue et nous n'avons que le droit de nous taire ! On en arrive à inviter les soldats, les sous-officiers, les officiers à éviter de porter l'uniforme hors des casernes !

Il est rapidement convoqué à l'Élysée (30 janvier 1975). Aussi prévient-il son épouse de préparer ses cantines car il s'attend à être « dégagé » rapidement.

Le président Valéry Giscard d'Estaing le reçoit en tête à tête, cordialement, pour lui proposer de devenir secrétaire d'État au côté du ministre de la Défense Yvon Bourges. Un peu groggy, il accepte. Le 1er février, Bigeard entre au gouvernement. « Je n'ai pas encore conscience qu'on vient de me parachuter en pleine jungle[12] », dira-t-il plus tard. Il en gardera une reconnaissance éternelle à VGE, saluant chaque fois qu'il le peut son « culot » pour avoir eu cette idée déroutante. La nomination de cette figure légendaire des guerres coloniales, ancien résistant, centurion assumé, couvert de décorations, grande gueule fraternelle et très médiatisée est particulièrement bien perçue des armées.

Dans sa volonté de réforme, le gouvernement vise non seulement le contingent, mais également le personnel d'active, notoirement sous-payé et sous-équipé. Toute une série de mesures vont porter leurs fruits : la revalorisation des soldes des appelés et de l'active*, un voyage mensuel gratuit pour les soldats, les sous-officiers et les officiers

---

* Les soldes de l'active étaient traditionnellement à un niveau tel qu'elles plaçaient les familles de militaires dans des positions indignes d'une grande nation.

du contingent, la création du grade de major pour les sous-officiers supérieurs d'active en butée de promotion. L'entraînement est renforcé, le matériel modernisé, le soutien des forces soigné. L'action résolue du président et de ses deux ministres de choc a indéniablement permis de tourner la page de l'Algérie et de panser les blessures d'amour-propre de l'armée. Les comités de soldats disparaissent. L'armée se sent à nouveau considérée, même si elle doute parfois de l'intérêt de sa mission en centre-Europe. Le président va alors lui montrer qu'il sait l'utiliser au combat, parfois même contre l'avis de ses grands commandeurs échaudés par les souvenirs des sombres guerres coloniales.

Antimilitarisme

Comme ses prédécesseurs, le troisième locataire de l'Élysée de la Ve République doit se pencher sur toute une série de dossiers africains sensibles. Il assume sans complexe la fonction de gendarme de l'Afrique, fonction d'ailleurs soutenue par une bonne partie de la communauté internationale (ONU) et attendue par les pays d'Afrique francophones liés à la France par des accords de défense.

> Nous avons eu à intervenir souvent en Afrique : au Tchad, en Mauritanie, au Zaïre et en Centre-Afrique, écrit Valéry Giscard d'Estaing dans ses Mémoires. La situation rendait ces interventions nécessaires. Au nord, le colonel Kadhafi, dont la hausse des prix du pétrole venait de remplir les caisses, soutenait la poussée islamique en direction de l'Afrique centrale. Il jouait sur les divisions du Tchad et pouvait compter, à l'époque, sur le soutien des tribus du Nord, belliqueuses et aguerries. L'Union soviétique n'avait

pas renoncé à son rêve africain. Elle livrait des matériels, entretenait des bases, comme au Mali, ou des équipages d'hélicoptères, comme en Centre-Afrique. Et allait organiser un véritable pont aérien, transitant par le Sahara et par le Mali, en direction de l'Angola[13].

Empêchés de faire la guerre en Europe par l'épée de Damoclès nucléaire, les deux blocs Est-Ouest ont trouvé sur le continent africain un terrain confortable de confrontation de basse intensité. La France y dispose de nombreuses troupes prépositionnées* au sein de bases qui forment parfois de véritables villes dans la ville, à l'image du 43e BIMa (bataillon d'infanterie de marine) à Abidjan (Côte d'Ivoire). L'opinion publique et une bonne partie de la presse sont très rétives à ces expéditions jugées d'un autre temps. L'antimilitarisme est encore très fort dans les années 1970-1980. *Le Canard enchaîné* fustige régulièrement ces pratiques néocolonialistes, la politique de la canonnière… Dans ses colonnes, le caricaturiste Cabu** s'en donne à cœur joie avec les aventures acides et hilarantes de son « adjudant Kronenbourg », synthèse de tous les poncifs antimilitaristes. La gauche, François Mitterrand en tête, ne cesse de dénoncer le caractère fétide de ce que l'on ne nomme pas encore la France-Afrique. Nous le verrons dans le chapitre suivant, il sera pourtant un grand consommateur d'expéditions africaines.

À l'époque, la figure même du militaire en uniforme continue son processus de disparition des écrans radar. Les tenues militaires se font rares dans l'espace public. La

* Au Gabon, au Tchad, en Centre-Afrique, au Sénégal, en Côte d'Ivoire, au Togo, au Cameroun.

** Tué dans les attentats djihadistes contre *Charlie Hebdo*, à Paris, le 7 janvier 2015.

France cache son armée. Des consignes sont données aux militaires pour éviter de prendre les transports publics en tenue de crainte d'être agressés ou insultés. La plupart des officiers bravent cette interdiction, comme cet officier de marine, Jacques Campredon (il finira amiral), qui ostensiblement prend le train tous les jours en tenue. Il ne rencontrera jamais la moindre hostilité, mais racontera à l'auteur sa lassitude d'être pris pour un chef de gare et de devoir répondre aux questions des voyageurs sur l'horaire du prochain train... Valéry Giscard d'Estaing va pourtant donner aux militaires une visibilité inattendue.

Les limites de la diplomatie du sourire

« C'est bien sûr en Afrique, terrain d'action privilégié de la France, que Giscard voudrait mettre en œuvre prioritairement sa diplomatie du sourire. Mais c'est aussi en Afrique qu'il se rendra très vite compte de la difficulté, sinon de la vanité de la chose [...][14] », note son biographe. Durant son septennat, son implication personnelle s'est fait sentir d'une façon particulière sur deux dossiers extrêmement sensibles qui se sont enchaînés en avril et mai 1978 : le Tchad et le Zaïre.

Après une brève accalmie sous l'ère pompidolienne, comme on l'a vu, le Tchad, aux prises avec ses éternels mouvements centripètes, s'est à nouveau embrasé. Au nord du pays, les tribus Toubous du massif du Tibesti, nomades et guerrières, sont en rébellion contre N'Djamena. Deux chefs de guerre mènent la danse au nord : Goukouni Oueddei (Toubou) et Hissène Habré (Gorane). Ils s'allient ou se défient selon les circonstances politiques du moment et leurs différends, liés à différents trafics. En 1975, le président tchadien François Tombalbaye est assassiné. Les forces du colonel Kadhafi soutiennent militairement la rébellion. En avril 1978, les troupes de Goukouni Oueddei partent à l'assaut du Sud, après avoir conquis le Nord. Le général Maloum, qui a pris la suite de Tombalbaye à N'Djamena, demande à la France – la mort dans l'âme car il est farouchement nationaliste – de revenir pour sauver un pays de plus en plus fragilisé. Équipées et armées – notamment de missiles légers sol-air SAM 7 particulièrement dangereux pour les avions de combat lors de leurs passes à basse altitude –, les forces rebelles accompagnées de troupes libyennes progressent inexorablement vers la capitale tchadienne. Le président Maloum est aux abois et du côté français la situation semble perdue sur le terrain. Il est sans doute déjà trop tard pour renverser la vapeur. La chute de N'Djamena est inéluctable.

Le chef d'état-major particulier (CEMP), le général Claude Vanbremeersch*, demande une réunion d'urgence. Elle a lieu à la mi-avril 1978 dans le bunker enterré de l'Élysée. L'année précédente, le président Giscard d'Estaing avait fait aménager cet ancien abri antiaérien installé en 1939 par le président Lebrun, qui craignait les effets des bombardements de la Luftwaffe sur Paris. Giscard a souhaité en faire un lieu destiné à la préparation et à la transmission des grandes décisions de défense et à la veille nucléaire vingt-quatre heures sur vingt-quatre. Le chef des armées peut ainsi communiquer directement avec le centre opérationnel des armées et le PC nucléaire

* Il remplacera comme CEMA, en 1980, le général Méry, atteint par la limite d'âge et avec lequel Valéry Giscard d'Estaing avait une grande complicité (tout comme avec Vanbremeersch). Le général Vanbremeersch décédera d'un cancer le 10 février 1981. Dix jours auparavant, le général Jeannou Lacaze lui avait succédé au poste de CEMA.

qui se situe dans les gigantesques caves de craie enfouies à Taverny (Val-d'Oise). Sous l'Élysée, quatre pièces se succèdent, protégées par une porte blindée et par un garde républicain en treillis qui filtre les entrées, pistolet automatique au côté. Le président bénéficie d'un accès direct à ces sous-sols qui part de son appartement privé grâce à un escalier de service orné d'une rampe de style Napoléon III. Des gravures de batailles parsèment les murs et mettent les visiteurs dans l'ambiance… Cet « univers gris fer de la Défense » dégage, selon Valéry Giscard d'Estaing, une atmosphère « mi-clinique, mi-bunker ». Sont présents pour cette réunion décisive, outre le chef d'état-major des armées, le général Méry – accompagné de deux généraux spécialistes de la zone –, les membres de l'état-major particulier (en charge notamment du relevé des conclusions), le général Vanbremeersch (CEMP), l'ambassadeur René Journiac, le « Monsieur Afrique » du président, le patron des services secrets, Alexandre de Marenches, et, bien sûr, le ministre de la Défense Yvon Bourges.

L'affaire est sérieuse. Cet aréopage est là pour demander au chef des armées un retrait des forces françaises du Tchad. On fait rapidement comprendre au président que ni les Jaguar (menacés par les SAM 7) ni les faibles troupes sur place ne sont en mesure de faire face au déferlement des rebelles et des Libyens vers N'Djamena. La France ne peut se permettre une déculottée en Afrique. Il faut donc se replier prestement. Le chef des armées tombe des nues et mesure parfaitement la chambre d'échos délétères que représenterait l'image du gendarme de l'Afrique pliant bagage devant les Libyens et les bandes armées touboues. La décision serait sans doute la bonne sur le plan militaire *stricto sensu*, mais elle serait catastrophique sur le plan politique et psychologique. Nombre de pays africains étant aux prises avec des rébellions plus ou moins larvées, le signal d'un désengagement français, même ponctuel, serait lourd de conséquences. Reste qu'une défaite en rase campagne serait pis encore...

Le chef des armées tranche en sens contraire des avis qu'il vient de recueillir. Après avoir fait un tour d'horizon des moyens disponibles avec le général Méry, il demande l'envoi immédiat des Jaguar sur zone et celui, un peu plus long à réaliser, de deux à trois régiments supplémentaires. N'Djamena doit être défendue coûte que coûte. Sortant de son rôle pour descendre dans les aspects tactiques, il ajoute : « Et il me semble qu'en raison du terrain [très plat], il serait utile d'envoyer l'artillerie. » La proposition est pertinente. La fermeté de l'ancien brigadier de la 1re armée a remobilisé les esprits. Il n'en est pas peu fier.

Sur le tapis doré des sables de l'Afrique, le jeune président a été joueur. Il va gagner. Les frappes des Jaguar disloquent les colonnes malgré la menace des missiles sol-air de courte portée. L'arrivée de renforts stabilise la situation. Pour combien de temps ? Au Tchad tout est châteaux de sable... Laissons la conclusion de cet épisode guerrier au chef de guerre africain qu'est devenu Valéry Giscard d'Estaing, dans un style fait de solennité et de réaction enfantine :

> On m'apportera des photos, prises par les caméras [des Jaguar] pendant les opérations. Des agrandissements immenses, en noir et blanc, où l'on voit les camions libyens désertés par leurs conducteurs et, à côté, projetée sur le sable, l'ombre des ailes des Jaguar. Ce ne sont pas des secrets d'État : je les emporterai dans l'appartement privé, où je les garderai dans le tiroir de mon bureau, pour les contempler, de temps en temps, pendant que la lumière de Paris, venant

en diagonale de la fenêtre, après avoir traversé la verrière du Grand Palais et survolé les embouteillages des Champs-Élysées, les éclairera par-dessus mon épaule pour en détailler les images : l'Afrique, la guerre cruelle, et le succès[15].

« Valy l'Africain », comme le nomme désormais *Le Canard enchaîné*, est grisé par ce succès. Il éprouve une jouissance toute particulière – que tous ses successeurs goûteront –, celle d'avoir été un chef de guerre écouté, suivi, obéi. Et désormais vainqueur... Tout cela est bien loin des querelles politiques intérieures dont la violence est souvent inversement proportionnelle à leur importance réelle. Les éclats de voix y règnent ; lui a fait siffler les éclats de roquettes. Le président revit sous la bure du chef des armées. La guerre peut être source de jouvence, malgré sa violence et les affres de la décision. C'est dans ce moment-là que le président, même s'il n'a pas été oint par l'histoire, mesure combien il est différent, vraiment en charge, capable de sauver des vies humaines tout en devant assumer les pertes dans ses propres rangs. Seul, *in fine*, il est comptable devant l'Histoire. Dans cette affaire, Giscard d'Estaing a eu raison. Il a eu du flair, du nez, des *cojones*... comme disent les militaires. Ils n'attendaient pas autant de détermination de sa part. Transcendé, fasciné par son audace, il se dit que dans une autre vie il aurait pu être un grand stratège. Il le pense si fort qu'il le dit autour de lui. Ce qui va suivre quelques semaines plus tard au Zaïre le pousse dans cette idée. Et va sceller la légende de « Giscard l'Africain ».

Opération Léopard

Depuis 1977, le centre opérationnel des armées, sis boulevard Saint-Germain, à Paris, suit de très près la situation au Zaïre, pays que dirige le président Mobutu. Les officiers traitants de la cellule africaine ont de toute façon toujours beaucoup de travail. Leurs cartes comptent infiniment plus de points rouges que de verts. L'Afrique est un continent en perpétuelle ébullition. Au printemps 1977, des gendarmes (qui n'ont de gendarme que le nom) entrent au Zaïre en provenance de la Zambie voisine. Ils déclenchent un conflit avec les autorités dans la province de Shaba (ex-Katanga). À la demande de Kinshasa, la France fournit des avions Transall pour transporter les troupes africaines envoyées par les pays amis du Zaïre (notamment le Maroc). Les « gendarmes katangais » sont prestement reconduits à la frontière. Le CEMA, le général Méry, en a profité pour infiltrer une petite équipe (du 13e régiment de dragons parachutistes*) destinée à recueillir du renseignement sur cette zone mal connue. En mai 1978, les Katangais sont de retour en masse (plus de 3 000 combattants bien armés). Ils sont soutenus par des conseillers cubains. Ils viennent cette fois d'Angola et prennent d'assaut, le 13 mai, la ville minière de Kolwezi (sud du pays). De nombreuses familles européennes s'y trouvent. Le président Mobutu appelle le jour même son homologue français au secours. Ce dernier se dit prêt à l'aider comme l'année précédente. Le Zaïrois lui fait comprendre que la situation risque de dégénérer très vite et que son attente a un caractère d'urgence. Ce n'est pas d'avions de transport dont il a besoin, mais de troupes aguerries et prêtes à combattre.

---

* Régiment qui appartient aujourd'hui aux forces spéciales.

Le 17 mai, fort de son précédent succès, le chef des armées demande au général Méry de lancer les préparatifs d'une éventuelle intervention sur Kolwezi. La 11e division parachutiste est mise en alerte et les légionnaires du 2e régiment étranger de parachutistes (2e REP) font leur paquetage préventivement. Le lendemain, la plupart des protagonistes de l'affaire tchadienne se retrouvent à l'Élysée dans le bunker présidentiel (avec en plus le ministre des Affaires étrangères, Louis de Guiringaud). Les Français ne disposent pas de cartes précises et détaillées de la ville minière. Pour travailler, ils doivent se débrouiller avec des plans touristiques et les relevés réalisés l'année précédente par les équipes du 13e RDP. Premier souci, la ville est très étendue. Compte tenu de la configuration des lieux, seul un largage de parachutistes peut assurer rapidité et efficacité en cas de menace directe sur la population civile. Les Américains doivent fournir des avions de transport*. Les Belges sont mis dans la boucle, bien que le président Giscard ait pensé un moment qu'il interviendrait seul dans leur ancienne colonie. Finalement, il doit retarder l'opération *Bonite* pour les attendre. Le 2e REP, commandé par le colonel Erulin, doit être prêt à sauter sur Kolwezi à compter du 19 mai. Cette unité compte dans ses rangs deux jeunes lieutenants, Bruno Dary et Benoît Puga. Le premier finira général d'armée et gouverneur militaire de Paris (GMP) ; le second, cinq étoiles également, sera CEMP des présidents Sarkozy et Hollande. Il est aujourd'hui grand chancelier de la Légion d'honneur.

Le 19 mai au matin, la Légion et les parachutistes belges sautent sur Kolwezi où les massacres de civils

* François Mitterrand, pour le PS, ironisera sur la France qui joue « les Cubains des Américains »...

ont commencé. En quelques jours, la situation est sous contrôle. Moins d'un mois plus tard, le 2e REP quitte le Zaïre. Le chef des armées a pris dans cette affaire (comme pour le Tchad) un véritable risque politique si l'affaire avait échoué. La gauche et le RPR (en froid avec le président depuis le départ de Chirac de Matignon en 1976) n'auraient pas manqué de dénoncer son « amateurisme » si l'opération avait tourné au fiasco. Jean François-Poncet, qui devient en novembre 1978 ministre des Affaires étrangères, après avoir été l'un des principaux collaborateurs du président à l'Élysée, analyse la pensée du chef des armées au moment de l'opération :

> Giscard fit preuve d'une grande perspicacité et d'esprit de décision. L'opération était très risquée. Les militaires n'en voulaient pas et s'interrogeaient : les paras ne vont-ils pas être abattus à l'approche du sol et comment ira-t-on les récupérer si cela tourne mal ? Mais Giscard calculait que, quand ils verraient les paras français descendre du ciel, les Africains prendraient leurs jambes à leur cou. C'est ce qui s'est passé[16].

Le ministre n'a pas complètement tort mais glisse un peu vite sur des combats qui ont été sérieux. Les Katangais n'ont pas pris leurs jambes à leur cou. Quant à Raymond Aron, réservé en 1974 sur les talents stratégiques du président, il salue le retour de la « grande politique » de la France.

Emblématique

Dans cette opération, devenue emblématique du septennat giscardien, cinq légionnaires ont perdu la vie et une vingtaine ont été blessés, dont certains grièvement. Le président Giscard d'Estaing décide de décorer largement le 2e REP. Il remet personnellement au colonel Erulin la cravate de commandeur de la Légion d'honneur dans la cour des Invalides. Il se rend à Calvi pour saluer *ses* légionnaires. Il s'est sans doute souvenu de la revue passée par le général de Gaulle devant son unité dans les Alpes bavaroises en 1945, et son amertume devant le côté impavide de l'homme du 18 Juin défilant devant les dragons sans les voir. Il fera tout pour que Calvi soit l'anti-Oberstdorf. Il veut que le cérémonial (toujours au cordeau dans la Légion) lui permette d'avoir un contact visuel, presque physique, avec les légionnaires. Il a demandé qu'ils soient espacés pour pouvoir passer entre les rangs. Il a souhaité également que la place des morts au combat soit respectée par un vide, comme il est de tradition chez les Anglo-Saxons. Un beau symbole. Dans ses Mémoires, avec sentimentalisme et cérébralité, comme souvent, il se souvient de ce moment particulièrement fort pour un chef des armées :

> Il y avait aussi les vides dans les rangs, ici et là. Je marquais un bref temps d'arrêt, et je regardais les deux légionnaires voisins. Le disparu était-il leur ami, ou éprouvaient-ils une antipathie réciproque ? Avait-on ramené le corps du mort, ou bien l'avait-on enfoui dans l'immense terre ocre de l'Afrique, où il allait se dissoudre dans un anonymat éternel ? [...] J'aurais voulu que la France tout entière puisse être témoin, avec moi, de cette simplicité et de cette grandeur.

Il balance sur la question de savoir s'il doit faire défiler à Paris, le 14 juillet, ceux qui se sont illustrés à Kolwezi. Il se fait alors gaullien, en se rappelant une réflexion maintes fois répétée dans le passé par le Général : « Il ne faut pas faire tant d'histoires. Ils font leur métier de militaire. C'est pour cela qu'ils l'ont choisi. » Le 2e REP ne défilera pas cette fois sur les Champs-Élysées.

4

François Mitterrand 1981-1995

La guerre en horreur

Né durant la Grande Guerre, sous-officier blessé lors du second conflit mondial, François Mitterrand (1916-1996) a tout fait pour écarter le spectre d'une troisième conflagration générale en Europe. Marqué par les souvenirs de la défaite de 1939-1940 et sa capture par les Allemands, ce fut pour lui une véritable obsession. Souvent décrit par ses biographes ou ses détracteurs comme « le prince de l'équivoque », « le Florentin », « l'ambigu », « Machiavel » ou « Janus » pour son habileté manœuvrière, sa capacité de dissimulation et de rebond politique, ce personnage de roman n'a pas dévié d'un pouce de l'idée qu'il se faisait de devoir protéger la France de la guerre et de maintenir son rang. Tout en courbes et en déliés à l'intérieur, il fut rectiligne dans sa façon de vouloir défendre le cœur de l'héritage de celui qu'il n'avait cessé de combattre. Mais son logiciel de « non-guerre », le poids omniprésent dans son esprit de l'histoire l'ont conduit parfois à des impasses.

Néanmoins, s'agissant de ces quatorze années – le bail présidentiel le plus long de la Ve République –, peut-on parler d'un règne gaullo-mitterrandien dans le domaine qui nous occupe. L'un de ses principaux collaborateurs pour les questions internationales, Hubert Védrine, s'est d'ailleurs toujours revendiqué de cette double paternité.

> La chose majeure qu'il faut avoir à l'esprit concernant sa psychologie, explique-t-il, c'est l'effondrement de 1940 : cela a frappé aussi fortement de Gaulle que Mitterrand. Sur les militaires de l'époque, il se montrait critique et goguenard[1].

Longtemps chargé à l'Élysée des dossiers internationaux, secrétaire général de la présidence (1991-1995), cet esprit caustique au verbe acéré et imaginatif estime que la politique mitterrandienne a consisté à dégager une « puissance d'influence mondiale » plutôt qu'à se contenter du jeu d'une « puissance moyenne » assumé, selon lui, par Giscard d'Estaing. Bref, à la façon d'un général de Gaulle à Londres, il s'agissait pour François Mitterrand de faire briller au maximum à l'international une monnaie nationale dont le pays n'avait pas toujours tous les numéraires en caisse.

Quel chemin parcouru pour parvenir à cette synthèse inattendue avec le gaullisme ! Iconoclaste se refusant à toute repentance, François Mitterrand a finalement adoré ardemment toutes les icônes gaulliennes qu'il avait foulées au pied furieusement. Grand contempteur du style impérial du Général, il fut un parfait souverain républicain, jusque dans les moindres détails*. Dénonciateur féroce des institutions

---

* Le jour même de son intronisation à l'Élysée, le président Mitterrand fait mettre sa marque sur le fanion tricolore de commandement qui

de la nouvelle république (*Le Coup d'État permanent*), il se glissa avec délice dans des bottes institutionnelles qu'il jugeait dangereuses avant lui. Critique acerbe de la Bombe et des expéditions africaines, il s'affichera sans complexe comme un monarque nucléaire et il détiendra le record absolu du nombre des engagements extérieurs depuis la guerre d'Algérie*. Pourfendeur, en son temps, de la sortie du commandement intégré de l'OTAN, il se gardera bien d'opérer le moindre mouvement de retour. Enfin, son second septennat fut marqué par la première entrée en guerre de l'histoire de la Ve République**. Au sein d'une large coalition menée par les États-Unis, François Mitterrand a engagé un corps de 12 500 hommes (opération *Daguet*) contre l'Irak (guerre du Koweït, 1990-1991). S'il n'a pas jugé utile de mettre en œuvre l'article 35 de la

---

flotte à l'avant de sa voiture : le chêne et l'olivier. Quant à la cravate de tissu qui y est associée, il choisit le blanc : « La couleur de la marine et des amiraux de la force océanique stratégique », souligne Michel Charasse (c'est en fait la couleur des commandants en chef, quelle que soit l'armée). Témoignage de Michel Charasse, homme lige du président, lors du colloque « François Mitterrand et la défense », École militaire, Paris, les 20 et 21 mai 2015. Pierre Joxe précisera lors de ce même colloque l'admiration de François Mitterrand « pour deux maréchaux : Pétain et Darlan ». Darlan était amiral de la flotte, ce qui peut être assimilé à la dignité suprême du maréchalat. Les exemples sur sa façon scrupuleuse de faire respecter l'étiquette monarcho-républicaine jusque dans les moindres détails foisonnent (voir notamment Pierre Servent, *Œdipe à Matignon*, *op.cit.*).

* En tout soixante-cinq opérations extérieures, certaines s'étant prolongées dans le même pays plusieurs années (on pense notamment au Liban et au Tchad).

** La « guerre » d'Algérie a un statut à part puisque ce conflit s'est déroulé sur le territoire national, à savoir les trois, puis douze départements algériens.

Constitution* pour demander au Parlement un vote pour entrer en guerre, le résultat fut le même, grâce à un vote parlementaire sur un engagement de responsabilité du Premier ministre Michel Rocard. Aucun de ses prédécesseurs ne s'était engagé dans une expédition lointaine aussi lourde et après une crise gouvernementale conduisant à la démission du ministre de la Défense, Jean-Pierre Chevènement, farouchement hostile à cet engagement aux côtés des Américains. Pour la première fois depuis la fin de la IVe République, des soldats français allaient pouvoir arborer sur leur poitrine une croix de guerre, en l'occurrence celle des TOE (théâtres des opérations extérieures**).

Président dans sa tête

Homme de paradoxes, passé de la droite nationaliste vichyssoise au programme commun de la gauche socialo-communiste, cultivant bec et ongles sa liberté et ses amitiés – fussent-elles sulfureuses –, pétri de littérature, d'histoire et de géographie, amoureux de la terre « qui ne ment pas », politique au cuir tanné par les combinaisons ministérielles de la IVe République, plusieurs fois ministre régalien n'ayant pas fléchi quand il fut question de l'exécution de « terroristes » algériens, François Mitterrand est tout sauf un « bleu » en arrivant à l'Élysée à sa troisième tentative électorale. Il est déjà depuis longtemps président dans sa tête. Il a soixante-cinq ans et un mauvais cancer

---

* « Il estimait que la France n'étant pas directement menacée, il n'avait pas à déclarer la guerre » : entretien avec Hubert Védrine. C'est également pourquoi les appelés du contingent ont été tenus hors de ce conflit.

** Cette décoration a été décernée notamment pour les guerres d'Indochine et de Corée, et pour l'expédition de Suez.

qu'il tiendra à distance à bout de gaffe pendant quatorze ans grâce à sa volonté farouche, son goût de vivre et de séduire, et à l'adrénaline du pouvoir. Il s'est préparé de longue main à ses responsabilités de chef des armées. Il a notamment fait bouger le Parti socialiste sur la question du nucléaire. Il arrive donc à l'Élysée mentalement *armé*... D'emblée, et contrairement à son prédécesseur, il s'installe au premier étage dans l'ancien bureau du général de Gaulle, dit du salon doré. Il n'a aucun complexe*. La continuité, la vraie, c'est lui...

Certes, il a en horreur la guerre, mais il saura la faire en subordonnant la puissance de Mars à une vision diplomatique arc-boutée sur quatre idées maîtresses : ne jamais alimenter la guerre par la guerre ; veiller à ce que l'Europe ne fléchisse pas face au surarmement soviétique** (notamment nucléaire) ; éviter à tout prix qu'elle ne se fissure après l'effondrement du bloc soviétique (1989) ; renforcer les instances de régulation et de concertation internationales (ONU). Tout cela doit converger vers un but : la paix. Il veut d'autant plus la préserver que la guerre de 1939-1940 a déposé en lui un héritage brûlant.

Famille cocardière

Issu d'une famille charentaise de droite, bourgeoise et catholique, François Mitterrand est né à Jarnac le

---

* Alain Poher, président par intérim, et Valéry Giscard d'Estaing n'avaient pas voulu s'y installer.

** Dans l'annexe de la première loi de programmation militaire (1984-1988) du règne mitterrandien, il est précisé que le « surarmement soviétique fait peser une menace en Europe ». Le gouvernement Mauroy comptait alors quatre ministres communistes.

26 octobre 1916. Il a six frères et sœurs et il reçoit une solide éducation chrétienne. « Ma famille était patriote, et même patriotarde », racontera-t-il, à plusieurs reprises, une fois devenu président. À le voir à la télévision utiliser ce terme de « patriotard » dans un sourire, on mesure à la fois toute l'affection qu'il porte à ceux de sa famille qui plaçaient haut dans leur cœur ces valeurs – notamment son grand-père Jules Lorrain, qu'il appelle « papa Jules » –, mais également le peu de goût qu'il avait dans sa jeunesse pour l'armée, les flonflons, le style ancien combattant et les défilés mémoriels à la gloire de 14-18. À une cousine qui lui annonce son mariage avec un officier de carrière, il dit : « Tu vas épouser quelqu'un de bien ennuyeux[2]. »

Jeune homme frémissant et talentueux – il sait que son verbe est une arme* – dans cette France d'après guerre qui savoure douloureusement la grande victoire sur les Boches en 1918, ses préoccupations sont autres : elles sont esthétiques, littéraires et affectives. C'est un Rastignac qui cherche ses marques. Les biographes de De Gaulle et de Mitterrand ont tous noté que dans leurs écrits d'enfance et de jeunesse le premier parle en permanence de la France tandis que le second parle surtout… de lui-même. Mais on peut se demander si en parlant de la France, de Gaulle ne parle pas lui aussi, en fait, éternellement de sa personne…

Au milieu de ses occupations, le jeune Mitterrand trouve tout de même le temps de militer du côté des volontaires nationaux des Croix-de-Feu du colonel de La Rocque**. C'est un mouvement de la droite nationaliste qui prône une résurrection intellectuelle et morale de la France à la Renan, afin de ne pas gaspiller le sang versé par les

* Il gagne en 1934 un prix d'éloquence : il n'a pas 20 ans.

** Mouvement nationaliste mais aucunement fasciste.

poilus. Mais son grand combat de la fin des années 1930 est d'une tout autre nature. François Mitterrand développe à partir du début 1938 une passion fougueuse et incandescente pour la jeune « Béatrice » qu'il a rencontrée au bal. De son vrai nom Marie-Louise Terrasse*, la belle n'a pas encore seize ans. Cet amour envahissant explique que le jeune Mitterrand n'ait pas fait son service militaire comme officier de réserve et qu'il ait dû le commencer comme soldat de seconde classe. En effet, un fils de bonne famille solidement diplômé (ce qui est le cas de Mitterrand : lettres, droit et Sciences-Po) faisait tout naturellement une préparation militaire supérieure (PMS) pendant ses études pour pouvoir intégrer les EOR (élève officier de réserve) en début de service militaire, afin de se retrouver au bout de quelques mois à commander une section avec le grade d'aspirant ou de sous-lieutenant**. Plus prosaïquement, les formations pour la PMS se tiennent loin de Paris et durant les congés étudiants. Il n'est pas question pour le jeune amoureux de gaspiller un temps précieux, bien plus utile à la conquête de la belle citadelle Béatrice[3]. Cherchant souvent à réécrire son histoire, François Mitterrand fera croire, après guerre, qu'il avait choisi la voie du troupier pour être plus près du peuple***. Il n'en est rien : dans un courrier à l'un de ses amis (François Dalle), il expliquera

---

* Catherine Langeais à la télévision. Béatrice est l'héroïne de Dante, symbole d'amour éternel.

** C'est le parcours suivi par Georges Pompidou, pourtant peu fanatique de la chose militaire. Jacques Chirac fera de même, tout comme François Hollande (il ne fait pas de PMS mais les EOR après un peloton préparatoire).

*** « J'étais antimilitariste, j'ai refusé de faire ma préparation militaire », affirme-t-il en 1972 au journaliste Roger Priouret (dans Catherine Nay, *Le Noir et le Rouge, ou l'Histoire d'une ambition*, Paris, Grasset, 1984).

avoir tout simplement raté les épreuves de la PMS, sans doute par manque d'assiduité pour les raisons évoquées plus haut*.

Bêtise et saleté

Mais le résultat est là, et il ne doit absolument rien à l'éveil d'une conscience de gauche émergente : François Mitterrand est mobilisé à vingt-deux ans, au 23e régiment d'infanterie coloniale (RIC), sans aucun galon sur les manches. Les photographies de l'époque le montrent, très décontracté, un calot de marsouin trop petit planté sur le sommet du crâne, avec dans l'allure une élégance naturelle malgré son mauvais treillis, ses bandes molletières et ses godillots. Sur certains clichés, on voit à ses côtés son nouveau grand ami Georges Dayan, né à Oran dans une famille de la bourgeoisie juive, athée et socialiste. Un monde qu'il découvre pour la première fois. Pour le jeune appelé du contingent, le contact avec le cadre militaire de l'époque, pour le moins rustique, est plutôt rude. Cet esthète raffiné venu d'un milieu protégé en souffre dès les premiers jours, comme le montre une lettre qu'il envoie à son ami François Dalle à peine arrivé à la caserne :

> Mon cher ami,
>
> Invraisemblable ou plutôt vraisemblable quand on s'attend à tout, plutôt bonne installation, c'est-à-dire tables de réfectoire grasses à souhait, gamelle encore enduite de la mangeaille de mon prédécesseur. Jusque-là des sous-officiers

* À son ami François Dalle qui a échoué à la PMS, il écrit : « Bravo ! Je vois que tu n'es pas plus doué que moi. » (*ibid.*).

pas trop idiots – dans ma chambrée : des paysans limousins – l'instituteur. On attend, on poirote toute la journée, c'est plutôt triste – bêtise, saleté. Et c'est un bon régiment. On a paraît-il de la chance, d'ailleurs je ne m'ennuierais pas si je ne regrettais pas Béatrice, toi et tout ce qui fait le passé, et je le souhaite quand même, le présent. Si tu veux venir me voir, ce serait une excellente idée de la mettre en pratique. Je t'attends un peu… et même beaucoup. Des histoires à raconter ! et l'ennui à tromper. Mon vieux, viens vite – de toute façon écris-moi s'il te plaît […]. Bien amicalement à toi. François[4].

Le jugement global qu'il portera quelques années plus tard sur cette expérience n'en rehausse pas le cachet. En 1945, dans le journal *Libres*[5], il écrit :

Pour parler de l'armée en connaissance de cause, il faut avoir été deuxième classe. C'est notre cas, et, ma foi, c'est peut-être aussi notre honneur*. D'avoir vu l'armée du bas de l'échelle nous a procuré l'occasion de faire quelques remarques que, sans aucun scrupule, nous allons généraliser. Nous sommes allés au service militaire sans bonne grâce. Tomber sous la coupe de sous-officiers à l'intelligence aussi déliée que celle du bélier ne suscite pas particulièrement l'enthousiasme. Nous avons connu les casernes et nous y avons découvert que l'occupation principale de nos militaires pacifiques consistait beaucoup plus dans la fréquentation du bistrot que dans l'étude de Clausewitz ou plus simplement le démontage de la mitrailleuse Hotchkiss. Être soldat, pour nous qui fûmes appelés en 1938, c'était apprendre de quelle manière un citoyen honnête dans sa médiocrité pouvait s'accoutumer dans le minimum de délai à la saleté,

* On a vu que cet *honneur* lui avait été imposé par son échec à la PMS et qu'il n'a en rien été choisi.

> à la paresse, à la boisson, aux maisons closes et au sommeil. Un maréchal de France [Lyautey] avait bien écrit autrefois, alors qu'il était lieutenant, un article intitulé « Le rôle social de l'officier ». Mais l'officier de notre entre-deux-guerres ne cherchait guère à modifier les conceptions assez sommaires qu'il pouvait avoir sur l'homme en général et le Français en particulier. Sa philosophie se résumait dans la devise bien connue : « Faut pas chercher à comprendre. »

François Mitterrand conservera de cette prime expérience une défiance structurelle vis-à-vis du monde militaire. Ministre récidiviste de la IVe République, il occupera plusieurs ministères régaliens (Intérieur*, Justice) mais jamais la Défense… « Vous êtes trop militaire ! », lance-t-il à certains grands commandeurs lors de conseils de défense, pour leur signifier qu'ils n'intègrent pas assez les données politiques ou diplomatiques d'un problème. Un jour, il assiste en tant que chef des armées à une prise d'armes qui se déroule particulièrement mal. Le général responsable de la cérémonie multiplie les couacs et s'affole. François Mitterrand glisse en aparté à son aide de camp, le colonel Xavier Laure : « Vous voyez, c'est avec des généraux comme cela que nous avons perdu la guerre de 40[6]… » Chez cet homme, l'histoire et *son* histoire ne sont jamais loin. C'est une clé majeure de compréhension

---

* Comme ministre de l'Intérieur, il se signalera par des déclarations martiales qui ne laissent aucune place à l'idée d'avoir un jour à négocier avec des terroristes : « L'action des fellaghas ne permet pas de concevoir, en quelque forme que ce soit, une négociation. […] Elle ne peut trouver qu'une forme terminale, la guerre » (dans Franz-Olivier Giesbert, *François Mitterrand, ou la Tentation de l'histoire*, Paris, Seuil, 1977). On sait également, aujourd'hui, qu'il fut allant, en tant que garde des Sceaux, pour que les têtes des *terroristes* condamnés à mort tombent sous le couperet de la veuve.

de la façon dont il va commander comme chef des armées pendant un long règne entrecoupé de deux cohabitations (1986-1988 et 1993-1995).

Mais revenons à son service militaire. Il le termine avec le grade de sergent (sous-officier), signe qu'il a fait des efforts notables pour s'adapter et sortir du lot. Il rempile immédiatement par la force des choses, en septembre 1939. En mars 1940, alors que les Allemands s'apprêtent à envahir la France par les Ardennes, ses efforts, malgré le conflit, sont récompensés : il se fiance avec la belle Béatrice, l'amour des jeunes années. Celui-ci ne résistera ni à la guerre ni à la captivité. Le frère de la belle lui avait proposé de le pistonner pour qu'il puisse intégrer le peloton des élèves officiers de réserve ; une position qui aurait été plus en rapport avec son statut social et son nouvel état de futur marié. Il n'en aura pas le temps.

Le devoir… quel devoir ?

Le 23e RIC est envoyé en Alsace, vers Bitche. Au front, il vit alors la « drôle de guerre » dans des tranchées glaciales : étrange temps suspendu avant la déferlante allemande. Il fait l'apprentissage classique d'un chef de groupe de combat et déjà son goût du commandement des hommes s'affirme :

> Les [obus] fusants éclatent quelque part alentour avec leur bruit évocateur d'un caillou qui cognerait un fond de vase. […] Je suis là avec mes douze hommes, *j'aime cette séparation du bloc, j'ai mieux l'impression de puissance, de décision* [souligné par nous]. Mon petit secteur possède le dispositif que j'ai voulu[7].

Il a vingt-quatre ans et il entend déjà être maître chez lui, même si ce « chez-lui » est bien réduit, inconfortable et potentiellement sous le feu de l'ennemi. L'homme n'aime ni le licol ni le pas cadencé.

> Je m'embête un peu ici, écrit-il encore à sa cousine Clairette début 1940. On s'habitue à vivre sur deux pieds qui bougent, avec un corps qui tremble et finit par goûter la peur, le froid et les si délicieuses sensations du danger et puis d'un seul coup on vous flanque dans un trou pour creuser des trous, s'extasier devant les filles aux jambes troncs et qui portent des vêtements endimanchés plus criants que des nudités congolaises ; flâner dans les rues parmi les flaques, surveiller des hommes dans leurs besognes ternes ; il n'y a pas de quoi exalter l'âme. Dieu, que le devoir quotidien est assommant. Et qui l'appelle « Devoir »...[8] ?

Les Allemands n'ont pas ces états d'âme : le 10 mai 1940, leurs panzers attaquent une France qui se pensait à l'abri de ses 365 fromages et de sa ligne Maginot. Le sergent-chef Mitterrand est aux premières loges des combats. Un mois plus tard son unité recule, comme nombre d'autres. Le 14 juin 1940, du côté de Verdun, un éclat d'obus l'atteint au côté droit, passant à quelques centimètres de la colonne vertébrale. Il est décoré de la croix de guerre avec citation*. Il est envoyé à Toul pour y être soigné. C'est là que les Allemands le cueillent un

* Citation à l'ordre de la division. Mitterrand François, sergent-chef du 2e régiment d'infanterie coloniale : « Sous-officier adjoint au moral magnifique et d'un dévouement total. A, sans compter, payé de sa personne depuis le début de la campagne, et son exemple a sérieusement contribué à maintenir l'ardeur de sa section. Le 14 juin a été blessé à son poste au cours d'une contre-attaque en entraînant ses hommes. »

peu plus tard, couché sur son lit d'hôpital. Dans quel état d'esprit est-il ? « J'étais soldat vaincu d'une armée déshonorée et j'en voulais à tous ceux qui avaient rendu cela possible, les politiciens de la IIIe République[9] », raconte-t-il à Pierre Péan. Et l'expérience de la captivité ? Là encore Pierre Péan est son confesseur :

> Je dois dire que pour moi cette expérience a été décisive dans ma vie. Jusqu'alors j'avais connu la vie familiale, une vie heureuse, une famille nombreuse, harmonieuse mais naturellement éloignée de tout ce qui représente les passions humaines, les conflits sociaux ou les grands conflits politiques, ensuite une vie d'étudiant à Paris. L'expérience de la captivité, ça a été pour moi un choc ; d'abord la brutalité des faits, le sang et la mort, ensuite la privation, donc la domination de soi autant qu'il était possible et puis le cercle qu'est la vie, le cercle d'amitié. J'ai vraiment assisté à peu de divisions profondes dans les deux camps où j'ai vécu[10].

Dans d'autres témoignages, il témoigne de la brutalité des premiers jours de captivité, de la « loi de la jungle » qui s'instaure et qui permet aux plus costauds de dominer les frêles. Puis, progressivement, les prisonniers organisent un semblant d'ordre social qui repousse les premiers effets de la bête primitive qui sommeille en chacun. Un brin de civilisation reprend ses droits sur le cerveau reptilien de la barbarie. C'est dans ce *stalag* IX A (en Hesse) que François Mitterrand quitte définitivement les habits douillets de l'enfance charentaise*. « Il découvre alors qu'il est un orateur apprécié de ses camarades. Qu'il a de l'influence sur les autres[11] », note Hubert Védrine.

L'homme trempe son âme dans ce creuset douloureux qui lui hôte sa liberté de mouvement, de jouissance et

* Il a perdu sa mère en 1936 et « papa Jules » en 1937.

d'action. Être privé de liberté est parfaitement insupportable pour la psychologie d'un jeune homme qui supportait déjà très mal l'encasernement en temps de paix. Il a tout perdu, la guerre, sa liberté et son amour. Le jeune catholique charentais révèle dans l'adversité une détermination peu commune. Avec méthode, il prépare son évasion. Il est repris une première fois. La deuxième, il est à deux doigts de réussir, mais il est dénoncé alors qu'il est arrivé à Metz. À nouveau enfermé, il sait qu'il va finir dans un camp en Pologne pour prisonniers récalcitrants. Cela scellerait toute chance d'évasion. Il joue donc le tout pour le tout et s'échappe à nouveau avant son transfert vers l'est. Cette fois-ci, c'est la bonne. Le 16 décembre 1941, il est en France. Il se réfugie à Saint-Tropez chez des amis. Après un passage à Jarnac, fin décembre, pour embrasser sa famille, il se retrouve très vite à Vichy, dès la mi-janvier 1942. Il y trouve un emploi à la documentation générale du directoire de la Légion française des combattants volontaires de la révolution nationale. Il enchaîne ensuite avec un emploi au commissariat au reclassement des prisonniers qui a la charge des 200 000 prisonniers libérés par les Allemands. Et là commence une partie de son parcours qui fera polémique jusqu'à la fin de sa vie.

Ici l'ombre

Conscient du point faible que constitue pour lui une arrivée à Vichy quelques semaines seulement après son évasion, un saut assez tardif dans la résistance active et l'attribution de la francisque créée par Pétain* pour

* L'ordre est officiellement créé par décret du 25 août 1942. Le conseil de l'ordre est présidé par le général Bricard. Pour l'avoir, il

honorer son premier cercle de fidèles, François Mitterrand a longtemps multiplié les leurres, les fausses pistes, les approximations et les fausses contritions. C'est ainsi qu'en 1969, il affirme tout de go par un curieux raccourci : « Rentré en France, je deviens résistant, sans problème déchirant[12]. » C'est aller un peu vite en besogne. Il ne rejoint vraiment les rangs de la résistance active qu'en 1943. S'agissant de la francisque, qu'il a reçue au printemps de cette année-là, il a eu successivement trois versions[13] : la première pour dire qu'il était à Londres quand on la lui a décernée (ce qui est faux) ; la deuxième pour affirmer qu'il l'avait acceptée car c'était une bonne couverture pour conduire ses activités de résistant (ce qui est tout aussi faux) ; la troisième, enfin, pour convenir que l'accepter avait été « une erreur de jugement[14] ». Mais même avec cette dernière version, le compte n'y est pas. François Mitterrand n'a pas fait que l'accepter, il s'est démené pour l'obtenir, en trouvant notamment les deux parrains qui devaient le cautionner pour pouvoir la décrocher. Dans sa biographie, Catherine Nay note :

> Demeure une certitude : l'homme n'a pas été insensible aux orientations de Vichy et à la séduction du maréchal Pétain. Au point qu'en 1944, lors de la publication du premier numéro de *L'Homme libre*, journal des anciens prisonniers résistants, ses compagnons durent lui demander de nuancer un article qui montrait beaucoup de mansuétude envers le vieux maréchal. Un an plus tard, envoyé comme observateur

---

fallait montrer patte blanche : avoir pratiqué avant guerre « une action nationale et sociale » (Mitterrand a pu faire valoir son engagement du côté du colonel de La Rocque) et avoir manifesté pour la personne et la politique du Maréchal un attachement signalé. L'insigne avait été dessiné par un ancien officier travaillant pour la maison Van Cleef.

pour le même journal, François Mitterrand produisait des articles ironiques et presque méprisants pour tous : juges, procureurs, témoins. Sauf pour un seul personnage : l'accusé. Ce qui n'était pas sans courage alors[15] !

Sur ce point, François Mitterrand aura été d'une rare constance, jusqu'au bout de sa vie.

Il n'y a pas lieu ici de revenir trop longuement sur cette phase en clair-obscur – ou plutôt en *obscur-clair* – de la vie du futur chef des armées françaises. Quelques points toutefois. Comme le souligne avec justesse l'historien Jean-Pierre Azéma : « Sa trajectoire n'est pas vraiment déshonorante. » D'autres que lui ont suivi fidèlement le vainqueur de Verdun et ont rejoint ensuite Charles de Gaulle et le combat de la France libre. Deux des quatre maréchaux de la Seconde Guerre mondiale ont servi le maréchal Pétain et Vichy jusqu'en novembre 1942 : les généraux Jean de Lattre de Tassigny et Alphonse Juin*. Ce dernier a même conduit une mission en Allemagne auprès du feld-maréchal Hermann Goering, ce qui lui sera longtemps reproché**. Le diplomate Maurice Couve de Murville, dont on a déjà parlé – et bien d'autres – a connu cette même évolution tardive. Cela n'a aucunement empêché de Gaulle de le nommer Premier ministre, signe qu'il ne jugeait pas son parcours déshonorant.

---

* Les deux autres, Philippe Leclerc de Hauteclocque et Marie Pierre Kœnig, sont des gaullistes de la première heure : capitaines en 1940, ils sont généraux d'armée cinq ans plus tard. C'est d'ailleurs le président Mitterrand qui élève à titre posthume le général Marie Pierre Kœnig (l'homme de Bir Hakeim) à la dignité de maréchal de France (1984).

** Des résistants accuseront également Juin d'avoir été libéré de sa forteresse (il avait été fait prisonnier en 1940) contre la promesse de ne plus combattre contre les Allemands. Un point non éclairci (voir Jean-Christophe Notin, *Maréchal Juin*, Paris, Tallandier, 2015).

Vichysto-résistant

Mitterrand appartient à la catégorie des « vichysto-résistants », pour reprendre une terminologie aujourd'hui bien identifiée par les historiens. Il est indéniable qu'il fut un responsable résistant actif et courageux (sous le nom de « Morland »), et même intrépide, confirmant un certain goût pour l'adrénaline du danger, la prise de risque qui donne à la vie un sel tout particulier. C'est une inclination qu'il manifestera au moins à deux reprises lors de ses mandats présidentiels*. Mais si la polémique est née avec une certaine violence à la fin de sa vie, après la publication du livre de Pierre Péan, *Une jeunesse française*, c'est parce que nombre de Français et de ses amis, notamment juifs, ont découvert médusés qu'il avait fallu attendre la fin de son second septennat pour savoir précisément ce qu'il avait fait pendant l'Occupation. Ils ont pu mesurer soudain qu'il avait été authentiquement et vigoureusement maréchaliste (admiration pour l'homme) et pétainiste (adhésion aux idées), ne trouvant rien à redire à la politique d'un Laval ni aux lois antijuives de 1940 (comme l'immense majorité des Français), qu'il avait basculé dans la résistance active plus tardivement que ce qu'il avait toujours laissé croire. Enfin, qu'il n'avait pas su prendre ses distances avec un personnage comme René Bousquet**, ancien secrétaire

* Ainsi, en octobre 1983, François Mitterrand se rend en catastrophe à Beyrouth où cinquante-huit parachutistes viennent d'être tués dans un attentat ; en juin 1992, il récidive en allant à Sarajevo qui est sous le feu de l'artillerie serbe. Dans les deux cas, le président a pris un risque personnel non nul pour sa vie.

** L'homme a toujours soutenu politiquement, et sans doute financièrement, la carrière politique de François Mitterrand qui a toujours eu autour de lui de riches donateurs (de Grossouvre, Pelat...).

général de la police de Vichy (reçu à Latché, signe de grande intimité pour les mitterrandologues[16]), dont le rôle politique dans la participation de Vichy à la déportation des Juifs ne pouvait être inconnu d'un aussi fin connaisseur de l'histoire et des biographies des uns et des autres*. Le président n'a pas compris ce «procès en sorcellerie» et a interdit de séjour à l'Élysée le journal *Le Monde*, actif dans la dénonciation de son passé trouble**. Homme à la mémoire longue, François Mitterrand considérait devoir la vie à René Bousquet: en 1944, il l'aurait fait prévenir des risques d'une arrestation par la Gestapo s'il rentrait en France. «Mais enfin, il y avait aussi des patriotes à Vichy!», lâche-t-il exaspéré devant un de ses proches collaborateurs en découvrant la réaction acide des médias aux révélations de Pierre Péan sur son passé vichyssois qui, pour beaucoup, y compris dans son camp, «était un passé qui ne passait pas[17]».

Installé dans le fauteuil du général de Gaulle, François Mitterrand ne pourra s'empêcher de faire des pieds de nez

---

* «Mitterrand n'était pas antisémite, souligne l'historien, directeur de recherche au CNRS, Henry Rousso. Mais l'antisémitisme actif de Vichy ne constitua en rien le motif de sa rupture avec le régime. [...] Chacun à sa manière, mais à des niveaux de responsabilité sans comparaison possible, René Bousquet et François Mitterrand illustrent non seulement les ambiguïtés de Vichy, mais aussi le prix payé par certaines élites pour accéder au pouvoir au sein d'un régime qui offrait des opportunités» (dans *L'Histoire*, hors-série, «20 ans après... Le dossier Mitterrand»). S'agissant des itinéraires et des parcours des uns et des autres, François Mitterrand a toujours eu un goût prononcé pour les détails biographiques: c'est ainsi qu'à l'Élysée il était capable de remettre plusieurs Légions d'honneur en citant de mémoire les mérites de chacun des récipiendaires.

** Les conseillers de l'Élysée étaient obligés d'aller acheter en cachette au kiosque proche du palais de l'Élysée le grand quotidien du soir banni par leur prince.

à l'histoire et à ceux qui lui cherchent des noises pour son passé. C'est ainsi qu'il choisit (second septennat) pour être l'un de ses deux aides de camp le colonel de l'air (futur général) Xavier Laure. Il est le petit-fils du général Émile Laure, combattant des deux guerres, chef d'état-major du généralissime Pétain en 1917, que Mitterrand a, sans nul doute, croisé (de loin compte tenu de la disproportion des positions de l'un et de l'autre) à Vichy où ce général-écrivain était secrétaire général du cabinet du chef de l'État français*. « J'ai toujours pensé qu'il savait parfaitement qui j'étais[18]... », affirme aujourd'hui le général Laure. Un autre membre du cabinet de François Mitterrand est la fille d'un ancien ministre de Vichy. Coïncidence ? Un de ses anciens collaborateurs civils explique : « C'était une façon de faire la nique à tous ceux qui, n'ayant pas vécu la période, n'y comprenaient rien selon lui et la jugeaient avec des lunettes binaires[19]. » Jusqu'en 1993, le président veillera à faire fleurir chaque 11 novembre, à l'île d'Yeu, la tombe de Philippe Pétain, le vainqueur de Verdun. Ses prédécesseurs n'y avaient procédé que ponctuellement pour de grands crus commémoratifs de la grande bataille, mais jamais en continu. L'homme de Jarnac a eu en permanence un pied dans l'histoire et un autre dans celle qu'il façonne à l'Élysée, et dont il veut conditionner la rédaction.

Le syndrome Allende

Le 10 mai 1981, François Mitterrand fait entrer la gauche à l'Élysée pour la première fois dans l'histoire de la Ve République. Le paysage psychologique du pays est pour

---

* Arrêté en 1943 par la Gestapo et déporté pour menées antiallemandes, il est libéré en 1945. Il est jugé en France à la Libération dans le cadre des mesures d'épuration : il est acquitté.

le moins tendu. Le 11, le grand chancelier de la Légion d'honneur, le général Alain de Boissieu, Compagnon de la Libération et gendre du général de Gaulle, donne sa démission pour ne pas avoir à conférer au nouveau chef de l'État les insignes de grand maître de l'ordre de la Légion d'honneur. Une partie de la population, en deuil de Valéry Giscard d'Estaing, craint l'arrivée des chars du pacte de Varsovie sur la place de la Concorde. Pour la première fois depuis 1947, le gouvernement comprend des ministres communistes. Le peuple de gauche, lui, exulte, mais conserve au cœur une étrange crainte : elle a pour nom « syndrome Allende », du nom du président chilien renversé par le général Pinochet en 1973. L'hypothèse d'un putsch militaire est présente dans certains esprits, jusque dans ceux de proches de François Mitterrand. Vingt ans après le putsch d'Alger, huit ans après celui de Santiago du Chili, nombre de leaders ou de militants socialistes ou communistes – qui ne connaissent rien au monde militaire contemporain – jouent à se faire peur…

Lors de sa première visite officielle à l'école Saint-Cyr-Coëtquidan, en 1981, le Premier ministre Pierre Mauroy observe les jeunes cyrards pleins de mordant franchir virilement les obstacles du parcours du combattant au pas de charge ou se jeter en treillis, rangers et armes dans une piscine pour y nager furieusement ainsi lourdement harnachés. Le spectacle a l'air de le préoccuper plus que de le séduire ou de l'amuser. Présent – alors journaliste « accrédité défense » pour le quotidien *La Croix* –, je lui demande les raisons de son air perplexe. « Je dois avouer que ce n'est pas un spectacle qui me rassure complètement », répond-il d'un air entendu qui veut dire : vous voyez bien à quoi je pense… « Je dois dire que j'ai la même sensation désagréable en Conseil des ministres quand s'égrène la liste interminable des officiers promus au grade de général... », ajoute-t-il avant de poursuivre sa visite d'un air dubitatif au milieu d'un aréopage de militaires prévenants. Il n'était pas rare à l'époque de recueillir ce type de réactions dans les couloirs de l'Assemblée nationale du côté du groupe socialiste. Cette peur allait être stimulée quand Jacques Chirac, leader du RPR, pronostiqua l'année suivante que « l'expérience socialiste ne durerait pas deux ans ». À n'en pas douter, venant du *fana-mili* Chirac, lieutenant-colonel de réserve, ancien officier d'Algérie, c'était l'annonce d'un futur *pronunciamiento*. Plus prosaïquement, le maire de Paris songeait, non sans raison, que la politique à guichets ouverts et à fonds perdus des débuts du septennat ne pourrait s'éterniser*. Il n'y eut donc ni chars russes ni blindés français factieux pour venir contrarier la volonté du peuple. « L'expérience » durera quatorze années, et reprendra en 2012 pour cinq années supplémentaires, avec un autre François.

Cette crainte d'un coup d'État a-t-elle étreint le chef des armées en 1981 ? Pas le moins du monde. Tous les témoignages recueillis aujourd'hui convergent dans ce sens. François Mitterrand conserve d'ailleurs à la tête de l'état-major des armées (EMA) le général Jeannou Lacaze – surnommé le Sphinx –, qui avait été mis en place par Valéry Giscard d'Estaing quelques mois plus tôt et qui fera plus tard une carrière politique au CNI (droite indépendante). Il n'y a eu aucune chasse aux sorcières, la chienlit ne s'est pas installée au cœur des armés, le président n'a pas respecté son engagement de réduire le

---

* Le ministre de l'Économie, des Finances et du Budget, Jacques Delors demandera une « pause » dans la marche frénétique vers l'abîme économique.

service militaire à six mois (une des cent dix propositions) et il va même créer la possibilité de l'allonger pour les volontaires (seize à dix-huit mois pour un service militaire long/VSL). Cette dernière mesure ouvrant la porte de la professionnalisation des armées. Les militaires ont un peu toussé avec la suppression des tribunaux permanents des forces armées mais ont trouvé plutôt *fair-play* et apaisante la réintégration des anciens généraux putschistes de 1961 dans le cadre de réserve avec décorations, prérogatives et reconstitution de carrière*.

Le contact a été rapidement établi avec la haute hiérarchie militaire, qui n'avait pas voté en bloc pour le candidat de la gauche mais qui, très républicaine, allait parfaitement s'en accommoder pendant quatorze ans. Mitterrand a pris soin de mettre en place à l'hôtel de Brienne, résidence du ministre de la Défense, un homme parfaitement préparé à la tâche : Charles Hernu**. Fils de

* Cette disposition se heurta à la réprobation violente du président du groupe socialiste de l'Assemblée nationale, Pierre Joxe. « Rendre leurs droits à ces généraux félons ? Tant qu'on y est, on pourrait aussi bien ramener les cendres de Pétain à Douaumont ou le réhabiliter », avait lancé le fils de Louis Joxe (négociateur des accords d'Évian) à la face de François Mitterrand lors d'une réunion à l'Élysée. Acide, le président de la République avait répliqué : « Pourquoi pas en effet. Il faudrait y songer. » Devant la fronde organisée par Pierre Joxe pour que le texte ne soit pas voté, le Premier ministre, Pierre Mauroy, sur instruction du président, dégaina l'article 49-3 qui permet à un texte d'être adopté sans vote – sauf dépôt et vote d'une motion de censure. Lors du colloque « François Mitterrand et la défense » (2015), Pierre Joxe, interrogé par l'auteur sur son analyse, avec le recul du temps, de cette mesure qui avait suscité son ire vingt-trois ans plus tôt, s'écria en colère : « Pour moi cette loi n'existe pas ! »

** Le passé de résistant qu'il s'est construit est pour le moins contestable. Il a en fait été mis en prison fin 1944 à cause de ses activités dans une officine pétainiste (Délégation départementale de l'Isère à

gendarme, bon connaisseur des questions de défense, piaffant à l'idée d'être ministre de la Défense, il a de longue date, et à la demande du premier secrétaire du Parti socialiste, multiplié les initiatives et les contacts au sein de l'armée avec Jean-Pierre Chevènement et Robert Pontillon*. Il sait que rien de factieux n'est à craindre de ce côté. En outre, le président dispose d'un autre atout avec l'un de ses frères, Jacques Mitterrand, général d'aviation (après avoir fait Saint-Cyr). Le président choisira d'ailleurs comme CEMP un aviateur recommandé par son frère : le général Jean Saulnier. Il se révélera un solide conseiller, par ailleurs d'une grande simplicité de contact. Il n'y aura jamais autant de colonels promus généraux de l'armée de l'air que sous le règne mitterrandien... Même s'il lui arrive en privé de donner des coups de griffes à l'institution, il a toujours manifesté à l'égard des chefs des « corps habillés », comme disent les Africains, la plus extrême politesse. S'il n'aime pas l'armée depuis

---

l'information sociale du gouvernement de Vichy). Lire Jean Guisnel, *Charles Hernu ou la République au cœur*, Paris, Fayard, 1993. Dans son bureau de maire de Villeurbanne, Charles Hernu montrait volontiers à ses visiteurs la mitraillette Sten qui lui aurait servi lors de combats dans la Résistance... fictifs. Peu de temps après son arrivée à l'hôtel de Brienne (1996), le ministre Charles Millon dut lancer une enquête interne sur les nominations de généraux faites à l'époque Hernu (souvenirs de l'auteur). La presse – en l'occurrence *L'Express* – venait de révéler qu'il avait été en contact avec les services soviétiques et bulgares quand il était dans l'opposition. Le ministère de la Défense voulait vérifier que « l'agent Hernu » (nom de code Dinu) n'avait pas infiltré des espions dans la haute hiérarchie militaire. Il n'en était rien. Toujours à court d'argent, il semble qu'il ait surtout cherché à monnayer quelques informations sans intérêt qu'il avait grappillées ici ou là.

* François Mitterrand les nomme « les trois sergents ».

son service militaire et la guerre, il respecte la figure du soldat et du chef militaire… s'il est compétent. « Il lisait toutes nos notes. Elles nous revenaient avec ses appréciations. J'en étais surpris car je ne les trouvais [les notes] pas toujours d'un niveau remarquable. Il n'y avait de sa part aucun rejet des militaires[20] », souligne le général Bentégeat qui a travaillé à son état-major particulier.

Il aura pour le CEMA qu'il s'est choisi, l'amiral Jacques Lanxade (premier marin à occuper ce poste), une grande confiance et une grande estime, et sans doute une réelle affection. « Mitterrand a développé des relations de confiance avec les militaires[21] », souligne Louis Gautier[22], secrétaire général de la Défense et de la Sécurité nationale. Jean-François Dubos, qui fera partie du cabinet Hernu à la défense*, ajoute :

> [Il] ne se méfiait pas des militaires. En 1974, il avait compris qu'il était nécessaire de s'identifier à la défense. Dès 1972-1973, il avait demandé à Hernu d'animer des groupes de travail sur la défense. […] Par touche, des groupes se sont mis en place et ont pris contact avec des militaires tout en travaillant au corps le PS pour le faire évoluer sur la dissuasion nucléaire.

Deux autres socialistes sont très actifs dans ce domaine bien avant la prise de pouvoir : Jean-Pierre Chevènement et Jean-Yves Le Drian. Ils deviendront ministres de la Défense, l'un de François Mitterrand, l'autre de François Hollande.

---

* En 1978, Charles Hernu étant à la manœuvre à la demande de François Mitterrand, le PS adopte une motion de synthèse précisant que la force nucléaire sera maintenue « en état » et non « en l'état », en cas d'accession au pouvoir. Elle est sauvée et avec elle sa modernisation.

Un homme discret mais influent a également fait le pont, avant 1981, entre des responsables socialistes* et des chefs militaires qui ont accepté par esprit républicain de les rencontrer discrètement chez lui, en terrain neutre, dans son immense demeure de Marnes-la-Coquette. Il a pour nom Pierre Schwed (1923-2006). Ce résistant alsacien d'une extrême cordialité, intelligent et délicat, farouche patriote, partisan de l'Europe de la Défense, président de l'Union des associations de l'Institut des hautes études de défense nationale (IHEDN), entendait, sans être socialiste, rapprocher ainsi les hommes de tout bord sur ces questions essentielles. Il a donc œuvré pour que le jour où une alternance politique se produirait la défense ne pâtisse pas de caricatures mutuelles et d'incompréhensions[23]. Il en allait de la France, de son influence, de sa place dans le monde et de son rayonnement.

Les premiers pas

Inutile de dire que les premiers pas du nouveau chef des armées dans le domaine des grands dossiers stratégiques sont scrutés à la loupe par la communauté internationale. Le président arrive à l'Élysée avec des idées carrées. Ayant compris que la Bombe est une arme politique, et non militaire, et qu'elle est à même de bloquer le spectre du retour de la guerre en Europe, il va en devenir un ardent thuriféraire**. En outre, s'il est tout disposé, comme ses prédécesseurs, à se servir de l'armée comme d'une

* Notamment François Heisbourg, François Cailleteau, Jean-François Dubos.

** Il s'en tient à la bonne vieille doctrine de la « sanctuarisation » du territoire en balayant l'idée giscardienne d'une « dissuasion élargie ».

force de police internationale, c'est encore et toujours pour éviter les engrenages de guerre. C'est en quelque sorte, dans son esprit, une armée de «pompiers volants» destinée à éteindre un feu quand il démarre afin d'éviter d'avoir à recourir ensuite à des Canadair impuissants à traiter d'immenses brasiers. Il faut donc savoir intervenir pour tuer tout conflit dans l'œuf, ou en limiter les effets infusants. Il interviendra notamment au Liban, en Somalie, au Rwanda* et au Tchad. Dans ce dernier pays, il conduit en août 1983 la plus grosse opération (opération *Manta*) depuis la guerre d'Algérie avec plus de 3000 hommes. À la télévision, en 1984, cartes à l'appui devant des journalistes sages et muets comme des carpes, il fait un cours de tactique militaire pour expliquer ce qu'il veut faire au Tchad pour repousser les Libyens et leurs alliés qui menacent N'Djamena. Il rappelle qu'il s'agit de protéger l'Afrique francophone d'un risque de

* Dans ce dossier terrible (génocide intra-africains qui a provoqué la mort de 700000 à 900000 Tutsi – pour la grande majorité – et Hutu modérés), la France mitterrandienne n'a pas à rougir de son action. Elle a non seulement pesé de tout son poids pour aider les Rwandais de l'intérieur et de l'extérieur à se réconcilier (accords d'Arusha), à museler les clans extrémistes autour du président Habyarimana (dont l'assassinat déclenche les massacres), mais elle a lancé l'opération *Turquoise*, commandée par le général Jean-Claude Lafourcade, qui a sauvé, dans l'indifférence d'une communauté internationale passive, la vie de milliers de Rwandais. C'est certes peu face aux effets terribles de ce «génocide de proximité» (Pierre Servent), mais la France est la seule à avoir fait quelque chose. Les accusations de «complicité de génocide» relèvent du grotesque et de la manipulation (voir notamment Pierre Péan, *Noires fureurs, blancs menteurs. Rwanda 1990-1994*, Paris, Mille et Une Nuits, 2005, ainsi que le rapport d'information parlementaire de la mission dirigée par Paul Quilès, président [décembre 1998] ; pour compléter avec un point de vue contraire on peut lire Patrick de Saint-Exupéry, *L'Inavouable : la France au Rwanda*, Paris, Les Arènes, 2004).

déstabilisation générale. En 1986, il fait bombarder la piste de Ouadi-Doum, dans le nord du pays, parce qu'elle constitue une menace aérienne libyenne pour la capitale tchadienne. Lors du colloque consacré aux relations de François Mitterrand avec la défense (20 et 21 mai 2015), l'ancien ministre de la Défense Paul Quilès a révélé que cette opération avait été décidée dans « le bureau présidentiel avec trois personnes seulement : le chef des armées, le ministre et le chef d'état-major de l'armée de l'air, le général Bernard Capillon ». « On était là dans un domaine *très réservé* pour Mitterrand. C'est d'ailleurs moi qui ai informé le Premier ministre de cette opération. »

C'est une indication du style de commandement monarchique de François Mitterrand, rênes courtes et sans réunion à plusieurs dans le bunker de l'Élysée. Il faudra attendre le second septennat, la complexification des dossiers (guerre du Golfe, conflit bosniaque, etc.) et l'émergence d'un CEMA particulièrement présent et influent, l'amiral Jacques Lanxade, pour que ce mode de décision disparaisse au profit de procédures plus rationalisées. C'est cet officier général* qui révélera, lors du même colloque, le fait qu'en 1984 le président avait demandé de préparer une opération importante (*Mirmillon*) contre un colonel Kadhafi suspect de ne pas respecter les accords l'enjoignant de regagner ses bases nationales et de respecter la bande d'Aozou comme cordon sanitaire entre son pays et le Tchad. Les photographies satellitaires américaines ont confirmé le *Rens* (renseignement) terrain des Français : les Libyens ne sont pas repassés de l'autre côté de la frontière. Le chef des armées donne alors son feu vert

* L'amiral Jacques Lanxade commande alors à l'époque la zone Méditerranée.

pour que l'un des deux porte-avions, une frégate et deux sous-marins (un classique et un à propulsion nucléaire/ SNA) prennent position devant le port de Tripoli pour amener le colonel Libyen à résipiscence. Mission : frapper la capitale si une attaque était déclenchée contre les troupes françaises fragilisées par leur mouvement de repli. Des nageurs de combat ont été positionnés pour couler les vedettes du colonel dans le port de Tripoli. Quant aux Super-Étendard du porte-avions, ils devront détruire les pistes de Misrata d'où pourraient décoller les MIG libyens partis frapper les colonnes françaises. L'opération a finalement été démontée (elle aura duré en tout un mois), le colonel ayant finalement respecté, momentanément, son engagement. Le plus frappant aujourd'hui, c'est de constater qu'il a fallu attendre 2015 pour connaître cette opération. Une telle discrétion et un tel secret sont pratiquement impossibles de nos jours avec les moyens de communication modernes. En 1978, Valéry Giscard d'Estaing doit attendre des heures pour savoir si ses légionnaires sont bien à pied d'œuvre à Kolwezi, compte tenu des moyens de communication de l'époque. Plusieurs heures encore pour avoir un premier compte rendu. Aujourd'hui, le président français peut suivre en direct une opération qui se déroule à des milliers de kilomètres de l'Élysée, quand ce ne sont pas des soldats pris sous le feu quelque part en Afghanistan qui communiquent directement avec leur famille par téléphones satellitaires... Il y a une éternité entre le monde des deux François. Mais ces opérations militaires mitterrandiennes révèlent une chose : si ce président n'aime pas la guerre, il sait la faire...

Un remède antiguerre

Membre permanent du Conseil de sécurité, la France doit, selon le président, peser de tout son poids dans un cadre international légal pour éviter que les germes de guerre ne fleurissent, que les massacres ne s'étendent, sans jamais pour autant « ajouter la guerre à la guerre », formule mitterrandienne ambiguë dont on verra les limites. L'intervention militaire devient alors dans ses mains une sorte de remède antiguerre, au-delà de l'emploi évoqué un peu plus haut. On tue le mal par le mal... à dose homéopathique. Cela permet à François Mitterrand de concilier sa haine de la guerre, sa méfiance de la chose militaire et sa volonté farouche de toujours faire primer le droit, la diplomatie et les instances internationales de régulation sur la loi du plus fort.

Le rôle de Mitterrand, chef des armées durant cette longue période – qui voit l'effondrement du bloc soviétique, de douloureuses recompositions en Europe et l'avènement d'un nouvel ordre/désordre mondial –, ne peut se comprendre qu'à cette aune. C'est pour cela que Charles Hernu forge le concept baroque de « soldat de la paix » – pour l'intervention au Liban dans le cadre de la Force multinationale de sécurité de Beyrouth/FMSB – qui finira par créer plus d'obscurité que de clarté. Cela n'empêche pas la France, le 23 octobre 1983, de perdre au Liban cinquante-huit parachutistes dans un des tout premiers attentats du Hezbollah (chiite) contre le poste Drakkar*.

* Cela donnera lieu à des obsèques nationales dans la cour des Invalides, présidées par François Mitterrand et en présence des leaders

Le président engage des mesures de représailles en faisant bombarder par des Super-Étendard catapultés du *Clemenceau* la position chiite de Baalbek (Liban). Cette opération reste encore entourée d'un certain mystère : il semble que les avions français aient bombardé un site vide... Qui a prévenu le Hezbollah et permis à ses miliciens de se cacher ? Plusieurs sources consultées pas l'auteur, à l'époque et aujourd'hui, estiment qu'une haute personnalité du Quai d'Orsay, sur ordre, aurait prévenu, ou fait prévenir, les intéressés de l'imminence du raid. Si cette hypothèse est bien la bonne, on retrouverait là un des traits de la démarche mitterrandienne consistant à relever avec éclat l'outrage fait à la France mais sans pour autant ajouter la guerre à la guerre... Un certain nombre de militaires n'ont toujours pas digéré ce théâtre d'ombres auquel on les aurait fait participer.

Confrontée au réel de ce type d'opérations, la gauche pacifiste cherche à préserver son fonds de commerce idéologique. Ainsi les ventes d'armes sont-elles théoriquement moralisées. En fait, ici encore la continuité sera assurée et le septennat sera marqué par quelques épines*. C'est dans ce droit fil philosophique de la bien-pensance

---

de la droite, dont Jacques Chirac, maire de Paris. C'était la première fois, depuis la guerre d'Algérie, que la France renouait avec ce type de cérémonie. Elle rappelait que, soldat de la paix ou non, le feu tue malgré les bons sentiments. Ce même jour d'octobre 1983, les Américains étaient frappés par la même organisation et perdaient deux cent trente-neuf marines.

* « Affaire Luchaire » : de 1982 à 1986, une société d'armement, Luchaire, aurait exporté illégalement vers l'Iran (en guerre avec l'Irak) plus de 450 000 obus d'artillerie (il y a un embargo international). Selon *L'Express* du 16 janvier 1987, le ministère de la Défense aurait couvert ce trafic illégal. En 1989, les personnes incriminées (le dirigeant de

que sur une initiative zélée de son CEMP, le général Jean Saulnier, les missiles des avions de combat du salon aéronautique du Bourget ont été démontés, en 1981, avant la première visite inaugurale du président. Comme si, par une interprétation radicale de la pensée mitterrandienne, le sexe de la guerre devait être gommé pour coller au dogme du « Cachez ce missile que je ne saurais voir ! », mais que je suis néanmoins susceptible de vendre. Comme disent les militaires, le CEMP se serait fait « remonter les bretelles » pour ce zèle intempestif. Mais cette initiative était-elle bien seulement de son fait ?

L'histoire, toujours l'histoire

Dans le long chemin guerrier que le président va devoir parcourir *nolens volens*, la guerre du Golfe – tournant fondamental de l'après-guerre froide – apparaît comme une entaille plus subie que voulue par rapport à sa ligne de conduite. Quant à la guerre de Bosnie-Herzégovine[24], elle va révéler les limites d'une posture *non-violente* de ce « président qui n'aimait pas la guerre[25] ». Sa diplomatie reste résolument tendue vers le même objectif : traquer les germes de guerre, assécher les terreaux fertiles en risques belligènes. D'où, notamment, ses craintes face à une réunification allemande (après la chute du mur de Berlin en 1989) et à la reconnaissance trop rapide d'États (Slovénie, Croatie...) qui se ferait sans qu'au préalable la question des frontières soit réglée dans le calme et la concertation. D'où son appui constant à un respect de l'ONU et à un

Luchaire et un haut membre du cabinet Hernu) bénéficient finalement d'un non-lieu de la justice.

passage par elle pour agir éventuellement *manu militari*. D'où encore certaines hésitations devant les effets de la dislocation de l'URSS* et un moment de flottement lors du putsch (août 1991) qui sembla, un moment, menacer Mikhaïl Gorbatchev. D'où enfin le traité européen de Maastricht (1992) qui a été voulu par lui pour éviter une dérive de la nouvelle Allemagne vers l'est et des risques de friction à terme, et pourquoi pas de nouveaux conflits. À chaque fois, le poids de l'histoire est là qui pèse sur l'esprit du président : le désastre des guerres, l'alliance serbe si belle hier, l'horreur de celle des Croates (Oustachis) avec les nazis, la menace communiste, etc. Les témoignages recueillis par l'auteur sont nombreux qui montrent cette omniprésence des références historiques, au point de brouiller parfois la lecture d'un temps présent qui n'est pas qu'un simple avatar historique. Nous y reviendrons plus loin.

Toutefois, si on peut contester la clairvoyance de François Mitterrand sur certains grands dossiers stratégiques ou critiquer certains de ses entêtements en matière de défense et de relations internationales, ses ambitions et ses motivations n'ont jamais été médiocres. Ce fut comme si ces domaines l'élevaient au-dessus de lui-même et des scories très IVe République qui s'attachaient à ses basques.

---

* L'amiral Lanxade rapporte que le 11 novembre 1989, soit deux jours après la chute du mur de Berlin, le président lui dit dans sa voiture qu'il ne partage pas le point de vue de ceux qui voient là l'avènement de « l'ère de la paix » : « L'homme d'État qu'il est sait intuitivement que l'échec du communisme n'annonce pas l'avènement d'un monde dans lequel dominerait la paix, la coopération et qui se consacrerait au développement. Si le champ du possible ne lui échappe pas, l'illusion d'un merveilleux immanent et de résolutions spontanées ne l'atteint pas » (dans Jacques Lanxade, *Quand le monde a basculé*, Paris, Nil, 2001).

La Bombe selon François

Quand il arrive au palais de l'Élysée, un premier sujet sensible s'impose à son agenda : la crise des euromissiles. Mitterrand va surprendre tout son monde… Quelques jours après son intronisation, il reçoit le chancelier allemand, Helmut Schmidt. Parmi les dossiers posés sur la table : l'installation par les Soviétiques dans les pays du pacte de Varsovie de missiles SS-20 de courte portée. Ils constituent une menace directe pour l'Ouest, susceptible d'être victime d'une première frappe nucléaire désarmante avant une invasion massive. La surprise et la terreur pourraient empêcher le clan occidental de faire jouer ses propres armes. L'Allemagne de l'Ouest est évidemment en première ligne. La réponse des Américains n'a pas tardé. À la fin des années 1970, ils ont annoncé leur intention d'installer sur le territoire allemand des missiles nucléaires de même nature, des Pershing II*. Il s'agit de contrer la menace soviétique sur l'échiquier centre-européen. L'URSS mobilise le ban et l'arrière-ban des partis communistes frères** et des mouvements pacifistes dans un grand élan de propagande dont elle a le secret, pour riposter « à l'insupportable agression américaine ». Les « Plutôt rouge que mort ! » fleurissent en Allemagne…

Quelle va être la position d'un président longtemps chef des socialistes, converti récemment au nucléaire militaire et qui a fait entrer le Parti communiste français (PCF) au gouvernement ? La nouvelle posture soviétique est typiquement ce qu'il redoute le plus : elle instaure

---

* Opération réalisée à la mi-1983. Le dialogue ne reprendra avec les Russes qu'en 1985 avec l'arrivée de Gorbatchev au pouvoir.

** Qu'elle finance, y compris le PCF.

un déséquilibre de forces en Europe qui offre à la guerre une fenêtre d'opportunité. Conformément à son cœur de doctrine, François Mitterrand rassure l'Allemand. Il soutient les Pershing II américains. Il l'a déjà dit pendant la campagne. Il persiste et il signe son engagement de façon spectaculaire. En janvier 1983, devant le Bundestag allemand, il prononce un discours retentissant en faveur de l'équilibre des forces, seule garantie pour de bonnes relations avec l'Est. Il récidive quelques mois plus tard, en octobre, lors d'un voyage officiel en Belgique : « Je suis moi aussi contre les euromissiles. Seulement, je constate que le pacifisme, et tout ce qu'il recouvre, est à l'Ouest, et les euromissiles à l'Est. Et je pense qu'il s'agit là d'un rapport inégal. » La formule adroite et acérée fait mouche. Elle est passée à la postérité. Voilà le monde occidental pleinement rassuré sur ce président issu de la gauche, très ferme face au bloc soviétique, et qui entretient par ailleurs d'excellentes relations avec le président américain Ronald Reagan, et plus tard avec son successeur George H. W. Bush.

À la fin de cette même année 1983, le président a à la télévision une formule qui le campe en monarque nucléaire assumé :

> La pièce maîtresse de la stratégie de dissuasion en France, c'est le chef de l'État, c'est moi : tout dépend de sa détermination. Le reste n'est que matériaux inertes. Enfin jusqu'à la décision ; jusqu'à la décision qui doit consister justement à ce que l'on ne s'en serve pas[26].

Le général de Gaulle aurait pu adopter exactement cette terminologie impériale, notamment la formule sur « les matériaux inertes »... Sublime formulation, très révélatrice de la pensée du nouveau maître des lieux. Avec lui, comme avec de Gaulle, la France doit tenir son rang et la Bombe est un des apanages de la puissance du pays et de celui qui l'incarne, seul, le doigt posé sur le bouton rouge. Le reste, c'est de l'inerte… On est bien loin des circonvolutions des motions de synthèse ambiguës du PS sur le nucléaire « en état » ou « en l'état ».

Le président maintient également fermement la ligne de ses prédécesseurs : l'autonomie de défense de la France. Pas question que l'armement nucléaire français soit intégré dans les négociations russo-américaines de Genève sur la limitation de ce type d'armes ; pas question d'entrer dans l'Initiative de défense stratégique (IDS) lancée par le président Reagan au début des années 1980 – surnommée *Star Wars* – consistant à consteller la stratosphère de satellites tueurs de missiles nucléaires balistiques. Cela serait de nature à relancer la course aux armements nucléaires pour tenter de saturer ce bouclier.

> Le président Reagan est saisi d'un projet messianique, confiait à l'auteur Charles Hernu. Il s'est réveillé un matin – il me l'a dit – après une sorte de songe. Il avait la volonté de parvenir coûte que coûte, quand il quitterait la Maison-Blanche, à laisser son pays sous la protection d'un gigantesque bouclier antimissile stratégique. C'est un rêve techniquement inaccessible, mais les Américains injectent des capitaux colossaux qui stimulent toute leur chaîne de recherche publique et privée[27].

Star Wars restera une chimère. Mais elle a concouru à faire chuter le grand adversaire rouge… En effet, Moscou, engagé dans une course financièrement épuisante pour contrer l'IDS, accélérera le processus d'effondrement économique du pays. Les réformes du président Gorbatchev sur un grand corps malade achèveront le patient russe. En 1989, le mur de Berlin tombe. Le bloc soviétique implose sans combat. Mais cela ne ravit pas à outrance le président français, qui craint de revenir à l'époque où il vit le jour (1916), avec le choc de nouvelles nations libérées de leur corset impérial.

Le détenteur des tables de la loi nucléaire

Avant d'en arriver à ce nouvel état du monde, il y a encore du chemin à parcourir. D'autant qu'en 1981 personne n'imagine la chute de l'Empire rouge. Aussi, dès son arrivée au pouvoir, Mitterrand n'hésite pas à affirmer le caractère exclusivement régalien des armes nucléaires. Il fait passer la permanence à la mer de deux à trois SNLE. Message envoyé à Moscou... comme jadis avec Georges Pompidou. Il lance un nouveau SNLE qui emporte le missile nucléaire stratégique M4. Il double le nombre de têtes de la FOST (force océanique stratégique). Il opère une révision sémantique qui a du sens avec le nucléaire dit « tactique ». Là encore, c'est un marqueur de sa vision des choses et du caractère central du chef des armées. On se rappelle que le nucléaire tactique terrestre (le Pluton, puis le Hadès) était géré par l'armée de terre. Une sorte de lot de consolation pour lui faire oublier qu'elle pèse finalement peu dans le grand jeu international. Évidemment, il n'était pas question qu'elle s'en serve comme d'une « super-artillerie » de campagne. Dans les exercices, les présidents précédents avaient toujours bien veillé à ce que l'armée de terre comprenne bien qu'elle n'avait aucune marge de manœuvre pour son emploi, sans autorisation expresse du président. Mais pour que les choses soient claires pour tous, François Mitterrand sort le Hadès* (dont il allonge au passage la portée de 200 à 350 kilomètres) de la main de

* Après la chute du bloc soviétique les Hadès seront retirés du service et mis sous « cocon ».

l'armée de terre pour le mettre directement dans la sienne, *via* le chef d'état-major des armées (CEMA). Ainsi, il n'y aura aucune ambiguïté possible. Il demande d'ailleurs à Charles Hernu de le rebaptiser «préstratégique» pour bien montrer que la dissuasion est une boule de billard compacte, insécable, incessible et inaccessible au simple mortel. Elle est composée de particules élémentaires qui, toutes, concourent par la menace de la terreur absolue à dissiper par l'horreur les rêves de guerre en Europe. Comme le dit très justement la journaliste Alexandra Schwartzbrod: «L'arme nucléaire est bien, aux yeux du président, la dernière qui puisse être confiée aux armées[28].» Le nucléaire sera pour François Mitterrand un sujet de dilection car il y voit, comme de Gaulle, l'outil suprême et terrifiant qui garantit la paix. Lors de sommets de l'OTAN, notamment en 1989, après la chute du mur de Berlin, il se livre devant ses collègues à des cours magistraux sur ce sujet sans la moindre note. Ils sont écoutés religieusement. Quand le président de séance demande qui veut s'exprimer derrière le Français, personne ne pipe mot. Le président craint notamment la doctrine de l'OTAN, dite de riposte graduée, qui avalise l'idée d'un emploi éventuel du nucléaire comme arme du champ de bataille. «Pour lui, l'OTAN était utile, mais c'était un instrument américain potentiellement dangereux dans une crise majeure avec les Soviétiques», explique Jacques Lanxade.

Une «neutralisation» fâcheuse

Qui dit nucléaire militaire, dit essais pour que la pérennité de la dissuasion demeure intacte. Emporté dans son élan de converti, le président français donne comme consigne à Charles Hernu d'empêcher par tous les moyens que l'ONG Greenpeace ne vienne perturber les essais nucléaires de Mururoa (Pacifique)*. La DGSE a depuis longtemps l'habitude de ce type d'interventions en souplesse, destinées à éviter que les bateaux de l'organisation ne pénètrent dans les eaux interdites du lagon. En général, des agents de la DGSE, babas cool chevelus et fumeurs de pétards, étaient infiltrés dans les équipages de Greenpeace comme cuisinier ou matelot[29]. Curieusement, des diarrhées violentes mettaient hors de combat les militants antinucléaires avant qu'ils aient pu voguer vers l'atoll de tous les secrets. À d'autres moments, c'était l'hélice du bateau qui se détachait au mauvais moment, ou un ennui mécanique qui survenait bêtement.

Le 10 juillet 1985, à 23 h 48, dans le port d'Auckland, au nord de la Nouvelle-Zélande, le *Rainbow Warrior* de l'association Greenpeace est secoué par une explosion. Le bateau gîte dans l'eau mais il n'a pas coulé. Un photographe de presse, Fernando Pereira, se précipite pour récupérer son matériel. Une seconde mine magnétique explose : il est tué**. Quelques jours plus tard, deux agents de la DGSE sont arrêtés (les faux époux Turenge, de leur nom de code). La question de savoir qui a donné l'ordre de couler ce bateau n'a toujours pas été tranchée nettement[30]. À quel stade se situe le dérapage ? Est-ce le fruit des habitudes mitterrandiennes des sous-entendus

* Pour faire bonne figure face aux écologistes et pour suivre son Premier ministre pacifiste, Pierre Bérégovoy, le président décidera avant les législatives de 1993 de procéder à un moratoire sur les essais nucléaires français de Mururoa. Cette décision grave qui ulcère les militaires n'a fait l'objet d'aucun conseil de défense.

** La première charge posée est de faible puissance. Elle est destinée à faire évacuer le bâtiment sans casse. La seconde, dont l'explosion est prévue quelques minutes plus tard, est destinée à couler vraiment le navire. Elle explose au moment où le photographe pénètre dans le bateau à la recherche de son matériel.

et des ordres allusifs ? Une initiative malheureuse de Charles Hernu, à qui les charmes capiteux de l'hôtel de Brienne et le champagne rosé qu'il y fait couler à flots auraient monté à la tête ? Une mauvaise interprétation du mot « neutraliser » employé par le chef de l'État ? Une initiative des services pour bien montrer « qu'ils savent faire » ? Le résultat est, en tout cas, catastrophique pour la France, avec à la clé une crise diplomatique aiguë avec la Nouvelle-Zélande*. Le scandale est tel**, que le président est obligé de se séparer de son homme lige. Charles Hernu démissionne le 20 septembre 1985 ; il est remplacé par un polytechnicien aussi austère que son prédécesseur était bon vivant : Paul Quilès. Charles Hernu n'est pas le seul ministre de la Défense que François Mitterrand consommera au cours de ses deux septennats.

Golfe et golf

Six ans plus tard, le 29 janvier 1991, le ministre de la Défense Jean-Pierre Chevènement démissionne avec fracas. C'est une victime collatérale de la guerre du Golfe. Depuis une dizaine de jours, les raids aériens ont

* Tout passe et s'efface : le 14 juillet 2016, l'armée néo-zélandaise était invitée par le président François Hollande à défiler sur les Champs-Élysées…

** Avant de devoir démissionner, Charles Hernu a affirmé pendant plusieurs semaines que les services français n'avaient rien à voir avec cette affaire tragique. Le Premier ministre, Laurent Fabius, est totalement dans le bleu, ignorant l'implication réelle de la France. Il a d'ailleurs diligenté une enquête publique (rapport Tricot) qui conclut à la pureté de la France dans cette affaire. La vérité fuite dans *Le Monde*. Certains estiment que Pierre Joxe, ministre de l'Intérieur, aurait été à l'origine de la fuite, estimant que si la supercherie continuait, le président risquait de se retrouver seul en première ligne.

commencé sur le Koweït et l'Irak (le second a envahi le premier). Jusqu'au bout, il se sera battu pour faire revenir François Mitterrand sur sa décision, prise du bout des lèvres, d'intervenir militairement aux côtés d'une vaste coalition allant des Américains aux Saoudiens, en passant par les Syriens, les Jordaniens, les Marocains, les Sénégalais, les Britanniques, etc., pour libérer le petit Koweït envahi au mois d'août 1990. Le ministre est convaincu que cela va « envoyer un très mauvais signal aux pays arabes et que les Américains souhaitent surtout, par cette guerre, enterrer psychologiquement dans les sables du Golfe le syndrome de la guerre du Vietnam et montrer aux Russes que ces derniers sont définitivement *out*[31] ». Il ajoute : « J'étais également persuadé que l'intégrisme musulman allait ensuite s'engouffrer dans la brèche » ouverte par la chute d'un régime certes dictatorial, mais laïc (parti Baas au pouvoir). À l'époque, il pense que Mitterrand est influencé – manipulé ? – par deux de ses ministres qui « veulent y aller » : Roland Dumas (Affaires étrangères) et Bernard Kouchner (Action humanitaire).

François Mitterrand a tout tenté pour ne pas en arriver là, c'est-à-dire à la guerre, avec en perspective de très nombreux morts – c'est ce que lui avait prédit son ministre de la Défense avant sa démission. Cela fait des mois que Jean-Pierre Chevènement bataille contre ce qu'il juge être un « alignement » pur et simple sur les États-Unis. François Mitterrand est sensible à ses arguments, mais en l'espèce ce dossier se situe à l'articulation contrariée de deux de ses principes cardinaux : le respect absolu des frontières et le refus de leur rectification *manu militari* ; et son ardente volonté de toujours repousser les horreurs du *phénomène guerre*.

Un temps, tandis qu'il multiplie les initiatives diplomatiques pour éviter la confrontation, le chef des armées s'est plutôt arrangé des extrêmes réserves publiques de son ministre de la Défense. « Cela ne me dérange pas d'avoir à mes côtés un ministre de la Défense plutôt en faveur de la paix[32] », lui dit-il à plusieurs reprises. « J'ai cru pouvoir l'influencer », constate aujourd'hui avec amertume l'ancien ministre. Une intervention du président français à l'ONU, demandant solennellement à Saddam Hussein « un geste » pour que « tout redevienne possible » – à la grande colère des Américains qui craignent en réponse une manœuvre dilatoire du chef d'État irakien –, lui redonne espoir. Las, le geste ne viendra pas. Saddam Hussein juge même pertinent d'occuper le 14 septembre 1990 l'ambassade de France à Koweït-City. C'est ne rien connaître à la psychologie d'un François Mitterrand que d'agir ainsi. Ce n'est pas seulement la France qui est offensée gravement, c'est le président lui-même. Mitterrand constate que, malgré tous ses efforts, une logique de guerre est enclenchée et que la France, membre permanent du Conseil de sécurité, ne pourra pas se dérober. Laisser faire reviendrait à encourager d'autres prédateurs. Au nom de ses principes, il va finalement se résoudre à faire ce qu'il déteste : la guerre, la vraie.

Chemin faisant – et compte tenu de l'intransigeance suicidaire du leader irakien Saddam Hussein –, l'atout Chevènement devient un handicap. Le ministre de la Défense signe et persiste dans son hostilité. Cela commence à gêner le président, qui s'appuie de plus en plus sur son chef d'état-major particulier (CEMP), l'amiral Jacques Lanxade, pour contourner son ministre. Une très grande complicité intellectuelle lie les deux hommes. Faut-il dès lors marginaliser ou débrancher carrément le ministre de la Défense ? Ce sera l'un, puis l'autre… « Mitterrand m'aurait bien conservé comme ornement[33] », confie Jean-Pierre Chevènement aujourd'hui. Il se demande d'ailleurs si la maladie du président n'a pas joué un rôle dans sa décision d'entrer en guerre. Avec quelques précautions oratoires – pour laisser entendre qu'il ne fait que rapporter l'analyse d'autres personnes – l'ancien ministre confie dans son bureau parisien : « Cela l'a dopé d'être chef de guerre. » Mais il ajoute bien vite :

> Je trouve ce propos désobligeant pour lui... Plus sérieusement, je pense qu'il ne voulait pas se couper des États-Unis à un moment où la réunification de l'Allemagne et l'explosion de l'URSS risquaient de marginaliser la France. C'est dommage, car si la France avait refusé son concours, on aurait pu éviter la guerre.

On peut en douter, même sans la France (comme en 2003), et avec les résolutions de l'ONU, les États-Unis seraient intervenus, d'autant plus qu'à leurs côtés le camp arabe n'était pas indigent.

Daguet *au cantonnement ?*

De plus en plus isolé au sein de la mitterrandie, le ministre de la Défense tente jusqu'au bout de peser pour que le dispositif français *Daguet* « soit le plus loin possible du front et que la participation française soit symbolique ». Il veut notamment une autonomie de combat complète pour la France. L'amiral Lanxade n'a pas de mal à faire valoir que cette posture est intenable : soit on y est, soit on n'y est pas. La France, troisième puissance militaire de la planète, ne peut faire de la simple figuration dans un coin de désert.

> L'autonomie de combat de nos forces en Arabie saoudite n'a pas réellement de sens, fait-il valoir. Étant donné le volume de forces irakiennes et l'ampleur du dispositif international déployé pour y faire face, quelle que soit la nature des combats, nos propres forces, dès lors qu'elles seront engagées, ne pourront prétendre mener des opérations séparées. Ce qu'il faut préserver, c'est l'autonomie de la décision de faire participer les forces françaises au combat[34].

Une suggestion habile qui permet au président Mitterrand d'avoir le sentiment de garder la main. Mais, une fois la nature et les modalités de l'engagement des forces validées par le chef des armées, les troupes tricolores passent sous le contrôle opérationnel de la coalition commandée par le général américain Norman Schwarzkopf.

Sur le terrain, le patron du dispositif français, le général Michel Roquejeoffre, et le CEMA, le général Maurice Schmitt, critiquent ouvertement les tensions entre l'Élysée et l'hôtel de Brienne. Le premier, notamment, se plaint « d'être à poil » face à Schwarzkopf car son ministre refuse de lui envoyer les différents conseillers dont il a besoin dans ses discussions avec le géant américain. Ce dernier ne se déplace pas sans son *Legad* (*legal advisor*), son *Polad* (*political advisor*) et sa batterie de conseillers en communication, dont des officiers de réserve, journalistes dans le civil. Le général Roquejeoffre, qui physiquement fait la moitié de l'Américain en taille et en poids, se sent pour le moins diminué et peu épaulé par Paris[35]. L'amiral Lanxade le sait et veille au grain.

Mandaté par le président, l'amiral joue les *go-beetweens* avec les Américains. L'hôtel de Brienne n'a plus la main depuis longtemps. Quant à Jacques Attali, sherpa du président et normalement chargé du lien transatlantique, il ne faut pas beaucoup de temps à l'amiral, devenu fin connaisseur des pratiques mitterrandiennes, pour constater que sa disgrâce a commencé*. Jacques Attali a normalement la relation avec la Maison-Blanche dans son escarcelle, et il ne manque pas de le rappeler à cet impudent amiral qui marche sur ses plates-bandes en multipliant les contacts avec les Américains. Or Mitterrand vient justement d'en charger *de facto* l'amiral, sans bien sûr que son sherpa soit au courant. Une façon de débrancher les conseillers devenus à ses yeux obsolètes. Parfois, la méthode peut être plus radicale, même si elle reste oblique.

7 sur 7

Désormais décidé à aller jusqu'au bout, le chef des armées trouve le subterfuge nécessaire pour faire « sauter » Chevènement sans avoir à le révoquer lui-même. Une pratique très mitterrandienne. La communication étant aussi une arme de guerre, le dimanche 27 janvier 1991 les téléspectateurs de TF1 découvrent au côté d'Anne Sinclair, lors de l'émission « Sept sur Sept », un officier général qu'ils ne connaissent pas. C'est l'amiral Lanxade, très à l'aise dans cet exercice d'un style nouveau. Il porte beau dans son uniforme bleu nuit étoilé. En dehors du 14 Juillet, les officiers sont quasiment invisibles dans les médias**. Faute de pouvoir s'appuyer sur son ministre pour faire de la pédagogie télévisuelle, le chef des armées a

* Cela n'a rien à voir avec le dossier de la guerre du Golfe, mais tout avec la suspicion montante du président vis-à-vis du jeu personnel que joue le futur transcripteur des échanges diplomatiques entre François Mitterrand et les grands de ce monde (Jacques Attali, *Verbatim*, t. 1 et 2, Paris, Fayard, 1993 et 1995).

** En dehors des reportages sur les opérations.

donc dépêché son propre chef d'état-major particulier, signe d'une très grande confiance dans son collaborateur et d'une très grande impatience devant la résistance de Chevènement. Simple, direct et fin pédagogue, l'amiral remplit sa mission avec talent. Personne à l'Élysée n'a jugé bon d'avertir le ministre de la Défense de ce passage d'un officier général dans l'émission politique la plus suivie de France*. Chevènement s'étrangle quand il l'apprend, le vendredi. Deux jours après la performance de Lanxade, après une explication orageuse avec le chef de l'État, le ministre claque la porte. Il est aussitôt remplacé par Pierre Joxe. Un proche du président[36] s'étonne de ce choix d'un homme politique raide et qui s'est dans le passé opposé au chef de l'État (lors de la réintégration dans le cadre de réserve des généraux putschistes) : « Oui, je sais, nous aurons des difficultés. Nous les résoudrons... », répond Mitterrand l'air entendu. « Il avait pour Joxe une grande confiance et même de l'affection. Mais il le traitait en sous-lieutenant[37]... », note l'amiral Lanxade.

Dans la nuit du 23 au 24 février 1991, la coalition lance l'opération terrestre de libération du Koweït. L'amiral Lanxade, qui a décidé de coucher à l'Élysée, mesure très vite qu'en face il n'y a plus grand-chose après un matraquage aérien de plusieurs semaines. Dès potron-minet, il est sur le pont. Les premières nouvelles sont bonnes : progression rapide, pas d'armes chimiques, nombreux prisonniers hagards abandonnés depuis longtemps par leurs officiers. La fameuse armée irakienne que redoutait Jean-Pierre Chevènement n'était qu'un tigre de papier. Lanxade tente en vain de joindre le chef des armées pour lui faire un point de situation oral. Il l'imaginait impatient

* Elle rassemble 9 à 10 millions de téléspectateurs.

derrière son téléphone… Il lui fait passer un message écrit rassurant. Pas de réponse. Il ne verra François Mitterrand que dans l'après-midi et il découvrira qu'il a passé la matinée à jouer au golf. Irresponsabilité ou sagesse des vieilles troupes ?

> La conjonction des mots peut amuser, elle peut aussi susciter des interprétations erronées, reconnaît Jacques Lanxade. Pourtant, il y a là quelque chose d'important : une capacité précieuse et rare au retrait, à la distance, à garder la tête froide au moment où la pression est le plus intense. Pression des événements, pression des enjeux, pression médiatique également. Sans être aucunement coupé du monde et de l'actualité décisive, se plaçant en totale disponibilité même, François Mitterrand s'évite toute tentation d'interférer, tout risque de réaction passionnelle à chaud. Au sens du commandement militaire, il joint cette sérénité devant le danger qui me fait estimer plus que tout le courage des résistants, plus encore que celui des soldats […]. Devant le danger, il a délégué. Sa confiance en ceux qui sont chargés de l'assister est ferme. Pour lui-même, en aucune manière, cet homme ne laisserait la moindre prise à l'émotion dans ces circonstances, encore moins à la panique[38].

Le 27 février 1991 au soir, la guerre est finie. Le président Bush a tenu sa promesse de ne pas poursuivre jusqu'à Bagdad pour ne pas ajouter « la guerre à la guerre » dans cette Mésopotamie instable entre Kurdes, chiites et sunnites. Son fils n'aura pas la même sagesse. Le président français peut se réjouir de son choix final : sa cote de popularité frise les 80 % et, surtout, les enquêteurs de l'ONU découvrent un Irak qui a lancé de vastes programmes de dotation en armes de destruction massive (nucléaire, chimique et bactériologique)*. Il était temps ! Ce programme va progressivement être démantelé. Il n'existera plus en 2003 (date de l'invasion américaine).

Implicite

Tous les proches de François Mitterrand le reconnaîtraient dans l'anecdote du golf sur fond de guerre du Golfe : ne jamais se laisser enfermer, garder la distance face aux hommes et aux événements. De cette affaire, le CEMP Lanxade (futur CEMA) sort grandi. Sans le vouloir le moins du monde, il a contribué à écarter un ministre et à finaliser la disgrâce d'un conseiller poids-lourd. Il ancre la fonction de conseiller militaire du Prince à un très haut niveau. L'homme a été choisi personnellement par François Mitterrand. Ce dernier l'avait grandement apprécié, quelques années plus tôt, à bord du *Clemenceau*, lors d'un échange à bâtons rompus de haute volée de plus d'une heure et demie. Le chef des armées avait aimé sa maîtrise et sa finesse d'analyse géostratégique des enjeux du Golfe. « Je connaissais bien le sujet. Je n'étais pas stressé du tout. Je ne l'ai jamais été », confie-t-il aujourd'hui. Il poursuit :

> Avec Mitterrand, nous nous comprenions parfaitement, aussi bien sur les questions géopolitiques, l'emploi des forces. Sur le fond, notre lecture du nucléaire militaire était la même. C'était très important pour lui. Lors de notre

* Pour obtenir la levée de l'embargo sur son pétrole, l'Irak a accepté ces enquêtes. La communauté internationale impose également deux zones d'exclusion aérienne au nord et au sud du pays pour que le dictateur Saddam Hussein ne puisse y masser des troupes pour massacrer les Kurdes (au nord) et les chiites (au sud).

première rencontre à l'Élysée, il m'a exposé sa conception de la dissuasion nucléaire pendant trois quarts d'heure, et il m'a dit ensuite : « Si vous êtes d'accord avec moi, vous venez. » Dans ce domaine, il attendait de moi que je fasse quelque chose pour éviter toutes dérives[39].

Les deux hommes sont en osmose. L'officier de marine, délié et même roué, sait décrypter un président qui peut être extrêmement énigmatique. Un jour, il lui demande de prendre contact avec les Américains dès la semaine suivante… sans lui donner aucune instruction précise[40]. À lui de voir et de savoir comment agir au nom de son patron sans commettre d'impair. Cela permet au président de jauger son entourage et de conserver toujours les coudées franches.

Des hommes comme Jean-Louis Bianco, Hubert Védrine et Roland Dumas, se souvient l'amiral Lanxade, excellaient dans cet exercice délicat. Ils se comprenaient parfaitement à mi-mot. Jacques Attali était également dans ce registre, mais il jouait sa propre carte. En 1989, quand j'arrive à l'Élysée, il n'est plus en cour. Je l'ai très vite compris […] en allant au bal de l'X. Jacques Attali est polytechnicien. Il monte dans la voiture du chef de l'État. Au bout de vingt mètres, le convoi s'arrête. Attali est débarqué et on me demande de prendre sa place…

Ces petits signes distillés par le maître sont là pour faire comprendre à un serviteur que son délai de péremption a été atteint.

Cela n'est pas arrivé à l'amiral Lanxade. Lui et le chef des armées avaient un mode de fonctionnement intellectuel très proche. C'est ce qui explique la très grande confiance investie de l'un sur l'autre. L'amiral Lanxade est un officier de marine qui « ne goûte ni le sable, ni le vrombissement des moteurs, ni les détonations[41] » : cela plaît au pacifique Mitterrand marqué par le souvenir de 1940. Alors qu'il vient tout juste d'arriver à l'Élysée, l'amiral Lanxade se retrouve le 8 mai 1989 dans la voiture du chef des armées. Elle passe par la grille du Coq pour se rendre à l'Arc de triomphe pour les cérémonies célébrant la capitulation de l'Allemagne nazie. Le nouveau CEMP se risque à l'interroger sur ce qu'il ressent en remontant ces Champs-Élysées descendus par le général de Gaulle en août 1944.

De Gaulle était inquiet alors par la mise en place en France de l'AMGOT*, lui répond le président. Il avait donc choisi quinze hommes, dont moi, pour prendre le pouvoir dans les régions françaises. Mais cela ne s'est pas fait. Par la suite de Gaulle m'a convoqué pour me dire qu'il pensait à moi pour le poste de secrétaire général d'un grand ministère des Prisonniers et Rapatriés. J'ai refusé. Je voulais une fonction politique et non un poste de haut fonctionnaire.

L'amiral Lanxade poursuit :

Deux ans plus tard, le 8 mai 1991, dans les mêmes circonstances, sans que je le questionne cette fois, il me redit la même chose. Nous arrivons à l'Arc de triomphe. Il n'a pas terminé ce récit. La voiture stationne portes fermées jusqu'à ce qu'il l'ait achevé. Il m'a également raconté qu'il avait été récupéré une nuit pour passer de France en Grande-Bretagne sur un chalutier commandé par le commodore Birkin, le père de Jane. Toute cette période de la guerre, la captivité, Vichy, la Résistance, a fortement marqué sa vision. Il y a appris la résilience, le sang-froid[42].

---

* Allied Military Government of Occupied Territories (AMGOT) : organisation anglo-saxonne censée administrer les anciens territoires occupés par les nazis. Elle avait même fait frapper des billets de banque en francs sur le modèle du dollar… L'horreur absolue pour le Général.

Il fallait que la confiance soit grande pour que François Mitterrand, politique jusqu'au bout des doigts, accepte d'envoyer un officier de sa maison à la télévision pour expliquer la pensée présidentielle. Plus profondément, comme le souligne l'ancien conseiller militaire de Mitterrand, la guerre du Golfe a marqué un tournant :

> Jusque-là, les présidents, et notamment Mitterrand, géraient ces affaires dans leur bureau, de façon presque artisanale, sur un coin de table, oserai-je dire*. Les décisions étaient relativement limitées. Là, avec la guerre du Golfe, c'était une transformation majeure, *une guerre* et plus seulement des opérations. Au début, c'était géré sans le CEMA [le général Maurice Schmitt]. Mais ensuite, il était dans la boucle, notamment au sein des conseils de défense devenus des conseils de guerre. François Mitterrand était alors *chef de guerre*. Un changement majeur. On est sorti du bricolage et j'ai joué un rôle important dans cette évolution. J'ai été très soutenu, de façon indirecte, par François Mitterrand vis-à-vis du Quai d'Orsay toujours très réticent à voir des militaires entrer dans le domaine diplomatique. Mitterrand m'a subtilement imposé[43].

Victoire et réformes

Avec les autres coalisés, la France « gagne » la guerre du Golfe sans trop de difficulté**. L'armée irakienne s'effondre comme un château de cartes, les « figures et les as » étant partis les premiers. Mais cette opération est néanmoins

* On a vu que ce n'était pas exactement comme cela que les choses se passaient avec Valéry Giscard d'Estaing.

** Bien loin des prévisions très pessimistes de Jean-Pierre Chevènement (partagées alors par nombre de militaires), la France perd deux hommes au combat.

le révélateur de carences d'un outil français dont le compteur a été bloqué trop longtemps sur deux types de missions : l'attente statique face au pacte de Varsovie (avec le parapluie nucléaire) et les opérations de police militaire plus ou moins musclées conduites outre-mer. Il faut de toute urgence le faire évoluer, car le nouveau désordre mondial pourrait bien ne pas se plier à cet ordonnancement à la française. « Le conflit contre l'Irak a révélé les insuffisances de nos capacités militaires, tant en ce qui concerne l'équipement des forces que leur réelle disponibilité opérationnelle. [...] La nécessité d'une armée plus souple, plus ramassée, plus facilement projetable s'impose [...][44] », souligne Louis Gautier. Lors de la présentation de la loi de programmation militaire 1992-1994, le ministre Pierre Joxe explique : « L'armée de demain se dessine avec d'autres concepts, d'autres doctrines, des niveaux d'effectifs différents, des structures de forces adaptées. » L'armée va à nouveau se réformer en profondeur*.

Sous l'impulsion du chef des armées, l'énergique ministre Pierre Joxe et le nouveau CEMA, l'amiral Lanxade, impulsent un nouveau souffle à l'armée française. Le président a notamment demandé que l'on pousse les feux sur le renseignement militaire satellitaire, qui n'existe pas encore (programme Helios qui traîne depuis 1978). Il faut dire qu'il a été particulièrement humilié un jour dans son propre bureau pendant la crise irakienne. L'ambassadeur des États-Unis s'y trouve avec à ses côtés un officier porteur de toute une série de clichés captés par les satellites espions du Pentagone et de la CIA. Ils permettent de voir précisément le dispositif militaire de Saddam Hussein. Le ministre de la Défense, Pierre Joxe, est présent. La résolution des images est stupéfiante et

* Un livre blanc sur la défense est publié en 1994.

permet parfois de voir le numéro de la plaque d'immatriculation des véhicules irakiens. L'entretien est très cordial, nous sommes entre alliés. L'entrevue arrive à son terme. François Mitterrand, qui fait mine de rassembler les photographies étalées pour les ranger, voit l'officier américain devancer prestement son geste, récupérer les documents, les mettre dans sa serviette et repartir avec sous le bras*. Furieux du procédé, qui renvoie la France à sa totale dépendance dans ce domaine, François Mitterrand demande dans la foulée à son ministre de lancer le programme satellitaire militaire français dont il sait qu'il ne débouchera qu'après son départ de l'Élysée**. Compte tenu des lacunes enregistrées dans le renseignement classique et de l'action trop éparse des commandos, sont créés à la même époque la Direction du renseignement militaire (DRM) et le Commandement des opérations spéciales (COS). Avec à chaque fois la même idée maîtresse validée par l'Élysée : regrouper ce qui est éparpillé, muscler et développer ce qui est encore trop léger, unifier les anciennes chapelles sous l'autorité d'un seul chef. Ces deux outils (DRM et COS) sont aujourd'hui au cœur opérationnel du dispositif militaire français. La réserve, quant à elle, change également de format : de 4 millions de réservistes, souvent peu opérationnels, elle passe à 500 000***.

---

* Scène racontée à l'époque par Pierre Joxe à l'auteur, alors journaliste au service étranger du *Monde*.

** Ce fut effectivement la présidence Chirac qui en profita en premier. Le premier satellite Helios fut mis en orbite à l'été 1995. Retenu à Paris, le ministre Charles Millon demanda à son conseiller Pierre Servent de le représenter sur le pas de tir de Kourou (Guyane).

*** Elle est aujourd'hui de 28 000 réservistes opérationnels sous contrat. Avec une volonté de la faire monter à 40 000 suite aux attentats de 2015. La gendarmerie compte de son côté 25 000 réservistes.

L'amiral Lanxade ajoute une touche supplémentaire à cet édifice. Lui qui entretient des relations denses et confiantes avec les journalistes* mesure parfaitement les effets de la révolution de l'information et la nécessité de faire sortir la grande muette de son mutisme. N'a-t-il pas été déniaisé par Anne Sinclair ? Il veut donc modifier les habitudes en rappelant à ses chefs, souvent timorés dans ce domaine (souvenir de la guerre d'Algérie), que « la communication est un acte de commandement ». Aussi, depuis cette époque, figure dans tous les ordres d'opération une « directive communication » rédigée par le conseiller communication de l'état-major des armées (EMA), ainsi que des éléments de langage pour les porte-parole militaires. Les Comanfor (commandant une force) et les officiers presse doivent la relayer sur le terrain des OPEX (opérations extérieures). Ils ne doivent plus se cacher des journalistes. Des séances de média-training sont mises en place ; des officiers de réserve compétents sont mobilisés pour étayer cette mission, y compris en OPEX. L'armée commence alors à sortir, très progressivement, du ghetto mutique post-guerres coloniales.

Poudrière balkanique

Une guerre peut néanmoins en cacher une autre. Au printemps 1991, la République fédérative socialiste de Yougoslavie engage son processus tragique d'implosion. Slovénie** et Croatie prennent leur indépendance avec la

---

* L'amiral Lanxade les invite pour des petits déjeuners en tête à tête dans les entrailles du Centre de commandement opérationnel des armées, boulevard Saint-Germain, alors siège de l'EMA.

** Ljubljana accède à l'indépendance en juin 1991.

bénédiction de l'Allemagne et malgré les plus extrêmes réserves d'un François Mitterrand arc-bouté sur l'idée que si ces processus se font en ordre dispersé, la guerre clanique, ethnique et religieuse – contre laquelle la dissuasion ne peut rien – va refaire surface en centre-Europe. Pour lui, la « désintégration » de l'ex-Yougoslavie est une bombe à fragmentation qui risque de frapper toute l'Europe si elle n'est pas strictement contrôlée et encadrée[45]. Ce conflit aux relents nauséabonds de Seconde Guerre mondiale (destruction de villes, épuration ethnique, massacres de masse*) sidère et tétanise l'Europe comme le reste de la communauté internationale. Personne ne sait comment traiter ce retour du mal au cœur de l'Europe et alors que certains espéraient déjà pouvoir se verser les *dividendes de la paix* après la chute du bloc soviétique. Cette guerre va montrer les limites des grands principes mitterrandiens. Se refusant « à ajouter la guerre à la guerre », obsédé par l'alliance serbe de 14-18**, le président français, qui connaît son histoire sur le bout des doigts (guerres balkaniques de 1911-1912 ; point de départ du premier conflit mondial à Sarajevo, en Bosnie-Herzégovine, en 1914 ; affrontements sauvages entre Serbes et Croates durant la Seconde Guerre mondiale), se retrouve sur une position partagée par beaucoup : il faut jouer la carte humanitaire. C'est la seule dont l'Europe dispose en l'absence d'une véritable défense européenne et surtout faute de volonté politique. Il ne faut en aucun cas mettre le moindre petit doigt militaire

* Dix mille personnes (Croates) sont exécutées sommairement par des combattants serbes à Vukovar (novembre 1991). C'est une vengeance : en juillet, des villages serbes avaient été attaqués par les troupes croates dans les Krajina (enclave serbe en Croatie).

** Hubert Védrine conteste formellement cette serbophilie.

offensif dans cette effroyable poudrière balkanique. La communauté internationale s'engage dans une impasse en voulant maintenir la paix dans un pays où elle n'existe pas. Elle veut s'interposer, un rameau d'olivier dans une main et un sac de riz dans l'autre, au milieu de milices paramilitaires qui sortent fraîches et disposes du grand congélateur du bloc de l'Est, avides de tuer, de violer et de purifier ethniquement.

Dans le Falcon qui le conduit pour une tournée dans les pays Baltes, le ministre de la Défense, Pierre Joxe, me confie, en tant que journaliste au service étranger du *Monde,* que ces pays sont bien connus pour leur propension historique à se massacrer mutuellement avec férocité et qu'il n'est pas question d'engager l'armée française dans une sorte de guérilla qui ne pourrait déboucher que sur des pertes importantes sans aucun bénéfice pour la paix *in fine*. En gros, il faut aider les populations civiles à survivre, faire de l'interposition, attendre que les milices mettent d'elles-mêmes un terme à leurs massacres et tenter de trouver une porte de sortie par la voie diplomatique. Les chefs militaires rencontrés à cette époque sont sur la même longueur d'onde : les Balkans sont une effroyable poudrière dans laquelle ils ne veulent pas s'engager frontalement. Nous sommes au début d'un processus diabolique qui ne s'achèvera qu'en 1995, sous le septennat chiraquien.

Pour l'heure, en ce début des années 1990, chacun en Europe s'accorde sur l'idée qu'il faut faire de l'humanitaire, tout particulièrement quand la Bosnie-Herzégovine – où se trouve une importante minorité serbe qui résiste violemment à « l'hégémonie des Bosno-musulmans » – décide de déclarer son indépendance. Les Serbes de Bosnie, téléguidés par Belgrade (Serbie) ne l'entendent pas ainsi. Ils se sont toujours opposés à ceux qu'ils appellent «les Ottomans*». Il n'est pas question de leur céder en cette fin du XXe siècle. Ils prennent Sarajevo en étau à partir des collines qui surplombent la ville. Elle devient une sorte de Diên Biên Phu balkanique sous la pression des canons et des *snipers* serbes. Le 28 juin 1992, accompagné de Bernard Kouchner, secrétaire d'État à l'action humanitaire, le président français, qui s'est échappé en solo d'un sommet européen, atterrit en hélicoptère sur le tarmac de l'aéroport de la capitale bosniaque martyrisée. Il déambule dans les rues sous les applaudissements de la population, avec à son côté un président bosno-musulman Izetbegović radieux, mais sans doute un peu trop optimiste sur la nature de l'engagement français**. Le président est venu avec Kouchner... pas avec Joxe. L'acte n'est pas sans courage, car le président et sa délégation essuient des coups de feu serbes. Le soir, de retour à Villacoublay, le président-humanitaire «apparaît heureux de l'exploit qu'il vient d'accomplir, un tour de force politique au plus noble sens du terme, estime l'amiral Lanxade. Il resplendit d'une profonde satisfaction. Celle d'un devoir d'ordre supérieur accompli[46]».

---

* Sur le terrain, dans ses contacts en Bosnie avec des officiers ou des civils serbes à l'été 1997, l'auteur, alors officier de la SFOR de l'OTAN (*Stabilization Force*), constate que ses interlocuteurs utilisent systématiquement ce terme avec dédain et violence, ne comprenant pas pourquoi la France ne s'est pas jointe à eux dans cette nouvelle «croisade contre les Ottomans» et pourquoi elle a trahi, selon eux, l'idéal de l'armée d'Orient de la Grande Guerre.

** Le président bosniaque appréciera peu que le président français ne lâche pas la bride de l'armement de ses forces. Un certain nombre de casques bleus français tomberont sous les balles de *snipers* bosno-musulmans.

Il y a également dans cette euphorie celle d'un président malade boosté par les médicaments et l'adrénaline du danger, retrouvant les sensations de sa jeunesse quand il était résistant. La vie est tellement plus dense, plus savoureuse quand elle est risquée, surtout quand on sait sa mort programmée. Il avait éprouvé les mêmes frissons en débarquant sans crier gare à Beyrouth, en octobre 1983, après l'attentat du Drakkar. Le posé était alors pour le moins périlleux car l'avion était vulnérable à des tirs de missiles sol-air du type Stinger. Outre le président, se trouvaient dans l'avion Hubert Védrine, François de Grossouvre* et le général de l'armée de l'air Jean Saulnier (CEMP), qui faisait office de copilote. François Mitterrand avait alors demandé à Saulnier :

— Général, quand saurons-nous si nos femmes sont veuves ?

— Nous pouvons être touchés pendant encore trois minutes, Monsieur le Président.

De retour sur le territoire national, le chef de l'État, très en forme, lâche : « Le moment le plus dangereux, cela a été quand le général Saulnier a pris les commandes dans l'avion pour atterrir à Villacoublay[47]. »

L'influence du French doctor

Plus la violence se déchaîne dans les Balkans, plus les Européens et l'ONU alignent les résolutions diplomatico-humanitaires absconses**, plaçant les casques bleus sur

---

* Il se suicidera dans son bureau de l'Élysée d'une balle dans la tête. Sans doute une forme de dépit « amoureux » de n'être plus en cour auprès du président qui ne chasse jamais un ancien serviteur... mais le débranche.

** Dont le sens précis varie parfois selon la langue de traduction.

le terrain dans des postures de plus en plus humiliantes et scabreuses. « La guerre de Yougoslavie a cette étrange particularité qu'elle marque à la fois l'émergence et l'avènement du phénomène humanitaire[48] », relève la journaliste Alexandra Schwartzbrod. Au sein du gouvernement, un homme s'impose de plus en plus par rapport au ministre de la Défense : c'est Bernard Kouchner. L'ancien *French doctor*, très populaire, jamais en retard d'une émission ou d'une séance photo promotionnelle, a le vent en poupe et l'oreille du président et de son Premier ministre. Foncièrement antimilitariste, Pierre Bérégovoy ne cesse de vanter dans ses interventions le fait que la France est « la première puissance humanitaire du monde ». Bien que troisième puissance militaire, la France devient désormais la patrie de « Mère Teresa en treillis[49] », symbolisée par le général Morillon[50]. Surnommé par la presse « général Courage », il s'est physiquement opposé à l'épuration ethnique de l'enclave musulmane de Srebrenica, en mars 1993. *Le Canard enchaîné* sacrifie lui aussi au culte de Morillon et lui tresse des couronnes de lauriers dans ses colonnes. Du jamais vu ! Le patron de la Forpronu, courageux, pétri de valeurs chrétiennes, se faisant une haute idée de son rôle d'officier français, joue la carte de la médiatisation de son action, voulue ou subie*, pour dénoncer l'absurdité d'un système onusien

---

* Le général Morillon s'est fait coincer sur place, dans un premier temps, par la population musulmane de Srebrenica aux abois. Dans la nuit, il est en train de s'exfiltrer de la poche avec ses gardes du corps quand il réalise intérieurement qu'il ne peut pas fuir et abandonner ainsi cette population à son sort. Il décide alors de rester volontairement et de donner à son action le maximum d'échos médiatiques pour faire bouger les consciences et la posture de la communauté internationale.

incapable de défendre les enclaves musulmanes isolées en terres serbes orthodoxes hostiles. Srebrenica est décrétée « zone de sécurité » dans la foulée de l'action de Morillon. Cinq autres enclaves du même type suivent. La question est : que va faire l'ONU pour les protéger véritablement ?

À Srebrenica, la situation locale n'était pas aussi angélique et lumineuse que ce que l'acte salvateur de Morillon a pu révéler aux opinions publiques heureuses de trouver enfin un héros humanitaire, un officier sans arme dans ce bourbier sanglant ; même si, clairement, l'agresseur principal en Bosnie-Herzégovine est serbe. En effet, la zone de Srebrenica est commandée par un chef bosno-musulman, Naser Orić, qui fait la guerre avec aussi peu de considération pour les droits de l'homme que ses homologues serbes et que leur chef, le général Ratko Mladić. Ce dernier veut la peau d'Orić, et donc de l'enclave, car les milices bosno-musulmanes ont conduit des attaques meurtrières contre des civils serbes de la région, à une date sacrée pour les orthodoxes : la nuit de Noël (janvier 1993)*. Le boucher Mladić a la mémoire longue, comme on le verra malheureusement dans le chapitre suivant. Nous sommes dans des terres où le mot « vengeance » est le meilleur adjuvant des fanatismes des uns comme des autres.

Il y parvient, puisque les zones de sécurité sont décrétées… mais non vraiment protégées au final (d'où le drame de Srebrenica 2 ; voir le chapitre sur le président Chirac). Témoignage du général Morillon à l'auteur.

* Déclaration du général Philippe Morillon, en 2001, devant la commission parlementaire portant sur les événements de Srebrenica (massacre de la population civile en juillet 1995).

Un général embarrassant

À Paris, les diplomates et les chefs du général Morillon trouvent qu'il en a fait beaucoup, beaucoup trop. Il a mis en lumière les carences et les absurdités du tout humanitaire dans un théâtre de guérilla. Lorsqu'il avait été choisi pour prendre le commandement de la Forpronu, rien ne laissait supposer que ce général discret, un peu terne aux yeux de ses pairs, un moment conseiller militaire du Sénat, se révélerait un chef mordant et un excellent communicant. Aux journalistes qu'il rencontre, l'amiral Lanxade ne cache pas sa perplexité, voire son exaspération[51] devant les initiatives intempestives de Morillon et son goût de l'aura médiatique. Le CEMA en serait-il un brin jaloux, lui le premier officier général médiatisé depuis la guerre d'Algérie ? Le président, pour sa part, a bien perçu le symbole qu'est devenu « Philippe de Bosnie ». Il l'adoube en lui remettant personnellement, à l'Élysée, la plaque de grand officier de la Légion d'honneur le 14 juillet 1993. Un an plus tard, le général de corps d'armée Morillon prend le commandement de la Force d'action rapide (FAR)*.

Nolens volens, le général Morillon – et son béret bleu onusien – est la prolongation commode pour le pouvoir du concept de « soldat de la paix » concocté au début du premier septennat par Charles Hernu pour ménager un

---

* La Force d'action rapide (FAR) a été créée en 1983 pour éventuellement faire face à une invasion des forces du pacte de Varsovie. Elle est destinée à casser du blindé russe, grâce notamment à sa composante aéromobile (hélicoptères tueurs de chars). Elle participera à de gigantesques manœuvres avec les Allemands : un signal envoyé à Moscou sur la solidité du duo. La FAR a surtout servi, au final, aux opérations outre-mer de la France.

corps social de gauche encore puissamment antimilitariste*. À la décharge de la France mitterrandienne, il faut bien constater que personne ne veut y aller, comme on dit à l'époque. Personne ne sait vraiment, ni en Europe ni à l'ONU, comment gérer ce que les militaires appellent trivialement « un pot de pus ». Le général Morillon a forcé la main de la communauté internationale, mais les chancelleries restent frileuses, sauf du côté des Américains qui envisagent désormais d'armer en sous-main les Bosno-musulmans, ce qui pour François Mitterrand serait une nouvelle fois ajouter la guerre à la guerre**.

En France, on murmure de plus en plus que la serbophilie*** naturelle du président expliquerait « ses atermoiements ». D'autres, à mots couverts, mettent en cause sa fatigue, sa maladie (pour ceux qui la connaissent) et son âge. Au début du conflit, en 1991, François Mitterrand a soixante-quinze ans. Il approchera les quatre-vingts ans à la fin de son long règne. Plus les événements dégénèrent sur le terrain, plus le duo de diplomates Cyrus Vance et David Owen, quelle que soit leur valeur humaine, semble inapte à apporter une solution ferme sur le terrain. D'humiliation

---

* D'autres généraux français, Cot, de Lapresle et Janvier, patrons successifs de la Forpronu, se démèneront, avec leur style propre, pour tempérer du mieux qu'ils pouvaient un système de décision onusien puis ONU-OTAN kafkaïen.

** Les États-Unis passeront à l'acte, fournissant aux Bosno-musulmans de l'armement en contrevenant à l'embargo international sur les armes. Les avions de la CIA se poseront de nuit sur l'aéroport de Sarajevo, en bout de piste, pour débarquer des matériels militaires.

*** L'amiral Lanxade (CEMA) affirme n'avoir jamais décelé cette inclination chez François Mitterrand. Le général Bentégeat (CEMP) pense exactement le contraire (entretiens avec l'auteur).

en humiliation, les casques bleus* déplorent une mission qui dénature profondément leur métier. Très en dehors des clous onusiens, il arrive aux Britanniques – dont une colonne humanitaire de secours a été humiliée par des miliciens serbes à moitié ivres pendant de longues heures à un *check point* – de revenir sur les lieux nuitamment pour fluidifier les relations pour les jours suivants. Des tireurs d'élite armés de fusils McMillan de calibre 12,7 mm (un calibre de balle de mitrailleuse) vont alors assez proprement décapiter par un tir à la tête un ou deux miliciens affalés autour de ce même *check point*. Le tir peut se faire à 1 000 mètres si la position est bonne. Donc hors de vue des miliciens, et avec tout le temps pour s'extraire. Les Serbes comprennent en général le message 5 sur 5 : les jours suivants, les convois britanniques ne sont pas embêtés…

Credo mitterrandien

Hubert Védrine, un des très proches collaborateurs du président, cherche à l'époque à éclairer et à justifier le credo mitterrandien. C'est nécessaire, car l'opinion publique, stimulée notamment par l'action médiatique d'un Bernard-Henri Lévy, est largement favorable à une intervention pour mettre un terme aux massacres et à l'épuration ethnique. Nous sommes en février 1994 quand Hubert Védrine explique :

> Aucune des puissances concernées, sachant bien que l'usage de la force ne suffirait pas à régler le problème

---

* La France perd quatre-vingt-huit soldats et aura une centaine de blessés, parfois handicapés à vie.

bosniaque, ne voulait s'engager plus avant en l'absence d'un projet de solution diplomatique. Pourquoi politique ? Parce que la tragédie bosniaque n'est pas d'abord une « invasion » qui aurait pu être contrée militairement, mais d'une « dislocation » [...] de l'ex-Yougoslavie au sein de laquelle cohabitaient six nations et douze minorités. [...] On voit bien avec le recul qu'il aurait fallu tout faire pour empêcher que cette pelote ne se dévide avant qu'un accord n'ait été conclu entre toutes les parties. On aurait pu éviter que l'indépendance slovène, puis croate, n'entraîne à son corps défendant la Bosnie-Herzégovine dans l'aventure d'une indépendance immédiatement combattue par 30 % [les Serbes] de ses habitants. [...] Il aurait fallu prolonger le fédéralisme le temps de rassurer les futures minorités des futurs nouveaux États indépendants sur leurs droits, une fois disparu le « parapluie » yougoslave[52].

Cette remise en perspective est difficilement contestable et elle permet au passage au secrétaire général de la présidence de lancer dans le jardin allemand un gros pavé. Si Helmut Kohl n'avait pas reconnu la Croatie et la Slovénie sans préavis ni garantie, l'Europe n'en serait pas là. Sans doute, mais les peuples et leurs mandants – qui sentent le vent du large et de la liberté – n'ont que faire dans les périodes de grande bascule des appels à la raison et à la modération de leurs parrains. Le chancelier allemand* a fait passer plusieurs fois le message à son ami François Mitterrand – avec lequel il était allé se recueillir sur les tombes de Verdun en 1984 – qu'il ne pourrait pas ne pas reconnaître la Croatie et la Slovénie. « Si vous faites cela, c'est la guerre demain matin », met en garde François Mitterrand. Mais les dés sont déjà lancés. La prédiction de

* Il y a une importante communauté croate en Allemagne.

Mitterrand se réalise. Et la France comme les autres pays et l'ONU se mettent à compter les points tout en se donnant bonne conscience en tentant de s'interposer tandis que le chaos s'étend à toute la Bosnie-Herzégovine.

Déviation intellectuelle

Qu'était-il possible de faire d'autre ? Il ne faut pas, après coup, donner des conseils faciles. La violence des combats, le côté jusqu'au-boutiste et même suicidaire des Serbes, le fanatisme existant également chez Croates et Bosniaques rendaient l'option militaire infiniment délicate. Encore une fois, l'argumentation de ceux qui étaient contre n'était ni dépourvue de bons sens ni de pertinence. Mais le coup des indépendances nationales parti, l'Europe – France en tête – ne pouvait rester dans la position d'un arbitre, le bonnet orné de la croix rouge, attendant la mort de l'un des protagonistes. « La principale faute de l'Occident n'est pas de n'avoir pratiquement rien fait, mais de n'avoir rien pensé ni imaginé, de n'avoir pas fixé clairement son objectif[53] », écrit alors l'historien François Fejtö. Jacques Delors, conscience éclairée de la gauche chrétienne, voit juste quand il dit à la même époque : « La plus grande déviation intellectuelle de l'époque est d'avoir pris la politique d'aide humanitaire comme une politique étrangère[54]. »

Effectivement, l'Europe a banni la guerre de son espace mental en 1945 et s'est unie pour consolider cet objectif. Son logiciel est inapte à comprendre ce qui se passe là-bas. Distribuant force médicaments et provisions, elle glisse de flaque de sang en flaque de sang, d'improvisation en approximation vers le déshonneur. Mais la France mitterrandienne n'a qu'une crainte : se retrouver seule en première ligne. Elle sait parfaitement que les Américains ne mettront pas un homme au sol – ils ont été vaccinés par la Somalie en 1993[55] – et que les Britanniques ne sont guère allants, car ils ont le conflit irlandais à gérer. Les opinions publiques s'émeuvent devant les images de purification ethnique. La logique de non-pression guerrière et la posture humanitaire conduisent à l'imposture. Le duo haut-commissaire aux réfugiés (HCR) et Force de protection des Nations unies (Forpronu) devient le temple de l'indécision et des directives ineptes pour nombre de casques bleus qui ne reviendront pas psychologiquement intacts de cet enfer[56].

Le parti de la guerre s'étoffe progressivement à Paris. Sur le terrain, les Serbes maintiennent la pression. Le corset de l'humanitaire craque de partout. Mais Bernard Kouchner, très en cour, au point de faire de l'ombre au ministre des Affaires étrangères Roland Dumas, s'accroche à sa position :

> Qu'on ne se trompe pas d'ennemi. L'action humanitaire n'était pas en charge du règlement politique, même si elle l'exigeait. L'action humanitaire ne devait pas tracer de nouvelles frontières mais sauver des civils et nourrir une population. [Elle] ne pouvait pas faire taire les canons mais attirer l'attention du monde et limiter le nombre de morts. Elle a partiellement réalisé tout cela. Seules les victimes peuvent demander l'arrêt de l'aide humanitaire. Et elles ne le feront jamais. Regrettons que l'humanitaire n'ait pas été plus puissant et ne lui cherchons pas une mauvaise querelle de plus[57].

La droite est partagée sur le sujet. « On a été capable de se mobiliser pour un tas d'or [le pétrole du Koweït] et on ne serait pas capable de se mobiliser pour un souffle de l'esprit», déplore Charles Millon, président du groupe UDF de l'Assemblée nationale. Mais quand la cohabitation prend place en 1993, le nouveau Premier ministre Édouard Balladur et son ministre des Affaires étrangères, Alain Juppé, appuient le concept de «zones de sécurité» pour les réduits bosno-musulmans en territoire serbe, mais sans accepter, au début, que des frappes aériennes de l'OTAN viennent les sanctuariser. Il faudra encore moult massacres provoqués par les Serbes – même si les Bosno-musulmans ne sont pas des enfants de chœur – pour y parvenir.

Édouard Balladur est en décalage avec son «ami de trente ans» Jacques Chirac qui, en décembre 1992, avait déclaré vouloir bombarder par voie aérienne «les centres vitaux de l'armée serbe». Le ministre des Affaires étrangères, Alain Juppé, multiplie de son côté les initiatives diplomatiques pour sortir par le haut de ce bourbier. Il va notamment stimuler la création d'un «groupe de contact» (France, États-Unis, Russie, Grande-Bretagne et Allemagne) pour peser sur ce dossier*. Mais la situation reste figée face à des belligérants serbes et bosno-musulmans ne souhaitant qu'une chose : pouvoir en découdre sans entrave et prouver leur supériorité militaire incontestable. Chaque camp est persuadé de l'emporter. La diplomatie s'époumone. La Faucheuse moissonne des civils à grands coups de faux.

Retrait et retraite

En 1995, lassé, le président Mitterrand envisage un éventuel retrait du contingent français. Une opération délicate qui demanderait dans un premier temps de le

* En juin 1994, il élabore un premier plan de partage de la Bosnie-Herzégovine.

renforcer avant de pouvoir l'extraire sans pertes. En effet, nombre de casques bleus se trouvent éparpillés en zone contrôlée par les milices serbes. Leurs armements sont dérisoires (aucune arme collective ou lourde). Le président, à la limite de sa résistance physique personnelle[58], se rapproche des Britanniques pour opérer ce repli de conserve. Mais la fin de son règne se profile. Devenu l'ombre de lui-même à cause des progrès du mauvais cancer découvert en 1981, le président Mitterrand reste sur le pont jusqu'au bout. Son second septennat ne verra pas la résolution du conflit en Bosnie. C'est un des dossiers – avec l'arrêt des essais nucléaires – que devra prendre en main Jacques Chirac, bientôt élu cinquième président de la Vᵉ République.

En janvier 1995, pour ses derniers vœux à la presse, il y a affluence dans la grande salle des fêtes de l'Élysée pour voir et entendre le vieux combattant au soir de sa vie. Chef des armées, *recordman* des opérations extérieures, il a également conduit pendant ces quatorze années un combat personnel contre un ennemi intérieur : ce crabe qui le dévore progressivement. Il arrive à pas comptés dans un lourd silence, son visage diaphane et parcheminé. Comme il est de tradition, le président de l'Association de la presse présidentielle, Dominique Gerbaud, fait un discours. Il est sobre et délicat, à l'image de son auteur. Très las, le président l'écoute assis dans un fauteuil. Il n'est déjà presque plus là. Sa fatigue extrême est si palpable que les journalistes commencent à être gênés de leur indiscrète présence. Elle impose à ce vieil homme si fragile un surcroît d'effort visible. Et puis, non sans peine, il se lève, refusant de répondre assis aux vœux qui lui ont été prodigués. Il donne l'impression de vouloir *mourir* debout. Il prononce difficilement quelques paroles de bonne année.

Il explique sa politique, se justifie. Et puis, une journaliste, Christine Clerc (*Le Figaro magazine*), lui demande avec beaucoup de tact et de gentillesse des nouvelles de sa santé. Visiblement touché par la question, il répond en mots allusifs. Et puis, comme régénéré par cette question d'une femme, il prolonge son propos sur la vie, ce qu'on laisse... Il parle, il parle, et progressivement il se redresse, ses mots se font plus nets, son visage change de couleur, passant du sépia au rose très pâle. La vie revient. Il termine son propos en pleine forme, si l'on peut dire. Bien vivant, encore prêt pour un nouveau combat. Un de plus. Pour un septennat, pour le regard d'une femme... Il salue et repart d'un pas soudain pesant. L'adrénaline, son amie, s'en est enfuie. Formidable leçon d'un combattant qui aima jusqu'au bout la vie bien plus que la guerre. Neuf ans plus tôt, en 1986, il dialoguait à bâtons rompus avec des représentants d'un club de réflexion. On lui demandait : « Pourquoi se défendre, c'est-à-dire pour quelles valeurs ? » François Mitterrand répondit :

> [C'est] très simple, vivre, vivre. Je préfère vivre, j'aime bien vivre, je ne suis pas mécontent de vivre. Bon, c'est tout. Et vivant, c'est ma deuxième réponse, je préfère vivre libre. Voilà, j'ai fini[59].

5

Jacques Chirac
1995-2007

L'éternel lieutenant

À Paris, rue de l'Élysée, dans la salle d'attente des chefs d'état-major particulier (CEMP) des présidents de la République, sur le mur de gauche en entrant, est suspendue une grande photographie dédicacée par le président Jacques Chirac, en mai 2005, aux personnels de l'EMP. On peut y voir trois officiers en treillis de combat* en train de casser la croûte en campagne, quelque part en Algérie. Le sous-lieutenant Chirac y coupe un morceau de pain en affichant un large sourire face à l'objectif. À l'évidence, cet homme est heureux. La dédicace est signée… *sous-lieutenant Chirac* et non *Jacques Chirac* ou *président Chirac*. Le fait qu'il ait choisi cette photographie en noir et blanc plutôt qu'une autre, en couleurs, prise dans ses habits de chef des armées, en dit long sur la façon dont son

* Un capitaine, un lieutenant et un sous-lieutenant (Chirac).

mental et sa psychologie ont été forgés par l'expérience de la guerre et par sa vie de jeune chef de peloton en Algérie.

Arrivant à l'Élysée en mai 1995, tout le monde sait que l'ancien maire de Paris est un *fana-mili*, colonel de réserve de l'arme blindée cavalerie (ABC), ORSEM (officier de réserve spécialiste d'état-major), ancien sous-lieutenant décoré au feu en Algérie. C'est un chevau-léger qui par jeu a longtemps caché sa culture pour tout ce qui touche à l'Asie* et son érudition en faisant croire qu'il n'aimait que la musique militaire. Il est indéniablement du sérail militaire. Il s'y sent chez lui. Le général Henri Bentégeat, qui fut son CEMA pendant quatre ans, souligne :

> Chirac avait quelque chose d'assez exceptionnel : il sentait en profondeur la chose militaire. Il avait un sens viscéral de ce que l'on pouvait et devait demander aux armées. À ses yeux, elles étaient faites pour gagner les batailles et non pour faire de l'humanitaire. Pour autant, une fois une décision d'engagement prise, il ne s'ingérait jamais dans la conduite des opérations[1].

Conseiller spécial du ministre de la Défense, Jean-Claude Mallet – une des colonnes inamovibles du temple de la défense depuis trente-cinq ans – affirme : « Chirac a une relation affective avec la chose militaire. Il est capable de la comprendre de l'intérieur tout en prenant de la distance. » Plusieurs témoignages soulignent également le fait que le cavalier Chirac a toujours su s'arrêter et écouter

* Lors d'un voyage officiel en Chine, il reprend à la volée un ministre chinois qui s'est trompé sur le nombre d'empereurs en poste dans telle dynastie. Le président Chirac cite dans la foulée le nom de ces empereurs au grand étonnement de ses hôtes. Témoignage de l'amiral Delaunay (CEMP de Jacques Chirac) à l'auteur.

malgré son tempérament impétueux ; qu'il a été capable à plusieurs reprises de modifier sa position initiale, après avoir consulté son CEMA (Bentégeat puis Georgelin), que ce soit sur l'Afghanistan ou le Sud-Liban, par exemple. Un civil du sérail témoigne :

> J'ai vu ces deux généraux qui se sont succédé à l'Élysée être très courageux en conseils de défense, défendant sur des dossiers sensibles des positions qui n'étaient pas initialement celles du chef des armées. Chirac était capable de bouger mentalement, il n'était pas obtus[2].

Et mes canons ?

S'il embrasse goulûment les grands sujets militaires, il s'intéresse également aux détails de « la boutique ». Ses aides de camp seront surpris de le voir si attentif à leur avancement, leur solde, leurs décorations, etc. Quand l'un d'entre eux a pris une barrette supplémentaire, il apostrophe les membres de son cabinet civil qui n'ont évidemment rien vu : « Vous n'avez rien remarqué... Il est passé colonel plein. Il faut le féliciter ! » Il est très attentif au nombre d'étoiles des officiers généraux qui le rejoignent. L'un d'entre eux, qui passe son entretien d'embauche, est en civil parce qu'il a été appelé en urgence pour un *casting* à l'Élysée alors qu'il était en transit pour rejoindre son poste outre-mer. Jacques Chirac s'inquiète du nombre de ses étoiles, trouve qu'il n'en a pas assez, le prend quand même, le met au bon niveau. Pour lui, ce sont les meilleurs et les plus gradés qui doivent se retrouver à l'Élysée.

Chirac a l'armée dans le sang. Dans une réception officielle en Égypte, à Alexandrie, apercevant à l'autre bout d'une immense salle l'attaché naval français, le capitaine de corvette Marin Gillier, il s'interrompt immédiatement et crie à haute voix : « J'aperçois un militaire français que je n'ai pas salué », et il plante là son interlocuteur, fend la foule pour le rejoindre séance tenante. L'amiral Jean-Luc Delaunay, qui fut son CEMP, précise :

> Tout cela est vrai mais le réduire à cela serait une erreur. Quand il arrive à l'Élysée, c'est déjà un très fin connaisseur des questions internationales. Il connaît non seulement les situations géostratégiques, géopolitiques, mais également personnellement tous les grands de la scène mondiale. Lors d'un échange avec Boris Eltsine, il a été capable de reprendre l'interprète sur un mot qui ne lui semblait pas suffisamment correctement traduit. Cela a fait rire le président russe. Il ne parlait plus le russe couramment, mais il était capable de suivre la traduction. En matière de politique internationale, il avait fait siens les quatre piliers du Général : la relation franco-allemande, l'Europe de l'Atlantique à l'Oural, la politique arabe, le monde africain[3].

Pendant ses quatre années à l'Élysée, l'amiral Delaunay voit le président deux fois par jour.

> Le matin, on faisait trois tours du parc. Il me bombardait de questions stratégiques ou de détails. « Mes canons de 155, ils sont arrivés ? » Pour le reste, il cloisonnait. C'est ainsi que je n'ai jamais parlé politique avec lui. Dans son bureau, une fois j'ai tenté de le faire. Il a mis ses lunettes, ce qui voulait dire chez lui : *je ne vous écoute plus*...

Chapeaux à plumes et porcelaine chinoise

Si Chirac entretient des relations amicales, et même chaleureuses, avec un certain nombre d'officiers généraux, notamment l'amiral Delaunay (CEMP, puis chef d'état-major de la marine*), les généraux Kelche (CEMA), Henri Bentégeat** (CEMP, puis CEMA), Georgelin (CEMP, puis CEMA), il extériorise souvent sa détestation des « petits marquis » de l'armée. Si un général lui semble insuffisant, il le traite de « chapeau à plumes », rappel d'une époque sous la IIIe République où les généraux portaient des bicornes à plumes d'autruche noires (brigadiers) ou blanches (divisionnaires et commandements supérieurs).

À l'amiral Delaunay qu'il reçoit pour lui annoncer sa nomination à l'Élysée (CEMP), il explique sans détour le fond de sa pensée : « Vous ne serez pas ici le porte-parole des *chapeaux à plumes*. Ce que je veux, c'est votre avis. Ensuite, si je prends des décisions qui ne vous conviennent pas, je ne veux pas d'états d'âme[4]. » En d'autres occasions, il lâche devant un spectacle d'inefficacité ou un manque d'allant qui l'affligent : « Les généraux sont comme la porcelaine chinoise, ils supportent bien les décorations... mais mal l'épreuve du feu[5]. » À la suite d'une erreur grave sur le terrain, il dit à l'un de ses proches collaborateurs : « Encore des généraux qui ne comprennent rien... cela me rappelle l'Algérie. » L'Algérie, toujours l'Algérie : il s'emporte en constatant que les Comanfor (général commandant une force en OPEX) ne passent que six mois sur le terrain*** et qu'ils prennent des permissions pour Noël : « Des touristes ! » se plaint-il en pensant aux guerres coloniales (Indochine, Algérie) durant lesquelles

* L'amiral Delaunay est le seul officier général, à ma connaissance, à avoir refusé le poste de CEMA.

** Il remettra personnellement au général Bentégeat, au cours d'une cérémonie intime très chaleureuse, les insignes de grand officier de la Légion d'honneur.

*** Ils font aujourd'hui au moins un an.

les officiers faisaient souvent des séjours de deux ans, voire plus, sans interruption. Une autre fois, il dit à l'un de ses aides de camp : « Pourquoi les colonels deviennent-ils si cons quand ils passent généraux... » Lors d'une prise d'armes à Strasbourg, en 1995, il se tourne vers le général Quesnot (CEMP) et l'amiral Lanxade (CEMA) en apercevant un carré de généraux : « C'est quoi tous ces généraux qui n'ont rien à faire*... » Pour bien marquer la différence et manifester son affection à Charles Millon, il l'appelle, en privé : « Mon maréchal[6]. » Cette passion pour la chose militaire a saisi Jacques Chirac très tôt. À une époque où son pays sombrait. Il aime... mais il se méfie.

Apprentissage

Jacques Chirac est né à Paris le 29 novembre 1932 dans une famille qui plonge ses racines en Corrèze. Ses deux grands-pères sont instituteurs et à la tête de familles laïques, patriotes et républicaines, plutôt de gauche, et franc-maçonne pour l'un d'entre eux. Le père du futur président, Abel François Marie Chirac, a fait la guerre 1914-1918 et il en est revenu avec la médaille militaire et la croix de guerre. Mobilisé à l'âge de dix-neuf ans en 1917, il a été grièvement blessé l'année suivante.

> Comme la plupart des hommes de sa génération, mon père avait été marqué tant moralement que physiquement par son expérience de la Grande Guerre. [...] Il lui était difficile de se livrer et il répugnait manifestement à revenir sur un passé qui l'avait meurtri sur tous les plans. Sans doute pour me

* C'était pour l'essentiel des généraux en deuxième section/2S, c'est-à-dire ayant quitté le service actif (première section/1S).

permettre de mieux ressentir ce qu'il avait vécu sur le front, il me fit lire, très jeune, *Les Croix de bois* de Roland Dorgelès. Ce roman a été l'une de mes premières émotions littéraires[7], dira plus tard le fils, initié très tôt.

Deux autres événements vont marquer le jeune enfant : le sabordage de la flotte française à Toulon et l'irruption dans sa famille d'un général baroudeur qui restera éternellement son modèle.

Le 17 novembre [1942], alors que je me promène comme souvent sur les hauteurs du Rayol [dans le Var], j'entends tout à coup une énorme explosion et vois le ciel s'embraser avant de se couvrir de fumée. Je viens d'assister, sans le savoir, à mon premier événement historique : le sabordage de la flotte française en rade de Toulon. En rentrant chez moi, j'apprends par mon père ce qui s'est passé. Il est très en colère à l'idée que la France, ou plutôt Vichy, ait pu détruire de sa propre initiative un de ses derniers atouts militaires [...]. Et instinctivement, j'en ai été choqué, moi aussi, ressentant comme une évidence physique, qu'il venait de se produire quelque chose qui n'était pas digne et que l'on aurait dû empêcher. D'une certaine manière, le drame de Toulon a contribué à mon éveil politique[8].

Il lui arrivait de se moquer en rigolant de l'amiral Delaunay (CEMP, puis chef d'état-major de la marine) en lui disant, après un problème avec la marine : « Vous, les marins, vous n'êtes capables que de vous saborder... »

Dans la nuit du 14 au 15 août 1944 (débarquement de Provence), la famille Chirac voit arriver dans sa villa *Casa Rosa* au Rayol des commandos qui parlent français. Le jeune Chirac est impressionné par leur chef : le baroudeur Diego Brosset (1898-1944). Il commande la 1re division de la France libre et il est déjà une figure légendaire de la geste de guerre gaullienne. Il est hébergé chez les Chirac. Du haut de ses douze ans, Jacques aperçoit les deux étoiles de général de brigade qui brillent sur ses épaules. Il lui donne du « mon lieutenant », pensant bien faire, car il a confondu les galons d'un lieutenant et les étoiles d'un brigadier-général. « Cette confusion lui plaît beaucoup, racontera Chirac. Par la suite, Diego Brosset m'adressera plusieurs lettres toujours signées "Ton lieutenant" [...][9]. » Quand il quitte la petite villa des Chirac où il a dormi, le général Brosset lui glisse une tablette de chocolat. Quelques mois plus tard, le bouillant général de quarante-six ans, connu pour conduire comme un fou, se tue en Alsace après le dérapage de sa voiture alors qu'il allait aborder un pont. Bouleversé par la nouvelle, le tout jeune homme décide de baptiser une route de terre du Rayol « avenue du Général-Brosset ». Il confectionne pour cela un solide panneau de bois et il y trace à l'encre de Chine le nom de son héros. Trente ans plus tard, le maire du Rayol réalise que cet écriteau, toujours en place, un peu délavé, a été planté là par celui qui est devenu entre-temps Premier ministre de la France. Une plaque en bonne et due forme est alors inaugurée par Jacques Chirac, en présence des deux enfants du général Brosset.

L'appel des armes

Bouillant sujet, il ne tient pas en place. En 1950, après son baccalauréat, il se fait embarquer sur un bateau comme matelot pour vivre l'aventure, et se faire accessoirement dépuceler dans un bordel de la Casbah d'Alger. Il faudra toute l'autorité paternelle pour le ramener dans le rang et le diriger vers des études plus classiques que les humanités viriles des ports et des bouges étrangers.

Il s'oriente vers Sciences-Po. Il y repère une très jeune bûcheuse un peu coincée, Bernadette Chodron de Courcel. Il l'intègre dans son groupe de travail, lui fait la cour tout en draguant d'autres jeunes filles. Alors qu'il vient d'être reçu à l'ENA, Jacques Chirac finit son instruction d'élève officier de réserve (EOR) à l'École d'application de la cavalerie à Saumur (1956). Très motivé, fonceur, blagueur et ayant obtenu une bonne « note de gueule* », il est persuadé de finir dans les premiers de sa promo. Il est sidéré de découvrir lors de l'amphi-garnison** qu'il a tout simplement été écarté du classement officiel... pour cause de *communisme*. À dix-huit ans, le jeune homme avait vendu dans Paris quelques exemplaires de *L'Humanité* et avait signé l'appel de Stockholm en faveur de la paix***. Il est effondré. Il se démène et remonte avec succès jusqu'au général d'armée Pierre Marie Kœnig, ministre de la Défense nationale, Compagnon de la Libération, pour être réintégré dans son rang. L'éponge est passée sur ses « écarts » de jeunesse. Il est finalement huitième de sa promotion, sur cent dix-huit.

Il part faire son service militaire en Allemagne, à Lachen-Speyerdorf, dans les rangs du 11e régiment de chasseurs d'Afrique (RCA). Mais les événements

---

* Dans l'armée, la « note de gueule » permet aux instructeurs de juger, d'ailleurs de manière totalement arbitraire, le style, l'allure, le comportement et la capacité à commander d'un élève.

** C'est là où, en fonction de son classement à la sortie des EOR, on choisit son affectation régimentaire : les premiers choisissent les unités qu'ils veulent ; les derniers du classement, selon l'expression consacrée, « sont choisis » par les régiments délaissés par les mieux placés.

*** Lancé par le Mouvement mondial des partisans de la paix, noyauté par les communistes, il prône la suppression de l'arme atomique (1950). Horrifié par Hiroshima et Nagasaki, le jeune Chirac l'a signé et a milité au PCF sans y avoir adhéré formellement.

d'Algérie l'arrachent à la tranquille servitude militaire en Europe. Un socialiste, Guy Mollet, président du Conseil, a en effet décidé de porter le contingent en Algérie à 500 000 hommes, de rappeler les réservistes et d'allonger le service militaire à vingt-sept mois. La moitié du régiment de Chirac est concernée, et plus précisément l'escadron dans lequel il sert. « Sentimentalement Algérie française », comme il le dit lui-même, il se réjouit de son départ prochain pour l'autre rive de la Méditerranée. Las, comme il parle le russe, il doit rejoindre l'état-major français à Berlin comme interprète. Confirmant son tempérament bouillant, il va voir son chef de corps pour lui expliquer qu'il n'est pas question qu'il reste planté en Europe quand ses camarades sont appelés au baroud en Algérie. Il tympanise tellement son colonel que celui-ci accepte : « D'accord, tu pars ! » Sans demander son reste, il boucle sa cantine et s'embarque pour Alger. Mais Berlin l'attend toujours. Aussi le commandement, qui ne voit pas arriver son lieutenant-interprète, dépêche-t-il les gendarmes chez ses parents pour rechercher « le déserteur Chirac »... Une sanction exemplaire est demandée contre le jeune trublion quand on découvre qu'il est parti en Algérie avec son escadron malgré son ordre de mutation en Allemagne. Son colonel « tractionne » pour que cette histoire ridicule cesse. L'Algérie manque d'officiers subalternes. Tout à son affaire, Chirac n'en entendra plus jamais parler. Avant de partir, il a épousé sa camarade de Sciences-Po, Bernadette Chodron de Courcel. Pour la cérémonie religieuse, il est, bien sûr, en grand uniforme de sous-lieutenant du 11e régiment de chasseurs d'Afrique. Comme disent les militaires : « Il a de la gueule. » Avec ses camarades, il n'est pas le dernier à faire le pitre ou à lancer, comme il est de tradition, le célèbre toast des cavaliers : « À nos chevaux, à nos femmes et à ceux qui les montent... » Il en conservera toute sa vie un langage cru, grivois, et parfois des gestes assez surprenants pour un chef d'État... comme on le verra plus loin.

Commandant un peloton de trente hommes du 3e escadron, il se retrouve dans la région de Souk el-Arba, proche de la frontière marocaine, en pleine montagne :

> Une zone sauvage, désertique, réduite à quelques maisons en torchis posées sur un promontoire au sommet duquel on dispose d'une vue très large sur les oueds au sud et les plaines au nord. La mer est proche, à quatre kilomètres à vol d'oiseau, mais difficile d'accès en camion militaire, par des routes impraticables où il est devenu risqué de s'aventurer[10].

Sa mission consiste à lutter contre les infiltrations de groupes de combattants rebelles. Patrouilles, contrôles de zone et de population, escortes de ravitaillement, fouilles de caches, arrestations de suspects s'enchaînent. Dans ses Mémoires, il aborde la question de la torture :

> La plupart [des] maquisards présumés sont transférés, pour interrogatoire, au cantonnement de notre régiment, à Montagnac. Certains sont-ils torturés, comme on l'affirme de plus en plus ouvertement en métropole ? La seule chose que je puisse dire avec certitude est que je n'ai été témoin à aucun moment d'actes de ce genre dans le secteur, il est vrai très limité, où je me trouvais. Ce qui ne veut pas dire que de telles pratiques n'y ont pas existé.

Jacques Chirac dit-il vrai ? L'un de ses biographes, Franz-Olivier Giesbert, n'en est pas convaincu : « Il n'est pire aveugle que celui qui ne veut pas voir... » L'auteur a pourtant recueilli des témoignages allant dans le sens de celui de Jacques Chirac. Les unités élémentaires qui combattaient dans le djebel ne conservaient pas leurs prisonniers. Ils étaient basculés vers les zones de commandement et étaient remis à des équipes *spécialisées* dans les interrogatoires (les DOP/dispositif opérationnel de protection). « La torture n'était pas généralisée en raison de la résistance de certains chefs de corps, conscients des devoirs du soldat, mais elle était banalisée dans 584 centres spécialisés[11] », note Jean-Charles Jauffret dans un livre précieux pour comprendre cette guerre qui ne dit pas son nom. Pour autant, le sous-lieutenant Chirac pouvait-il ignorer ces pratiques ? Ce n'est pas impossible. À vingt-quatre ans, le nez dans le guidon d'un premier commandement, on ne cherche pas nécessairement à savoir ce qui se passe ailleurs.

Le trouillomètre à zéro

Le sous-lieutenant Chirac se découvre et s'éprouve dans cette mission. Il a livré un témoignage qui permet de comprendre pourquoi il restera toujours marqué par cette expérience du commandement :

> Pour ceux qui, comme moi, recherchent spontanément le contact avec les autres, cette expérience est humainement aussi riche que passionnante. C'est un des seuls moments de mon existence où j'ai eu véritablement le sentiment d'avoir une influence directe, immédiate, sur le cours des choses et la vie de ceux dont j'étais responsable. Il n'est pas question de politique dans notre engagement, dont nous ne cherchons d'ailleurs pas à discuter le bien-fondé, mais d'une fraternité d'armes éprouvée chaque jour au contact de la mort présente derrière chaque embuscade, chaque accrochage avec un ennemi de plus en plus offensif et insaisissable.

Plus d'une fois il lui est arrivé d'avoir « le trouillomètre à zéro », selon sa formule. « Une fois, je m'en souviens, j'avais perdu mon peloton, j'étais seul, encerclé, on ne voyait rien à cent mètres et ça tirait de tous les côtés. Mon Dieu que j'avais la langue sèche. » Malgré son « trouillomètre » parfois à zéro, il a la réputation d'être un casse-cou toujours partant pour être dans le véhicule de tête d'une colonne, celui qui est susceptible de sauter sur une des mines posées par les « terroristes » de l'ALN. Un jour, il descend dans une cache, accessible seulement par un trou dissimulé dans l'âtre d'une maison. Il a revêtu une djellaba pour tenter de tromper des ennemis qui s'y seraient terrés. Compte tenu de l'exiguïté du passage, il est seul à s'y glisser. Heureusement, la cache en contrebas est vide. Il n'est pas certain que son subterfuge aurait pu l'empêcher de se faire tuer s'il y avait eu du monde.

Deux autres événements l'impressionnent particulièrement. Un jour, un jeune Algérien musulman qui marche à côté de lui saute sur une mine. Chirac pense qu'il s'en est miraculeusement sorti, car il n'y a pas de sang, pas de blessure apparente. C'est en ouvrant sa chemise qu'il aperçoit un trou rouge ; un éclat a traversé la poitrine et touché le cœur du malheureux : « À un moment, il a fermé les yeux et j'ai alors senti que son corps était devenu plus lourd. Bouleversé, désemparé, j'ai tenté en vain de le ramener à la vie[12]. » Une autre fois, au début de l'année 1957, il est sur une ligne de crête avec son peloton. Une autre unité est en train de grenouiller en contrebas, dans un oued. Elle est commandée par un camarade de Chirac, le sous-lieutenant Paul Ancelin. Ce dernier est pris sous le feu nourri de rebelles embusqués et armés de fusils-mitrailleurs. Très vite le bilan est lourd : cinq tués et dix blessés. Ancelin est pris au piège : « J'étais mal parti, racontera-t-il. Pour faire face à cent fellaghas, on n'était plus que six. Impossible de passer. On n'avait plus de munitions.

Plus de contact radio. C'est alors que je vis arriver le sous-lieutenant Chirac avec son peloton. Il avait entendu les coups de feu. Il m'a sauvé la vie, en somme. Avec nos hommes, on s'est repliés dans une ferme. On avait tiré notre épingle du jeu mais on n'était pas content[13]. » Le 4 mai 1957, le sous-lieutenant Chirac est décoré pour cette action de la croix de la valeur militaire*, avec citation à l'ordre de la division :

> Le 12 janvier 1957, à El Krarba (Beni Ouarsous), alors qu'un élément venait d'être pris à partie par une bande rebelle, a entraîné son peloton, malgré un feu de l'adversaire, et a mené l'assaut à la tête de ses hommes. Son action a permis l'évacuation des blessés et la récupération d'armes et de matériel.

Son ami Ancelin décrit le jeune Chirac d'alors comme « socialiste cocardier ». « Il aimait bien de Gaulle, c'est vrai, mais ses héros du moment s'appelaient Guy Mollet et Robert Lacoste. En un mot, il était de gauche et "Algérie française" », dit-il. Pierre Messmer, quant à lui, voit en Chirac les qualités précoces d'un militaire de carrière. C'est ce qu'il dit à Franz-Olivier Giesbert : « Cet homme aime dire les choses en les outrant, à la façon du Général. Quand il réfléchit, il est d'une incroyable liberté de parole mais, dès qu'il est engagé dans l'action, il suit une

---

* La croix de la valeur militaire (VM) a été créée en 1956 pour récompenser les faits d'armes en Algérie. La France ne pouvant être « en guerre » sur son propre territoire algérien (trois départements français), la croix de guerre des TOE ne pouvait être décernée, d'où la création d'une nouvelle décoration fonctionnant sur le même mode de citation et d'attribution. Elle est toujours décernée aujourd'hui (Bosnie, Afghanistan, Sahel, etc.).

discipline de fer. Ce sont les caractéristiques du militaire de carrière[14]. »

Entrer dans l'active

Après quatorze mois à crapahuter en Algérie, Jacques Chirac n'a qu'une idée : se faire *activer*, c'est-à-dire faire carrière dans l'armée. Grande consommatrice d'officiers subalternes*, la guerre d'Algérie ne demande pas mieux. Mais l'ENA le rappelle à l'ordre. Il a signé un contrat avec l'État, le service public civil, et non avec l'armée. À l'été 1957, le lieutenant Chirac retrouve la métropole, non sans amertume. Il tente une nouvelle fois de revenir sous l'uniforme, mais sans succès. Qui veut comprendre certains traits de son comportement et sa façon de commander à l'Élysée doit intégrer le fait qu'il se vit en permanence comme un officier de cavalerie infiltré dans le monde politique. Il est resté toute sa vie le lieutenant d'Algérie**. « Un Jacques Chirac est né à Souk el-Arba », souligne avec justesse Franz-Olivier Giesbert.

> C'est un des seuls moments où j'ai eu le sentiment d'avoir une influence réelle sur le cours des choses, dira-t-il. Sur le cours des choses modestes, quotidiennes, mais essentielles. Parce qu'il y allait de la vie des hommes qui étaient sous mes ordres et donc le seul moment où j'ai eu le sentiment de commander. C'est une période qui m'a marqué au point

---

* Aspirant, sous-lieutenant, lieutenant, capitaine.

** Il est frappant, mais pas surprenant, de voir que, sans être *fana-mili* comme Jacques Chirac, des hommes politiques comme Jean-Pierre Chevènement ou Pierre Joxe restent profondément marqués par leur service en Algérie effectué comme officiers de réserve. On perçoit que cela a été très structurant pour leur personnalité de jeunes hommes.

que j'ai pensé souscrire un engagement après mon temps de service militaire[15].

À son très cher ministre de la Défense, Charles Millon, il confie un jour que s'il était resté dans l'armée, il se serait sans doute retrouvé « embringué » dans le putsch de 1961 et donc que sa carrière d'officier aurait été très courte. « J'aurais fini à la prison de Tulle*... », lui dira-t-il en rigolant. Il aurait perdu sur les deux tableaux : l'armée et la haute administration. Le sort en a décidé autrement. *Mektoub !* Il aurait rêvé de finir général de réserve**... Volonté d'identification avec le héros de son adolescence, le général Diego Brosset ? Retraité de la vie politique, à ses visiteurs militaires qui ont été ses collaborateurs à l'Élysée, il demandait régulièrement, jusqu'à il y a encore peu : « Quand est-ce que je passe général[16] ? »

Les officiers qui l'ont accompagné pendant ses douze années à l'Élysée témoignent tous de l'omniprésence de ses références militaires. Lors d'un déplacement au Maroc, il dit en aparté à l'un d'entre eux : « Dans le djebel, quand on accrochait un groupe, ceux qui ne se rendaient pas, c'étaient les Marocains. » Très terrien, il a pris en compte les autres armées sur le tard. Le général Laure témoigne :

---

* La prison de Tulle « héberge » nombre de militaires impliqués dans le putsch de 1961 (témoignage recueilli par l'auteur).

** Par une disposition absurde et purement corporatiste – qu'on ne retrouve pas dans les autres armées occidentales disposant d'une réserve opérationnelle –, les plus brillants des officiers de réserve sont stupidement bloqués par l'armée au grade de colonel ou de capitaine de vaisseau. Il faut la guerre, déclarée selon l'article 35, pour leur ouvrir les portes du généralat.

Il n'a vraiment découvert l'armée de l'air qu'à l'Élysée. Il nous charriait souvent en nous disant d'arrêter de « planer en altitude ». Je me souviens aussi de ce qu'il m'avait dit sur l'Algérie : « Là-bas, les T-6 [avion de reconnaissance américain transformé en chasseur], ils se gouraient souvent. On avait peur qu'ils nous tirent dessus. Après une opération, on rentrait crevés au camp et au bar les pilotes étaient déjà là, tout fringants... »

Son style très « chevau-léger » ne lui vaudra toutefois pas que des amis. Alexandre Sanguinetti, figure du gaullisme, frère de l'amiral Sanguinetti, dira de lui : « Jacques Chirac est un officier de cavalerie. On lui donne un ordre. Il sourit finement. Il sort. Il revient. Il a oublié l'ordre et le cheval[17]... » Ce qui est certain, c'est que devenu chef des armées, le lieutenant Chirac n'a rien perdu de sa « niaque » et de son style cru.

Fureur et drapeau blanc

« On vous demande un avis, pas vos commentaires ! », réplique brutalement le président Chirac à « son » CEMA, l'amiral Lanxade, qui tente d'expliquer le pourquoi de la situation chaotique en Bosnie-Herzégovine. Nous sommes le 26 mai 1995. Le chef des armées est pour le moins énervé. En fait, comme le dit le général Bentégeat, qui appartient à l'état-major particulier de la présidence : « Il est horrifié de ce qu'il découvre sur la posture militaire en Bosnie-Herzégovine[18]. » « Cette situation est inadmissible ! dit-il en regardant l'amiral Lanxade. Je ne comprends pas que vous ayez pu laisser nos forces dans l'incapacité de se défendre, et vous tiens pour personnellement responsable de ce qui s'est passé ! » Il va faire pis que de secouer verbalement celui qu'il considère comme un homme lige de son prédécesseur, François Mitterrand. Pendant ce conseil restreint* à l'Élysée, le ministre de la Défense, Charles Millon, est sidéré de la scène qui se déroule devant lui, même s'il connaît son Chirac. Le ministre fait face à l'amiral Lanxade et il voit le tout nouveau chef des armées passer derrière le CEMA et lui faire… un bras d'honneur. Psychologiquement, ce n'est pas le chef de l'État qui vient de faire ce geste, mais l'ancien lieutenant d'Algérie. Il venait de demander au très diplomate marin « combien il y avait de tubes de mortier de 120 mm » dans une batterie flash. Cet armement pourrait être acheminé en Bosnie, où Chirac compte bien muscler la posture française et secouer la torpeur internationale. L'amiral n'a pas osé répondre, comme l'aurait fait un Charles de Gaulle, *« de minimis non curat praetor »*. Il a séché, et c'est le président, ou plutôt l'officier de réserve de l'armée de terre Chirac, qui lui a donné la réponse précise, avant de se glisser derrière lui pour le sabrer à sa façon. Après cette réunion incandescente, Chirac garde Millon avec lui : « T'as vu, t'as vu ! » répète-t-il en se félicitant d'avoir mouché celui qu'il nomme avec dédain « l'amiral ». « Il connaissait tous les matériels de l'armée de terre sur le bout des doigts », confie Charles Millon, d'autant plus impressionné qu'il n'a pas fait de service militaire. Qu'est-ce qui a bien pu provoquer une telle ire ? Retour en arrière…

* Autour du chef des armées, ce conseil des ministres est restreint au Premier ministre et à quelques ministres (Défense, Affaires étrangères, Intérieur, parfois Économie et Finances, Justice). Sont présents le CEMA et le CEMP ainsi que le secrétaire général de l'Élysée et le conseiller diplomatique du chef de l'État. Le directeur de cabinet du Premier ministre peut parfois l'accompagner.

À peine installé à l'Élysée, début mai 1995, le chef des armées a été confronté à une nouvelle provocation des Serbes de Bosnie. Ces derniers ont capturé, sans coup férir, trois cents casques bleus (dont cent cinquante Français*) qui étaient chargés de surveiller les soixante-dix-sept dépôts d'armes des belligérants. Pour comprendre pourquoi et comment, il faut remonter encore un peu plus en arrière. Un an auparavant, le 5 février 1994, une frappe serbe sur le marché de Markale (Sarajevo) a déchiqueté et tué soixante-six civils, sans compter les nombreux blessés (plus de deux cents). Les Serbes accusent les musulmans d'avoir eux-mêmes jeté un obus de mortier du haut d'un des bâtiments entourant la petite place. Une enquête balistique de l'ONU ne confirme pas cette hypothèse. Pour la communauté internationale, la coupe est pleine. Elle décide de regrouper tous les armements lourds, serbes comme bosno-musulmans, dans des hangars gardés par des détachements de casques bleus faiblement armés. Les Serbes de Bosnie se voient menacés de frappes aériennes de l'OTAN** s'ils n'obtempèrent pas. *In extremis*, ils cèdent. Mais, conformément à leur tempérament, ils reculent pour mieux sauter. Ils poursuivent très vite leur politique de harcèlement. Le 23 mai, ils remettent la main sur plusieurs de leurs pièces d'artillerie. Aussi, les 25 et 26 mai 1995, la Forpronu et l'OTAN donnent leur feu vert à des frappes aériennes sur des objectifs serbes limités dans la région de Palé (fief serbe en Bosnie-Herzégovine). Des entrepôts de munitions sont pulvérisés. Chacun pense que les Serbes vont revenir au bercail après ce sévère coup de semonce.

---

* La France dispose du plus gros contingent et commande la Forpronu.

** La base d'Aviano en Italie est dédiée à cette opération. La France y positionne des avions de combat.

C'est mal connaître la psychologie serbe, qui ne comprend que le rapport de force militaire au sol, face à face, soldat contre soldat. Leur réaction est instantanée. Ils prennent en otage les casques bleus chargés du gardiennage des armements lourds. Dans la plus pure tradition soviétique de propagande, ils inondent les médias du monde entier de photographies de casques bleus humiliés, les yeux bandés, attachés à des poteaux électriques ou à des barrières comme du bétail. Un de ces clichés fait bondir Jacques Chirac : on y voit un casque bleu français, issu de la prestigieuse Légion étrangère, se rendre avec un tissu blanc planté au bout d'un balai*. Le chef des armées découvre alors horrifié un dispositif qui les isole complètement en territoire hostile, sans autre armement que leur dotation légère personnelle. Bref, selon une classique expression militaire, ce sont « des chèvres au piquet » qui attendent le loup serbe. Millon a dit à Chirac : « Je ne suis pas gaulliste. Toi tu l'es. Tu es chef des armées. L'ONU c'est un *machin*. Il faut que tu interviennes pour libérer tes soldats[19]. » « Je ne veux plus voir un seul homme les mains en l'air », s'exclame Chirac. Les deux hommes sont sur la même longueur d'onde.

L'ancien lieutenant tient son CEMA, l'amiral Lanxade, responsable de cette situation. Le marin est à ses yeux incapable de comprendre les réalités du terrain, de se mettre à la place d'un chef d'une section d'infanterie. L'amiral paie, assez injustement, pour la politique d'accommodement voulue par François Mitterrand et soutenue par tous. La colère de Chirac n'est pas feinte.

* Il faut souligner que certains postes français ont refusé de se rendre aux miliciens serbes malgré un siège et de multiples menaces (voir Pierre Servent, *Les guerres modernes racontées aux civils… et aux militaires*, Paris, Buchet-Chastel, 2009).

Elle vient de loin. Elle véhicule toutes les rancœurs des anciens officiers d'Indochine (son capitaine avait fait « l'Indo ») et d'Algérie contre un haut commandement sempiternellement considéré comme aveugle, lâche et bureaucratique. C'est ce hoquet historique qui resurgit à l'occasion de la crise bosniaque.

Le problème Lanxade

Le lecteur aura aisément compris que le président et son CEMA sont aussi opposés que le feu et la glace. Autant l'amiral Lanxade se place naturellement dans la filiation intellectuelle du diplomate François Mitterrand, autant il lui est impossible d'entrer dans celle du lieutenant de cavalerie Chirac. Le CEMA est foncièrement un officier-diplomate mesurant au trébuchet les situations et les psychologies ; ce qui ne l'a pas empêché d'être très carré lors de la guerre du Golfe face à un Chevènement plus que réservé. De plus, le marin Lanxade se défie d'une certaine tradition de l'armée de terre, du style : « barouds d'honneur » ou « on saute sur Diên Biên Phu » quand tout est perdu. « Je me suis toujours méfié de la mythologie jusqu'au-boutiste de l'armée de terre[20] », reconnaît-il. Or, il craint d'en voir les prémices dans les premiers contacts rugueux avec son nouveau chef. Tout cela ne lui semble pas de bon augure pour gérer un dossier aussi sulfureux.

Le jour même de la prise en otage des casques bleus, le président a réuni deux conseils restreints. L'amiral Lanxade fait front avec calme aux charges présidentielles bien qu'il n'ait jamais été confronté à ce type de remontée de bretelles. Il explique, argumente, met en perspective et présente les données complexes du dossier, souligne les impossibilités, rappelle l'interposition, la double clé

OTAN-ONU et met en garde contre une réaction strictement militaire par trop brutale ou hâtive. Pour lui, il s'agit d'une crise et non d'une guerre. Il n'a pas tort sur le fond, mais un président du tempérament de Chirac ne peut entendre ce type d'argument. Le chef des armées pense exactement le contraire : puisque les Serbes veulent la guerre, ils vont l'avoir. Charles Millon voit les jambes du président battre la chamade quand le CEMA parle : ce qui chez lui est signe d'une extrême contrariété. Dans ce climat décrit comme « lourd », le Premier ministre Alain Juppé et le ministre de la Défense Charles Millon montent au créneau pour tempérer la colère présidentielle et souligner le fait que les propos du CEMA reflètent la stricte réalité du moment. Ministre des Affaires étrangères dans le gouvernement de cohabitation Balladur (1993-1995), Alain Juppé en sait quelque chose. Il a d'ailleurs œuvré courageusement pour faire sortir le dossier bosniaque de l'ornière du tout-humanitaire. La température descend de quelques degrés. Via le général Christian Quesnot* (CEMP), instruction est donnée au général Hervé Gobilliard, qui commande le secteur de Sarajevo, d'apprécier à son niveau « jusqu'où il peut ordonner à nos unités de résister ». Tout le monde a compris que l'ère diplomatico-humanitaire avait pris fin…

L'amiral Lanxade est amer. Il est persuadé qu'à travers lui le président règle ses comptes avec son prédécesseur, et peut-être également avec le « traître » Édouard Balladur, Premier ministre de Mitterrand, et cela même si « le meilleur d'entre nous », Alain Juppé, a été son ministre. Lanxade est fortement ébranlé. Il mesure parfaitement

* Le général Quesnot ne deviendra pas CEMA. Jacques Chirac, qui le trouve trop rigide, le surnomme « casque à pointe ».

que l'entente entre le président et son CEMA, essentielle pour le bon fonctionnement des armées, ne pourra pas être restaurée après tant d'avanies. Il propose donc au chef de l'État que sa démission soit effective après la libération des otages français. Le président fait semblant de ne pas l'entendre mais mémorise bien l'offre… Il sera charmant par la suite avec le CEMA, avant la chute du couperet. Le 9 septembre 1995, le général (air) Jean-Philippe Douin remplace l'amiral Lanxade comme CEMA. Ce dernier est envoyé à sa demande comme ambassadeur de France en Tunisie. Une confortable relégation… Cela confirme Chirac dans l'idée que l'homme était bien un diplomate en uniforme, et non un militaire diplomate.

Vrbanja

Le soir même de ces conseils agités (26 mai), des miliciens serbes déguisés en casques bleus investissent par surprise un poste français installé sur le pont de Vrbanja, à Sarajevo. Les Serbes ne le savent pas, mais la foudre va s'abattre sur eux. La petite histoire retient que l'ordre de reprise du pont a été donné par Jacques Chirac lui-même. C'est vrai, mais incomplet. En fait, le général Gobilliard a pris les devants sans rien demander à quiconque[21]. Parfaitement informé par le général Quesnot du nouvel état d'esprit à Paris, il n'a pas attendu l'ordre formel de l'état-major des armées (qui relaie la décision chiraquienne) qui arrivera après la reprise du pont. Apprenant au petit matin le nouveau coup des Serbes, Gobilliard a pris sur lui de monter une opération immédiate de reconquête par des marsouins du 3e RIMa, appuyés par un escadron du régiment infanterie-chars de marine (RICM). Il racontera plus tard :

> J'ai essayé d'analyser les risques techniques, psychologiques, opérationnels, politiques, locaux. Je me suis mis dans la peau du capitaine qui allait conduire l'assaut; ça pouvait très bien se terminer en carnage. Je me suis demandé si je n'étais pas en train de franchir la ligne qui sépare un casque bleu d'un soldat en guerre, et puis je me suis dit que l'enjeu était trop important[22].

Le pont est repris après un assaut de vive force: deux soldats français sont tués, dix-sept blessés[23]. En l'apprenant, Jacques Chirac exulte. Enfin des soldats comme ils les aiment: « qui ont des c... ». Les décorations viendront saluer ce fait d'armes qui efface à ses yeux l'humiliation du drapeau blanc au bout d'un manche à balai. Avec le ministre de la Défense Millon et le général Quesnot, il ira saluer à Vannes les familles des deux marsouins tués au combat.

La reprise du pont de Vrbanja est un électrochoc pour toute la communauté internationale. Cette action est totalement en rupture avec les règles d'engagement onusiennes qui n'envisageaient alors que la légitime défense. Le « général » Chirac a fait bouger les lignes. Il le souhaitait, le général Gobilliard l'a fait. Mais le chef des armées exige plus qu'un beau fait d'arme ponctuel. Il veut modifier l'équilibre général de la posture en Bosnie. Il demande à son ministre de la Défense de plancher en urgence sur ce point, et de lui faire des propositions. Il n'est plus question que *ses* soldats soient humiliés et dispersés sans appui. Charles Millon monte immédiatement une réunion dans son bureau*. Jean-Claude Mallet, le patron

---

* S'y retrouvent, outre le ministre, le directeur de cabinet, le préfet Jean-Louis Chaussende, le conseiller diplomatique Philippe Guelluy, le conseiller pour la communication et les relations avec le Parlement,

de la Délégation aux affaires stratégiques (DAS)*, a une idée dans ses cartons. Son rôle est notamment de tenir à jour les grands dossiers pour le nouveau locataire de l'hôtel de Brienne. La DAS a planché sur l'hypothèse d'un retrait de la France de Bosnie (élection Balladur) et sur un changement radical de posture (élection Chirac). L'histoire ne dit pas ce qui avait été prévu en cas d'élection de Lionel Jospin… L'élection de Chirac actée, Jean-Claude Mallet a pris spontanément langue avec son condisciple de l'École normale supérieure Bruno Racine, proche du nouveau président**. Il a tout de suite compris l'état d'esprit du chef des armées. « La reprise du pont de Vrbanja a créé une décharge électrique dans tout le système militaire. Les militaires français s'étaient laissé gagner par le réflexe onusien[24] », affirme aujourd'hui l'ancien patron de la DAS. Lors de cette crash réunion, le ministre de la Défense fait valoir qu'il faut « passer du bleu au vert », en clair que les casques bleus soient appuyés dans leur mission par des soldats en kaki solidement armés et prêts à engager le feu contre toute milice qui menacerait les forces de l'ONU. Le patron de la DAS a un schéma tout prêt qui va dans ce sens : il faut créer de toutes pièces une Force de réaction rapide (FRR) avec de l'armement lourd. Pour le conseiller diplomatique Philippe Guelluy, il est urgent de réunir à Paris les ministres des Affaires étrangères et de la Défense de l'OTAN, sans oublier leurs chefs d'état-major des armées, pour que les décisions

---

porte-parole, Pierre Servent, et le délégué aux affaires stratégiques, Jean-Claude Mallet (aujourd'hui conseiller spécial du ministre Jean-Yves Le Drian).

* Une création du ministre Pierre Joxe en 1992, suite à la guerre du Golfe.

** Il sera le « Monsieur Défense » du Premier ministre Alain Juppé.

concrètes ne traînent pas. Il faut sortir de la réunion avec des actes et non avec une proposition de constitution d'une commission *ad hoc* OTAN-ONU chargée d'examiner le problème. Millon valide le plan et la méthode et rend compte au président immédiatement. Jacques Chirac lui dit au téléphone : « Si cela marche, c'est pour moi ; si cela échoue, c'est pour toi... » Le ministre acquiesce en rigolant. Jacques Chirac appelle dans la foulée le Premier ministre britannique, John Major, pour tester à chaud sa réponse. Elle est positive.

J'ai bien réussi !

Grâce à l'énergie du ministère de la Défense, cette grande réunion internationale est montée, en un temps record, au centre de conférences internationales de l'avenue Kléber (Paris). Elle a lieu le 3 juin 1995. Tout le monde est là, même les Américains d'ordinaire assez récalcitrants à ce genre de convocations d'urgence venant de la France. Philippe Guelluy n'a pas ménagé sa peine pour arriver à ce premier résultat : rassembler tout le monde. Ses entrées à l'OTAN ont facilité les choses, et puis tous mesurent bien qu'il y a urgence. Compte tenu de la posture offensive de la France, le climat général a complètement changé. Chacun a compris que le temps des palinodies était terminé. Au sortir de la réunion de l'avenue Kléber, les journalistes briefés par le porte-parole de la défense n'en reviennent pas de voir à quelle vitesse les lignes ont glissé. Ils lui demandent de répéter plusieurs fois ses explications et ses affirmations, n'en croyant pas leurs oreilles. La France, la Grande-Bretagne et les Pays-Bas acceptent de créer une Force de réaction rapide de plus de 4 200 hommes, puissamment dotée, notamment en artillerie (canons de 155 mm français et de 105 mm *light* anglais) et en blindés légers (AMX 10). Sa mission : appuyer par le feu, si nécessaire, la Forpronu et non s'engager dans une guerre sur le terrain contre un ennemi désigné. On est loin de la posture humanitaire modèle Kouchner.

Millon appelle Chirac au téléphone. Celui-ci lui demande :

— Alors, tu as réussi ?

— Oui.

— Alors, j'ai bien réussi…

Le président de la République se rend à New York, où à l'issue d'un marathon conduit au pas de charge il arrache une résolution de l'ONU – la 998 du 15 juin – qui valide le concept de la FRR. C'en est fini de la légitime défense émolliente. La FRR en casques verts peut agir préventivement et délivrer toute sa puissance de feu contre ceux qui menaceraient les casques bleus. Ce concept – casques bleus appuyés par du « vert » – fera florès au fil du temps. Le « système Chirac » sera adopté sur de nombreux théâtres où les forces de l'ONU seront engagées.

Le ministre Millon prend très vite le chemin de Sarajevo pour expliquer au président Izetbegović le principe de la FRR – que commande le général Soubirou – et lui faire accepter la venue d'armements lourds sur son territoire. Le président est charmant mais pour le moins réservé à cette idée car le concept s'applique à tous ceux qui entravent la mission des casques bleus, or les tirs contre les casques bleus sont aussi le fait des forces bosno-musulmanes, même si la presse a tendance à ne parler que des crimes serbes (plus massifs, indéniablement). Le ministre explique que la FRR n'est pas là pour s'engager militairement aux côtés de l'une des deux parties, mais pour faire respecter la mission de l'ONU. Visiblement cela ne lui convient pas du tout, car il entend faire la guerre aux Serbes. Le ministre français devra revenir à la charge à plusieurs reprises pour que ses canons soient bien acheminés sur le mont Igman, à portée de tir de Sarajevo*.

Charles Millon se porte également sur le terrain à la rencontre des premiers éléments français de la FRR en cours de déploiement. Ce sont les légionnaires du colonel Antoine Lecerf (1950-2011) qui commande le 2e régiment étranger d'infanterie (2e REI). Cette grande figure militaire, qui finira général et grand commandeur à Lille, gouailleur et haut en couleur, n'a qu'un message à faire passer au ministre lors de la nuit mémorable qu'il lui fera vivre avec ses hommes : « Faites-nous faire ce que vous voulez, mais ne nous mettez jamais en bleu... » « Message reçu », confirme le ministre, qui vit son premier bahutage militaire (très en douceur), en passant par toutes les phases de la saga légionnaire : le récit de Camerone et tout le récital des chants Légion, jusque tard dans la nuit.

Srebrenica 2

Au lieu de prendre la mesure du changement de portage international, les Serbes décident au contraire d'accélérer le mouvement avant que la FRR ne soit pleinement déployée. Ils attaquent trois enclaves bosno-musulmanes dans les territoires qu'ils contrôlent : Žepa, Goražde et Srebrenica. Dans cette dernière se trouve un bataillon

* Cela ne sera fait qu'au mois d'août, les Bosno-musulmans faisant preuve d'une évidente mauvaise volonté (souvenirs de l'auteur, conseiller du ministre de la Défense, qui a assisté, à Sarajevo, à toutes les discussions Millon-Izetbegović).

néerlandais pour garantir la sécurité des populations. Mais il ne bénéficie pas encore de l'appui feu de la FRR et il est, comme d'habitude, faiblement armé. Les miliciens serbes assiègent la ville sauvée naguère par le général Morillon.

Lors du 65e sommet franco-allemand de Strasbourg (11 juillet 1995), Jacques Chirac apprend que les Serbes sont sur le point de submerger Srebrenica. Deux témoins directs de la scène[25] racontent que le chef des armées affirme tout de suite qu'il faut intervenir. Il se tourne vers le chancelier Helmut Kohl, qui en convient. Son ministre de la Défense, Volker Rühe, est également sur cette ligne, même si Chirac et Millon savent que les Allemands ne peuvent constitutionnellement intervenir. La première idée est de frapper les positions serbes par voies aériennes. Mais très rapidement les Néerlandais font savoir par le canal allemand qu'il n'en est pas question : cela menacerait la vie de leurs soldats qui se trouvent dans l'enclave. Chirac enrage. Il est impossible de passer outre ce blocage d'un allié, qui de plus a accepté de faire partie de la FRR. « On envoie la Légion étrangère ! » dit-il au général Quesnot. Il compare la situation du moment à celle des Européens face à Hitler à Munich (1938). La France, qui n'a pas suffisamment d'« hélicoptères d'assaut et de manœuvre » dans la zone, se tourne vers les Américains. Ces derniers déclinent, sans que les Français comprennent s'ils n'en ont pas assez pour eux-mêmes ou s'ils ne veulent pas intervenir directement, avec un risque réel de casse*. La situation est dans l'impasse. La communauté internationale assiste, impuissante, à la prise de Srebrenica. Le contingent

* Par prudence, et échaudés par le souvenir de la Somalie, les États-Unis n'ont aucun homme au sol, en dehors des services secrets et des forces spéciales.

néerlandais, ignorant la terrible et ancienne volonté de vengeance du général Mladić (voir le chapitre précédent), aide les populations musulmanes apeurées à monter dans les cars pour leur évacuation sous le regard des miliciens serbes. Les combattants musulmans de la poche se sont éclipsés sans combattre jusqu'au bout pour défendre les leurs. Les casques bleus néerlandais n'imaginent pas une seconde le sort qui est réservé à ces Bosno-musulmans, jeunes et vieux, qu'ils voient partir sous leurs yeux. Les Serbes massacreront froidement 7 000 hommes sortis de Srebrenica, avec l'assistance inconsciente de l'ONU.

Le général Morillon est d'une tristesse absolue devant cet effroyable crime de guerre bien vite révélé par les photographies satellitaires américaines. Par son action courageuse, il n'aura donné à Srebrenica qu'un sursis de quelques mois. Il ne s'en remet pas. Il veut démissionner de ses fonctions en signe de protestation publique. Il passe me voir dans mon bureau de porte-parole de la Défense pour me l'annoncer avant d'aller voir le ministre. Nous nous connaissons bien et nous estimons depuis longtemps. Je lui fais valoir tout ce qui a été tenté par la France, l'impulsion nouvelle donnée par Paris avec la FRR. Ne serait-il pas paradoxal de fragiliser par son acte spectaculaire un pouvoir qui se signale par une énergie et une détermination qu'il n'a cessé d'appeler lui-même de ses vœux ? Même *Le Monde,* hier très critique à l'égard de la politique de François Mitterrand, salue la nouvelle impulsion donnée par la France chiraquienne. Les médias sont à l'unisson depuis la réunion de Kléber. Au bout d'un long échange, Morillon en convient et accepte de remiser sa lettre de démission.

Serrer la main du diable

Sur le terrain, les Bosno-Serbes sentent douloureusement la morsure des tirs d'artillerie de la FRR quand ils veulent s'en prendre aux casques bleus. Les troupes de Mladić essaient donc le plus souvent d'abriter leurs propres batteries derrière des écoles ou des lieux de cultes, afin d'éviter les tirs de contre-batterie des Européens. À l'été, moins fortement soutenus par la Serbie de Slobodan Milošević, perdant du terrain en Croatie comme en Bosnie, ils viennent enfin à résipiscence. Mais sur le chemin de la paix qui semble enfin déboucher, il y a pour la psychologie d'un Jacques Chirac un obstacle majeur. Il a pour noms : capitaine Frédéric Chiffot et lieutenant José Souvignet, deux pilotes de Mirage 2000 abattus dans le ciel serbe par les défenses antiaériennes du général Mladić fin août. Le chef des armées a multiplié les voies pour chercher le contact avec les ravisseurs. Le président russe Boris Eltsine lui a proposé d'activer ses réseaux pour les retrouver. Le 6 décembre 1995, Jacques Chirac a un entretien musclé avec le président serbe (Belgrade) Slobodan Milošević, le parrain des Serbes de Bosnie-Herzégovine. Il n'est pas question de langage diplomatique. Chirac le menace, notamment, de ne pas signer l'accord de paix qui se profile et de couper les relations diplomatiques avec son pays. Le président serbe joue les innocents, expliquant ne pas avoir d'informations particulières sur le sort des deux Français… Avant de raccrocher, Jacques Chirac lui demande de transmettre un message personnel au général Ratko Mladić, le chef de l'armée de la République serbe de Bosnie : « La France peut aussi être terrible dans sa vengeance[26]. »

Le message est reçu 5 sur 5. Le général Mladić fait savoir qu'il a bien les pilotes français, et qu'ils sont en bonne santé. Le Serbe, jamais à court d'idées en matière de propagande, explique qu'il ne les remettra qu'à une haute autorité militaire française. Le choix du président se porte sur son CEMA, le général (air) Jean-Philippe Douin. L'allure sévère, économe de son verbe, l'officier est un moine-soldat d'une droiture totale. C'est un catholique affiché. Rendez-vous est donné dans un bouge sinistre à Zvornik (frontière entre la Bosnie et la Serbie). Après une nuit quasiment blanche passée à attendre, le général Douin se retrouve enfin face au général Mladić, trop heureux d'avoir une telle pointure sous la main et de l'avoir fait mariner. Le Serbe tente d'extorquer des concessions : immunité pour les dirigeants bosno-serbes, évaluation des dégâts provoqués par les bombardements de l'OTAN, indemnisation des victimes serbes… Le général Douin se demande dans quel traquenard Jacques Chirac l'a placé, car visiblement la libération des pilotes n'est absolument pas en vue. Mladić le balade et semble vouloir jouer au chat et à la souris. Le Français refuse vigoureusement les manœuvres dilatoires du bourreau de Srebrenica et, intérieurement, ce catholique fervent continue de prier la Vierge Marie, ce qu'il fait depuis qu'il est arrivé sur zone. Puis Mladić se lance dans l'une de ses habituelles diatribes contre l'abandon par la France de la grande amitié franco-serbe unissant les deux pays depuis la Première Guerre mondiale. Le général serbe à la carrure de pilier de rugby s'en prend directement au Français, en lui expliquant que son propre grand-père a servi au côté d'un officier français durant la Grande Guerre et que la France est devenue désormais « un pays de lâches qui se soumet aux Ottomans ».

— Je n'ai pas de leçon à recevoir de vous. Mon grand-père était officier français de l'armée d'Orient pendant la Grande Guerre. Il a combattu aux côtés des Serbes. Il m'en a souvent parlé…

— Si ce que vous dites est vrai, alors vous devez connaître le chant de tradition de l'armée d'Orient.

Et voilà le général Douin, dans ce lieu improbable, de se mettre à entonner ce chant que son grand-père lui avait appris enfant, pétrifiant sur place le Bosno-Serbe. Le père de Mladić (né en 1942) ayant été tué en 1945 par les Oustachis (séparatistes croates proallemands), le jeune garçon avait été élevé par son grand-père, l'ancien de l'armée d'Orient qui l'avait élevé dans le culte de la France. Et Mladić de chanter de conserve avec Douin, ressuscitant pour quelques secondes l'antique saga de l'armée d'Orient retraitant devant la poussée ennemie, celle qui jadis avait uni leurs deux grands-pères. « C'est à ce moment-là que Mladić a décidé de me rendre mes deux pilotes », avait confié le général Douin à l'auteur. Par la suite, on lui a reproché sa poignée de main avec « le bourreau des Balkans ». Une photographie la révélant avait été largement diffusée par le clan serbe. Peut-être y avait-il eu dans ce geste le reliquat de leur étonnante rencontre. Plus sûrement, comme me le dira le général Douin : « J'aurais serré la main du diable s'il l'avait fallu pour ramener mes deux pilotes à la maison*. »

Sur le plan diplomatique, les Américains se sont finalement réveillés, grâce notamment à l'action énergique de la présidence et de la diplomatie françaises. Leur plan

* Tous ces éléments inédits sur cette libération des pilotes français en décembre 1995 sont le fruit d'un long échange entre l'auteur et le général Douin, quand il était grand chancelier de la Légion d'honneur. Le général Douin ne faisait pas mystère de sa foi chrétienne, il en témoignait publiquement à l'occasion, ce qui lui a valu quelques quolibets et attaques de la part de certains.

de partage de la Bosnie-Herzégovine est finalement accepté par les parties prenantes à Dayton. Les accords dits « de Dayton » (14 décembre 1995) sont à nouveau signés à Paris, la ville d'où tout était parti à la suite de la colère homérique d'un ancien lieutenant d'Algérie*.

Retour dans l'OTAN ?

Quatre ans plus tard, le président Chirac s'engage aux côtés des Américains et de l'OTAN dans la guerre du Kosovo, déclenchée (sans mandat de l'ONU) contre Belgrade (Serbie) accusée de conduire dans la province à majorité albano-musulmane du Kosovo une politique brutale s'inspirant de celle des Serbes de Bosnie-Herzégovine. Dans ses Mémoires, Jacques Chirac souligne sa parfaite entente avec son Premier ministre de cohabitation, Lionel Jospin, notamment dans la recherche d'une solution diplomatique avant de recourir à la force. Il relève seulement l'opposition du ministre de l'Intérieur Jean-Pierre Chevènement. Après une campagne aérienne de quatre-vingts jours – mars-juin 1999 –, la Serbie de Milosević capitule. Le chef des armées françaises a donné son feu vert à chacune des frappes françaises soit directement, soit par l'entremise de ses conseillers militaires. Chaque fois que la planification américaine a semblé hasardeuse, elle a été refusée. « En soixante-dix-neuf jours d'opérations, pas une seule de ces frappes n'a été exécutée sans l'accord de la France », souligne Jacques Chirac, qui précise dans ses Mémoires qu'aucune des « bavures aériennes » de l'OTAN ne peut être imputée à la France,

---

* Cinquante-six soldats français sont tombés dans les Balkans.

pourtant premier contributeur européen. Deux hommes clés ont veillé au grain, l'amiral Jean-Luc Delaunay (CEMP) et le général Jean-Pierre Kelche (CEMA).

> Le soir, raconte l'amiral Delaunay, le général Kelche m'appelait pour faire un point sur les demandes américaines. On regardait cela ensemble pour voir ce qui était clair et ce qui ne l'était pas. Kelche me disait quand les choses lui semblaient *claires* et quand il y avait, selon lui, un *loup*. C'est ainsi qu'un jour on nous a demandé de taper un immeuble où Milosević retrouvait régulièrement sa maîtresse… J'ai trouvé cela étrange. J'ai donc opposé un veto présidentiel sans en référer au président Chirac. Et j'ai dit à Kelche, qui était sur la même longueur d'onde, de suggérer à Clinton d'appeler Chirac directement sur ce point. Il n'y a jamais eu de coup de fil sur ce sujet… Le CEMP est une vigie. Il est là pour vérifier que les décisions politiques du président sont bien suivies concrètement. Pour ce faire, il faut bien comprendre sa pensée et les limites droite/gauche. On doit avoir sa confiance. C'est essentiel. On ne prend pas d'initiative, mais en même temps on ne l'embête pas avec des broutilles. C'est à nous de nous débrouiller. C'est pour cela que le dialogue CEMP-CEMA est fondamental. C'est d'ailleurs le président Mitterrand et l'amiral Lanxade qui ont mis en place cet outil fantastique. Cela permet de jouer sur les intelligences cumulées du CEMA, en charge des opérations, et du CEMP, au service direct du chef des armées. C'est pour cela qu'il faut une très bonne entente entre ces deux officiers généraux[27].

Malgré ces refus ponctuels, les Américains se félicitent de l'engagement français au Kosovo. Mais ils notent qu'avec ce président gaulliste la relation peut être à la fois amicale et rugueuse. En fait, elle l'est avec tous les chefs des armées français. Quelle que soit leur étiquette politique, ils veillent à ne pas laisser la France se faire « embarquer » là où ils ne veulent pas qu'elle aille. C'est une constante gaullienne de la Ve République. Toutefois, compte tenu des bonnes relations avec son homologue Clinton, Jacques Chirac amorce au début de son septennat un pas vers le commandement intégré de l'OTAN. Les temps ont changé. Trente ans se sont écoulés depuis le coup d'éclat de Charles de Gaulle. Il est un peu absurde que les officiers français soient interdits de participation à certaines réunions de l'Alliance alors qu'ils sont de plus en plus insérés dans ses opérations. La très forte entente personnelle entre Charles Millon et son homologue américain William Perry permet aux discussions d'approche de se développer dans un climat de confiance. Mais elles ne débouchent pas. Elles butent sur les demandes de la France d'un rééquilibrage important des commandements suprêmes de l'OTAN. En clair, Paris revendique pour un Européen (en fait pour elle) le commandement sud de l'OTAN (Naples). Clinton explique à Chirac qu'il est trop gourmand et que les États-Unis ayant une flotte en Méditerranée, ils ne peuvent offrir à quiconque ce commandement stratégique. L'affaire en restera là, le climat entre les deux pays demeurant excellent... Quant au retour dans le commandement intégré de l'OTAN, il sera décidé par un homme politique de la même formation que Jacques Chirac. Le président Nicolas Sarkozy l'annoncera en 2007. Il sera pleinement mis en œuvre sous la présidence Hollande.

Matignon et Bercy en embuscade

On l'a compris, le nouveau président français porte aux questions de défense une attention plus que soutenue. Des douze années de présidence chiraquienne, c'est ce département qui porte le sceau le plus évident de sa volonté de transformation. Les mauvaises langues disent que c'est d'ailleurs sa seule grande réforme de douze années de *résidence* à l'Élysée*. Il est vrai qu'avec la cohabitation (1997-2002) – imposée par une charge de cavalerie** intempestive avec la « brillante » dissolution de sa majorité en 1997 – le règne chiraquien aura été sérieusement écorné dans sa durée.

En arrivant au palais de l'Élysée, Jacques Chirac est bien décidé à imprimer sa volonté dans trois domaines majeurs : les finances de la défense, les essais nucléaires et la professionnalisation de l'armée. Sur le premier chapitre, il pèse de tout son poids pour contrer l'habileté technicienne avec laquelle Bercy reprend régulièrement à la défense d'une main ce que le Parlement et la volonté présidentielle lui ont donné de l'autre. Gel de crédits, report, annulation sont les maladies « bercyennes » qui rongent les budgets de la défense depuis la nuit des temps, avec la complicité active de Matignon, toujours à la recherche de 3 francs 6 sous. Sous le règne de François Hollande on verra ainsi un Premier ministre, Jean-Marc Ayrault, tenter de revenir sur des décisions budgétaires pourtant actées en conseil de défense par le chef de l'État lui-même. Sans la complicité forte entre François Hollande et Jean-Yves Le Drian, ce dernier n'aurait pas été de taille à résister au bulldozer des finances***.

---

* Elles oublient la réforme des retraites conduite par le ministre François Fillon.

** Inspirée par le bouillant secrétaire général de l'Élysée, Dominique de Villepin, qui, bien qu'officier de marine de réserve, a toujours eu un goût prononcé pour les charges de cavalerie flamboyantes à la Murat ; un goût partagé avec son *général* Jacques Chirac.

*** Peu averti et faiblement intéressé par les questions financières et budgétaires, François Mitterrand avait parfaitement pris la mesure de cette fâcheuse dictature de la forteresse Bercy. Aussi avait-il donné

Nous sommes là face à une constante française. Parlementaire expérimenté, Charles Millon (ancien président du groupe parlementaire UDF) ne l'ignore pas. Il joue de son extrême complicité avec le chef des armées pour défendre les arbitrages rendus en faveur de son ministère. Le style «cavalier» de son président et son absence de goût pour les convenances vont lui servir plus d'une fois. Jacques Chirac s'implique dans ces questions budgétaires au point d'appeler lui-même des directeurs de Bercy effarés et tremblants en entendant leur secrétaire leur dire du ton d'une religieuse ayant entrevu Dieu: «C'est le président au téléphone!» Le chef des armées leur donne directement des ordres... Ces hauts fonctionnaires ont été «dénoncés» au chef des armées par un Charles Millon régulièrement alerté par son conseiller budgétaire, Jean-François Hébert (issu de la Cour des comptes).

À d'autres moments, c'est le directeur de cabinet civil et militaire, le préfet Jean-Louis Chaussende, tout en faconde et douce fermeté, qui fait directement passer une fiche à l'amiral Delaunay (CEMP) pour donner au président la liste des dernières turpitudes des financiers de Bercy. Dans les réunions interministérielles d'arbitrage financier, les conseillers de Bercy, horrifiés par ces pratiques «sournoises», disent à leurs homologues de la Défense: «La Force est en vous!» Pour bien la faire sentir à tous, le président place très vite son «maréchal» en troisième position hiérarchique et protocolaire dans le gouvernement Juppé. Du jamais vu! Chirac ira plus loin,

---

comme consigne à Michel Charasse, ministre du Budget, de préserver trois domaines contre ses incursions: la défense, les affaires étrangères et les grands travaux du président (témoignage de Michel Charasse durant le colloque «Mitterrand et la défense»).

jusqu'à contrer son propre poulain, le Premier ministre Alain Juppé, aux prises avec une situation économique et sociale tendue.

Le ministre de la Défense a un jour un accrochage un peu sec avec celui qui est alors très « droit dans ses bottes » à Matignon. Le Premier ministre vient de lui annoncer une diminution de son budget.

— Non, réplique Millon, j'ai un engagement du président sur le fait que mon budget ne sera pas comme d'habitude une variable d'ajustement de nos difficultés budgétaires.

— De toute façon, c'est décidé ! réplique un Juppé glacial.

« Juppé m'a ensuite pourri la tête pendant des semaines », se souvient Charles Millon qui finit par en parler au chef des armées. En juge de paix, Jacques Chirac propose aux deux hommes de se retrouver dans son bureau à l'issue d'un Conseil des ministres. Alain Juppé s'attarde un peu avec un autre ministre tandis que Millon suit le président à l'étage. Toujours très complices, ils échangent quelques mots en attendant le troisième compère. Celui-ci les rejoint au pas de charge, ouvre la porte brusquement. La main encore sur la poignée, il s'arrête net devant le spectacle évident de l'extrême bonne entente entre le centriste et le pompidolien. Au premier coup d'œil, il a constaté l'ambiance qui règne. Faisant demi-tour, il lance, furieux : « Ça va, j'ai compris*... »

* Le Premier ministre, Alain Juppé, reviendra à la charge et amputera sérieusement la première annuité de la loi de programmation militaire.

Comment moucher Sarkozy

Une autre scène illustre cette extrême vigilance du chef des armées sur son domaine réservé, surtout si le prédateur a pour nom Nicolas Sarkozy. Elle se déroule bien plus tard, lors de son second mandat. C'est en 2004, lors d'un conseil de défense, dont la vocation est notamment d'arrêter les grandes décisions programmatiques. Le Premier ministre Jean-Pierre Raffarin est là, tout comme la ministre de la Défense Michèle Alliot-Marie et le ministre de l'Économie, des Finances et de l'Industrie, Nicolas Sarkozy. À l'époque Bercy veut à nouveau geler 3 milliards d'euros. Une manie ! Le ministre Sarkozy se lance avec énergie dans une subtile et détaillée présentation chiffrée préparée par ses services dont la finalité est de justifier de nouvelles coupes claires. En service commandé, le CEMP, le général Jean-Louis Georgelin[28], monte gaillardement au créneau : « Les chiffres que vous avez donnés, Monsieur le Ministre, ne sont pas tout à fait exacts. » L'air, soudain, se raréfie dans la pièce. Et le général de se lancer dans une contre-argumentation que Chirac savoure en gourmet du coin de l'œil. Nicolas Sarkozy tord le nez et a visiblement du mal à contenir sa rage face à ce camouflet public. À la fin du conseil, le président lit le relevé de décisions préparé par son état-major particulier. Évidemment, il n'a été tenu aucun compte des propositions du ministre des Finances. Ce dernier, furibard, referme son dossier avec fracas. « J'ai cru qu'il allait partir sur-le-champ », se souvient le général Georgelin dans son bureau de la grande chancellerie de la Légion d'honneur. Le lendemain, très en forme, le président l'appelle : « Mon général, ça va ? Je ne vous dérange pas. Je crois que le ministre des Finances est hors de ses sens... cela n'a aucune importance... » Rencontrant plus tard un haut fonctionnaire dans un couloir, ce dernier lui dit en rigolant : « Vous, mon général, vous allez avoir un contrôle fiscal... » Quelques semaines plus tard, un dîner d'État est donné pour la venue du Premier ministre cambodgien. Le général Georgelin, en spencer et décorations, tombe sur le ministre d'État Nicolas Sarkozy en smoking. Très amical, ce dernier le prend par le bras : « Je veux absolument vous présenter Cécilia... » Arrivé devant son épouse, Sarkozy lui dit : « Tu vois, c'est le "général Courage" dont je t'ai parlé. »

Au chapitre de cette guéguerre que Jacques Chirac livre, dès qu'il le peut, à Nicolas Sarkozy, figure le chapitre des « avions du président ». Où l'on retrouve le général Georgelin à nouveau à la manœuvre. C'est lui qui a la main sur la gestion de la flotte aérienne présidentielle. Les ministres régaliens ont traditionnellement la possibilité d'emprunter un de ses avions quand le président n'en a pas besoin. Un jour, Jacques Chirac appelle son CEMP. « Je vous dérange ? Vous vous occupez bien des avions de la présidence ? Le ministre de l'Intérieur les utilise beaucoup trop... Quand il veut en prendre un, dites-le-moi... » Dans sa sagesse, et pour éviter l'arbitraire, le général rédige une note encadrant strictement l'utilisation des avions de l'Élysée. Elle est valable pour tout le monde, bien sûr, mais elle pénalise surtout les ministres gros consommateurs de déplacements comme le ministre de l'Intérieur toujours par monts et par vaux. Le général tentera d'expliquer à plusieurs reprises à l'impétueux ministre que ses « non » à répétition à ses demandes d'avions sont dus à la fameuse note et pas à ses mauvaises dispositions personnelles. Il voit bien que le ministre n'en croit pas un mot. «Il était furieux de mes refus», se souvient le général Georgelin.

Combat médiatique contre Greenpeace

Le 13 juin 1995, le président de la République annonce la reprise d'un nombre limité d'essais nucléaires, de façon à pouvoir enregistrer des données permettant à la France de se passer de tir nucléaire. Lors du sommet de Strasbourg, il a prévenu le chancelier allemand qu'il sait aux prises avec les antinucléaires des *Grünen* (les Verts). La France ne peut risquer de baisser la garde nucléaire avant la signature du traité CTBT (*Comprehensive Test Ban Treaty*) interdisant les essais nucléaires. Selon tous les spécialistes consultés, cela exige une ultime campagne pour modéliser ce qui doit l'être afin d'assurer la pérennité de l'outil. Pour faire simple, il faudra réaliser en chambre ce que l'on faisait jusqu'alors en réel. Helmut Kohl n'est pas enchanté par la nouvelle mais assure le Français de son soutien.

Jacques Chirac revient donc sur le moratoire très politique voulu par son prédécesseur, sur les instances du Premier ministre Bérégovoy, pour séduire le vote écologiste. À l'époque (1993), certains observateurs se demandaient même si François Mitterrand ne voulait pas se mettre en lice pour le prix Nobel de la paix. Les grands chefs militaires avaient été sidérés de le voir prendre une décision aussi importante en dehors de tout conseil de défense et sans avoir suffisamment creusé le sujet*.

* Conscient de cette incompréhension devant un moratoire décidé sans aucune concertation, le président Mitterrand, en 1994, avait convoqué une grande réunion à l'Élysée à l'intention d'un certain

Chirac ne guigne pas le prix Nobel. Reprendre momentanément les essais dans les sous-sols de l'atoll de Mururoa est pour lui un acte de souveraineté et de sécurité nationale. Sa fille, Claude, a bien tenté de l'en dissuader en évoquant la *bronca* que sa décision entraînerait. Il a passé outre et demandé de monter une réunion secrète avant l'annonce de sa décision pour préparer une communication d'anticipation. Le lundi 12 juin 1995, la veille de l'annonce présidentielle, elle se tient dans une salle du palais de l'Élysée. Elle est présidée par le conseiller diplomatique du chef de l'État, Jean-David Levitte. La porte-parole de l'Élysée, Catherine Colonna, est également là avec l'attachée de presse de la présidence, Manuela Isnard. Matignon est représenté par Bruno Racine, conseiller du Premier ministre, et par Agathe Sanson (communication), ainsi que les Affaires étrangères avec Colin de Verdière (directeur de cabinet). La Défense est en force avec le général Mercier, chef du cabinet militaire, Jean-Claude Mallet (Délégation aux affaires stratégiques) et moi-même (porte-parole et conseiller pour la communication et les relations avec le Parlement).

Les participants sont invités à jouer au petit jeu : « Comment communiquer si le président décidait de reprendre les essais ? » C'est une pertinente anticipation, car la période n'est pas porteuse en termes d'anniversaires. L'année 1995 est, pour reprendre l'expression de l'amiral Euverte, commandant supérieur des forces armées en Polynésie, une *« annus horribilis »*. C'est à la fois le

---

nombre de grands commandeurs de l'armée. Il avait notamment souligné le fait que durant ses deux septennats le nombre de têtes nucléaires avait doublé et que l'on ne pouvait sérieusement lui faire un procès en irresponsabilité dans ce domaine. Il avait tenté de justifier sa décision d'arrêt des essais… sans convaincre.

50e anniversaire des bombardements nucléaires d'Hiroshima et Nagasaki et le 10e anniversaire de la destruction, à Auckland, du *Rainbow Warrior* par une équipe de la DGSE. Difficile de trouver un contexte plus éruptif. Cela n'échappe à personne autour de la table. Un certain nombre d'axes de communication sont définis pour bien souligner l'état final recherché : à la fois la pérennité de l'outil nucléaire d'un pays membre permanent du Conseil de sécurité et la signature du CTBT. Sont examinés les différents éléments de langage nécessaires à une bonne explication de la position française et la liste des porteurs de bonne parole en France et dans les pays sensibles (Asie, Pacifique).

Une grosse partie du travail échoit à la Défense. Elle doit en urgence éditer et produire tous les documents, éléments de langage, supports vidéo et matrice des dossiers de presse avec ses propres moyens, afin de conserver la confidentialité de l'affaire jusqu'au lendemain. En cas de surcharge, elle pourra faire appel au privé en fractionnant la matière première pour la rendre incompréhensible. Jean-David Levitte informe ce « groupe de combat médiatique » qu'il se réunira tous les jours à 9 heures à l'Élysée, dans cette configuration, pour suivre les évolutions de la tempête médiatique à laquelle tout le monde s'attend. De retour à l'hôtel de Brienne (ministère de la Défense), le porte-parole de la Défense donne au ministre Charles Millon les éléments concrets de sa propre mobilisation médiatique (plan médias) et il met dans la confidence le général de Corta, patron du SIRPA central (Service d'information et de relations publiques des armées), afin de lancer dans la plus totale discrétion la préparation des outils de communication. Le temps presse. Le président de la République doit annoncer la reprise des essais français le lendemain au cours d'une conférence de presse.

Le mardi 14 juin, à 20 h 15, une question posée par un journaliste complice permet au président de faire son annonce. Elle a été volontairement noyée dans le flot des autres sujets. Le gourou en communication Jacques Pilhan (passé de Mitterrand à Chirac) l'a convaincu de diluer cette décision majeure pour en affaiblir l'effet médiatique négatif. Le tollé dans le Pacifique et du côté des écologistes est celui attendu. En France, la gauche s'enflamme. Mais au-delà des protestations classiques et des « papiers » hostiles des opposants habituels à l'arme nucléaire (sujet de consensus en France après le ralliement de la gauche au concept), la bronca reste limitée. Le plus dur était à venir. Il avait pour nom : Greenpeace.

Proche de David McTaggart, cofondateur de l'association, l'écologiste français Brice Lalonde estime à l'époque que « Greenpeace est condamné au spectacle ». Or, pour l'instant, il n'a pas eu lieu. Il faut donc le créer. La multinationale écologiste sait qu'elle dispose dans le monde d'un capital sympathie important et de fonds considérables, résultat notamment de substantielles collectes. Elle vient de faire plier la Shell en l'empêchant de couler une de ses plateformes offshore *Brent Spar* en mer du Nord. Le boycott international de cette société en Allemagne a été à ce point réussi que la société pétrolière a dû faire marche arrière, et avec elle le gouvernement britannique qui avait donné son feu vert à l'opération. Il était donc tentant d'engager dans la foulée un bras de fer avec la France, dix ans après la piteuse destruction du *Rainbow Warrior 1*. Pour parvenir à réveiller une opinion publique internationale faiblement motivée en ce début d'été, la puissante confrérie décide de recourir à une potion qui a assuré sa notoriété et sa puissance, le « choc émotionnel », susceptible de créer une succession d'effets dynamiques. Championne de ce type d'opérations, elle veut mettre en branle une chaîne pyrotechnique :

dramatisation-médiatisation-mobilisation. C'est la dramaturgie de Greenpeace qui va se jouer en deux tableaux et contraindre la présidence française à innover en matière de bataille médiatique, avec la Défense à la manœuvre.

Nautile 1

Sans attendre le début de la campagne de tirs en septembre, Greenpeace monte une opération d'assaut maritime sur Mururoa. L'objectif est simple : envahir, par mer, l'atoll pour parvenir à empêcher la France de procéder à ses essais dans la profondeur basaltique de cet anneau corallien, ou pousser le tout nouveau président à la faute en ayant recours à la force. Or, dans ce dernier cas, le « petit » écologiste apparaîtra comme la victime du « gros », de l'odieuse « puissance néocoloniale polluante ». Dans le drame, Greenpeace aime les classiques. Cette opération permettrait en outre de faire taire la contestation interne : en son sein certains estiment que le temps des grands affrontements médiatisés est terminé ; qu'est venu celui de la mise en place de partenariats (notamment avec les États et les industriels). Mais un certain nombre de leaders et de militants ne se sentent bien qu'en « guerre » médiatique. L'adrénaline y est plus forte. La guerre est donc déclarée début juillet. Côté français, le ministère de la Défense en est le bras armé, sous le regard d'un Jacques Chirac qui se demande comment son « maréchal » va s'en sortir. Le *Rainbow Warrior 2* arrive fin juin à Papeete pour appuyer au passage d'opportuns mouvements indépendantistes locaux. Il embarque les personnalités médiatiques indispensables à de bonnes reprises médias : l'inévitable Mgr Gaillot et le leader indépendantiste Oscar Temaru.

Dans la nuit du 8 au 9 juillet 1995, le *Rainbow Warrior 2* tente de passer en force les passes de Mururoa pour entrer dans les eaux territoriales françaises. La première manche médiatique commence. Greenpeace va la gagner haut la main. Sur le plan militaire, l'abordage du bâtiment amiral des écologistes par les commandos marine n'est pas simple. Monter à bord d'un bâtiment à partir de zodiacs n'est pas de tout repos. Les commandos parviennent non sans difficulté à se hisser à bord, mais ils tardent à prendre le contrôle du poste de navigation. Les hublots ont été soudés, d'autres bloqués par des barreaux, les portes étanches sont barricadées. Si le contrôle du bâtiment n'est pas rapidement assuré, le *Rainbow Warrior 2* risque de réussir sa manœuvre et de venir se crasher sur l'atoll. Les grands moyens sont employés : des bombes lacrymogènes sont utilisées pour faire sortir l'équipage du poste. Les commandos ont le visage couvert d'une cagoule, tenue classique pour ces opérations spéciales. L'action militaire est une réussite. Le contrôle du bateau est assuré et d'un coup d'étrave le remorqueur français *Rari* détourne le *Rainbow Warrior 2* de sa route. Les eaux du célèbre lagon ne seront pas violées.

Cette opération illustre pourtant le fait que l'on peut gagner une « bataille » militairement et la perdre médiatiquement. Le lieutenant Chirac en sait quelque chose depuis la guerre d'Algérie. Pendant l'assaut, Greenpeace a filmé et retransmis dans le monde entier les images des commandos tentant de pénétrer, au chalumeau, dans le poste de commandement. Plus encore que les images, les reportages radio en direct de l'intérieur de l'habitacle ont un effet émotionnel considérable. Les quelques journalistes et militants coincés y décrivent la pénétration des gaz lacrymogènes avec tellement d'émotion que l'on peut sans peine s'imaginer en 1940, entendant des résistants transmettre leur ultime message tandis que la Gestapo enfonce la porte... Dans le même temps, les moyens audiovisuels du Sirpa central destinés à montrer la grande maîtrise de la force sont tombés en panne faute de relais satellite... Fiasco de *Nautile 1*, nom de code de l'opération. Chirac fulmine. La cellule de communication de crise est réactivée...

007 à la manœuvre

La France doit alors faire face à une vague d'indignation et à un boycott international comme rarement un État démocratique a eu à en subir. Une énorme campagne antinucléaire et antifrançaise se déchaîne. Certains pays du Pacifique saisissent cette occasion d'affaiblir la présence française dans la région. Les ambassades de France dans les pays sensibles sont régulièrement cernées d'immondices diverses. Des spots télé appellent au boycott des produits français, certains faisant de Jacques Chirac la cible de tireurs d'élite qui finalement visent un verre de vin français posé sur la table. Fort de son succès et des fonds collectés à travers le monde, Greenpeace décide de passer à la vitesse supérieure. Une « flotte de la paix », composée d'une multitude de bateaux plus ou moins blindés, de voiliers, d'un hélicoptère, de zodiacs ainsi que de kayaks armés par d'anciens nageurs de combat britanniques, constitue l'armada qui doit mettre à genoux la France. Le sang médiatique a coulé, il faut faire reculer la France.

Face à la perspective d'une nouvelle bataille médiatique, Paris s'organise tandis que les journalistes affluent à Papeete pour assister à l'hallali maritime promis à grand renfort de trompettes médiatiques par Greenpeace. La Défense, sous pilotage étroit de l'Élysée, met alors en œuvre une politique de communication particulièrement offensive, créant un centre de presse en Polynésie, multipliant les argumentaires, organisant des voyages de presse sur place. Sous mon contrôle, le futur général de Corta (Sirpa central) et ses équipes sont à la manœuvre. Sur place, en Polynésie, l'amiral Euverte, commandant supérieur des forces armées en Polynésie, le général Véricel, directeur des centres d'expérimentation nucléaire et le haut-commissaire, Paul Roncière, multiplient les échanges avec la presse internationale. Des journalistes néo-zélandais et australiens très hostiles sont invités sur place. Trois centres de presse (Papeete, Mururoa et Paris) fonctionnent à plein régime : les équipes civiles et militaires dorment dans leurs bureaux sur des lits de fortune.

Tandis que les caméras, les stylographes et les appareils photo s'aiguisent en Polynésie, James Bond, alias Pierce Brosnan, menace de s'en mêler… Il doit se rendre en France pour faire la promotion prochaine de son dernier film, *GoldenEye*. La France a prêté pour le tournage du film une frégate et un hélicoptère de combat de dernière génération. Or 007, à l'époque, a une amie très chère militante ardente de Greenpeace. Elle l'a convaincu de profiter de toutes les opérations promotionnelles du film pour dénoncer la reprise des essais. Averti des intentions de l'acteur, le ministre de la Défense, après feu vert de l'Élysée, m'autorise, en tant que porte-parole, à tenter de fléchir le célèbre espion… Un matin, je le retrouve pour un petit déjeuner dans le salon privé d'un grand hôtel parisien. L'échange est sympathique et très courtois. Pierce Brosnan est attentif à mes arguments et semble plutôt embarrassé par la situation. Mais il est également réellement préoccupé par les risques de pollution des eaux du lagon de Mururoa. Il a été sérieusement briefé... J'ai beau évoquer les différentes études scientifiques réalisées par des équipes indépendantes, le suivi permanent de la faune et de la flore, il demeure sur la réserve. Finalement, à bout d'arguments, je lui confie que lors d'un voyage à Mururoa, et bien que père de famille nombreuse, je me suis baigné dans les eaux du lagon et que les fonds étaient extraordinaires. C'est, semble-t-il, cet argument qui a fini de le convaincre. À la fin de l'entretien, il me donne sa parole de ne pas prendre publiquement position contre la France qui a aidé son film et qui l'accueille. James Bond a tenu sa parole.

Nautile 2

Dans la nuit du 31 août au 1er septembre 1995, Greenpeace donne l'ordre d'assaut à sa flottille, cherchant à rééditer, avec plus d'amplitude médiatique, le succès de juillet. La bulle médiatique qu'il a gonflée va lui exploser à la figure. Les assauts des commandos français, visages découverts cette fois, se font en souplesse sous l'œil de la caméra embarquée de l'armée. L'appui de l'Élysée a été déterminant pour que la proposition du ministère de la Défense soit acceptée : à savoir le remplacement dans l'un des Hurricane (zodiac) d'assaut de trois commandos par trois militaires professionnels de l'image de l'ECPA (Établissement cinématographique et photographique des armées). Le cameraman, le preneur de son et l'homme-antenne (pour retransmettre vers un relais hélicoptère les images vers les bans de montage de Mururoa et de Paris) doivent être à même de monter à bord sur une échelle de corde. Jamais les armées n'ont autant touché du doigt à quel point les batailles médiatiques contemporaines nécessitent parfois de sacrifier un *pion opérationnel* pour un *pion influence*[*].

L'équipe de choc de l'ECPA a été placée pour des raisons opérationnelles dans le second zodiac d'assaut. Heureusement, car le premier Hurricane est renversé par la vague soulevée par l'étrave du navire écologiste. Dans ce zodiac se trouve un commando marine qui porte une masse destinée à forcer les blindages du bâtiment : son poids l'entraîne à grande vitesse vers le fond ; seuls son sang-froid et son entraînement lui permettent d'échapper à la noyade. Une fois à bord, les équipes de l'ECPA commencent à filmer les conditions réelles, et non fantasmées, de l'arraisonnement. Le monde entier, qui attend les images de Greenpeace montrant la « brutalité odieuse » des Français, en est pour ses frais. Sur les écrans, on voit des militaires menant leur mission avec l'amabilité et la politesse propres aux gens de mer. À bord, par contraste, certaines militantes apparaissent comme particulièrement agressives. Greenpeace ne peut transmettre ses propres images à partir de sa cabine « bunkérisée » : un commando a bombé de noir les vitres de la passerelle. C'est le début de la débandade de la « flottille de la paix ». Son navire porte-hélicoptères est arraisonné, comme nombre d'autres bâtiments loués pour l'occasion.

Le 5 septembre, le premier tir nucléaire – baptisé Thétis – a lieu. Le spectacle attendu n'ayant pas été délivré, la belle machine médiatique huilée de Greenpeace s'effondre. Retour de balancier : les journalistes commencent à se poser des questions sur cette organisation à qui certains

* Cette dimension est aujourd'hui intrinsèque aux conflits asymétriques contemporains.

ont trouvé lors de leur embarquement un petit air de « secte macrobiotique ». Nombre de médias se rendent alors compte qu'il est infiniment plus facile d'obtenir du ministère de la Défense informations et éclairages que de cette organisation opaque. La BBC n'hésite pas à parler de « manipulations médiatiques », à propos des images fournies clés en main par les puissants communicants de Greenpeace. *Le Point*, qui s'est montré critique à l'égard de l'organisation, se voit intenter un procès. Pourtant, le coup de grâce viendra de Greenpeace lui-même. Sa direction doit reconnaître qu'elle s'est trompée à propos de la barge pétrolière de la Shell qui l'avait conduite à lancer un boycott en Allemagne contre cette enseigne. Il n'y avait pas 6000 tonnes de résidus dans cette plate-forme qui devait être coulée, mais 100 seulement. En outre, la solution préconisée par la Shell était la meilleure écologiquement parlant. Le dogme de l'infaillibilité « greenpeacienne » s'effondre tandis que des associations écologiques concurrentes commencent à relever la tête en dénonçant l'omnipotence médiatique d'une structure dont les options écologiques leur semblent contestables. La tête pensante de Greenpeace international est bien vite changée et le nouveau patron, Thilo Bode, reconnaît que l'époque des grandes actions spectaculaires est révolue… À Paris, Jacques Chirac est fier de son « maréchal » et de ses troupes. Ils ont réussi, donc il a réussi…

Du neuf côté nucléaire

Durant son règne, le président prend plusieurs mesures déterminantes pour faire évoluer le nucléaire militaire tout en restant calé sur le principe fondateur du non-emploi. Il met définitivement sous cocon le missile nucléaire tactique

Hadès. Soucieux de son allié allemand, il ira voir personnellement le chancelier Kohl pour lui annoncer cette bonne nouvelle, qui écarte ainsi la sombre perspective d'un éventuel tir préstratégique d'avertissement sur l'Allemagne. Le chancelier allemand sera extrêmement ému et reconnaissant, aussi bien sur le fond que sur la forme, de cette annonce faite d'homme à homme. Mais Jacques Chirac veut aller encore plus loin en modifiant le mode d'emploi et la doctrine nucléaires. À partir de 1997, les missiles nucléaires stratégiques sont « déciblés », c'est-à-dire que leurs calculateurs n'embarquent plus de coordonnées permanentes d'objectifs (comme jadis celles des grandes villes soviétiques)[29]. La dissuasion devient à nouveau « tous azimuts » (elle peut concerner l'Asie, par exemple). En outre, les seize missiles des SNLE peuvent dorénavant être tirés un par un. Auparavant, le pacha et son second (système de double clé) devaient sur ordre identifié de l'Élysée faire partir d'un seul coup les seize fusées et leurs multiples têtes porteuses de l'apocalypse, à la fois pour que la menace de destruction soit fortement dissuasive, pour éviter les systèmes de défense antibalistique russes et parce que la durée de vie du SNLE était très courte après un tir dévoilant sa position (il pouvait être détruit par les Soviétiques dans la foulée s'il égrenait ses départs). Il lui fallait donc, selon l'expression militaire, « envoyer toute la sauce » d'un seul coup.

Un changement majeur concerne également la doctrine : dans un discours à l'Institut des hautes études de défense nationale (IHEDN), le 8 juin 2001, le chef des armées indique clairement que dorénavant des puissances régionales hostiles, dotées d'armes de destruction massive (chimiques, biologiques, nucléaires), entrent dans le champ de la dissuasion française. Ces éventuels agresseurs pourraient voir leurs centres de pouvoir frappés, qu'ils soient politiques, économiques ou militaires. Quant aux puissances majeures qui joueraient le même jeu en menaçant les intérêts vitaux de la France, elles se verraient menacées de frappes destinées à provoquer des « dommages inacceptables de toute nature ». Bref, le contenu de la dissuasion s'adapte au monde, mais l'enveloppe reste la même : dissuader d'éventuels prédateurs de passer à l'acte. À Bruno Tertrais et Jean Guisnel, le général Bentégeat explique :

> Nous avons beaucoup travaillé là-dessus avec des directives du président et du Premier ministre [Lionel Jospin] en cherchant une alternative à l'anticités*. Nous l'avons d'autant plus recherchée que l'anticités était quelque chose qui gênait beaucoup les autorités morales.

Quatre ans plus tard (19 janvier 2006), le chef des armées engage une nouvelle et dernière évolution, ou plutôt on peut se demander s'il ne cherche pas à préciser sa pensée de 2002. De L'île Longue, cœur de la force océanique stratégique (FOST), il prévient, en songeant aux attentats du 11 septembre 2001 :

> Les dirigeants d'États qui auraient recours à des moyens terroristes contre nous [...] doivent comprendre qu'ils s'exposeraient à une réponse ferme et adaptée de notre part. Cette réponse peut être conventionnelle. Elle peut aussi être d'une autre nature.

En clair, nucléaire.

---

* Les principales cités russes sont ciblées par la dissuasion nucléaire française.

> Contre une puissance régionale, notre choix n'est pas entre l'inaction et l'anéantissement. La flexibilité et la réactivité de nos forces stratégiques nous permettraient d'exercer notre réponse directement sur ses centres de pouvoir, sur sa capacité à agir. Toutes nos forces nucléaires ont été configurées en conséquence.

Bruno Tertrais et Jean Guisnel en concluent :

> Lorsque Jacques Chirac atteint en mai 2007 le terme de douze années à l'Élysée, son bilan [dans ce domaine] est parfaitement conforme à la pratique de la Ve République. Après avoir reçu la charge, il l'a adaptée et modifiée, prenant des décisions importantes pour son adaptation aux règles du jeu international. Il transmet donc à son successeur un outil adapté, qui permet à la France de poursuivre sa politique nucléaire militaire. Pas davantage sous ses mandats que sous les précédents celle-ci n'a subi de sérieuse contestation.

Les deux présidents suivants, Nicolas Sarkozy et François Hollande*, s'inscriront sans états d'âme dans la continuité de cette politique. Mais pour les huitième et neuvième occupants de l'Élysée (horizon 2027) se profilent des choix drastiques sur le plan financier pour assurer la pérennité de l'outil nucléaire. Le coût de la dissuasion va doubler**.

---

* Suspecté par ses adversaires politiques de vouloir donner des gages à ses amis écologistes en annonçant la suppression d'une des deux dernières composantes nucléaires (en l'occurrence l'aéroportée), le candidat François Hollande coupe court aux rumeurs en janvier 2012 en annonçant son intention de conserver *ne varietur* l'héritage. À propos du nucléaire, il parle « d'assurance vie » de la nation.

** « À l'horizon 2030, un effort absolument colossal [devra être fait] au milieu de la décennie, de l'ordre de 6 milliards d'euros par an », a déclaré le délégué général de l'armement, Laurent Collet-Billon, lors

Vers l'armée de métier

Ce 12 juillet 1996, Jacques Chirac est rayonnant. Il fait beau et le second 14 Juillet de son septennat s'annonce sous les meilleurs auspices. Il se trouve au premier étage de l'hôtel de Brienne, dans le bureau qu'occupait le général de Gaulle en 1940, puis en 1944 à la Libération*. Au fronton de ce bel édifice XVIIIe siècle, il a pu apprécier la croix de lorraine que l'un de ses occupants, Michel Debré, a fait sculpter en s'asseyant sur toutes les règles de protection des bâtiments classés. Dans le superbe parc se tiennent un grand nombre d'officiers généraux et supérieurs. Ils attendent l'allocution du chef des armées sur la professionnalisation de l'armée. Ils ne sont pas tous, loin de là, adeptes de cette idée. C'est une véritable révolution qui mettrait un terme à un mode d'organisation plus que séculaire. Il a façonné l'univers mental national et leur profession.

Au mur du salon d'apparat, une plaque gravée évoque les sensations du Général revenant à la Libération dans ce lieu où le temps semblait s'être arrêté depuis qu'il l'avait quitté : « Rien n'y manque, excepté l'État. Il m'appartient de l'y remettre. Aussi m'y suis-je d'abord installé[30]. » Chacun s'extasie. Chirac a répondu avec empressement à l'invitation de son « maréchal ». Le ministre de la Défense lui a proposé de déposer dans cette pièce une lettre de Charles de Gaulle datée du 17 avril 1935 et adressée au général Émile Alléhaut qui défend des thèses sur le corps blindé proches des siennes[31]. Il y exprime son espoir de voir

---

des universités de la défense des 4 et 5 septembre 2016. Un nouveau cycle de modernisation devra être lancé dès 2020.

* Sous la IIIe République, les bureaux sont à l'étage et les salons en rez-de-jardin. Plus tard, ce sera l'inverse.

«la victoire proclamée du bon sens sur les routines et les préjugés». C'est exactement ce que le président veut faire en quittant les rives de la conscription (service militaire) pour aller vers l'armée de métier vantée par de Gaulle. Cette lettre, passée en vente à Drouot, a été achetée par le Sirpa-central à la demande du conseiller communication du ministre qui en avait reçu le catalogue[32]. Quand ce dernier a pris langue avec le général Henri Bentégeat, de l'état-major particulier du président (il est alors adjoint du CEMP), pour le sonder et savoir si le chef des armées serait disposé à venir à la traditionnelle garden-party de l'hôtel de Brienne le 13 juillet (qui précède celle du 14) pour assister à la petite cérémonie dans le bureau du Général et s'adresser aux grands commandeurs, il n'avait pas attendu de consulter son président pour répondre par l'affirmative. La réponse allait de soi. Un conflit d'agenda imposa d'avancer la rencontre du 13 au 12 juillet*.

Le président est à son affaire dans ces lieux somptueux, à deux pas du Palais-Bourbon. Napoléon Ier y traînait son sabre en venant y voir sa mère, Maria Letizia Bonaparte. Clemenceau et de Gaulle s'y sont installés et ont arpenté les immenses salons et le joli parc en ne songeant qu'à la France en guerre. L'histoire suinte des murs, des panoplies d'armes, des vitrines de trophées et des tableaux. Tout à la découverte du contenu de la fameuse lettre du Général,

* L'année suivante, Jacques Chirac s'invitera à nouveau à la garden-party du ministère de la Défense, puis aux suivantes... Si bien que le pli étant pris, les autres chefs des armées se sont alignés sur cette tradition chiraquienne, sans en connaître l'origine très récente. Il n'est pas certain que les militaires invités y aient gagné, car cette réception au style finalement assez *familial* à l'origine est devenue au fil des ans un événement colossal qui déplace le ban et l'arrière-ban de la cour présidentielle et ministérielle...

Jacques Chirac s'enthousiasme en soulignant la parfaite harmonie de sa grande réforme avec la pensée profonde du grand homme. L'historien fécond de la Seconde Guerre mondiale Henri Amouroux, invité du ministre, douche alors l'ivresse présidentielle. Il lui rappelle que Charles de Gaulle n'a jamais été en faveur de la professionnalisation complète de l'armée. La mâchoire carnassière du président s'affaisse en l'entendant rappeler que dans son livre *Vers l'armée de métier* (1934) Charles de Gaulle se prononce seulement pour la professionnalisation du corps blindé pour le placer aux côtés des soldats issus de la conscription. Il était donc favorable à une armée mixte, explique l'historien en posant les mains sur le bureau du Général comme pour le faire parler… La lettre est d'ailleurs explicite sur ce point, souligne l'exégète, faisant sombrer une croyance ancienne et erronée du chef des armées. Dans sa lettre au général Alléhaut, de Gaulle est très clair :

> Je crois que le corps de manœuvre [blindé] sera professionnel pour la plus grande partie ou qu'il ne sera qu'une cote mal taillée. Je ne vois pas des unités pareilles, et qu'il faut tenir constantes dans leur forme et capables d'agir avec un maximum de vigueur dès le premier choc, formées d'hommes du contingent incorporés et libérés par masses au moins une fois par an et qui compteraient « la classe ». À mon sens, un tel outil de choix implique un esprit personnel analogue à celui de notre ancienne chevalerie ou de la vieille Garde de l'Empire. Un esprit militaire de haute qualité : affaire de profession bien comprise et d'émulation surexcitée comme il faut[33].

Après cette petite leçon d'histoire, retrouvant très vite tout son tonus, le président se rend avec le ministre et sa suite dans le jardin de l'hôtel de Brienne pour y retrouver cette ambiance militaire qu'il affectionne plus que tout. Devant ce parterre de décorations, de galons et d'étoiles, il explique sa grande réforme qui déstabilise plus d'un militaire : « Les décisions que j'ai prises pour adapter toutes les composantes de notre défense aux nouveaux besoins de sécurité de la France auront, vous ne l'ignorez pas, des conséquences très importantes pour les hommes, les structures et les équipements [...]. » Il ajoute sans détours pour être bien compris de tous : « Des régiments seront dissous, des bâtiments désarmés et des bases aériennes fermées. De nombreux établissements de la défense verront évoluer leurs structures et leurs effectifs. » Il poursuit par une exhortation :

> La réussite de la professionnalisation dépendra au premier chef de votre capacité à attirer et à conserver dans vos rangs des jeunes de qualité [...]. N'ayez pas d'états d'âme, Messieurs, et ne cédez pas à la nostalgie qui est la marque des faibles. Nous sommes responsables de l'avenir.

Préparez l'avenir

« Préparer l'avenir ; ne pas avoir d'états d'âme... » Dans l'assistance, ils sont nombreux à en avoir. Ils ont formé et commandé des appelés. Ils craignent une coupure avec la nation. Les protestations sont nombreuses dans le pays face à cette rupture historique, à un moment où chacun mesure que le lien citoyen commence à se déliter. Est-ce vraiment le moment de supprimer ce rite de passage pour les jeunes mâles, ce lieu de rencontre avec les autres, de compréhension charnelle de ce qu'est l'armée... Certains militaires, en revanche, expriment leur ras-le-bol de devoir faire le travail que familles et Éducation nationale ne feraient plus. « Nous ne sommes pas une nursery ou un sas de rattrapage de tous les manquements éducatifs de la société », « il faut même leur apprendre à faire leur lit, où va-t-on… », disent-ils à ceux qui évoquent « le rôle social » de l'officier cher à Lyautey.

Chirac est convaincu de l'importance historique de cette réforme – et avec lui des gaullistes de stricte obédience comme Pierre Messmer et François Fillon. Les crises et les conflits de demain exigeront de la France, membre permanent du Conseil de sécurité, de pouvoir engager des soldats aguerris, engagés dans la durée, pour faire face à des situations de plus en plus protéiformes, inconfortables, asymétriques (le mot n'est pas encore utilisé). La conscription ne répond plus à cet impératif, ni d'ailleurs à celui du brassage social qui fonctionne de moins en moins bien – notamment compte tenu du nombre d'exemptions du côté des classes aisées*. Il est, en outre, illusoire de prétendre maintenir deux systèmes complets (service militaire et armée de métier), ne serait-ce que sur un plan financier. La fin de la guerre froide et la guerre du Golfe, conduite sans appelés du contingent, ont tué le service militaire tel qu'il était connu alors**. L'histoire des engagements (OPEX) de la France depuis cette date clé de 1996 ne peut que rendre hommage à la prévoyance du lieutenant Chirac.

* L'auteur, conseiller du ministre, a été effaré à l'époque de constater le nombre impressionnant de demandes d'exemptions relayées par les parlementaires.

** Pour être précis, le service national n'a pas été supprimé mais suspendu. Il peut être remis en vigueur du jour au lendemain… sur le plan juridique. Une remontée en puissance demanderait toutefois du temps.

Mais cette décision révolutionnaire et de bonne anticipation s'est accompagnée d'une faute magistrale que la France paie durement aujourd'hui. Le président n'a pas voulu, par exemple, instaurer un «service civico-militaire» de six mois pour les jeunes hommes et femmes. L'objectif n'aurait pas été d'en faire des guerriers, mais des citoyens plus aiguisés dans une société de plus en plus individualiste. Il aurait également fallu faire de ce nouveau creuset une plateforme d'appel pour la future armée de métier et pour la réserve opérationnelle, elle aussi en voie de professionnalisation. Le ministre de la Défense, Charles Millon, n'y était pas hostile à titre personnel, mais l'armée était rétive à porter la construction de ce nouveau lien en ayant en même temps à réaliser le tour de force de la professionnalisation*. En outre, le communicant-gourou du président, Jacques Pilhan, l'avait convaincu du fait que «toutes ces histoires» relevaient du passé… et que les jeunes ne voulaient plus subir de contrainte de la part de l'État. Une approche qui se révélera funeste à l'aune des défis du XXIe siècle.

* Échanges entre l'auteur – alors conseiller du ministre qui tente de promouvoir cette idée au sein du ministère de la Défense – et le général d'armée Jean-Philippe Douin (CEMA) sensible au projet mais convaincu que le financement et l'encadrement de ce nouveau service citoyen «plomberaient», selon son mot, la grande mutation vers l'armée de métier. En outre, une partie de la hiérarchie militaire était de plus en plus hostile au «rôle social» qu'on voulait faire jouer à l'armée pour contrebalancer les dérives de la société et les carences de l'Éducation nationale.

Irak, saison 2

En 2003, l'armée française est professionnalisée, même si elle n'est sans doute pas encore totalement « professionnelle », comme le souligne souvent le chef d'état-major de l'armée de terre, le général Bernard Thorette*. Le chef des armées sait qu'il peut néanmoins compter sur elle pour l'engager au loin si nécessaire. Son refus de suivre les Américains dans leur croisade en Irak ne tient donc pas à des doutes sur sa solidité. Jacques Chirac considère qu'une démocratie ne peut engager la vie de ses soldats sur des dossiers mal ficelés. Or, le cahier d'accusation fabriqué à la hâte par Washington, avec la complicité de Londres, ne tient pas la route. Le dictateur irakien Saddam Hussein ne détient pas d'armes de destruction massive. Aucune inspection internationale ne le révèle. Les services de renseignements français le confirment. Ce pays exsangue à cause de l'embargo sur son pétrole, avec une économie en berne et une partie de son territoire sous contrôle aérien international, n'a tout simplement plus les moyens, depuis longtemps, de financer des programmes NRBC (nucléaire, radiologique, biologique et chimique) extrêmement coûteux. À la même époque, faute de crédits d'entretien, une partie des hélicoptères français est clouée au sol, tandis que les troupes n'ont plus les moyens de s'entraîner convenablement. Si la France, quatrième puissance militaire mondiale, peine à financer

* Comme le général Philippe Mercier, chef d'état-major de l'armée de terre (1996-1999), le général Thorette (2002-2006) n'a cessé de dénoncer la baisse des effectifs de l'armée de terre. Son successeur, le général Bruno Cuche (2006-2008), poussera un coup de gueule médiatisé pour dénoncer le manque d'équipements de protection du soldat en Afghanistan.

son armée conventionnelle, comment l'Irak en perdition économique pourrait-elle menacer la planète dans un délai de quarante-huit heures, comme s'est aventuré à le dire le Premier ministre britannique, Tony Blair ? Le refus de s'engager dans la folle aventure irakienne est sans doute une des décisions les plus importantes et les plus prophétiques que l'ancien lieutenant d'Algérie ait prises durant ses douze années de règne.

En 2002, lors du sommet de l'OTAN à Prague, le président français avait tenté de ramener à la raison son homologue américain : « Tu te lances dans une guerre de trente ans ; tu vas faire éclore partout des milliers de petits Ben Laden ; tu vas constituer un axe chiite contraire à tes intérêts stratégiques[34]. » Les envoyés spéciaux du président français auprès de l'équipe de faucons de Bush fils revenaient des États-Unis consternés. Leurs homologues étaient plongés dans un *trip* messianique qui exigeait de l'Amérique – punie en quelque sorte le 11 septembre 2001 pour avoir oublié sa mission quasi divine de démocratisation du monde – de porter le fer et le feu en Irak pour le salut de tous[35]. Le *born again** Bush voulait partir en croisade pour le plus grand malheur de la région. Rien n'a pu le retenir, ni le discours prophétique de Dominique de Villepin, ministre des Affaires étrangères, à l'ONU, le 14 février 2003, ni les mises en garde personnelles de son ami le lieutenant Jacques Chirac, qui savait pourtant de quoi est fait ce genre de « sale » guerre en terre d'islam et au milieu des civils.

* George W. Bush a retrouvé la foi chrétienne après l'avoir perdue. L'expression *born again* désigne les personnes qui manifestent une foi (et une pratique) décuplée et intransigeante après avoir renoué avec une religion qu'elles avaient abandonnée.

Une fois l'Irak envahi, les troupes du président Bush et de sa coalition hétéroclite ne trouveront évidemment aucune arme de destruction massive, mais elles laisseront le chaos s'installer pour longtemps en Mésopotamie. Cette tragédie est toujours d'actualité. La France est désormais militairement impliquée en Irak et en Syrie.

Adieu aux armes

Jamais la relation transatlantique n'a été aussi délétère à la suite de la décision française de ne pas s'embarquer dans le piège irakien pour de mauvaises raisons : culpabilité par rapport aux attentats du 11 Septembre, volonté de meurtre du père, vision messianique à l'eau de rose, manque d'expérience militaire de George W. Bush. Sur le terrain, en Afghanistan, des soldats américains et français sont à deux doigts d'en venir aux mains. Les premiers accusaient les seconds d'être des couards. Les Américains vont tout faire pour faire payer à la France sa trahison, son refus de les accompagner dans leur funeste fantasme sécuritaire. Un boycott général la vise, avant que les Américains ne réalisent progressivement la profondeur de leurs erreurs en voyant revenir les corps de G.I.'s, alors que le président Bush junior, à bord d'un porte-avions de l'US Navy, avait pourtant déclaré la guerre gagnée (*« War is over ! »*) quelques jours après la prise de Bagdad.

Le président français veut néanmoins préserver ce qui peut l'être. Aussi a-t-il souhaité maintenir malgré tout la présence militaire française en Asie centrale (Afghanistan), tout particulièrement les deux cents membres des forces spéciales du COS (commandement des opérations spéciales) présents à Spin Boldak (Kandahar), près de la frontière pakistanaise (mission *Arès*). L'action énergique et efficace des commandos dans cette zone sensible, leur ubiquité entravant les allées et venues des talibans infiltrés à partir du Pakistan, a été un atout stratégique dans la manche de Jacques Chirac pour conserver le lien transatlantique et restaurer des relations franco-américaines très endommagées. Pragmatiques, les généraux américains reconnaîtront publiquement à plusieurs reprises l'apport important des *frenchies* en Asie centrale. L'esprit «*band of brothers*» l'emportait sur les diatribes et les imprécations des faucons civils de Washington.

Jacques Chirac ne l'a jamais oublié. Le 3 avril 2007, pour son adieu aux armes et à la politique, l'ancien lieutenant d'Algérie choisit justement de se rendre à Bayonne, au 1er RPIMa, l'un des régiments terre des forces spéciales (dans la main du COS). Des commandos des trois armées, passés notamment par l'Afghanistan, sont là pour lui rendre un dernier hommage à travers diverses démonstrations dynamiques de leur savoir-faire dans les fossés de la citadelle de Bayonne. Le général Benoît Puga, alors patron du commandement des opérations spéciales, accueille le chef des armées très heureux dans ce cadre très opérationnel… et sans «chapeau à plumes» à l'horizon :

> Sachez, lui dit le général Puga, que les commandos que vous allez voir à l'œuvre dans quelques minutes servaient pour la plupart, il y a encore quelques semaines, sur des théâtres d'opérations comme l'Afghanistan, la République démocratique du Congo ou la Côte d'Ivoire. En évoquant ce dernier pays, chacun a encore en mémoire les missions d'évacuation de 8000 compatriotes, binationaux et Européens conduites en 2004 dans des conditions extrêmement complexes, pour ne pas dire plus. Et s'agissant de l'Afghanistan, nous avons tous une pensée pour nos camarades tombés sur cette terre d'Asie centrale au cours d'une longue mission *Arès* qui aura duré d'août 2003 à janvier 2007[36].

Du haut d'une butte, le président ne perd pas une miette du spectacle et s'attarde longuement auprès des opérateurs du COS.

En entendant le général Benoît Puga évoquer la Côte d'Ivoire, sans doute a-t-il eu une pensée pour les neuf soldats français tués par une frappe aérienne ivoirienne à Bouaké (centre du pays) le 6 novembre 2004*. Il s'est alors souvenu d'une décision radicale qu'il avait prise à l'époque. Le général Henri Poncet (ancien patron du COS), Comanfor de *Licorne*, avait, après la mort de ses hommes, immédiatement joint le général Bentégeat pour obtenir en urgence l'autorisation de détruire les deux avions criminels pilotés par des mercenaires ukrainiens revenus se poser tranquillement à Yamoussoukro. La réponse n'avait pas tardé. Quelques minutes plus tard, le feu vert du président était donné. Mais ses ordres allaient au-delà de la demande initiale : il voulait que toute la flotte aérienne ivoirienne soit détruite, soit quatre avions de combat et cinq hélicoptères.

Bentégeat : Ce sont les ordres du président.

Poncet : Cela va faire du bruit... secouer ici...

Bentégeat : Oui. Le président le mesure parfaitement. Feu vert.

Poncet : Bien !

Les commandos du général Poncet entrent en action, envoyant à la casse toute la flotte du président Gbagbo. Quelques semaines plus tard, le général Bentégeat se retrouve en réunion avec un certain nombre de ses

---

* Un humanitaire américain a également été tué dans cette frappe qui a été déclenchée au moment où ces hommes sortaient du réfectoire. On ne sait toujours pas avec certitude qui a donné l'ordre de tir : le président Gbagbo ou un membre de son entourage voulant lui forcer la main ?

homologues africains. Tous le félicitent chaleureusement de la décision française. «Ils m'ont dit qu'ils n'auraient pas compris une autre réaction de la France devant une telle agression», raconte le général. Revenant sur la rapidité de décision française dans ce domaine, il note : «C'est une des illustrations du fonctionnement d'une chaîne de commandement très courte et très efficace[37].» Il rappelle souvent à ceux de ses jeunes camarades qui se plaignent d'une supposée non prise en considération du point de vue militaire à quel point le chef militaire est bien inséré, en France, à haut niveau dans la chaîne de décision politique. «Nous ne sommes pas toujours écoutés – et c'est normal car c'est le politique qui décide – mais nous sommes placés aux bons endroits pour être entendus.»

En fin de mandat, à soixante-quinze ans, affaibli par un AVC, le président sait qu'il a consommé son potentiel, qu'il ne peut plus rempiler. Il va devoir se contenter à vie de son grade de colonel honoraire. Mais dans sa retraite, Jacques Chirac peut se réjouir de son incroyable cote de popularité… à gauche. Finalement, comme pour le gaullisme, il semble que tout le monde a été, est ou sera chiraquien, ou plutôt que tout le monde a aimé, aime ou aimera ce grand fauve plus radsoc et pompidolien que gaulliste. Pourtant, de *fana-mili* à *fascho-Chirac*, il n'y avait qu'un pas que la gauche antimilitariste avait franchi allègrement dans les années 1980. Elle l'avait même suspecté de préparer un *pronunciamiento* sur le modèle chilien. Elle rend aujourd'hui un culte affectueux au grand républicain corrézien, électeur de François Hollande lors de la présidentielle de 2012[38], ami du peuple et des arts premiers, qui a refusé d'entrer en guerre en Irak au côté de Bush fils.

6

Nicolas Sarkozy
2007-2012

Un hyperprésident très *«ops»*

Tout différencie le sixième locataire de l'Élysée de son prédécesseur qui fut tour à tour son modèle et son repoussoir. Dans son panthéon personnel, on a bien du mal à trouver de grandes figures militaires ou des chocs émotionnels vécus sous l'uniforme. C'est affaire de génération, de tempérament, de filiation… et de goût. Sarkozy aime les «grands flics», en l'occurrence les deux Georges : Clemenceau et Mandel*, et seule l'influence grand-paternelle est parvenue à faire dans sa mémoire une petite place au Général. Né le 28 janvier 1955, Nicolas est le fils de Pal Sarközy de Nagy-Bocsa, immigré hongrois. La mémoire familiale paternelle – faiblement transmise à cause de la défection rapide d'un père volage – aurait donc été plus à creuser du côté de l'Empire austro-hongrois

* Le second fut l'intime collaborateur du premier.

que de son ennemi français de 1914-1918. Pourtant ce père – réfugié passé à travers le nazisme et le communisme – s'est enrôlé après guerre pour trois ans dans la Légion étrangère. N'ayant finalement aucune envie de partir combattre pour la France en Indochine, le beau Pal est parvenu à se faire réformer grâce à la complicité d'un médecin militaire hongrois de la Légion. Quittant sa caserne du sud de la France, il est arrivé à Paris sans le sou, dormant à la belle étoile pour vivre une vie de bohème, et sans avoir eu le temps de se constituer un paquetage héroïque qu'il aurait pu transmettre à ses trois fils.

Une flamme dans les yeux

Nulle trace familiale déterminante pour notre thème n'émerge des biographies de Nicolas Sarkozy, si ce n'est l'influence du grand-père maternel, Bénédict Mallah, Juif séfarade originaire de Salonique*. Quand le petit Nicolas se promène avec ce vieil homme qui l'aime et qu'il aime, «pas besoin de parler. Juste écouter parfois, les histoires de grand-père : "C'était comment la guerre avec les Allemands ? Et le débarquement ? Et la Résistance ?" "Et Jo les Chaussettes Vertes, le chef des FTP, pourquoi on l'appelait Jo la Terreur ? C'est vrai que maman [Dadou] était copine avec lui ? Et que les nuits on se battait à coups de mitraillettes ?"» raconte Nicolas Domenach[1] dans ce qui demeure la biographie la plus fine de la psychologie du sixième homme de l'Élysée. Le journaliste poursuit :

> Papy [Mallah] réfugié non loin de Tulle, en Corrèze, avec sa famille, avait vu de près le maquis, de Gaulle et

---

* Immigré de Grèce en France dans les années 1930, il se convertit au catholicisme pour pouvoir épouser sa dulcinée.

la Libération. Ce n'était pas un gaullo-dévot*, mais un pratiquant du 11 Novembre et du 14 Juillet sur les Champs-Élysées. Avec son petit-fils sur les épaules, ils ne se lassaient pas de voir défiler les forces armées et républicaines. Le cœur tambourine, au rythme de la musique militaire. Elle est forte la France. Elle est puissante et émouvante, cette foule communiant en son destin, qu'il vente, qu'il pleuve ou qu'il «soleille». Il était grand, le Général. Et papy, donc. Grand et généreux à la fois.

Quels dépôts subliminaux cela a-t-il laissés dans le subconscient du jeune Nicolas? Est-ce pour cela qu'il s'est pris de passion pour la plume héroïco-patriotique d'un Henri Guaino (son *speech writer* à l'Élysée)? Écoutons encore le journaliste-écrivain Nicolas Domenach quand il dit:

> Bénédict Mallah est français comme il respire. À pleins poumons avec Nicolas. Par exemple lorsqu'ils *philatélisent* de concert. Les vignettes magiques les entraînent dans le monde entier, et partout c'est toujours la France; et d'abord sa collection de vieux timbres non oblitérés des provinces françaises, mais aussi de l'Afrique-Équatoriale française, de l'Afrique-Occidentale française, de l'Algérie française, de la Côte française des Somalis, de Madagascar et ses dépendances, du protectorat français du Maroc, de la Guyane française, d'Indochine, des bureaux français de Chine... Le soleil ne se couche jamais sur l'Empire tricolore des albums de timbres grand-paternels qui lui seront transmis tel un flambeau. [...] Nicolas a cette flamme-là dans les yeux.

* Éric Roussel ne partage pas cette analyse et estime que le docteur Mallah «ne cachait pas son admiration éperdue pour le Général» (dans Éric Roussel, *Nicolas Sarkozy, de près, de loin*, Paris, Robert Laffont, 2016).

Le seau plus que le fusil d'assaut

Génération oblige, Nicolas Sarkozy n'a pas fait la guerre. C'est le premier des présidents de la Ve République dans ce cas. Il a, en outre, choisi de faire un service militaire dit « de planqué » : deuxième classe à l'état-major de l'armée de l'air. Il y a manié plus souvent la serpillière et le seau que le fusil d'assaut. Une option qui offre du temps libre pour faire autre chose, en l'occurrence de la politique, mais qui nourrit généralement un solide antimilitarisme. Avec son camarade Éric Raoult, jeune élu local comme lui, son seul titre de gloire aura été de monter la garde une nuit à Neauphle-le-Château, devant la demeure d'un certain Ruhollah Khomeyni. Les deux jeunes soldats se sont mutuellement encouragés pour tenir le coup en picolant d'abondance. L'histoire ne dit pas si leurs armes étaient approvisionnées et chargées… « Je n'ai jamais aimé être enfermé dans une caserne, même pendant mon service militaire[2] », dira-t-il après son élection. À un officier de l'Élysée, une fois élu, il expliquera « assumer pleinement » son choix d'avoir fait un service militaire sans aucun intérêt – « Je me suis beaucoup ennuyé » – mais qui lui laissait tout le temps nécessaire pour poursuivre ses activités politiques à Paris et Neuilly*. Bref, entre Sarkozy et l'armée les choses ont mal commencé.

Quand il est élu en 2007, il n'a strictement aucun goût pour la chose militaire, notamment dans sa version protocolaire, cérémonielle et traditionnelle. Éric Roussel souligne :

> [Il] incarne en vérité un type de dirigeant inédit à ce jour en France, essentiellement pragmatique, se proclamant détaché

* Il milite au RPR et est déjà élu municipal de Neuilly.

des tabous, affirmant poser sur les situations et les hommes un regard neuf, déconnecté implicitement des références historiques traditionnelles[3].

Profondément décalé, cultivant ce décalage par son verbe et son comportement, l'homme s'est senti «illégitime» durant tout son quinquennat[4]... Il dit d'ailleurs de lui qu'il est un «mauvais garçon[5]», ou du moins est-ce ce qu'il lit dans les yeux des autres. Et il s'en réjouit.

Phobies protocolaires

Certains ministres font des phobies administratives, lui en fait une pour tout ce qui relève de l'institutionnel, de l'apparat de l'appareil d'État. Il déteste, notamment, les grands corps : les magistrats, les diplomates... Un fin observateur de la Sarkozie note :

> Il ne supporte pas qu'ils puissent exister en dehors de lui et perdurer après son départ. Il a une conception très féodale du pouvoir : avec lui tu n'as d'autorité que s'il te l'a donnée... Or les corps en ont malgré lui et sans lui. Cela l'exaspère. Il n'a aucun sens de l'État en tant que structure permanente d'un pouvoir qui lui échappe... C'est un pouvoir entièrement personnalisé : soit tu es avec lui, soit tu es contre lui[6].

Sa fascination pour les États-Unis vient sans doute de son admiration pour un système où il n'y a pas de grands corps, de grandes écoles, de classes sociales structurées, de vouvoiement, de règles sociales de bienséance, et dans lequel chacun, quelle que soit son origine, peut espérer devenir un jour président ou milliardaire, ou, encore mieux, les deux. «Je retiens des États-Unis la volonté de croire en l'avenir, de porter un rêve, de dire que tout est possible», dit-il à Éric Roussel lors de leurs échanges. Qu'importe le bon goût à l'européenne, les convenances, le respect des règles de comportement, la culture classique, seul le résultat compte. C'est un homme qui s'est façonné adolescent par une grande consommation de télévision et qui a été dégrossi culturellement sur le tard par sa troisième femme, la talentueuse patricienne Carla Bruni. Son premier gouvernement (2007) ressemble d'ailleurs à un *casting* pour émission de téléréalité.

Pour lui, l'important est de conquérir le pouvoir et de l'exercer. Il n'aime pas les nantis, ceux qui sont propriétaires de leur fonction ou de leur grade, ce qui est le cas de la gent militaire. «Sarkozy n'a jamais aimé les militaires. Il ne jure que par les flics», souligne un général de l'armée de terre. Un amiral renchérit: «Il n'a eu que dédain pour les militaires.» «Il a fallu, au départ, l'acculturer, reconnaît le général d'armée Marc Watin-Augouard (gendarmerie) qui a appartenu à son cabinet quand il était place Beauvau (ministère de l'Intérieur)[7].» C'est pourquoi son homme lige et directeur de cabinet, Claude Guéant, avait organisé lors de «Beauvau 2» (2005-2007) des briefings informels autour des grandes questions de défense. Des officiers généraux ou supérieurs des trois armées, de la gendarmerie, des ingénieurs de la Délégation générale pour l'armement (DGA), des spécialistes du nucléaire étaient venus éclairer la lanterne du futur candidat à l'élection présidentielle et *brainstormer* avec lui. Quand il s'engage dans la campagne présidentielle de 2007, il accélère le pas. Il audite et il multiplie les contacts avec des spécialistes de droite comme de gauche des questions de défense, de sécurité et de géostratégie. À l'époque, un homme classé à gauche comme François Heisbourg – un des meilleurs spécialistes des questions de défense et de stratégie – me confiait son étonnement d'avoir été reçu déjà à plusieurs reprises par le leader de l'UMP, et de ne l'avoir été à aucun moment par un candidat de gauche.

Hochets

Chef des armées, monarque nucléaire, grand maître de l'ordre de la Légion d'honneur, premier chanoine de Saint-Jean-de-Latran (Vatican), coprince d'Andorre... même si ces titres à la Prévert ne revêtent évidemment pas la même réalité opérationnelle, cela fait beaucoup pour un homme qui déteste le cérémonial. Ces charges imposent pourtant à tous les présidents français d'être en représentation. Nicolas Sarkozy a cela en horreur. Contrairement à Jacques Chirac, les rituels militaires – « ouvrez le ban, sonneries, remise de décorations, regagnez vos emplacements, fermez le ban... » – l'ennuient prodigieusement. Durant son quinquennat, il les zappera autant qu'il est possible, faisant parfois accélérer en douce le mouvement tant il piaffe sur place. Cette manie a pu conduire à des résultats burlesques quand les images projetées sur les murs des Invalides et le texte d'accompagnement lu par un militaire discipliné – mais non averti du changement de tempo exigé par un président piaffant – n'étaient absolument plus synchrones. Le grotesque recouvrait le solennel, au grand désespoir des militaires pour qui ces choses-là comptent. Il a toujours eu très peu de considération pour ce que Napoléon Ier nommait les « hochets » du pouvoir : les décorations*. Devant un aréopage de serviteurs de l'État en tenue qui viennent de réussir une opération risquée, il les désigne circulairement du doigt à

* Le 19 mai 1802, Bonaparte, Premier consul, crée la Légion d'honneur. Elle lui a survécu jusqu'à aujourd'hui malgré tous les changements de régime.

l'attention de leur chef en disant avec bien peu d'élégance: «Vous me décorerez tout ça!»...

À propos de décorations, lors des cérémonies de remise, il n'est pas à son affaire. Il déteste répéter et sur le moment il déchiffre parfois difficilement le nom du récipiendaire que son aide de camp lui présente dans le creux de sa main ou sur un coussin. Ainsi l'amiral Marin Gillier, qui reçoit de ses mains la cravate de commandeur de la Légion d'honneur, se voit-il affubler du prénom de Marine et non de Marin; un prénom que le président ne connaît pas et qu'il prononce dans le doute à l'anglaise. Rien ne l'ennuie plus que de se retrouver dans la cour des Invalides pour remettre plaques et cravates des ordres nationaux*. Ce cérémonial venu de la nuit des temps royaux, impériaux et républicains le lasse profondément. Très désinvolte, toujours pressé, peu martial dans son attitude, roulant plus que défilant devant les troupes au garde-à-vous, il n'a pas craint, un jour, de passer en revue un détachement de la Légion étrangère... en jeans (c'était en Guyane). Très carrés sur ces questions, tout en étant des combattants de premier ordre, les képis blancs ne s'en sont toujours pas remis. Tout cela est pour le nouveau chef des armées du temps perdu, du décorum, de la mousse, de la frime. Il n'aime pas ce type de «bling-bling». Ce qu'il aime, en revanche, c'est l'opérationnel et les opérationnels (les *ops*), pas les notables galonnés en chapeau à plumes. À l'occasion, lors de grandes cérémonies, il chambre son chef d'état-major particulier (CEMP), l'amiral Édouard Guillaud: «Il y a des plumes et des chapeaux, alors cela vous plaît, hein!»

* Grand maître de l'ordre de la Légion d'honneur, le chef des armées doit se plier souvent à ce rite, notamment pour les dignitaires de l'ordre (grands officiers et grands-croix).

Rabot

On a vu que, ministre de l'Économie et des Finances, il avait tenté de rogner allègrement les crédits de la défense. Cela n'en fait pas un ennemi de la défense, mais montre que ce secteur n'a pas à être, selon lui, sanctuarisé face aux éternelles difficultés économiques du moment. Son Premier ministre, François Fillon, n'a-t-il pas annoncé qu'il était « à la tête d'un État en situation de faillite » ?

> À Bercy, explique le général Georgelin, il avait été imprégné d'un discours antimilitaire* qui pense systématiquement que la défense a trop de crédits, que les militaires doivent se tenir à leur place et se taire, et que les programmes d'armements coûtent de toute façon toujours trop chers.

L'amiral Stéphane Verwaerde, ancien numéro deux de la marine, souligne :

> Compte tenu de ses positions passées, on savait qu'en conseil de défense, il arbitrerait toujours à la baisse [les crédits de défense]. C'est ce qui s'est passé. Il a notamment fait une croix sur le second porte-avions [à propulsion classique]**[8].

Devenu chef des armées, Sarkozy passe sans états d'âme la défense au rabot financier, réduisant drastiquement les crédits et le format des armées (moins 56000 hommes), tout en cherchant à préserver les unités opérationnelles et les grands programmes d'équipement – au détriment

---

* À ne pas confondre avec l'antimilitarisme, qui est une hostilité foncière, presque viscérale, à tout ce qui touche à l'armée.

** Les aviateurs ont toujours considéré, de leur côté, qu'un second porte-avions était opérationnellement inutile dans le contexte actuel. Ce ne sont évidemment pas les sentiments des marins.

des petits si importants pour les forces. La purge fut à ce point sévère que les armées se livrèrent mutuellement une guerre sans merci. Il y a toujours eu une certaine concurrence entre les trois armées dans un cadre budgétaire se réduisant comme peau de chagrin, mais ce fut alors une période d'affrontements particulièrement brutaux en coulisse, compte tenu de la violence de la purge. Dans les états-majors, l'atmosphère était pour le moins lourde, chacun bataillant – notamment l'armée de terre fortement étrillée – pour sauver les meubles. « Nos dissensions n'ont fait que favoriser Bercy », estime aujourd'hui le général Abrial (air).

Une des grandes réformes sarkozystes concentre toujours les critiques : la création de grandes bases de soutien*, retirant au commandement (de régiments, de bases, de navires) sa responsabilité en la matière. « Ce fut une réforme idéologique. Un retour funeste à ce qui a été pratiqué avant la guerre de 1870… Cela ne nous a pas souri à l'époque », note l'amiral Verwaerde en faisant allusion à la défaite de la France face à la Prusse et aux États allemands coalisés**[9].

* Le soutien : tout ce qui permet à une entité militaire ou à une force sur le terrain de vivre matériellement.

** Une des nombreuses raisons de la défaite éclair de la France de Napoléon III réside dans les pesanteurs du soutien et de l'approvisionnement trop centralisés (munitions, pièces de rechange pour le Chassepot, équipements, etc.). La IIIe République rompra avec cette tradition en faisant du chef de corps le responsable direct et personnel de l'approvisionnement et du soutien de son unité (voir Pierre Servent, *Le Complexe de l'autruche. Comment en finir avec les défaites françaises*, Paris, Perrin, 2011).

« Je les ai bien niqués »

Quel est le moteur de ce nouveau chef des armées, initié au grand secret du nucléaire en prenant ses fonctions, qui a découvert, impressionné, toute la puissance qui dépendait désormais de lui ? Tous les témoignages sur sa personnalité convergent : c'est un résilient qui s'est construit à la force du poignet contre les autres, le système, les nantis, les bien nés, les institutions et les chapeaux à plumes. Et contre Jacques Chirac, après avoir été l'enfant chéri de la maison familiale du maire de Paris. Nicolas Sarkozy s'est fait tout seul. On ne lui a jamais rien donné. Il lui a fallu tout conquérir. Il a fait sienne cette devise de Charles Pasqua – qu'il a floué dans la succession d'Achille Peretti à la mairie de Neuilly : « Tout ce qui est à moi est à moi, tout ce qui est à toi est négociable*… » Cela forge un tempérament et une psychologie. Un style aussi, sur lequel nous reviendrons. Pendant longtemps, bien avant son arrivée à l'Élysée, sa phrase fétiche était : « Vous avez vu, je les ai bien niqués[10]… » Sa vie est l'éternelle revanche du Petit Chose relégué au bout d'une table bien garnie de bourgeois français sûrs de leurs lignées, de leurs comptes en banque, de leurs grands corps et de leur histoire nationale et familiale. Sarkozy est un *hors-sein*. Un Américain. Son ministre de la Défense, Hervé Morin, ajoute : « C'est un atypique, un transgressif et un anticonformiste. Il déteste les corps constitués, les conservateurs, le formol, les institutions figées[11]… » Éric Roussel, dans un petit livre savoureux, note : « L'abstraction, la conceptualisation n'est

* C'est ainsi qu'il décide de s'attribuer d'autorité le pavillon de la Lanterne (Versailles), résidence secondaire des Premiers ministres.

évidemment pas le terrain favori de ce politique dévoré par la soif d'action[12]. » Dans son livre[13], Patrick Buisson estime que ce n'est pas elle qui le guide, mais le retour rapide sur investissement médiatique et le désir d'être aimé. Il le décrit, en outre, comme un « mâle dominant » dominé par les femmes.

Qu'en disent aujourd'hui les militaires ? Nombreux sont ceux qui lâchent immédiatement quand on évoque son nom : « C'est un antimilitariste ! » ou « Au début, il ne comprenait pas grand-chose aux armées et réagissait au quart de tour, comme un ministre de l'Intérieur, souvent de travers. » Les militaires estiment qu'il a pris ses fonctions en étant inculte dans ce domaine (ce qui est inexact). La brèche est plutôt dans son tempérament, dans le côté : « Tous des amateurs, il faut que je m'occupe de tout... » C'est ainsi qu'il s'étonne avec acidité, au début de son quinquennat, de visiter des bases aériennes... sans avions : sous-entendu, quelle mauvaise gestion ; sans savoir qu'elles n'ont pas toutes cette vocation (bases écoles, détection radar, entrepôts, etc.). « Au démarrage, note Hervé Morin, aller voir les troupes sur le terrain cela l'emm... au plus haut point. Il a changé dans la seconde partie de son quinquennat. »

D'autres complètent le portrait en taille plus douce.

> Sarkozy, souligne cet officier général qui l'a approché, c'est un avocat de formation qui adore les situations d'urgence. En 2005, lors des émeutes urbaines, il a passé plusieurs nuits avec les unités sur le terrain. C'est un *ops* [opérationnel]. Il adore cela. Et il a découvert les opérations spéciales de l'armée avec la piraterie maritime. Il a très vite compris ce qu'il pouvait attendre des armées et il a toujours renvoyé l'ascenseur aux militaires qui avaient mouillé la chemise[14].

Pour compléter le portrait de cet hyperprésident abrasif, le général d'armée Watin-Augouard* explique :

> Je pense que le Sarkozy de 2016 n'était plus celui de 2007. Il savait ce qu'il pouvait attendre des armées et il mesurait la puissance que cela pouvait donner au président sur la scène internationale. Sur le plan personnel, c'est un hyperaffectif. Il a besoin d'être aimé des gens. Mais c'est un impatient, un hyperactif toujours en ébullition. Il voit loin, il anticipe. Il sait être visionnaire. Il écoute, surtout ceux qui avancent des propositions hétérodoxes. Mais c'est aussi une personne qui a besoin d'avoir à ses côtés quelqu'un qui calme ses impatiences et ses sautes d'humeur. Son ex-épouse, Cécilia, faisait cela parfaitement. C'est également un homme très fidèle en amitié[15].

Human Bomb

Ses premiers pas élyséens sont plutôt calamiteux, entre croisière sur un navire de milliardaire**, insulte grossière (« Casse-toi, pauvre con ! ») et drame intime rejaillissant sur la sphère publique pour avoir auparavant trop médiatisé sa vie personnelle. L'homme donne l'impression de ne pas savoir se tenir sous les ors de la République

---

* Conseiller gendarmerie de Nicolas Sarkozy place Beauvau (2002-2004). Il a terminé sa carrière militaire comme général d'armée, inspecteur général des armées. C'est un camarade de promotion (Saint-Cyr) du général Benoît Puga.

** Claude Guéant, qui allait devenir secrétaire général de l'Élysée, avait expliqué dans la presse que le président élu, avant de prendre officiellement ses fonctions, allait prendre du recul et se retirer... dans un monastère pour y méditer sur la dimension intrinsèque de son futur rôle.

monarchique... un comportement de « mauvais garçon ». Tout cela fait désordre, même pour des militaires peu bégueules, contrairement à ce que l'on pense. Ils ont voté en grande majorité pour lui en 2007. Il n'est pas certain qu'ils l'aient fait aussi nettement en 2012. En 2017, ils n'auront pas à répondre à la question...

En 2007, il s'installe avec le crédit que lui confère son énergie, son patriotisme affiché et ses postures d'autorité. Mais les militaires regrettent qu'il ne jure que par le RAID de la police nationale, dont il a découvert les vertus en 1993, lors de la prise en otage d'enfants dans sa ville de Neuilly (affaire *human bomb*). La gendarmerie, corps militaire, va en faire les frais : elle passe sous l'autorité opérationnelle du ministère de l'Intérieur tout en conservant son statut militaire (2009)*. « Il ne découvrira les vertus et l'efficacité de la gendarmerie qu'en Guyane en assistant à une opération de lutte contre l'orpaillage », souligne le général Watin-Augouard. Un autre officier ajoute : « Il n'aimait pas beaucoup la gendarmerie car il ne la trouvait pas aussi déliée politiquement que la police**. »

Lors de l'affaire de Neuilly, il s'était courageusement impliqué dans les négociations avec le terroriste. Il en est resté marqué à vie. Ce fut son baptême du feu initiatique. À un général, il explique, non sans fierté : « J'ai pris des risques et des responsabilités dans cette affaire[16]. » Le sénateur Roger Karoutchi ajoute :

* Ce fut exactement l'inverse à l'époque de François Mitterrand qui se méfiait de la police et qui avait confié à la gendarmerie sa protection et celle de sa seconde famille.

** L'une des forces est syndiquée (la police), pas l'autre.

> J'étais à la mairie de Neuilly lorsque Nicolas a été informé de la prise d'otages. Comme il était ministre du Budget, il aurait pu dire à la police et au préfet des Hauts-de-Seine de le représenter et de se débrouiller. Personne ne lui demandait de prendre cette responsabilité qui constituait un risque, car s'il y avait eu des enfants tués, il se le serait reproché toute sa vie. Mais il considérait que le drame était arrivé dans sa commune et qu'il fallait y être. Il a même pris en main le contact direct avec les ravisseurs, parce qu'il était obsédé par le sort des enfants[17].

Cet événement au dénouement heureux, ses passages au ministère de l'Intérieur, son admiration pour Clemenceau et Mandel ont enraciné en lui cette culture policière, infiniment respectable, mais qui est sensiblement différente de celle des armées. Dans la police, se faire tuer est un drame inacceptable, voire un accident du travail intolérable. Dans l'armée, cela fait partie du contrat de départ. Les militaires le signent avec leur sang. Les policiers se considèrent comme des « victimes du devoir » quand ils tombent, les militaires détestent cette expression même de « victime »... On verra que tout cela jouera sur les choix contestables du très médiatique chef des armées dans le dossier afghan. Il n'est jamais bon de gérer une guerre à l'étranger comme si on était en France dans une classique affaire de policiers et de gangsters.

Nicolas Sarkozy apprivoise progressivement la culture militaire, mais elle lui reste consubstantiellement inassimilable, voire étrangère. Son ADN ne colle pas avec celui d'un univers très ritualisé qui a traversé les siècles et qui attache beaucoup d'importance à la forme, car derrière l'armée se profile l'histoire, les symboles des engagements passés, la mémoire des anciens, l'ombre de la mort reçue et donnée, hier et demain. Néanmoins, nombre de témoins interrogés s'accordent à souligner le fait qu'il y a dans son quinquennat Sarkozy 1 et Sarkozy 2. Dans la seconde partie de son mandat, il donne le sentiment d'avoir trouvé une certaine forme de calme intérieur, mesurant notamment à quel point l'instrument militaire confère au président français un statut particulier dans le monde. Le fait de se sentir appartenir à un petit club fermé n'est pas pour lui déplaire. Question d'ego et de revanche sur son passé. Il est désormais à la table des grands et sa parole est écoutée. Il n'est plus le petit Nicolas. Revenu de sa première rencontre avec Vladimir Poutine les yeux pleins de lumière, il donne le sentiment à la presse, à qui il rend compte de ses échanges, d'avoir bu tant il apparaît comme excité, agité, enivré au sens propre du terme. Or, Nicolas Sarkozy ne boit pas une goutte d'alcool. Les raisons de cette ivresse apparente étaient exclusivement psychologiques.

« J'ai bien envie de le virer... »

Dès sa prise de fonctions, le chef des armées confie à son ministre de la Défense, Hervé Morin : « J'ai bien envie de virer Georgelin... J'hésite à le faire. Ce n'est pas facile de virer un chef d'état-major des armées en début de mandat[18]. » « Très vite, avec son intelligence et son professionnalisme, Georgelin s'est remis sur les rails », note l'ancien ministre. Déjà les ennemis du général (CEMA) avaient fait fuiter sa prochaine éviction. On se souvient des accrochages entre les deux hommes, à l'époque de Chirac. Compte tenu du tempérament éruptif du nouveau président, le microcosme était convaincu que Georgelin allait être carbonisé très vite. Un an avant l'élection présidentielle de 2007, le président Jacques Chirac, qui redoutait la victoire de celui qu'il détestait, l'avait d'ailleurs exfiltré de l'Élysée pour le nommer à la tête de l'état-major des armées (EMA). Le CEMA ayant plus de visibilité que le CEMP... il serait plus difficile à limoger ! C'était encore une façon de faire la nique au « nabot* ». Il lui a sans doute *sauvé* la vie par cette manœuvre ; le contentieux entre les deux hommes était chargé car il n'y avait pas eu que les deux incidents mentionnés plus haut...

> L'usage, raconte le général Georgelin[19] en se souvenant de cette époque d'avant l'élection de Nicolas Sarkozy, veut que le nouveau CEMA [Chirac vient de le nommer, 2006] aille se présenter aux ministres qui participent aux conseils de défense. Le ministre Nicolas Sarkozy a reporté trois fois notre rendez-vous... En le croisant un jour, je lui dis : « On va croire que vous n'aimez pas l'armée**. » Il me fait rappeler : rendez-vous est pris... un dimanche. Coup de fil de Sarkozy la veille pour le reporter à nouveau... Une quatrième fois ! Il me dit : « À un homme comme vous, on ne ment pas. Je dois aller au cinéma avec Cécilia et Louis. Lundi à 8 heures, je serai dans votre bureau. »

Soucieux des règles hiérarchiques, le général prévient son ministre de tutelle, Michèle Alliot-Marie. Prudente, celle-ci lui conseille d'alerter le chef des armées, Jacques Chirac. Tout ce qui touche Nicolas Sarkozy est hautement sensible. On est en plein Vaudeville politique. Le président rigole en écoutant son général lui narrer l'affaire et la proposition de ce ministre détesté. Il donne néanmoins son *nihil obstat*.

---

* Ainsi Jacques Chirac désigne-t-il Nicolas Sarkozy.

** Devant son désintérêt ouvert pour l'armée, un autre général lui avait dit un jour : « Vous savez, les militaires votent. Avec leurs familles cela fait facilement un million d'électeurs... » Nicolas Sarkozy avait été soudainement très intéressé par le propos...

À 8 heures du matin, Nicolas Sarkozy débarque dans mon bureau, serein et détendu, raconte Jean-Louis Georgelin. Il va lui-même au secrétariat pour chercher les gâteaux qui manquent et il me lâche dans la conversation : « Cette prochaine élection, je la sens bien... Je serai ravi de travailler avec vous si je suis élu... »

Finalement, après les premiers froids du début, Nicolas Sarkozy, président, gardera en fonction ce CEMA choisi par Chirac qui s'était permis de le contrer frontalement en conseil de défense. Au final, il le découvrira, l'appréciera et le prolongera au-delà de sa limite d'âge normale de général d'armée. Il acceptera même que cet officier haut en couleur – au verbe tonitruant et terrifiant pour ses subordonnés, grand amateur de chant grégorien, lecteur infatigable à l'insondable culture historico-militaire et institutionnelle, déterminé dans son métier – se taille à coups de décrets (2009) un poste de CEMA aux pouvoirs très étendus ; et ce au détriment de ceux des chefs d'état-major des armées de terre, de l'air et de la marine. « J'ai voulu remettre le militaire [en l'occurrence le CEMA] au cœur du dispositif », se justifie aujourd'hui le général Georgelin qui estime qu'il y a traditionnellement dans la haute administration française un fort parti « antimilitaire » qui entend que les chefs étoilés se tiennent bien droit et que, surtout, selon l'expression de Jean-Pierre Chevènement à propos des ministres, ils « ferment leur gueule »*. Nicolas Sarkozy a donné son *imprimatur* à ces

* Ces décrets seront abolis sous l'ère hollandaise. « Il fallait mettre un terme au *putsch* des généraux », dira à l'auteur, en souriant de la formule volontairement provocatrice, un important collaborateur du ministre de la Défense Jean-Yves Le Drian. Il faut préciser que nombre de généraux étaient eux-mêmes hostiles à la réforme Georgelin, considérant que l'EMA était devenu « une usine à gaz » en ayant récupéré

décrets : cela vidait également encore un peu plus les pouvoirs déjà maigres du ministre de la Défense* pour renforcer ceux d'un CEMA qui, dans son esprit, appartenait à sa maison…

À l'époque, le général Georgelin n'hésitait pas à confier à certains amis étrangers qui lui demandaient quelle était la répartition des rôles entre lui et le ministre : « Il a en charge… l'eau, l'électricité et le gaz. » Le propos était assassin et faisait allusion au fait que le ministre, totalement exclu des grands dossiers stratégiques, s'était reporté sur la partie gestion du ministère en se fondant notamment sur l'expérience des grands groupes privés pour dégager des économies. Quand Alain Juppé succédera à Hervé Morin, en 2010, le climat changera du tout au tout. Un haut fonctionnaire de la Défense raconte :

> Pour Juppé, c'était un retour aux affaires par le haut après avoir été battu aux législatives de 2007. Il n'a pas

---

des missions organiques (voir Pierre Servent, *Les guerres modernes racontées aux civils…*, *op. cit.*). L'ancien CEMA, le général Bentégeat, dénoncera pour sa part un retour de balancier brutal de la part de l'équipe Le Drian, conduisant à une *civilianisation* systématique de certaines fonctions pourtant essentielles pour le CEMA, comme les affaires internationales à dominante militaire. Voir sa tribune dans *Le Figaro* du 15 septembre 2013 : « Métier des armes, une porte qui se ferme. » Il y regrettait que le gouvernement manifeste ainsi une « défiance de principe à l'égard du loyalisme des officiers ». Il récusait l'idée selon laquelle les grands chefs militaires ne seraient que des « techniciens du combat » inaptes à gérer des finances, des relations internationales ou à s'occuper de ressources humaines. Depuis, les relations entre les armées et le ministère se sont apaisées, même si certains généraux trouvent que le directeur de cabinet du ministre, Cédric Lewandowski, a trop de pouvoir.

* Contrairement aux usages en vigueur sous la Ve République, le président Sarkozy ne reçoit pas chaque semaine son ministre de la Défense…

fallu longtemps aux militaires pour réaliser qu'il y avait un «patron» à la maison. Il avait du poids face au chef de l'État, il connaissait ses dossiers et il avait une autorité naturelle. Cela a remis en selle l'hôtel de Brienne face au Palais.

Mais l'aventure n'a duré que quelques mois (novembre 2010-février 2011), Alain Juppé étant très vite nommé au Quai d'Orsay en remplacement de Michèle Alliot-Marie décrédibilisée par sa mauvaise compréhension de la nature du printemps tunisien.

Thalathine

Un dossier extrêmement délicat a permis au général Georgelin de faire valoir ses talents et d'éloigner ainsi un couperet qu'il savait proche de sa tête. Il a pour nom : piraterie maritime. À l'entrée du golfe d'Aden, le 4 avril 2008, des pirates somaliens armés de kalachnikovs et d'un lance-roquettes RPG prennent d'assaut *Le Ponant*. Trente membres d'équipage* se trouvent à bord de ce trois-mâts de croisière de 88 mètres. Le commandant du bâtiment, Patrick Marchesseau[20], a eu le temps de diffuser un message d'alerte tandis que des membres de l'équipage tentaient en vain de repousser les assaillants avec les lances à incendie du bord. L'État français se met en branle instantanément de Paris à l'océan Indien. Sous l'égide de Matignon, une vaste opération aéromaritime est lancée dès les premières minutes de la prise d'otages (opération *Thalathine***).

* Vingt et un Français, six Philippins, un Camerounais et une Ukrainienne (il y a six femmes).

** Qui veut dire «trente» en arabe. Nom choisi par l'amiral Marin Gillier, commandant tactique de l'opération et arabisant.

Deux jours plus tard, le dimanche 6 avril, une réunion de crise a lieu à l'Élysée autour du chef des armées. Sont présents, autour de Nicolas Sarkozy, Claude Guéant, secrétaire général, Jean-David Levitte, conseiller diplomatique (ancien de l'équipe Chirac), et l'amiral Guillaud (CEMP). Le CEMA, le général Georgelin, a pris également place autour de la table. Le Premier ministre François Fillon est venu avec la Défense (Hervé Morin) et les Affaires étrangères (Bernard Kouchner). Le patron des services secrets (DGSE), Pierre Brochand, est également là. Comme le souligne très justement l'amiral Mérer dans son livre :

> À ce moment, l'affaire du *Ponant* change de nature, car elle sera désormais conduite comme une opération militaire, avec les rênes directement tenues à l'Élysée, alors que c'est au départ une affaire de police en mer qui est du ressort de l'autorité du Premier ministre.

Le président veut à tout prix préserver la vie des trente otages. Il mesure parfaitement la dimension médiatique et émotionnelle de ce dossier. C'est le premier de cette nature qu'il a à gérer depuis son entrée en fonction. Il demande des détails, se fait communiquer les plans du *Ponant*. Le CEMA les commente. C'est lui qui a la main opérationnelle sur l'opération *Thalathine*.

Pour le chef de l'État, les souvenirs affluent. C'est une sorte de réédition lointaine et maritime de l'affaire *human bomb*, dans un cadre certes très différent, avec d'autres enjeux et d'autres acteurs. Mais le goût amer est le même. Connaissant mal les armées et encore plus mal l'univers des opérations spéciales, il entend tenir son monde rênes courtes pour éviter tout dérapage. Il va s'impliquer personnellement, convaincu comme toujours que s'il ne met pas la main à la pâte, les choses vont mal tourner. L'hyperprésident veut veiller au grain personnellement.

Le patron de l'opération *Thalathine*, c'est clairement lui, le chef des armées.

Quatre jours après cette réunion, obsédé par la communication, Nicolas Sarkozy reçoit à l'Élysée les familles des otages français. Un communiqué de presse donne l'information. L'hyperprésident joue gros vis-à-vis d'une opinion publique qui a fortement réagi à l'annonce de cet acte de piraterie qui avait jusqu'à présent épargné la France. Le CEMA suit également de très près ce que disent les médias. Son placide chef de cabinet, l'amiral Bernard Rogel*, veille et surveille ce versant. Ce sous-marinier robuste, très solide quand la pression monte, absorbe avec bonhomie les nombreux coups de gueule de son patron. C'est l'homme idoine. La tour de contrôle. Il a toute la confiance de Georgelin depuis qu'ils ont travaillé ensemble à l'EMP (état-major particulier) de l'Élysée. Tous ces maillons humains sont déterminants pour la réussite d'une telle opération**. Pas seulement en raison de leur compétence, mais également pour leur capacité à créer du collectif avec de fortes personnalités dans le paysage et l'ombre portée permanente du palais de l'Élysée.

---

* Chef d'état-major particulier (CEMP) de François Hollande (2016) après avoir été chef d'état-major de la marine (CEEM).

** Pour le lecteur qui souhaite se plonger dans le récit minute par minute de ce *thriller* maritime, on ne saurait trop recommander l'excellent livre de l'amiral Laurent Mérer, *À l'assaut des pirates du* Ponant (Éditions du Rocher, 2012). Par la qualité de son écriture et sa simplicité, il permet à tous les néophytes de comprendre comment une opération complexe est montée en France. Celle-ci a mobilisé plus d'une centaine d'hommes et de femmes (notamment une femme pilote d'hélicoptère).

Tarpon

Le Ponant est au large des côtes de la Somalie, la base arrière des pirates. Le contre-amiral Marin Gillier, patron des fusiliers marins et commandos (Alfusco), n'a pas attendu qu'on l'appelle à Lorient pour filer à Paris. Il veut prendre la main dans cette affaire, mais pas de son bureau... La France a plusieurs bâtiments sur zone, notamment le *Jean Bart* (frégate antiaérienne), le pétrolier-ravitailleur *Var*, l'aviso *Commandant Bouan* et la *Jeanne d'Arc* (navire-école qui peut servir de bateau-hôpital en cas de coup dur). Marin Gillier est *tarponé*, c'est-à-dire parachuté à la mer pour prendre le commandement tactique de l'opération*. C'est une première. La présidence communique activement autour de ce *tarponage*, il importe de faire savoir que l'Élysée s'active. C'est également une façon de mettre la pression sur les pirates.

Il est plutôt inhabituel de voir un amiral prendre son commandement dans de telles conditions. Il faut dire que le personnage n'est pas banal. Commando marine (nageur de combat), cet homme au prénom prédestiné a un passé opérationnel impressionnant** et un placard de décorations qui l'est tout autant. Arabisant, il a été en poste au Caire (attaché naval) et en Jordanie (conseiller « forces spéciales » des autorités). Sous des dehors très policés qui pourraient le faire passer pour un diplomate bon teint, Marin Gillier est en opération un chef déterminé et urbain en toutes circonstances. À ses équipes, il donne toujours l'ordre de

---

* L'Alindien (amiral commandant dans l'océan Indien) a le contrôle opérationnel sur toute la zone. Mais de fait il n'aura pas la main sur les décisions opérationnelles.

** Liban, Rwanda, Bosnie, Macédoine, Kosovo, Afghanistan.

mise en route par un «*Yallah!*» («En avant») retentissant juste avant d'ajuster sur sa tête ce qu'il nomme avec un flegme très britannique son «chapeau», en l'occurrence son béret vert, porté à l'anglaise comme il est de tradition chez les commandos marine (c'est-à-dire à l'inverse du reste de l'armée française*). Bref, *anima sana in corpore sano*. Il est rejoint bientôt par une autre *as*, le colonel Denis Favier, dont on pourrait dire la même chose. Le patron du GIGN – qui va prendre ses étoiles de général quelques semaines plus tard – a notamment commandé l'assaut, en décembre 1994, contre l'avion détourné par des terroristes algériens sur l'aéroport de Marseille-Marignane[21]. Il a en commun avec Gillier quelque chose de *British* dans le style, comme si avec lui rien de grave ne pouvait arriver. Il parle souvent doucement, à mi-voix, sans forcer le trait, comme pour économiser ses munitions**. Tous les deux sont l'antithèse de l'image d'Épinal du *warrior* façon Rambo. Comme Gillier, Favier fait partie de ces guerriers ayant du sens politique : ils rassurent les présidents et les ministres par leur calme, leur détermination, leur pertinence et leur pedigree opérationnel. Ils ne sont pas du genre à leur apporter des problèmes, mais peuvent leur fournir une arborescence de solutions imaginatives et souvent hétérodoxes. Les politiques raffolent de ce type

---

* La matrice des commandos français est britannique et date de la Seconde Guerre mondiale. Les bérets verts des commandos marine se portent donc inclinés à droite.

** Général d'armée (5 étoiles), il a terminé sa carrière comme directeur général de la gendarmerie nationale (DGGN), avant de prendre le poste de directeur de la sécurité du groupe Total (2016).

de profils : ce sont des « héros* » contemporains largement inconnus du grand public.

Denis Favier arrive sur zone avec un renfort en hommes du GIGN. L'amiral Mérer souligne :

> Les gendarmes doivent être là pour apporter leur savoir-faire dès les premières heures en proposant des schémas d'engagement travaillés depuis des années en partenariat avec les commandos marine et expérimentés au cours de nombreux exercices. Car Favier et son équipe ont l'habitude de s'engager avec les armées[22].

À Paris, deux autres hommes précieux entourent le CEMA, l'amiral Pierre Martinez, patron du commandement des opérations spéciales (COS) et le capitaine de vaisseau Laurent Isnard, commando marine (nageur de combat). Il est au centre de planification et de conduite des opérations (CPCO) de l'EMA le « J3 mer »** de l'amiral Jean-Pierre Teule, patron du CPCO. Pierre Martinez et sa petite équipe du COS sont en contact permanent avec Laurent Isnard*** et les bâtiments présents sur zone pour filer le train du *Ponant*. Il y a d'ailleurs un moment d'inquiétude quand une série de coups de feu éclatent autour du navire. Il a été victime d'une seconde attaque

---

* Au mois d'août 2016, lors de l'adieu aux armes du général d'armée Favier, le Premier ministre, Manuel Valls, qui le connaît bien (il a été son conseiller place Beauvau), a utilisé dans son éloge ce mot de « héros ». Le général Favier a joué un rôle clé dans la traque des frères Kouachi (attentats contre l'équipe de *Charlie Hebdo*) en janvier 2015.

** Un état-major est structuré selon les normes de l'OTAN en différents « J » (*joint operations*) : le J3 a en charge les opérations.

*** Devenu amiral, Laurent Isnard commande le COS depuis l'été 2016.

de pirates voulant ravir aux premiers leur proie juteuse. L'attaque a été repoussée par les premiers pirates... Heureusement personne n'a été blessé parmi l'équipage.

Je ne suis pas votre général !

En ce début du mois d'avril, la France place ainsi ses meilleurs atouts dans la balance. Les négociations traînent toutefois en longueur. Les pirates veulent beaucoup d'argent (2,5 millions de dollars), mais surtout la garantie de pouvoir le ramener à terre en sécurité. Le protocole d'échange n'est pas simple à bâtir. Il faut mettre aussi dans la boucle l'armateur du *Ponant,* Jacques Saadé. Très vite, sous pression et appels incessants de Paris, l'amiral Gillier ne dort plus que quelques heures par nuit. Sa résistance physique et nerveuse est fortement sollicitée. En pleine nuit, on le réveille pour une communication chiffrée urgente avec Paris. Il prend le combiné encore dans ses rêves ou ses cauchemars.

— Ici le président de la République...

— Mes respects mon général, répond-il machinalement, pensant avoir affaire encore une fois au CEMA.

— Je ne suis pas « votre général », je suis le président de la République..., réplique Nicolas Sarkozy, furieux.

— Oui, mon général..., poursuit Marin Gillier toujours la tête dans le coaltar[23].

Des ordres seront donnés par la suite par le général Georgelin pour qu'on laisse l'amiral dormir un peu... Le contrôle du CEMA sur l'opération est très serré. Il joue gros pour la survie des otages, la réputation de la France... et pour lui-même. Dans cette affaire, l'amiral commandant la zone maritime de l'océan Indien (l'Alindien) est complètement court-circuité, même s'il conserve le contrôle opérationnel de la zone. « La chaîne de commandement était on ne peut plus simple : le chef des armées, le CEMA et moi », explique l'amiral Gillier. Ses ordres sont d'une clarté biblique : 1) interdiction de conduire une opération de vive force à terre quand les pirates y seront retournés ; 2) tous les otages doivent être récupérés vivants. Donc aucune prise de risque.

Les négociations aboutissent finalement. Une rançon est versée physiquement par deux membres du GIGN et un commando marine : au total ce sont 21 500 billets de 100 dollars tassés dans trois valises. Vingt-neuf otages sont immédiatement récupérés et embarqués sur le *Jean Bart*. Les pirates conservent le commandant du *Ponant* comme bouclier. Les Somaliens – ils sont au nombre de vingt – ont fait manœuvrer le navire pour qu'il soit au plus près de la côte pour pouvoir la regagner au plus vite. L'idée qu'a derrière la tête l'amiral de les intercepter en mer avant qu'ils ne rejoignent la terre n'est pas jouable. Et puis, il faut sauver la vie du trentième otage, Patrick Marchesseau, qu'une poignée de pirates gardent jusqu'au bout. Le commandant du *Ponant*, par ailleurs officier de réserve, fera preuve tout au long de ce drame d'une maîtrise, d'un esprit d'initiative et d'un sens des responsabilités peu communs. Qu'il ne craque pas fut un atout précieux pour les négociateurs. Il tiendra jusqu'au bout.

Pas d'intervention au sol

Finalement, tout se passe de façon « nominale », comme disent les militaires. Marchesseau est récupéré intact après avoir sauté à la mer. L'amiral Gillier rend compte immédiatement à Paris. Il est chaudement félicité. Mais il ne veut pas en rester là. La fuite des pirates est suivie du ciel par un Atlantique II de la marine nationale. Lors d'un échange avec un général Georgelin infiniment soulagé, et qui n'a pas plus dormi que lui, il fait valoir que l'opération récupération a pleinement réussi mais que la France « s'est couchée ». Il sait que les pirates se sont retranchés dans un bâtiment à terre parfaitement identifié du ciel. Une frappe de missile délivrée par un hélicoptère Gazelle-Hot permettrait d'envoyer un sérieux avertissement à tous ceux qui voudraient s'en prendre par la suite au pavillon tricolore. Dans son esprit, il s'agit de sauver la vie de Français qui, demain, pourraient être pris en otage si le message envoyé par la France était celui de la soumission et de la rançon. Le CEMA transmet au « PR* ».

Dans la foulée, le chef des armées appelle lui-même l'amiral Gillier qui, bien réveillé cette fois, évite de donner du « mon général » à celui qui ne fut que seconde classe. « Je lui ai dit que je pensais qu'il n'y avait que des pirates dans le bâtiment que je voulais frapper, mais que dans l'hypothèse où il y aurait à l'intérieur une petite fille planquée quelque part, elle était sûre d'y rester[24] », se souvient-il.

> Le président m'a dit : « Ce que vous me proposez, c'est de l'assassinat. » Cela m'a évidemment choqué. J'ai eu le sentiment qu'il réagissait plus comme un ministre de l'Intérieur arc-bouté sur les règles de droit commun propres au territoire national que comme un chef des armées prenant la mesure du problème dans la durée. Il me semblait important que ce type de prises d'otages ne se répète pas et qu'il fallait sauver ainsi la vie d'autres Français par cette approche dissuasive. Là, on pouvait marquer le coup et ne pas seulement payer une

* Le président de la République (PR) dans le jargon des cabinets ministériels et des forces de sécurité.

rançon. À la fin de notre échange, il a répété son ordre : « Pas d'intervention à terre ! » Le message était clair !

L'amiral Gillier n'y a pas songé sur le moment, mais l'évocation de la présence hypothétique d'une « petite fille » – il aurait pu dire « un civil » – ne pouvait que bloquer l'ancien maire de Neuilly, au-delà même du débat légitime sur ce type d'opérations dans ce cadre-là et dans le contexte plus global de la piraterie maritime. Le président n'était pas illégitime à considérer que la France n'était pas en guerre contre les pirates somaliens. Le point de vue de l'amiral ne l'était pas moins en pensant à la suite des événements, ce qui est toujours la préoccupation d'un chef opérationnel. Ce qui le caractérise, c'est la ténacité... Malgré l'injonction présidentielle, il ne baisse pas les bras et continue de suivre à la trace les pirates somaliens. À terre, ils se séparent en deux groupes avec chacun une partie du magot. L'un des groupes file en 4x4. Il est repéré faisant route plein ouest. Marin Gillier joint alors le général Georgelin pour lui dire qu'il y a une fenêtre de tir.

— On peut intervenir au sol sans casse !

— Pourquoi voulez-vous le faire, ce ne sont pas les ordres du président ?

— Si c'était juste pour délivrer une valise de billets, on aurait dû envoyer DHL et non déployer la moitié de l'armée française, répond-il en forçant évidemment grossièrement le trait.

— Vous pouvez faire quelque chose ?

— Oui !

— Combien de temps vous faut-il pour vous préparer ?

— Trois minutes.

— Je vous rappelle.

Sans attendre le retour téléphonique du CEMA, Marin Gillier demande à quatre hélicoptères de décoller pour aller vers la côte, mais sans survoler le territoire somalien. Les ordres du président étaient respectés. Mais si le CEMA revenait avec un feu vert, il était alors à même d'engager son opération dans les meilleurs délais. Alors que les hélicoptères approchent de la côte, le général Georgelin joint Gillier : « OK, vous y allez. » Les autorités somaliennes ont donné de leur côté leur accord*. « Reçu ! » répond l'amiral qui donne ses ordres par radio au chef de groupe embarqué. « Le président m'a donné un feu vert immédiat quand je lui ai parlé de cette option[25] », confie aujourd'hui le général Georgelin.

Bouquet final

Quand l'amiral Gillier a lancé préventivement ses hélicoptères – qui embarquent des commandos marine et des tireurs d'élite équipés de fusils McMillan Tac-50 –, il a dit au chef de groupe d'appliquer au 4x4 la méthode utilisée pour stopper les *go fast* qui transportent de la drogue en mer. Fait très inhabituel, il lui a demandé s'il acceptait formellement la mission compte tenu de l'absence de préparation. La réponse de cet officier, qui avait passé sept mois en Afghanistan avec lui (opération *Arès*), ne faisait pas de doute. Il briefe son équipe en vol faute d'avoir pu le faire au sol compte tenu des délais. Les hélicoptères survolent la Somalie. Le 4x4 est stoppé d'une balle de calibre 12,7 mm qui fait exploser le moteur. Un pirate somalien vise le ciel de sa kalachnikov. Un tireur d'élite lui loge une balle… juste devant les jambes. Il se

* Le chef des services secrets somaliens a dit aux Français : « Vous pouvez les écraser ; ce sont des bandits. Faites-en ce que vous voulez. » Une note diplomatique, en termes plus policés, validera le *nihil obstat* des autorités somaliennes.

calme. Les six pirates sont bientôt capturés sans résistance et embarqués à bord des voilures tournantes. Un seul est légèrement blessé à la jambe. Il a reçu un fragment de la carrosserie lors du tir. Tout ce qui peut être récupéré l'est : une partie de la rançon, des téléphones, de l'armement, des documents. Sur ordre de Marin Gillier, et pour finir le travail proprement, un tir de missile Hot détruit le véhicule. La mission *Thalanthine* est finie.

À bord du *Jean Bart*, Gillier rend compte au CEMA, qui le félicite chaudement. Avant de prévenir le chef des armées, il lui demande de répéter l'opération contre le second groupe de pirates qui a pris une autre direction. Mais cette fois, c'est l'amiral qui dit stop ! Il fait valoir que les conditions ne sont pas optimales de ce côté-là et qu'il vaut mieux ne pas outrageusement solliciter la chance. On en reste donc là[26]. « Du centre de planification et de conduite des opérations (CPCO), raconte le général Georgelin, j'ai appelé à 3 heures du matin le président pour lui dire que tout s'était bien passé. » « Génial ! » exulte l'hyperprésident. Il prépare avec son CEMA le communiqué de victoire. La presse est conviée à l'Élysée le lendemain pour connaître les détails de l'exploit. Le chef des armées n'est pas ingrat. Sur la photographie, il place le général Georgelin bien en évidence, à côté de lui, avec, non loin, le patron du COS, l'amiral Martinez, qui n'apprécie pas du tout ce type d'exposition médiatique pour une « opération spéciale » qui doit toujours conserver un caractère de discrétion. Tous ceux qui avaient pronostiqué l'éjection expresse du général Georgelin en sont pour leurs frais. À un officier général de la marine de haut rang, l'hyperprésident gonflé à bloc ne craint pas d'affirmer : « Avec l'affaire du *Ponant*, la marine a lavé l'affront du sabordage de la flotte à Toulon. » Un peu gros peut-être…

Le très *ops* Nicolas Sarkozy vient de toucher à la magie des opérations spéciales – il aime cela. Dorénavant, il fait confiance à son CEMA. Lors de réunions à l'Élysée pour préparer d'autres interventions, il lui coupe amicalement la parole quand ce dernier entre trop dans le détail d'un futur dispositif : « C'est votre affaire Jean-Louis, nous vous faisons confiance pour monter cela. » « Il a pensé que j'avais la baraka car nous avons également résolu sans casse la prise d'otages du *Carré d'as* au large des côtes somaliennes [à l'automne 2008] », note le général Georgelin. Mais la baraka a parfois des éclipses tragiques. Un an, jour pour jour, après *Le Ponant,* un autre bateau de plaisance français, *Le Tanit,* est capturé par des pirates somaliens. Ayant bien compris ce qui s'était passé pour *Le Ponant* et *Le Carré d'as,* les Somaliens décident de filer vers la côte, pensant mieux maîtriser la situation une fois à terre. La manœuvre étant pressentie, le bâtiment est immobilisé par un tireur d'élite. Des écoutes font penser que la vie des otages est menacée. Une fois encore le président suit de près les opérations grâce à son CEMA. Il donne son feu vert pour un assaut à la mer : « Allez-y ! » La suite, le général Georgelin la raconte :

> Je joins le président. Je lui dis : « Les otages sont libérés sauf un qui a été tué*. » S'en suis un silence de mort, un silence assez long. Puis : « Merci mon général. » Il a complètement assumé la décision et les risques pris. J'ai senti sa profonde déception mais il n'y a eu aucune insulte.

Le président assumera également l'opération des forces spéciales qu'il avait autorisée pour tenter de délivrer deux jeunes Français qui venaient d'être enlevés dans un restaurant de Niamey (Niger). Il s'agissait de les reprendre avant que leurs ravisseurs aient pu rejoindre leur base arrière dans le Nord-Mali. Incroyablement complexe, la

* Par un tir fratricide.

mission montée en urgence a permis d'accrocher les djihadistes d'AQMI avant leur repli. Mais l'engagement du feu avec les preneurs d'otages devait coûter la vie des deux Français (janvier 2011).

Le style, c'est l'homme

Pour parvenir à cerner le style d'un homme politique, il faut l'observer à l'extérieur, ce qui est assez simple évidemment, surtout pour Nicolas Sarkozy qui a un sur-moi assez faible, mais également à l'intérieur de son système de commandement. Ce qui est d'ordinaire plus compliqué. Pour Nicolas Sarkozy, il n'y a pas de différence énorme entre les deux. Brut de fonderie, le personnage est assez homogène. Il ne conçoit pas de système de commandement par délégation. Cet hyperaffectif en recherche permanente de reconnaissance – qui peut être très amical et attentif à la souffrance de ses amis, des victimes d'un drame – utilise dans le travail ce que les responsables des ressources humaines qualifient de « management par la terreur ». Ce qui n'exclut pas une grande liberté dans les débats. Il écoute ses conseillers, laisse libres les échanges, ne redoute pas l'iconoclastie, mais, au final, tout doit passer et revenir à lui. Gare à qui l'oublierait ! C'est pour cela qu'il traite très spontanément son Premier ministre François Fillon de simple « collaborateur »*. Personne n'a

* Très symbolique est le fait que le président décide d'autorité de s'attribuer la résidence de la Lanterne dont les Premiers ministres bénéficient traditionnellement en lisière de Versailles. Humainement, il ne respecte pas son Premier ministre. À Philippe Séguin, alors premier président de la Cour des comptes, il dit : « Ce n'est pas un mâle dominant » (confidence de Philippe Séguin à l'auteur avec qui il a écrit un livre d'entretiens).

vraiment d'autonomie en dehors de son ombre. Il crée ainsi une *war room* à sa main à l'Élysée, censée permettre à la France de vendre enfin le Rafale et d'autres grands contrats d'armements. L'amiral Guillaud, alors CEMP, en est l'animateur. L'idée n'était en soi pas mauvaise quand on sait à quel point les Français sont leurs pires ennemis par leurs divisions et leurs querelles intestines[27]. L'expérience sera un échec : malgré des annonces un peu aventureuses du président sur la vente de Rafale à son ami Lula au Brésil (annonces démenties par la réalité), la France sarkozyste ne vendra jamais le précieux avion. Contrairement au quinquennat suivant (François Hollande), son bilan dans ce domaine est pour le moins décevant, très loin de ses rodomontades médiatiques.

Avec un système d'organisation complètement différent, et une communication très discrète en amont articulée autour du ministre de la Défense Jean-Yves Le Drian, la France hollandaise réussira spectaculairement dans la vente des Rafale (Qatar, Inde, Égypte) et dans celui de systèmes d'armes sophistiqués (canons de 155 mm, frégates multimissions/FREMM, patrouilleurs maritimes, sous-marins, hélicoptères Caracal, matériel de télécommunication militaire satellitaire, etc.), y compris les fameux bâtiments de projection et de commandement (BPC) de type Mistral promis par Nicolas Sarkozy aux Russes et finalement revendus aux Égyptiens, compte tenu du refus français d'honorer le contrat après l'invasion de la Crimée (Ukraine) par Vladimir Poutine.

Trop colbertiste et trop centré sur le Palais, le système sarkozyste a globalement échoué en comparaison des succès de l'équipe suivante dans un mode d'organisation radicalement différent fait de délégation et de subsidiarité*.

* Chaque étape est traitée au bon niveau sans confusion des genres et des responsabilités : le niveau politique et stratégique au ministre,

Dans cette affaire, les Girondins de gauche se sont montrés plus sages, plus avisés et plus *successful* que les Jacobins de droite*...

L'alliance russe...

La décision de vendre à la Russie des BPC de type Mistral avait justement fait l'objet d'un conseil restreint présidé par Nicolas Sarkozy, sur lequel il est intéressant de revenir. Moscou avait fait savoir son intérêt pour ce type de bâtiment multimissions, que la presse appelle le « couteau suisse » de la marine. En opération, il a révélé ses multiples talents, notamment au Liban[28]. Un amiral russe s'était même aventuré à dire que la guerre de Géorgie (2008) aurait été achevée encore plus tôt, au bénéfice de la Russie, avec ce type de matériel performant... Fâcheux comme argument, surtout pour un président français qui s'est impliqué lui-même dans ce dossier sanglant en tant que président de l'Union européenne**.

---

le niveau industriel à la Délégation générale à l'armement (DGA) et aux industriels fédérés par elle, enfin, la mise en œuvre, la formation et le conseil aux militaires.

* L'année 2015 a enregistré pour 16 milliards de prises de commandes, soit deux fois plus qu'en 2014 (voir *Les Échos* du 11 février 2016).

** Le 8 août 2008, un conflit éclate entre la Russie et la Géorgie à propos de l'Ossétie du Sud (indépendante mais toujours regardée par Tbilissi comme partie intégrante de la Géorgie : c'est elle qui engage le fer, un peu imprudemment). Nombre d'Ossètes du Sud ont un passeport de la Fédération de Russie. Nicolas Sarkozy, au nom de l'Union européenne dont il assure la présidence tournante (mais sans réelle concertation avec ses homologues européens), intervient très vite en jouant les *go-between* entre Moscou et Tbilissi. Au bout de cinq jours, le plan européen proposé par la présidence française est accepté. La diplomatie française (Kouchner en est le patron) estime avoir bloqué

À l'Élysée, la réunion commence plutôt fraîchement pour le ministre de la Défense, Hervé Morin. Il est le seul à être favorable à la vente des Mistral à la Russie. Son directeur de cabinet, qui a voulu déminer le terrain avant le conseil, l'a prévenu qu'il allait se retrouver isolé et pilonné. Personne n'est favorable à cette opération compte tenu de l'appétit retrouvé depuis quelque temps par l'ours russe. Le ministre estime néanmoins que la cession est jouable et qu'elle est importante pour la relation franco-russe. Par ailleurs, fait-il valoir, la France vend seulement « deux coques », de belles coques, certes, mais sans systèmes d'armes ni de communication. Et puis, peut-on faire la fine bouche en période de disette économique sur un plan de charge de ce volume pour les chantiers navals français (même si certaines parties seront faites en Russie) ? Hervé Morin raconte :

> Sous la présidence Chirac, les conseils de défense étaient bouclés à l'avance. C'était une sorte de messe dont l'issue avait été validée par le chef des armées avant même les échanges. Les ajustements se faisaient à la marge. Avec Nicolas Sarkozy,

dans l'œuf un processus guerrier qui aurait pu conduire les chars russes jusqu'à Tbilissi. Des journalistes et des chercheurs sont plus sceptiques, se demandant si la France n'a pas au contraire offert à Moscou sur un plateau le gain de territoires importants en Géorgie (Ossétie du Sud et Abkhazie). Selon eux, les Russes n'avaient aucunement l'intention de pousser jusqu'à la capitale géorgienne. Paris leur aurait donc permis de transformer très vite des gains militaires en gains politiques. Ce qui est certain, en revanche, c'est que des vies de civils (déjà frappés dès les premiers jours) ont été sauvées. Et qu'il est toujours aisé de critiquer avec des éléments d'informations qui n'étaient pas disponibles alors. On peut lire utilement le chapitre du livre d'Éric Roussel consacré à ce dossier, notamment les dialogues avec le président Medvedev et le Premier ministre Poutine (*Sarkozy, de près, de loin, op. cit.*).

c'était très différent, la parole était libre, le débat réellement ouvert. Déjà le style était très différent puisqu'il appelait tout le monde par son prénom* et tutoyait les uns et les autres, même le général Puga [mais jamais le général Georgelin]. Ce jour-là, le président ouvre le tour de table brièvement en disant : « Tu sais, c'est compliqué ton affaire [de Mistral]. » Il passe la parole aux autres : Fillon, Guéant, l'amiral Guillaud, etc. Je suis complètement isolé. Personne n'est favorable. J'argumente, je développe, j'explique ma position. Tout le monde est convaincu que je vais me faire *rafaler* à la fin par Sarkozy. Il reprend la parole… et il me donne raison devant tout le monde. En fait, en écoutant les uns et les autres, il avait trouvé leurs positions trop conservatrices par rapport à la mienne. C'est typique de Sarkozy[29].

Vous êtes un con !

Il est intéressant de revenir sur les termes employés par les collaborateurs du président. Si le ministre n'écarte pas l'hypothèse de se faire « rafaler » dans le dossier du Mistral, le général Georgelin relève qu'il ne s'est pas fait « insulter » dans celui du *Tanit*. Tous n'ont pas cette chance… « Vous êtes un con ! », lâche le chef des armées dans une réunion à l'intention de l'un de ses conseillers civils les plus proches. Humilié, l'homme tente de remonter le courant, argumente, réexplique sa position. Le président s'agite sur son fauteuil. « C'est bien ce que je pensais, vous êtes vraiment un con ! » Quelques minutes plus tard, les participants à cette réunion-exécution voient le président repartir avec le « con » bras dessus bras dessous en blaguant[30]…

C'est également dans le même style, mais sans insulte grossière, qu'il traite l'amiral Guillaud (CEMA, 2010-2014)

* Sauf l'amiral Guillaud qu'il appelle « amiral ».

quand il apprend en janvier 2012 que quatre soldats ont été tués en Asie centrale lors d'une séance de sport par un militaire afghan retourné par les talibans. Ce n'est pas la première fois que l'amiral se fait sérieusement secouer. Les 13 et 14 juillet 2011 six soldats avaient été tués. Nicolas Sarkozy s'était emporté, exigeant qu'une haute autorité militaire (en l'occurrence le général Elrick Irastorza, chef d'état-major de l'armée de terre) se rende sur place séance tenante. Cela était censé donner aux Français l'illusion du mouvement, l'Élysée dépêchant sur place un de ses grands subordonnés pour leur rendre compte. C'est la marque de fabrique d'un hyperprésident bloqué sur Paris par les cérémonies de la fête nationale. Sinon, il s'en serait occupé lui-même. C'était le message subliminal contenu dans la gesticulation élyséenne. Responsable au premier chef de la plus forte exposition du contingent français en Kapisa, en Afghanistan, c'était une façon pour le chef des armées de se dédouaner. Il ne voulait plus de pertes. Le vieux rêve de la guerre « zéro mort ». Il considérait qu'il y en avait trop. Trop par rapport à quoi ? À la guerre, il y a toujours trop de morts, par définition.

À partir du mois de septembre 2011, l'élection présidentielle approchant, le chef des armées décide de mettre ses forces sous cocon. Il estime que l'opinion publique est lassée de ce conflit sans enjeu direct pour la sécurité de la France, qui ne veut plus verser de larmes. Sur le terrain, les soldats vivent mal cette situation[31]. Faire de la figuration n'est pas vraiment dans leurs habitudes. Et voilà, début 2012, le pauvre CEMA avec de nouvelles pertes, inévitables dans ces guerres asymétriques[32]. Qui plus est à cause d'un soldat afghan retourné. Pour Nicolas Sarkozy, c'en est trop. Il estime que ses consignes de ne pas bouger le museau n'ont pas été respectées à la lettre, ignorant par là qu'une opération extérieure en Asie centrale ne se contrôle pas comme l'engagement d'une compagnie de CRS à Carpentras. À la suite de ce drame – malheureusement classique en Afghanistan et auquel la France a jusque-là miraculeusement échappé –, le président Sarkozy, sous le coup de la colère, décide d'accélérer le calendrier de retrait du contingent français (2013 au lieu de 2014), offrant par-là aux talibans un gain politique et psychologique extravagant à partir d'une toute petite mise militaire : un simple soldat afghan retourné. Petite mise, gros effet… Ce mode opératoire est le b.a.-ba des guerres asymétriques, dont le président ne maîtrise toujours pas les codes en fin de mandat*[33]. Le signal donné aux quarante-sept alliés de la France ne sera pas des meilleurs. Mais le président a acquis la certitude que l'intérêt national commande de se recentrer désormais sur l'Afrique et la Méditerranée, et plus sur la lointaine Asie centrale. De ce point de vue, il renouait en fin de mandat avec une thématique qu'il avait timidement esquissée lors de sa campagne de 2007 en se montrant sceptique sur l'engagement chiraquien en Afghanistan.

Uzbin

Pourtant, un an après sa prise de fonctions (mars 2008), Nicolas Sarkozy avait décidé de renforcer d'un millier d'hommes le contingent français en Afghanistan. Il

* Élu, François Hollande accélérera d'une année supplémentaire le retrait français (2012 au lieu de 2013). Il le confirmera au président Obama dès sa première sortie internationale (23e sommet de l'OTAN à Chicago). Ce retrait se fera sans casse, ce fut un tour de force logistique pour se désengager sans se faire frapper par les talibans.

positionnait ses forces à l'est du pays, dans une zone de forte activité talibane. Les Italiens, qui occupaient la position auparavant, n'y avaient pas manifesté un zèle particulier. Les Français, eux, vont faire vraiment la guerre aux talibans. Mais chut... à l'époque il est proscrit d'utiliser le mot « guerre »... La réalité va venir secouer durement cette imposture sémantique. La décision du président Sarkozy a du sens car Paris a obtenu qu'une direction politique soit enfin donnée à ce dossier géré de façon erratique depuis 2001*. De plus en plus absorbés par la guerre insurrectionnelle qu'ils ont créée en Irak, les Américains ont délaissé le théâtre afghan avant de réaliser qu'al-Qaida y reprenait des forces et établissait un pont d'expertises et de combattants entre la Mésopotamie (Irak) et l'Asie centrale (Afghanistan). Paris obtient notamment qu'un « Monsieur AFPAK » (Afghanistan-Pakistan) soit nommé de façon à suivre politiquement et diplomatiquement ces deux dossiers qui ne font qu'un, les talibans passant la frontière des deux pays pour mener leurs attaques. Les alliés (quarante-sept pays, dont une vingtaine de l'Union européenne), qui soutiennent le gouvernement afghan, ont également réaffirmé leur engagement durable, tout en soulignant leur volonté de mettre l'accent sur la gouvernance (lutte contre le népotisme et les prévarications), le développement-reconstruction et la formation accélérée de la nouvelle armée afghane (ANA) et de la police. L'objectif est de ne pas rester éternellement sur place, au risque de lasser une population rétive à la vue prolongée d'un étranger sur son sol. La France sarkozyenne

---

* Les Américains ont attaqué et détruit les sanctuaires afghans d'al-Qaida abrités par le régime taliban, et d'où sont parties les attaques meurtrières du 11 septembre 2001.

a donné indéniablement une impulsion forte. Elle propose enfin une ligne politique claire à ce qui était jusqu'alors un empilement d'actions sans coordination et sans finalité stratégique. L'année suivante, la France annonce assez logiquement son retour dans le commandement intégré de l'OTAN. Elle obtient pour l'un de ses généraux (l'ancien chef d'état-major de l'armée de l'air, Stéphane Abrial) le « commandement allié suprême "Transformation" » de Norfolk (États-Unis). Les Américains n'ont pas lâché le commandement sud-européen (on se souvient de l'échec de Chirac sur ce point). La gauche, revenue au pouvoir avec François Hollande, entérinera cette décision, qui permet à la France de positionner un nombre important de militaires dans les structures de l'OTAN.

C'est dans ce contexte qu'intervient l'embuscade d'Uzbin, la plus grosse perte d'hommes au combat depuis le Tchad (1970). Le lundi 18 août 2008, en début d'après-midi, dans le district de Saroubi (vallée de l'Uzbin, à une cinquantaine de kilomètres de Kaboul, en direction du Pakistan), des soldats français grimpent en tête d'une colonne d'une centaine d'hommes (Français, Afghans et Américains), par une température de 30 °C. Le chemin pentu s'étire en lacets interminables. À une quarantaine de mètres du col (1 900 mètres d'altitude), ils sont pris sous le feu d'un fort parti insurgé de cent cinquante talibans. Complètement surpris par le feu qui s'abat sur eux alors qu'ils progressent, ils sont décimés. Le chef de section, l'adjudant Évrard, est blessé, son adjoint, le sergent-chef Devez (vingt-deux ans), tué, comme le radio, Alexis Taani (vingt ans), et l'interprète afghan. Les « para-colos » du 8e RPIMa sont cloués au sol. Chacun tente de se protéger comme il peut, à flanc de colline, plaqué contre quelques blocs de pierre : neuf d'entre eux vont mourir au fil des heures. Un dixième soldat français sera tué, tout comme trois soldats afghans. Il y aura une vingtaine de blessés. Les actes héroïques côté français sont nombreux dans la tourmente. Neuf heures de combat au total*. À Paris, en plein été, l'émotion est immense. « Il faut que j'y aille ! », dit Sarkozy au téléphone à Hervé Morin qui est en vacances en Californie. Le réflexe est discutable, mais respectable. Il correspond chez le président à une irrépressible empathie avec « les victimes » depuis l'affaire de Neuilly. Il est le premier responsable. Il doit faire quelque chose. Et dans ce genre de circonstances, on ne peut guère que communiquer avant de prendre d'autres décisions.

Où sont les responsables, nécessairement coupables ?

Le problème est que sur place le président affirme publiquement qu'il faut « déterminer les responsabilités ». « Ce n'est pas un accident de car ! » bougonne un général à qui le Premier ministre, François Fillon, confie : « Le problème avec Sarkozy, c'est qu'il a toujours une phrase de trop... » Le général Georgelin (CEMA à l'époque) constate aujourd'hui : « Ce n'était pas une bonne idée qu'il y aille. Ce n'est pas la peine d'aller à un combat médiatique perdu d'avance, et puis avec son tempérament on ne savait pas comment les choses allaient tourner. » Des familles de soldats tués au combat ont écouté... et entendu le président qui s'est par ailleurs beaucoup impliqué, avec Hervé Morin, auprès d'elles pour tenter de soulager leur peine. Aussi certaines portent-elles plainte contre la

* Une quarantaine de talibans auraient été mis hors de combat. Les soldats français ont bénéficié d'un appui aérien américain pour se dégager.

Défense pour trouver les responsables, oubliant que les responsables de ce drame, ce sont les talibans et l'éternel brouillard de la guerre avec son lot inévitable de surprises tactiques depuis la nuit des temps. À l'image d'une bonne partie du pays, ces familles – dont on comprend que la douleur puisse brouiller le jugement – sont dans l'ignorance complète de ce qu'est une opération militaire dans les montagnes afghanes et des risques inhérents. La France a évacué de son champ de compréhension les questions militaires depuis la guerre d'Algérie. La figure du soldat a totalement disparu des écrans depuis Bigeard. Le niveau d'information dans les médias français est sans comparaison avec celui des Britanniques. La suspension du service militaire a accentué la brèche mentale. Il n'y a eu que l'épisode médiatique Morillon pour rompre momentanément le filtre de l'insouciance et de la somnolence, à la fin du siècle dernier. Mais en même temps il a renforcé la densité du fantasme rassurant du combattant en habit de « mère Teresa en treillis ». Uzbin fait voler en éclats cette douce illusion. La guerre est un sujet peu *glamour* pour des sociétés hédonistes, branchées numérique et individualistes. Or, là-bas ce sont bien des actions de guerre qui sont conduites. La grande erreur du chef des armées n'a pas été d'avoir demandé à ses troupes de faire leur métier et de le faire à fond. Elles l'ont parfaitement compris. Dans les régiments, une menace de punition pour le soldat consistait à lui dire que s'il continuait sur une mauvaise pente, il ne partirait pas avec son unité en Afghanistan. Le point discutable est ailleurs, et souligne une des limites de cet hyperprésident, hypercommunicant mais malhabile dans l'anticipation. Il était évident que placés là où ils étaient (Kapisa), les Français allaient avoir des pertes en sensible augmentation, notamment par attentats (engins explosifs improvisés), attaques kamikazes ou embuscades. Ils gênaient désormais l'action des talibans qui, jusqu'à leur arrivée, avaient eu les coudées plutôt franches. On ne se rapproche pas du mal pour le combattre sans conséquence... À la même époque, le contingent du Canada (qui avait pris la place des forces spéciales françaises à Spin Boldak) enregistrait déjà une nette accumulation de pertes en ayant quitté une zone calme pour un secteur agité. Les autorités canadiennes étaient à la peine car leur opinion publique – un peu comme la française – pensait que c'était de l'humanitaire que l'on faisait là-bas. Invité fréquent de Radio-Canada, nous avons donné, à cette époque, nombre d'interviews pour les détromper, leur expliquer que c'était bien une guerre qui se jouait là-bas.

La France avait donc l'exemple canadien sous les yeux et le président tous les éléments en main pour savoir les dangers encourus par cette nouvelle posture. Il était évident que les Français allaient avoir des pertes en nombre plus important. Le chef des armées aurait donc dû mettre en place une communication pédagogique d'anticipation pour expliquer les enjeux, les raisons de l'engagement français et le fait que cela provoquerait des pertes au combat. Toujours soucieux de ne pas verser dans un registre de communication stressant, le chef des armées s'est gardé de s'impliquer personnellement dans un tel exercice. Il préfère, semble-t-il, le registre après coup, du style : « Mais comment est-ce possible ? Tous des incapables et des amateurs. Il faut que je m'occupe de tout... » La foudre tombée à Uzbin ne pouvait que provoquer un effet de sidération profond dans le pays et, malheureusement, en réaction, une posture présidentielle d'indignation et de compassion comme s'il s'agissait d'un accident grave de la route ou d'une affaire de police mal gérée. Il lui fallait alors jouer les hypercompassionnels, et se rendre au plus près de l'événement, se positionner dans le camp des procureurs et chercher des « responsables » nécessairement coupables[34]...

Un tournant

Sur place, les soldats français n'apprécient guère ce genre de visite médiatique d'un chef des armées. Leurs camarades de combat britanniques, par exemple, qui ont au cours de cette guerre plus durement encaissé qu'eux (trois à quatre fois plus de pertes), ne reçoivent pas la visite de la reine ou du Premier ministre à chaque fois qu'ils ont des accrochages meurtriers*. Ce sont des soldats de métier qui aimeraient bien qu'en France on arrête de pleurnicher ponctuellement, et que l'on prenne un peu plus en compte, toute au long de l'année, la réalité de leurs missions de guerre, dangereuses par définition. Ils ne sentent derrière eux ni les politiques, ni le pays, ni les médias**. Ils ne cessent de répéter qu'ils ne sont pas des « victimes », que combattre al-Qaida et les talibans ce n'est pas jouer « au gendarme et au voleur à Tourcoing », que mourir au combat « n'est pas un accident du travail » et que si cela continue, on va leur demander s'ils ont bien pris leurs RTT avant de saisir le volant de leur VAB (véhicule de l'avant blindé), ou à quelle vitesse ils roulaient avant de percuter le convoi des talibans...

L'embuscade meurtrière d'Uzbin a constitué pour les armées françaises un tournant majeur : il y a un avant

---

* À la décharge du président Sarkozy, c'est le volume de pertes le plus élevé d'un seul coup de la force internationale de sécurité de l'Afghanistan (ISAF).

** Pas pour faire de la propagande, mais pour rendre compte de leur vie, de leurs missions, de leurs épreuves. L'embuscade d'Uzbin va doper les reportages sur l'Afghanistan.

et un après. Le commandement a monté la barre de la préparation opérationnelle et de la durée du séjour sur place : six mois en France de MCO (mise en condition opérationnelle) et six mois sur le terrain pour capitaliser sur l'expérience et s'aligner sur les alliés. Ce fut une guerre de capitaines menée avec leurs hommes à partir de FOB (*forward operating bases*, bases opérationnelles avancées) perdues dans les montagnes afghanes par 40 °C en été. « Avec l'Afghanistan, nous renouons avec la guerre. C'est le retour de la dictature du terrain, de la mort, des traumatismes, des chefs… », nous expliquait alors le général Antoine Lecerf, qui commandait à Lille les forces terrestres. Ce conflit sans nom ne fut pas sans rappeler la guerre d'Algérie par certains aspects tactiques, géographiques (montagne, surprise, embuscade, attentat, terrorisme) et psychologique (la nécessité de « gagner les cœurs et les esprits » des populations civiles prises en étau), toutes choses étant inégales par ailleurs*. Les commandos des forces spéciales ont notamment appris, ou réappris, à nomadiser par petits groupes pour perturber un adversaire mobile, plastique, fluide et évoluant chez lui. Par 40 °C et avec 50 kilogrammes d'équipement pour tenir, l'épreuve a soudé tous les commandos des trois armées qui sont passés par cette forge. Les grands chefs de demain, qui seront aux côtés des prochains présidents de la République, seront tous, ou presque, passés par ce creuset. C'est « la génération afgha », reconnaissable à la médaille commémorative que portent ces hommes, avec une petite barrette dorée frappée de la mention : « Afghanistan. »

* La France avait 500 000 hommes en Algérie (territoire français) et moins de 2 000 en Afghanistan au sein d'une coalition d'une cinquantaine de pays. Vingt-cinq mille hommes ont péri en Algérie (1954-1962), quatre-vingt-huit en Asie centrale (2001-2012).

Amateurs !

Quelques semaines avant Uzbin, un autre événement a contribué à creuser un peu plus le fossé entre le président et *son* armée. Dans la belle ville de Carcassonne (juin 2008), lors d'une journée portes ouvertes au 3e RPIMa (régiment de parachutistes d'infanterie de marine), quinze civils et deux militaires sont blessés par balles ou éclats lors d'une démonstration dynamique de libération d'otages faite devant un public civil par un groupe d'élite du régiment. Des enfants sont notamment touchés. Un des paras du groupe de démonstration a tiré à balles réelles en direction de la foule venue assister au spectacle. Dans sa chasuble (système de sangles et de poches qui permet de porter les chargeurs et les grenades), il a mélangé chargeurs à balles réelles et à balles à blanc. Son arme étant pourvue en son extrémité d'un bouchon réducteur de flamme prévu quand on utilise des balles à blanc, le canon de l'arme a explosé sous l'effet de la rafale à balles réelles, limitant heureusement le nombre de victimes.

L'accumulation de fautes, comme toujours dans ce type de bavure, est consternante, comme l'explique le CEMA au président de la République ulcéré. Il est en effet interdit de viser une foule, même au cours d'un exercice avec balles à blanc. Il est encore plus interdit de détenir par-devers soi des chargeurs à balles réelles. Les procédures en matière de perception/réintégration des munitions à l'armurerie avant et après les séances de tir sont drastiques. Personne ne peut en stocker chez soi au motif que cela permettrait de gagner du temps. C'est le b.a.-ba du métier et des procédures basiques de sécurité inculquées à chaque soldat. Il semble que dans ce régiment – et sans doute dans d'autres – certains commandos* sélectionnés pour leur très haut degré de professionnalisme aient estimé qu'ils pouvaient s'affranchir de ces règles établies pour le *vulgum pecus*. Comme dans tous les métiers hautement spécialisés, certains grands professionnels s'estiment au bout d'un certain temps au-dessus des règles de base. Des accidents graves finissent toujours par sanctionner ce manque d'humilité dans la durée.

« C'est un travail d'amateur ! » lâche le général Georgelin dans son tête-à-tête avec le chef des armées. Le constat est indiscutable. Mais en reprenant cette expression en public, Nicolas Sarkozy va donner l'impression de livrer son sentiment profond sur tous les militaires. « Toute l'armée a été choquée par cette phrase », confirme le général Abrial (ancien chef d'état-major de l'armée de l'air). Le chef d'état-major de l'armée de terre, le général Bruno Cuche, unanimement apprécié dans les armées pour son élégance de comportement, de cœur et d'esprit, donne sa démission, fortement encouragé dans ce sens par le général Georgelin. Alors que Nicolas Sarkozy était parfaitement en droit de dénoncer une faute aussi inadmissible et incompréhensible, son mode de communication lui aura, une nouvelle fois, joué des tours.

Surcouf

Décidément, l'année 2008, celle des premiers pas, fut pour le chef des armées une *annus horribilis*. En juin, éclate « l'affaire Surcouf » : ou comment transformer un épi-événement en affaire d'État mobilisant la DPSD (un

---

* Ils n'ont rien à voir avec les commandos des forces spéciales regroupés dans la main du COS.

des services de renseignements du ministère de la Défense) et la DST (un des services de renseignements de contre-espionnage). À l'origine du crime de lèse-majesté qui a soulevé cette tempête se trouve un collectif d'officiers anonymes qui a publié dans *Le Figaro* du 19 juin une tribune fort critique sur le Livre blanc de la défense et de la sécurité nationale présenté à Paris, peu avant, en grande pompe, par le chef des armées devant un aréopage de militaires d'active et de réserve représentatif des armées. La tribune est signée « Surcouf », du nom d'une brasserie bien connue des militaires sise à deux pas de l'École militaire. « Il a piqué une colère à la lecture du papier », se souvient Hervé Morin.

Dans leur brûlot, ces officiers récalcitrants estiment que le président propose des « gadgets » et que le plan de restructuration des armées est une « imposture ». Les autorités politiques défendent un plan qui prévoit une armée plus resserrée (réduction de 56 000 postes), mieux équipée et de faire des économies du côté du soutien en jouant à fond la carte de la mutualisation (création de groupements de soutien des bases de défense, GSBdD). Le gouvernement affirme que l'opérationnel est préservé et même renforcé, et que les économies seront faites sur l'administratif et le soutien. Il est également prévu, sous l'impulsion de Jean-Claude Mallet, président de la commission du Livre blanc, d'inscrire le fait que 10 000 soldats pourront être déployés en cas de menace directe contre le territoire national. Certains militaires jugent alors cette mesure superfétatoire*... Sept ans plus tard, 10 000 soldats (mission *Sentinelle*) seront déployés

* Ce n'est pas le cas du général Thorette, chef d'état-major de l'armée de terre, qui a « vendu » avec persuasion cette idée à Jean-Claude Mallet.

en France à la suite des attentats. Quant à la réforme colossale du système de paie (Louvois), censée réaliser des économies de structure, simplifier les modes de paiement, elle débouche très vite sur une machine folle, totalement incontrôlable et conduisant à des aberrations de paie qui plongeront pendant longtemps nombre de familles dans des affres budgétaires insondables*. La grande erreur du ministère de la Défense aura été d'avoir sabordé tous les systèmes de soldes antérieurs avant d'avoir vu comment se comportait Louvois. Ou comment couler tous ses petits navires avant de lancer un bateau amiral qui se révèle sans aucune flottabilité...

Mais revenons à Surcouf. En découvrant la tribune des «félons» dans *Le Figaro*, le président manque de s'étrangler. Sérieusement tancés, l'amiral Guillaud (CEMP) et le ministre de la Défense, Hervé Morin, montent en pression pour tenter de calmer son ire. La chasse au Surcouf est lancée... La DPSD (Direction de la protection et de la sécurité de la défense), qui dépend du ministre Hervé Morin, se met en branle pour identifier les éditorialistes «putschistes». L'affaire vire très vite au grotesque. Selon Jean-Dominique Merchet (le blog *Secret défense*), une descente de la DPSD à l'École militaire conduit à la saisie d'ordinateurs de stagiaires du Centre des hautes études militaires (CHEM) – tous du niveau colonel ou capitaine de vaisseau et appelés à devenir officiers généraux. Pis, selon *Le Nouvel Observateur*, le président, consterné de voir que rien ne débouche du côté des militaires, aurait

* L'équipe Le Drian (présidence Hollande) reprendra en main énergiquement le dossier. Mais avant de remettre au pas ce monstre administratif, il lui faudra parfois passer par des phases de paiement des soldes... en liquide. Personne n'a jamais été sanctionné pour ce scandale administratif titanesque.

passé le dossier… au ministère de l'Intérieur, en l'occurrence à la Direction de la surveillance du territoire (DST) qui est en charge normalement du contre-espionnage*. À la radio, le ministre de la Défense affirme tout ignorer de cette démarche et réaffirme que les militaires sont tenus à un devoir « de loyauté et de réserve ». Le grotesque tourne au délire. Le général Georgelin (CEMA) est consterné et dit à qui veut l'entendre que tout cela relève de la « connerie » des entourages, et qu'il est temps de mettre fin à la récréation. Il demande à voir le président pour lui expliquer que tout cela est véniel et que si ces recherches se prolongent, le risque est de ressusciter l'ambiance de la guerre d'Algérie, ce que personne ne veut. Il faut mettre un terme à cet emballement qui ne peut nuire, *in fine*, qu'au chef des armées lui-même, dont la popularité dans les armées n'est déjà pas vraiment au zénith. Le chef de l'État en convient. L'affaire Surcouf est enterrée. Les portes de la prison de Tulle ne rouvriront pas pour enfermer les « mutins du Surcouf »…

Un peu plus tard, le CEMA, le général Georgelin, joint par téléphone le secrétaire général de l'Élysée, l'homme lige du président, Claude Guéant. Averti des brusques montées de tension élyséennes, il veut le rassurer à tout prix sur un autre dossier qui concerne le 14 Juillet tout proche. Il sait le chef de l'État préoccupé pour cette deuxième édition – depuis le début de son mandat – de la cérémonie. « Il ne se passera strictement rien », lui dit le CEMA à propos des rumeurs selon lesquelles la présence du président syrien Bachar el-Assad dans la tribune présidentielle pourrait susciter des manifestations dans les rangs

* L'auteur n'est pas parvenu à avoir confirmation de cette information jamais démentie.

lors du défilé. La promotion de l'École militaire interarmes (EMIA) qui doit défiler porte le nom de « Lieutenant de La Bâtie » – un des parachutistes du 1er RCP tué en octobre 1983 dans le poste Drakkar par l'action conjuguée du Hezbollah naissant et des services secrets syriens. Les entourages présidentiels commençaient à s'agiter. Le général Georgelin connaît son monde. Il ne se passera effectivement rien.

Harmattan

Ce 14 juillet 2008, il manque un invité de marque dans la tribune présidentielle où se presse une kyrielle de chefs d'État et de gouvernement* venus célébrer la signature de l'Union pour la Méditerranée** à laquelle tient tant le président Sarkozy. Le colonel Muammar al-Kadhafi, hostile à cette structure qui noierait son « génie » dans la masse des quarante-trois pays signataires, a décliné l'offre de son « ami » Sarkozy. Pourtant, il ne conserve pas un mauvais souvenir de son accueil à Paris, à la fin de l'année 2007, et de la possibilité qui lui avait été offerte de planter sa tente d'homme du désert dans les jardins de l'hôtel Marigny, à deux pas du palais de l'Élysée.

Trois ans plus tard, le dictateur libyen était tué dans la région de Syrte, après une guerre de six mois qui devait

* Certains seront balayés quelques années plus tard (2011) par le « Printemps arabe » comme le Tunisien Ben Ali et l'Égyptien Moubarak.

** Le sommet de Paris du 13 juillet 2008 place sur les fonts baptismaux l'Union pour la Méditerranée qui relie les deux rives de cette mer : d'un côté l'Union européenne, de l'autre quinze pays de l'Égypte à la Syrie, de la Jordanie à Israël, de l'Algérie au Maroc, de la Turquie au Liban… Au total quarante-trois pays qui veulent se concerter sur les grandes questions stratégiques régionales.

abattre son régime dictatorial. Le président français a joué un rôle important dans cette affaire, avec son homologue David Cameron. L'entente cordiale fut ressuscitée pour empêcher le guide suprême de mater le printemps libyen dans le sang. L'année précédente, Londres et Paris avaient noué un nouveau partenariat stratégique par le traité de Lancaster (2010). Les deux pays renforçaient considérablement leurs échanges, au point d'insérer des officiers généraux de chaque pays à des postes de commandement dans leurs forces respectives et de muscler leur coopération dans le domaine nucléaire, notamment dans le domaine de la simulation (celle qui permet d'éviter les essais en réel).

Compte tenu de la situation chaotique en Libye aujourd'hui – présence de Daech (acronyme de l'organisation djihado-terroriste sunnite « État islamique »), plateforme pour le passage des immigrés clandestins, partition de fait en trois parties du pays –, il est courant de considérer que le président Sarkozy a commis une « grossière erreur » en s'embarquant dans cette aventure avec son ami David Cameron*. C'est notamment le point de vue du général Bentégeat (qui n'était plus CEMA à

* Un rapport parlementaire britannique (septembre 2016) critique l'ancien Premier ministre britannique, David Cameron, pour s'être laissé embarquer dans cette affaire par son ami Sarkozy. Les griefs formulés sont dans la ligne classique des griefs des Anglo-Saxons quand ce ne sont pas eux qui ont été à la manœuvre en premier. Ils reprochent aux deux pays le manque de suivi du dossier après la chute du colonel. Rien de très nouveau ni de très pertinent. *Le Monde* du 16 septembre 2016, qui trouve des vertus à ce document note : « Les élus britanniques écrivent que la menace pesant sur Benghazi a été exagérée. Peut-être. Mais, à l'époque, au moment même de la décision politique, ce n'est pas ce que jugeait la majorité des observateurs, y compris chinois et russes. » Comme le souligne le quotidien du soir avec une subtile formule d'Aragon : « Il faut juger alors avec les yeux d'alors. »

l'époque)*. « Ce truc-là m'a paru aberrant dès l'origine. On ne voyait pas quel était l'état final recherché, quelle était la stratégie de sortie. La question n'a semble-t-il jamais été sérieusement pensée. » Sur le détail des opérations, au jour le jour, on renvoie le lecteur au remarquable livre de Jean-Christophe Notin, puisé aux meilleures sources. Il dit tout sur le sujet, sous un angle politique et opérationnel[35].

Quelles sont les motivations du locataire de l'Élysée pour intervenir de l'autre côté de la Méditerranée ? Elles sont morales, même si on ne peut exclure que la France ait cherché à prendre en marche le train des révolutions arabes après avoir singulièrement faseyé auparavant**. Dans des notes secrètes, la diplomatie américaine est moins fleur bleue : elle évoque l'intérêt de la France pour le pétrole libyen, la volonté de la France de contrer l'influence de Kadhafi en Afrique de l'Ouest et le souci du président de s'afficher en chef de guerre à l'approche de l'élection de 2012. Tous ces arguments peuvent être contestés. La France peut parfaitement renforcer sa position en Libye sans guerre. Les relations sont bonnes entre les deux pays depuis le règlement du dossier épineux des infirmières roumaines. L'influence du fantasque colonel en Afrique ne connaît aucune expansion particulière. Il continue de jouer les parrains en arrosant des populations abandonnées par des pouvoirs centraux corrompus. Enfin, Nicolas Sarkozy est un trop fin politique pour imaginer qu'un succès à l'international puisse avoir la moindre influence sur des élections nationales.

---

* L'auteur a pu observer à l'époque les fortes réticences de plusieurs grands chefs militaires en responsabilité.

** Proposition de Michèle Alliot-Marie, ministre des Affaires étrangères, d'aider la Tunisie de Ben Ali à réprimer sa population en révolte (envoi de matériel).

La R2P

Nicolas Sarkozy reste marqué par le souvenir des massacres de Srebrenica et de l'immobilisme tragique de la communauté internationale*. Ce souci n'est pas feint. Tous les témoignages recueillis à l'époque concordent. « Le président redoutait qu'il n'y ait non 8 000 morts comme à Srebrenica, mais 80 000[36] », souligne son ancien conseiller diplomatique, Jean-David Levitte**. Il est assez injuste de reprocher à un chef d'État d'avoir pris à cœur sa responsabilité protectrice de membre permanent du Conseil de sécurité. D'autant que le droit international s'était doté de la « responsabilité de protéger » (R2P dans le jargon diplomatique) – même imparfaite et arbitraire dans son application, pourquoi ici et pas là ? Elle offrait les moyens juridiques d'intervenir pour préserver un peuple de la folie de son dirigeant. D'autres sources estiment que l'influence du Qatar*** n'a pas été sans importance pour pousser le grand ami de Doha, Nicolas Sarkozy, à chasser le dictateur libyen. Les Qataris cherchaient depuis longtemps à « entrer » en Libye pour y asseoir leur influence et celle des Frères musulmans. Le fantasque colonel était un obstacle.

---

* Il l'a redit lors de « L'Émission politique » de France 2 (15 septembre 2016).

** Jean-David Levitte a été ambassadeur de France aux États-Unis de 2002 à 2007 où il a lutté avec énergie et efficacité contre le *French bashing.*

*** Le Qatar a participé directement aux opérations avec son aviation (Mirage 2000), par la formation de certaines milices insurgées et sans doute par des forces spéciales. Il a également acheté le pétrole des puits contrôlés par les insurgés pour les aider financièrement et a fourni de l'armement. Au grand dam du président français, ses amis qataris ont surtout aidé les groupes insurgés islamistes (version Frères musulmans)…

Ce pays joue d'ailleurs un rôle important aujourd'hui en soutenant les islamistes (Frères musulmans) de l'ouest du pays (Tripoli), tandis que l'Égypte, également armée par la France (de Rafale notamment), soutien l'est (Benghazi) par détestation des Frères musulmans (l'ex-président égyptien Morsi, destitué par la force et condamné à mort*, appartient à cette confrérie).

Le rapport d'information parlementaire français sur la Libye[37], rappelle que :

> [...] cette crise a donné lieu à une intervention militaire majeure, dans une quasi-unanimité de la communauté internationale, qui a combiné les moyens aériens et navals des États-Unis, du Canada, de certains pays européens – au premier rang desquels la France et le Royaume-Uni – et de deux États du Golfe, avec les moyens terrestres de forces rebelles, accélérant la chute du régime et évitant un massacre annoncé.

Les parlementaires rappellent que le soulèvement libyen de 2011 « a été fondamentalement civil et démocratique, même s'il a été débordé et noyé dans sa militarisation immédiate ». Il paraît peu probable qu'après un règne de plus de quarante ans le Guide ait été dans la disposition de transiger, alors même que son autorité était contestée. Les interlocuteurs de la mission parlementaire convergent tous pour estimer que « l'intransigeance de Kadhafi a rendu impossible tout règlement pacifique et poussé la rébellion à en appeler à un soutien extérieur ». D'où la résolution 1973 de l'ONU qui a autorisé à prendre « toutes les mesures nécessaires [...] pour protéger les populations et les zones civiles menacées d'attaque [...]

* Sa peine a été annulée fin 2016.

tout en excluant le déploiement d'une force d'occupation étrangère sous quelque forme que ce soit». C'est donc un scénario à la Kosovo qui est adopté : il avait permis de faire plier le président serbe sans aucun déploiement au sol. Ce qui, au passage, met à mal le fameux dogme selon lequel aucune opération ne peut réussir sans troupes *on the ground*. En dehors de quelques forces spéciales (commandos) françaises et britanniques, il n'y en a pas eu non plus en Libye.

Sur le plan militaire, les choses ont été assez rondement menées – n'en déplaisent aux médias criant à «l'enlisement» au bout de trois semaines parce qu'ils pensaient assister à un *remake* des séries américaines du type *24 heures chrono*... Le 19 mars*, les Français frappent les premiers les têtes des colonnes blindées qui s'approchent des faubourgs de Benghazi la rebelle. L'armée de l'air réalise ces raids en solo, alors que le ciel n'a pas été complètement nettoyé, c'est-à-dire vidé de toute défense sol-air. Un cas de figure dans lequel les Américains n'interviennent jamais, pour ne prendre aucun risque. Le président français, conseillé par son nouveau CEMP, le général Benoît Puga, a fait mettre le turbo sans attendre que la coalition soit à pied d'œuvre. Il ne lui a pas échappé qu'une fois les blindés dans Benghazi, les frappes aériennes deviendraient plus difficiles compte tenu de l'imbrication

* Le sommet de Paris – qui rassemble la Ligue arabe, l'Union européenne, les États-Unis et les Nations unies autour de la France – vient à peine de s'achever que les avions français décollent du territoire national pour frapper en Libye. «Nos alliés ont été extrêmement surpris par la capacité française à tenir une conférence à haut niveau à Paris et à frapper quelques heures après. C'est le symbole de la capacité de notre pays à s'engager très vite», souligne l'ancien chef d'état-major de l'armée de l'air, le général Abrial (entretien avec l'auteur).

des forces antagonistes et de la population civile. La presse britannique salue alors – ou se moque ? – de « la guerre de super-Sarko » (*The Times*). Londres emboîte le pas de Paris. La coopération est d'autant plus étroite que le traité de Lancaster House (novembre 2010) entre les deux ex-puissances impériales a resserré très sensiblement les rangs. « Depuis [cette date] j'avais au moins une fois par jour au téléphone mon homologue du PJHQ, le général sir Stuart Peach. Et nos conversations donnaient lieu à de vrais échanges d'informations. Tout cela était extrêmement nouveau pour nous[38] », rappelle le général Didier Castres, alors chef du centre de planification et de conduite des opérations (CPCO/EMA).

Dans l'urgence, Nicolas Sarkozy se sent à son affaire. De l'Élysée, il suit de très près l'évolution militaire et diplomatique du dossier. Il a pour l'aider dans cette tâche deux hommes clés de l'Élysée. Ce sont ses yeux et ses oreilles : Jean-David Levitte (conseiller diplomatique) et le général Puga (CEMP). Sans entrer dans le détail des opérations – et sans oublier l'apport des autres pays –, les armées françaises ont su avoir toujours un temps d'avance sur les manœuvres des troupes loyales à Tripoli. Les trois armées ont donné le meilleur d'elles-mêmes avec une grande souplesse d'adaptation compte tenu du cadre contraint de la résolution 1973 et de la configuration *guérilla* du terrain. L'aviation a empêché celle du colonel Kadhafi d'espérer entreprendre quoi que ce soit. Elle a offert un appui feu extrêmement précieux aux rebelles dans leurs assauts contre les positions loyalistes ; la marine a joué pleinement sa partition, notamment grâce au renseignement fourni par ses SNA (sous-marins d'attaque à propulsion nucléaire), à ses canonnades de la flotte libyenne et d'objectifs côtiers ; l'armée de terre, avec les hélicoptères de l'ALAT (aviation légère de l'armée de terre), a permis de descendre plus bas, donc de prendre des risques calculés afin de mieux discriminer les cibles loyalistes cachées dans les faubourgs des villes, au plus près des populations civiles. Le président Sarkozy a suivi de très près l'évolution de cette manœuvre qui comportait des risques réels pour les hélicoptéristes*. Enfin, en appui des combattants libyens, le COS a agi subtilement au sol avec ses commandos fournissant armements, conseils et appui direct aux opérations.

En revanche, dans cette opération, la France sarkozyenne a subi dès son démarrage un revers diplomatique. Alors qu'elle souhaitait lui donner un *lead* européen, avec le binôme France/Royaume-Uni en pole position, l'OTAN a bien vite repris la main... En s'alliant avec les Britanniques, Nicolas Sarkozy savait quel risque il prenait malgré l'esprit très «Entente cordiale» de Lancaster House. Les relations avec l'OTAN ne seront pas toujours simples durant la campagne... comme d'habitude. L'exception française fait grincer des dents, même après l'annonce de son retour dans le commandement intégré. C'est ainsi que la France refuse de frapper sans contrôle les cibles fixées par la planification aérienne otanienne. L'amiral Rogel, alors sous-chef opérations, malgré son urbanité, en a fait voir de toutes les couleurs à ses camarades de l'OTAN: «Je voulais éviter que la machine à *targetter* [cibler] ne s'emballe et que nos pilotes ne soient amenés à frapper des objectifs dont nous ne voulions pas.» Aussi demande-t-il

* Un hélicoptère, malgré ses leurres, peut être touché par un missile sol-air portatif ou tout simplement par la «ferraille» du champ de bataille: ce terme désigne les munitions de petit calibre qui peuvent néanmoins être dangereuses pour ces voiles tournantes. Lors de l'opération *Serval* (janvier 2013), le premier tué français est un pilote de Gazelle des forces spéciales dont une artère a été sectionnée par une balle de fusil d'assaut.

à voir tous les dossiers d'objectifs avant de donner son *nihil obstat*. Le président de la République appuie cette prudence, et comme ses prédécesseurs ne veut pas « se laisser embarquer ». L'amiral Guillaud (CEMA) précise :

> Nous avons refusé certaines des cibles comme, à Misrata, des hôpitaux où Kadhafi faisait installer ses canons, mais avec des malades aux autres étages. Ou ces bâtiments des services de renseignements sur le toit desquels des jardins d'enfants étaient présents. Même de nuit, où les enfants ne sont pas censés être présents, des frappes nous ont semblé inimaginables car avec Kadhafi il fallait s'attendre à tout[39].

Ligne jaune

Malgré les manœuvres des forces du colonel – et bien que ce ne soit pas *stricto sensu* l'objectif fixé par la résolution 1973 –, le régime s'effondre au bout de six mois de combat. Le 20 octobre 2011, le maître de la Libye est tué par des miliciens alors que la colonne de véhicules dans laquelle il tentait de fuir la zone de Syrte a été bombardée par l'aviation française. Il a tenté en vain de se cacher dans une canalisation souterraine*.

La presse étrangère reconnaît le savoir-faire du sixième président, à l'instar du *Corriere della Sera* (23 août) : « Il faut admettre que l'intuition (ou le calcul ?) de Sarkozy a finalement été récompensée. » Le *Guardian*, cité par Jean-Christophe Notin, estime qu'en « montrant qu'il pouvait rallier à sa cause une alliance de partenaires

* Il n'est pas avéré que les Français savaient qu'il était précisément là. Réfugié dans une colonne d'évacuation des eaux, le Guide sera capturé vivant puis lynché et son corps mutilé exhibé par la foule.

mondiaux sur la Libye, Sarkozy espère pouvoir redresser son image publique d'homme impulsif, non diplomate et avec une propension à prendre des risques». «C'est nous, la France et la Grande-Bretagne, qui avons fait le job», explique pour sa part Alain Juppé, ministre des Affaires étrangères et européennes, dans *Le Figaro* (27 août 2011). Le philosophe Bernard-Henri Lévy s'attribue également une part non négligeable du mérite pour avoir alerté la présidence et l'avoir poussée à reconnaître officiellement très vite et unilatéralement le Conseil national de transition (CNT)*. «C'est lui qui m'a d'abord informé puis déterminé à agir, confirme Nicolas Sarkozy. Si j'avais dû attendre le bon vouloir des diplomates... Comme souvent, ils n'avaient qu'une vue fragmentaire de la situation [...][40].»

Dès lors, la question est : La France sarkozienne – en *leadership* avec les Britanniques** – a-t-elle outrepassé la résolution de l'ONU ? Si on veut être casuiste, on dira qu'elle a été fortement sollicitée, jusqu'au moindre de ses replis. Le ministre de la Défense, Gérard Longuet (2011-2012), confie lors d'un colloque à l'École militaire (en 2012) que le chef des armées a sans doute «mordu un peu la ligne jaune[41]». Le conseiller diplomatique de Nicolas Sarkozy, Jean-David Levitte, estime que ceux qui

* Cela est fait le 5 mars 2011, sans aucune consultation française ou internationale. C'est par l'écrivain Bernard-Henri Lévy que le ministre de la Défense, Gérard Longuet, apprend la reconnaissance par la France du CNT de la rébellion libyenne... Le ministre des Affaires étrangères et européennes, Alain Juppé, n'est pas plus mis dans la boucle. Il découvre l'affaire alors qu'il est en réunion avec ses collègues à Bruxelles... Une preuve supplémentaire du peu de cas que l'hyperprésident fait de ses «collaborateurs» ministériels.

** Les deux pays ont délivré à eux seuls 60 % des frappes aériennes. Les États-Unis ont soutenu sans participer directement. Ils ont fourni aux Britanniques un grand nombre de leurs missiles de croisière.

affirment que le président Français voulait d'emblée « la peau du colonel » ont « une vision erronée des événements » :

> Nos seuls buts étaient d'arrêter la tuerie à Benghazi, d'obtenir le retour des troupes de Kadhafi dans leurs casernes et l'ouverture de négociations entre Libyens. C'est Kadhafi, par son obstination, son aveuglement, qui s'est lui-même mis dans la balance[42].

Pour le maître de conférences en relations internationales à Sciences-Po Jean-Baptiste Jeangène Vilmer, « la résolution 1973 n'a pas été dévoyée* ».

> Ceux qui estiment que l'OTAN a outrepassé le mandat de la résolution 1973 en Libye doivent [...] répondre à la question suivante : était-il possible de « protéger les civils » sans renverser Kadhafi alors qu'il incarnait la principale menace qui pesait sur eux.

Le secrétaire général de l'ONU, Ban Ki-moon, n'a d'ailleurs jamais émis de protestation à ce sujet. Autre accusation : la chute du Libyen aurait provoqué la déstabilisation du Sahel, singulièrement du Mali. C'est oublier que cette fragilité existait déjà, AQMI (al-Qaida au Maghreb islamique) y étant implantée depuis 2000. Par ailleurs, si des supplétifs touaregs appartenaient bien à la garde du colonel, c'était à cause des troubles cycliques entretenus par les problèmes récurrents de gouvernance à Bamako ; qu'ils soient rentrés dans leur pays était à prévoir

* L'auteur partage pour l'essentiel sa brillante analyse qui démonte de façon précise et argumentée les griefs formulés à l'égard de la France (« Dix idées reçues sur l'intervention en Libye », *Politique internationale*, n° 150, hiver 2015-2016).

tôt ou tard. Ce qui est certain, néanmoins, c'est que la chute du régime Libyen, pourvoyeur de larges aumônes dans la sous-région, n'a pas arrangé les choses et a transformé le sud du pays, incontrôlé et incontrôlable, en base arrière des menées djihado-terroristes au Sahel*.

Service après guerre

Enfin, demeure la grande accusation : pourquoi le service après guerre n'a-t-il pas été assuré pour consolider la paix ? Très hostiles à toute forme de néocolonialisme paternaliste, le Français Sarkozy et le Britannique Cameron se sont trouvés d'accord – malgré un accueil en libérateur dans la Libye post-Kadhafi – pour ne pas chercher à imposer leurs vues, tout en se montrant disponibles pour aider à la transition démocratique. Du côté des nouvelles forces libyennes, aucun souhait d'implication occidentale ne s'est manifesté... Comme le souligne le journaliste du *Monde* Alain Frachon, avec sa pertinence habituelle, les critiques ne disent jamais très clairement ce que ce « suivi » aurait dû être :

> Les Libyens ne réclamaient ni un « administrateur » européen, ni une aide financière, ni une mise sous tutelle de l'ONU, ni une force de gendarmerie internationale. Les tenants du « suivi » doivent répondre à la question préalable : quelle différence entre *nation building* et néocolonialisme[43] ?

Par ailleurs, Nicolas Sarkozy était lui-même coincé dans un calendrier étroit : chute du régime à l'automne 2011,

* Le ministre de la Défense Jean-Yves Le Drian parlera du « spa » libyen des groupes de combat terroristes (GCT).

campagne électorale française au début de l'année 2012 (élection en mai).

Les parlementaires français notent également dans leur rapport que « [...] l'Union européenne s'est montrée incapable de saisir l'occasion pour s'affirmer comme un acteur diplomatique de poids dans son voisinage sud ». S'il y a faute, elle est, à tout le moins, partagée. Que dire de l'incapacité des instances régionales (Ligue arabe, Union africaine) de peser dans ce dossier pour faciliter la transition démocratique ? Dans ce contexte, la guerre des clans a très vite repris dans ce pays qui n'en est pas un*, malgré les élections réussies de juillet 2012**.

C'est dire si le procès instruit à l'encontre du sixième président peut sembler outré. Il y a une autre question qui n'est jamais posée... Si la communauté internationale emmenée par Paris et Londres n'était pas intervenue, que ce serait-il passé ? Compte tenu de la psychologie du leader libyen, et sans forcer le trait ou son imagination, on peut considérer que le pays se trouverait aujourd'hui dans une situation à la syrienne... Que ne dirait-on pas alors sur l'inertie de la communauté internationale, et singulièrement de la France, puissance méditerranéenne et membre du club des Cinq ?

---

* C'est une construction artificielle post-Seconde Guerre mondiale qui assemble trois régions bien différentes : la Tripolitaine (ouest), la Cyrénaïque (est) et le Fezzan (sud).

** Les Libyens, qui n'avaient pas voté depuis 1964, se sont rendus en masse aux urnes ; signe alors de bonne santé démocratique...

La fin de la «Françafrique»?

L'année 2011 semble avoir été plus bénéfique aux armées et à leurs relations avec leur chef. La France est en guerre ou en opération en Afghanistan (on a parlé du changement de portage), en Libye et en Côte d'Ivoire. Le dossier libyen a été subtilement conduit sur le plan des opérations. Un autre, plus mineur mais néanmoins fort complexe, s'est ouvert sur la table du président: la Côte d'Ivoire. Le président sortant Laurent Gbagbo, battu à la loyale par son concurrent, Alassane Ouattara, n'entend pas pour autant laisser sa place. De toute façon, il a autour de lui un clan d'ultras qui ne le laisseraient pas faire s'il souhaitait se soumettre au verdict des urnes. Il y a trop de cadavres dans les placards et trop d'intérêts sonnants et trébuchants en jeu. Depuis la fin de l'année 2010, les milices stipendiées et les troupes du régime sèment le chaos et multiplient les exactions.

Comme son prédécesseur, Nicolas Sarkozy doit se positionner dans la crise ivoirienne. Il doit le faire, lui qui déteste les relents de la «Françafrique» et qui a fait réviser à la baisse tous les accords de défense conclus après les indépendances. C'est un grand toilettage qui a conduit à supprimer ou à édulcorer notamment les clauses de secours qui faisaient de la France un gendarme par essence pour sauver les régimes en place des «agressions étrangères». Un concept difficile à manier, la plupart de ces agressions étant en Afrique le fait de rebelles nationaux partis à l'étranger fourbir leurs armes contre un pouvoir corrompu, népotique, peu partageur des richesses du pays et souvent ethnocentré. Nicolas Sarkozy est peu favorable, par nature, à la politique de la canonnière ou plutôt à celle du Jaguar – cet avion mythique qui a servi si longtemps à dominer du ciel les territoires africains dans lesquels la France intervenait. Rafale et Mirage sont dorénavant là, sur zone, pour pouvoir agir, aidés des yeux et des oreilles des drones et des Atlantic II de la marine nationale*.

Avant d'y revenir, laissons quelques instants le dossier ivoirien pour mieux comprendre les ressorts intellectuels et psychologiques du chef des armées dans ce domaine africain. Un épisode de février 2008, non révélé jusqu'à aujourd'hui, souligne son souci de ne pas verser dans ce qu'il considère comme les « errements » anciens de la « Françafrique ». Au Tchad – toujours le Tchad… – le président Idriss Déby est en très mauvaise posture[44]. Les rebelles qui lui sont hostiles se sont fédérés et ont passé la frontière qui sépare le Soudan du Tchad. Deux cent quatre-vingts pick-up bourrés d'armes et montés par une douzaine de combattants chacun filent vers N'Djamena, le cœur du pouvoir. La France a fait évacuer ses ressortissants, les binationaux et les Européens, soit 1 600 civils dont plus de 700 enfants. La situation échappe complètement au président tchadien. En pratiquant la stratégie des Horaces et des Curiaces, il était toujours parvenu à dompter ses multiples opposants, dans un pays où ils refleurissent éternellement. Mal défendue, N'Djamena ne peut que tomber. Aussi le CEMP d'alors, l'amiral Guillaud, propose-t-il au président la martingale classique : faire appuyer les maigres troupes du président tchadien par l'aviation française. Un témoin de la scène raconte : « Guillaud s'est fait engueuler par un Sarkozy expliquant que "ce type de pratique était fini avec lui !"[45]. » La seule chose qu'il autorise, c'est de proposer au président, à

* Ils peuvent également larguer des bombes depuis 2014.

sa famille et à ses proches de se faire récupérer par des hélicoptères français pour sauver leurs vies. Très courageusement, le président Déby décline l'offre de Paris. Il fait valoir que dans un quartier de N'Djamena, il y a un marché qui se nomme « Hissène-a-fui », en référence à Hissène Habré*. Il ne veut pas qu'il y en ait un autre baptisé « Idriss-a-fui ».

La France lui fournit tout le renseignement dont elle dispose sur les axes d'assaut des colonnes rebelles. Mais la fin semble inéluctable compte tenu du rapport de force et du fait que les assaillants sont convaincus de la fuite inévitable de Déby, et donc de l'effondrement de ses partisans. Au vu de la situation très dégradée, le CEMA, Jean-Louis Georgelin, appelle quelques heures plus tard le président de la République : « C'est fini pour le président Déby ! » Pourtant, le courageux Zaghawa (ethnie proche des Toubous), passé par l'École de guerre à Paris, a pris le commandement personnel de la résistance. Sa présence en treillis, arme au côté, galvanise ses maigres troupes. Une utilisation astucieuse du renseignement français (ses ennemis progressent selon trois axes dont il connaît chaque mètre), de ses quelques chars lourds et de ses quatre hélicoptères de combat (pilotés par des mercenaires algériens, biélorusses et mexicains) met en déroute ce que le correspondant de guerre Jean-Paul Mari a nommé « la colonne infernale ». Le CEMA doit rappeler un peu plus tard la présidence pour annoncer… la victoire totale de Déby sur ses assaillants. Un fait d'armes d'une très grande rareté en Afrique où les chefs d'État en perdition face à une rébellion choisissent généralement l'option évacuation

* En 1990, avec l'aide de la France, Idriss Déby avait chassé du pouvoir Hissène Habré… qui avait pris la fuite…

et retraite dorée pour consommer leurs « biens mal acquis ». Paris est toutefois, depuis cette date, sans nouvelle de certains opposants politiques au président Déby suspectés d'avoir un peu trop anticipé son renversement*.

Ouverture de porte

Pour revenir à la Côte d'Ivoire, conseillé par son nouveau CEMP, le général Benoît Puga**, le président de la République opte pour la méthode souple avec implication directe. C'est également un épisode que les citoyens français n'ont pas mémorisé, bien qu'il montre un savoir-faire d'un extrême professionnalisme dans un contexte de guerre civile. L'opération *Licorne* est commandée par le général Palasset. Il fait preuve d'un doigté très fin pour ne pas tomber dans les pièges du clan Gbagbo. Sur ordre du président, il doit tout faire pour que ce soient les troupes fidèles au président élu Ouattara qui apparaissent comme les artisanes de la reconquête, même si les soldats de *Licorne* et de l'ONUCI (forces de l'ONU en Côte d'Ivoire) sont en soutien très, très actif…

Le chef des armées est parfaitement informé de la maestria avec laquelle les équipes de Gbagbo jouent de l'action psychologique pour tenter de projeter sur les foules et l'opinion internationale les bonnes vieilles accusations

* Le 9 août 2016, le président Déby a prêté serment pour un cinquième mandat.

** Dont le passé opérationnel est sans commune mesure avec celui de son prédécesseur, l'amiral Guillaud. L'ancien légionnaire de Kolwezi est passé dans ses postes terminaux par le commandement des opérations spéciales (COS), le poste de sous-chef opérations (EMA), la direction du renseignement militaire (DRM).

dénonçant la « France coloniale ou la Françafrique ». Las, la ficelle ne marche plus. Gbagbo et ses pseudos « patriotes » ont trop tiré dessus. Les forces spéciales et les hélicoptères de la France et de l'ONUCI font baisser la tête des forces restées fidèles à l'ex-président.

Très scrupuleux sur ce point, Nicolas Sarkozy agit dans un cadre légal international (résolution 1975 de l'ONU et demande d'aide des autorités locales légales). Finalement, le 11 avril 2011, l'ex-président Gbagbo est arrêté en souplesse avec son épouse, Simone, par les troupes ivoiriennes du président reconnu par la communauté internationale, Alassane Ouattara. À la question : « Qu'est-ce que la France a fait pour parvenir à ce résultat précis ? », un chef militaire me répondait à l'époque : « Nous avons simplement ouvert la porte pour que les soldats de Ouattara puissent entrer sans casse et nous nous sommes effacés… » C'était à la lettre les ordres du chef des armées. Tout était donc pour le mieux.

Au final, même si l'hyperprésident semble avoir globalement raté son rendez-vous avec les armées, il s'est suffisamment piqué au jeu pour n'avoir qu'une envie : remettre cela pour cinq ans. Comme l'avait dit un observateur : « On n'a jamais vu de tigre devenir herbivore… » Croyait-il vraiment à sa promesse de Gascon de ne plus jamais faire de politique ? Après l'un de leurs entretiens, Éric Roussel le scrute : « J'observais ce nouveau profil : c'était celui d'un soldat au visage buriné, marqué par les épreuves, prêt à sortir de sa tranchée. » Le vote du premier tour de la primaire de droite et du centre devait, en novembre 2016, bloquer net cet élan en renvoyant le « poilu » Nicolas Sarkozy à la vie civile.

7

François Hollande 2012-2017

Janus « bi-fronts »

Ce vendredi 1er juin 2012, la première rencontre d'État entre le tout nouveau président de la République française, François Hollande, et le maître du Kremlin, Vladimir Poutine, s'annonce tout sauf chaleureuse. Entre les deux hommes, il y a un cadavre : celui de la Syrie. Moscou soutient bec et ongles le régime de Damas qui, déjà, s'est signalé par force massacres de populations civiles. La France, quant à elle, menace d'intervenir militairement sous mandat de l'ONU. Moscou veille à ce qu'il n'y en ait pas. Mais il y a plus que ce différend géopolitique. Les deux hommes sont taillés dans des bois différents : le roseau pour le Français, le bouleau pour le Russe. Avant toute rencontre d'État, les présidents sont abreuvés de fiches, éléments de langage et notes, notamment sur la personnalité de leur hôte. Elle est passée au scanner. Ils savent donc à quoi s'en tenir l'un sur l'autre. Pour un

Poutine, qui aime se faire prendre en photo dans des poses martiales, à la chasse, à cheval, en judoka – et qui n'avait pas craint d'expliquer, en 1999, qu'il irait « buter [les Tchétchènes] jusque dans les chiottes » –, le Français appartient à l'espèce des « mous du genou », de ces « Européens décadents » qu'il ne cesse de fustiger. Comment pourrait-il en penser autre chose alors que les propres camarades socialistes du président le qualifiaient, il y a encore peu, de « flamby » (Laurent Fabius) ou de « capitaine de pédalo » (Jean-Luc Mélenchon) ? Même s'il doit être difficile de traduire ces deux expressions en russe, le président Poutine ne se fait aucune illusion sur l'homme qu'il a devant lui et qui, au demeurant, n'a strictement aucune expérience ministérielle derrière lui. Dans la pensée poutinienne, il est ce que les militaires nomment dans leur jargon imagé : un « bleu-bite ».

D'ordinaire, les règles diplomatiques à haut niveau invitent chacun à faire bonne figure, même en privé, quel que soit le mépris réciproque que l'on peut se porter. La largeur des sourires est parfois la traduction de l'épaisseur du sentiment de détestation que se portent les chefs d'État ou les ministres qui se congratulent sous les flashes. Vladimir, qui appréciait le style carnassier d'un Sarkozy, ne cherche même pas à cacher le peu de considération qu'il porte au Français. Les conseillers du président Hollande en sont frappés. Bien qu'il ait la même petite taille que le Français, le Russe le regarde de haut et affiche aux commissures des lèvres une bonne dose de dérision pour ce « culbuto » toujours mal fagoté quand le maître du Kremlin semble toujours sanglé et prêt au combat.

Un an plus tard, même rencontre, mêmes hommes, même configuration. L'ambiance a changé du tout au tout. Le président russe considère désormais son homologue avec une dose de respect. François Hollande est entré dans le club... Que s'est-il passé ? Entre-temps, le Français a conquis le seul titre qui vaille vraiment aux yeux de l'ancien lieutenant-colonel du KGB, celui de « chef de guerre ». L'opération *Serval* que François Hollande a déclenchée au Mali en urgence* a non seulement cassé l'offensive djihadiste vers le sud de ce pays, mais également permis la reconquête du Nord-Mali soumis à la férule d'AQMI (al-Qaida au Maghreb islamique) et des groupes touaregs radicalisés. Pour reprendre le vocabulaire imagé du président russe, les forces spéciales et les légionnaires sont allés – avec le soutien d'un contingent tchadien robuste – « buter » les djihadistes jusque dans leurs « chiottes » de l'Adrar des Ifoghas (extrême nord du Mali)[1].

Le Russe apprécie d'autant plus cette geste guerrière que le combat contre le djihadisme est pour lui une valeur cardinale. C'est notamment pour cela qu'il soutient le régime criminel de Damas (Alaouite) et qu'à partir de 2015 il s'est engagé encore plus vigoureusement à ses côtés. Mieux vaut un dictateur impavide et criminel qu'un régime islamiste, estime Poutine. Il a bien noté qu'au Mali le chef des armées français a poussé à fond son avantage pour détruire le centre nodal d'AQMI et ce alors que plusieurs de ses compatriotes étaient retenus en otage dans l'Adrar. Poutine apprécie en connaisseur. Les Russes ne négocient jamais avec les preneurs d'otages. Si ces derniers tuent des ressortissants russes, ils savent que les services secrets russes s'en prendront à leurs familles, grands-parents et cousins compris. Au final, aux yeux du maître du Kremlin, le « capitaine de pédalo » s'est révélé dans l'épreuve un général d'armée pugnace au langage martial.

---

* À la demande de Bamako et de la communauté internationale.

Sapeur

Au fil de son quinquennat, les commentateurs s'étonnent de ce Janus bifrons : si peu combatif politiquement à l'intérieur, dégageant peu d'autorité personnelle (on pense à son piteux dialogue avec Léonarda), abandonné progressivement par nombre de ses ministres, et pourtant si pugnace et combatif à l'extérieur après avoir revêtu le treillis de combat. Ce Janus deviendra d'ailleurs véritablement « bi-fronts », à partir de 2015, en ayant à combattre le salafo-fascisme de Daech sur deux fronts : en OPEX (opérations extérieures) en Mésopotamie et au Levant et en OPINT (opérations intérieures) sur le territoire national. Une situation inédite depuis la guerre d'Algérie pour le sapeur-démineur Hollande. Son itinéraire permettait-il de prévoir une telle transmutation de ce personnage foncièrement indécis ?

François Hollande est né le 12 août 1954 à Rouen (Seine-Inférieure). Ses deux grands-pères ont fait la Grande Guerre, l'un d'entre eux en est revenu gazé. Il est le fils de Georges Hollande, médecin ORL, catholique, classé à droite et pro-Algérie française, et de Nicole Tribert, catholique de gauche, assistante sociale. Son père a été candidat à des élections municipales sur des listes d'extrême droite (Rouen et Bois-Guillaume), tandis que sa mère l'a été sur une liste du Parti socialiste (Cannes). On peut penser qu'il faut chercher là son goût prononcé de la synthèse… Le futur président a déclaré à plusieurs reprises ne rien regretter de son éducation catholique, mais avoir pris ses distances avec la foi. Brillant sujet, apprécié par ses camarades pour sa décontraction et son humour, il enfile les diplômes : droit, HEC, ENA. C'est dans cette dernière école qu'il rencontre Ségolène Royal, fille et sœur d'officiers. Elle sera sa compagne (jusqu'en 2007) et la mère de leurs quatre enfants.

Aux « trois jours » de sélection de l'armée, il est réformé pour myopie. Il se démène pour faire annuler cette décision en passant une seconde visite*. Michel Sapin, son camarade d'armée, explique :

> Le Hollande de 1977 est très marqué par le centralisme et l'autorité de l'État. L'armée étant une des grandes institutions de l'État, il faut selon lui la respecter et entretenir une relation avec elle. Le politique commande au militaire, mais le politique respecte le militaire. Et François Hollande a toujours été respectueux de l'institution militaire comme élément de la République[2].

Il parvient donc à éviter la réforme. Il part pour Saint-Cyr-Coëtquidan pour faire les PPEOR (pelotons préparatoires aux élèves officiers de réserve) avec les reçus à l'ENA. Ils doivent faire leur service avant leur scolarité. Il y retrouve, notamment, deux autres énarques : Michel Sapin et Jean-Pierre Jouyet, tous les deux futurs ministres** et, pour le second, futur secrétaire général de l'Élysée quand il sera président. La légende veut que Jean-Pierre Jouyet l'ait aidé plus d'une fois à faire son lit au carré. Sans être *fana-mili*, François Hollande est un honnête élève officier, plutôt bon en sport (notamment à la course). Il l'a toujours aimé (le football notamment) et a souvent salué ses vertus éducatives. Lors de l'amphi-garnison,

* Il suffit d'apprendre par cœur le tableau des lettres aux tailles décroissantes pour s'en sortir.

** Ami intime de François Hollande et Ségolène Royal, Jean-Pierre Jouyet sera ministre de Nicolas Sarkozy. Une « trahison » qui lui vaudra une courte relégation au début du quinquennat de son ami.

il choisit l'arme du génie – le goût du déminage ? Il se retrouve à l'École d'application du génie (EAG), à Angers, pour faire les EOR (élève officier de réserve). Nommé aspirant après quatre mois, il choisit le 71e régiment du génie de Oissel, non loin de Rouen. Le drapeau de ce régiment dissous sera d'ailleurs sur les rangs lors de sa première cérémonie du 8 mai à l'Arc de triomphe en tant que chef des armées. Il termine son service militaire en 1978 avec le grade de sous-lieutenant de réserve (il passe automatiquement lieutenant un an après). Avec Michel Sapin, il veille à progresser dans la réserve jusqu'au grade d'officier supérieur[3]. Les ministres socialistes de la Défense successifs font en sorte que les hauts potentiels du parti grimpent dans les grades de la réserve, sans avoir nécessairement fait de périodes régulières. Le procédé n'a rien de choquant concernant des personnalités qui n'ont pas toujours le temps de remettre le treillis*. Curieusement, la droite sera toujours moins attentive à cet aspect des choses.

Sur le service militaire de François Hollande, un officier raconte aujourd'hui :

> Il m'a souvent dit que son rôle de chef de section du génie l'avait marqué. Il a également beaucoup apprécié le sport et considéré que le service militaire était une bonne école de la vie et un lieu de promotion pour des jeunes en difficulté. C'est pour cela qu'en tant que président il a voulu lancer le SMV [service militaire volontaire]**[4].

---

* Jean-Marie Bockel, à gauche, et Hervé Gaymard, à droite, le feront et atteindront le grade de colonel de la réserve opérationnelle.

** Le SMV s'inspire du service militaire adapté (SMA) qui existe depuis longtemps outre-mer. C'est un parcours citoyen et d'insertion professionnelle (six à douze mois) proposé dans un cadre militaire à de jeunes volontaires peu ou pas diplômés de dix-huit à vingt-cinq ans vivant en métropole.

Après sa scolarité à l'ENA (promotion Voltaire, 1978-1980), le jeune socialiste est en bonne position pour accueillir la victoire de la gauche en 1981. Il fait du cabinet ministériel (notamment auprès de Max Gallo, secrétaire d'État, porte-parole du gouvernement) mais, contrairement à sa compagne, il ne sera jamais ministre. Parlementaire, il manifeste plus de passion pour la subtilité des courants du PS, la carte électorale, que pour les grandes questions militaro-stratégiques. S'il a appartenu à la commission de la défense de l'Assemblée nationale, c'est, disent les mauvaises langues, parce que le travail législatif y est traditionnellement très faible. Un ancien ministre socialiste confie au journaliste du *Monde* Revault d'Allonnes : « Ça ne l'a jamais passionné, le mot est faible. En réalité, il n'en avait rien à foutre. Ça ne l'intéressait pas. Pour lui, ce n'était pas un enjeu[5]. »

Conscient de ses lacunes dans ce domaine, François Hollande se renseigne avant même les primaires socialistes de 2011 pour savoir par qui il pourrait être discrètement éclairé sur le sujet. Les deux membres socialistes de la commission du Livre blanc sur la défense de 2008 lui conseillent d'aller voir le général Georgelin, alors grand chancelier de la Légion d'honneur (depuis 2010). Ils lui vantent sa « liberté de ton ». Le général d'armée accepte sans difficulté cet entretien républicain avec un homme politique qui n'a encore passé ni le cap des primaires ni celui de l'élection.

> Je l'aurais fait pour Mélenchon ou Valls, dit-il aujourd'hui. Par ailleurs, avant même l'affaire du Sofitel [concernant Dominique Strauss-Kahn], j'avais pronostiqué la victoire de François Hollande. Aussi, quand il est venu me voir à la grande chancellerie, j'avais le sentiment de recevoir le futur président de la République. Nous nous sommes vus plus de trois heures. Je l'ai trouvé extrêmement attentif et concentré.

Il m'a remercié de lui avoir « appris beaucoup de choses ». Je lui ai conseillé de ne pas accélérer le retrait d'Afghanistan s'il était élu. Il ne m'a pas écouté...

Lors de son intronisation à l'Élysée (15 mai 2012), quand le grand chancelier de la Légion d'honneur lui remet les insignes de grand maître de l'ordre, François Hollande lui glisse à l'oreille : « Je suis content que ce soit vous qui me remettiez [le collier][6]. »

Marabouté ?

Quand il arrive à l'Élysée, en 2012, François Hollande a donc derrière lui une très longue expérience de conseiller ministériel, de parlementaire, de porte-parole et de premier secrétaire du PS spécialiste des motions de synthèse destinées à dompter les appétits des éléphants du parti. À l'instar de la très grande majorité de la classe politique – des médias et de l'opinion publique – il n'a jamais été passionné par les questions de défense et de géostratégie*. À cinquante-huit ans, il n'a jamais voyagé en Chine**.

Rien ne permet de penser que François Hollande va se révéler durant son quinquennat un surprenant chef de guerre, au point de troubler plus d'un de ses camarades

* En 1981, le président du groupe socialiste de l'Assemblée nationale, Pierre Joxe, est contraint d'obliger des députés socialistes à s'inscrire à la commission de la défense... car personne ne veut y aller. Témoignage de Jean-Michel Boucheron à l'auteur. Ce dernier, qui est un récalcitrant forcé, finira président de la commission de la défense nationale...

** François Mitterrand, premier secrétaire du PS, s'y était rendu dans les années 1970.

socialistes par sa rhétorique musclée. Au sein de la gauche, très vite ses adversaires laissent entendre fielleusement que l'homme a du Guy Mollet dans le sang – ce socialiste devenu chef de guerre en Algérie* – ou, pire, du Bush fils, parti en croisade contre le terrorisme après les attentats du 11 septembre 2001. D'autres mettent en cause l'influence néfaste qu'aurait sur lui son CEMP, l'inamovible général Benoît Puga (2010-2016). Il l'aurait « marabouté » n'hésitent-ils pas à dire dans les dîners en ville et les coursives des cabinets, ne comprenant pas comment cet officier général, père de onze enfants, catholique traditionaliste, a pu gagner la confiance du père du « mariage pour tous », et ce après avoir servi le très droitier Nicolas Sarkozy. Jamais à court de fantasmes, le microcosme de gauche hostile à la place prise par cet ancien officier de la Légion étrangère est allé jusqu'à expliquer que François Hollande – pourtant plus jeune que Benoît Puga de seulement un an – aurait vu en lui une sorte de *réincarnation* de la figure du père, engagé jadis du côté des partisans de l'Algérie française. La *filiation* serait évidente puisque le père du général Puga – le lieutenant-colonel Puga, brillant officier de la Seconde Guerre mondiale – a vu sa carrière militaire brisée par la guerre d'Algérie et son engagement dans le putsch. François Hollande aurait donc fait un transfert... Un passé paternel refoulé l'aurait envahi. Comme au temps de la monarchie, la cour adore ce genre de rumeur sans aucun fondement.

En fait, les choses sont infiniment plus simples. En France, le processus de sélection des hauts potentiels

* Président du Conseil (février 1956-juin 1957), ce leader de la SFIO obtient le vote des pouvoirs spéciaux en Algérie et refuse toute solution négociée.

militaires est plutôt bien fait, même s'il y a parfois – rarement en fait – des erreurs de *casting*. Mais cela se constate également dans le monde civil. Dans l'ensemble, la machine à produire des élites militaires fonctionne bien et place aux postes stratégiques de conseil et d'action (Élysée, Matignon, ministère de la Défense, état-major des armées, sous-chef opérations, DRM, COS, DPSD, etc.) d'excellentes pointures. La cinquantaine passée, elles ont traversé bien des épreuves, acquis une solide expérience internationale, servi en cabinet (Matignon, ministère de la Défense, état-major particulier de l'Élysée) et commandé en opérations (OPEX). Ces grands commandeurs ont appris à parler à l'oreille des politiques*. Bon nombre de militaires – trop militaro-militaristes – en sont incapables. Seul un petit nombre d'entre eux, très déliés mentalement, psychologiquement et intellectuellement, passent la barre. Si d'emblée l'amiral Lanxade plaît à François Mitterrand, qui ne le connaissait pas, c'est tout simplement parce qu'il ne tremble pas devant lui lors de leur première rencontre – certains militaires, même de haut rang, sont tétanisés par les hommes politiques. Il est capable de disserter avec le chef des armées sur la situation géostratégique avec un sens politique affirmé et une culture étendue. Mitterrand fut séduit. On connaît la suite.

* Certains, comme le général Bentégeat, ont fait Sciences-Po durant leur cursus. Beaucoup ont eu des postes à l'étranger et/ou ont été formés dans les écoles de guerre alliées (États-Unis, Allemagne, Grande-Bretagne). Ils sont parfaitement rompus aux questions internationales.

Le cas Puga

À ce niveau de responsabilités, ces officiers généraux cumulent un nombre de qualités que les chefs d'État repèrent très vite. Au-delà de leurs compétences militaires, ils sont cultivés (en histoire, en questions internationales et en sciences politiques, notamment), ils sont parfois passés par des écoles de guerre étrangères et ils sont dans une forme physique qui fait envie aux hauts fonctionnaires civils de leur âge qui peuplent les allées du pouvoir et ont pris du ventre et perdu des cheveux. C'est pourquoi les présidents prolongent leur CEMP ou leur CEMA au-delà de la limite d'âge réglementaire, ou les pérennisent en les faisant passer de leur état-major à celui des armées (en charge des opérations).

On l'a déjà dit, et il faut le répéter, le président trouve dans la diplomatie et la guerre les parfums les plus puissants de son mandat monarchique et les plus inhabituels par rapport à sa vie antérieure. Ceux des officiers généraux qui sont parvenus à obtenir sa confiance sur une matière faite de vie et de mort*, de rang et de grandeur, de puissance et d'action, bénéficient en retour d'un « statut » particulier implicite. C'est cela qui désarçonne le microcosme médiatique et les entourages qui ignorent souvent tout de cette matière. C'est pourquoi leurs pronostics sont souvent déjoués. Avec le retour de la gauche au pouvoir, le CEMP (le général Puga), qui avait servi Nicolas Sarkozy, pouvait se préparer à faire ses cantines... C'est du moins

* « La mort est là, et le président doit vivre avec la mort. Pour l'éviter, pour l'apaiser, pour l'affronter. » Propos de François Hollande (dans David Revault d'Allonnes, *Les Guerres du président*, *op. cit.*).

ce que les rumeurs parisiennes annonçaient. L'ancien conseiller de François Hollande Aquilino Morelle raconte à Nathalie Guibert (*Le Monde* du 7 juillet 2016) ce qui s'est passé : « Le président a vu Puga. Et quand il a terminé l'entretien, il lui a dit : "Ce sera vous." Puga lui a plu. » C'est à lui que va revenir la responsabilité d'acculturer le président au monde des opérations. Il a aidé à la métamorphose du « bleu » en « chef de guerre ». Et le président a vu que le succès était rendez-vous.

Quand on l'interroge directement dans son bureau de l'Élysée – privilège rare –, le général Puga, qui allie la netteté du verbe à celle de la tenue, répond avec sa sobriété habituelle :

> Il faut parler le langage de la vérité… se mouiller. Ne pas avoir peur de parler des risques encourus. Quand les choses ont foiré, il faut le dire sans détour. La guerre n'est jamais une science exacte. [Pour exercer cette fonction], il faut bien connaître son métier, avoir de la bouteille[7].

François Hollande ne le démentirait pas, lui qui disait de ce général qu'il était « un grand professionnel de la chose militaire. Il est sûr. […] Pour moi, il a été toujours utile dans les conseils[8] ». Le chef d'état-major particulier joue un rôle majeur dans la préparation des conseils de défense* durant lesquels le président décide et tranche après avoir écouté… ou non**.

---

* Ils peuvent également être préparés à Matignon, la veille, au sein d'un comité interministériel de défense. L'Élysée y est évidemment représenté et son homme rend compte ensuite au président de ce qui s'y est dit. Cela vaut notamment pour la préparation des lois de programmation militaire.

** Composition d'un conseil de défense classique : le chef des armées, le chef d'état-major particulier de la présidence (CEMP), le secrétaire

> Un conseil de défense, c'est très particulier, souligne le général de Villiers, chef d'état-major des armées (CEMA). Ce n'est pas une réunion comme une autre. Derrière, il y a des gens qui vont risquer leur peau. Souvent, je me dis intérieurement : « Tu dois être à la hauteur de ces hommes et de ces femmes[9]. »

Ce souci d'être « à la hauteur » est revenu comme un *leitmotiv* dans les entretiens conduits avec les chefs militaires interrogés pour la rédaction de ce livre. Écoutons le général Georgelin :

> Est-ce que tu vas être à la hauteur ? C'est la première des questions que je me suis posée [en devenant CEMA]. Si tu fais une connerie, on va dire : « Mais qu'est-ce que les armées ont foutu ? » Dans cinquante ans, quand les *verbatim* [des conseils de défense] seront livrés aux historiens, est-ce que l'on dira : « Il a été à la hauteur[10]. » ?

On vous raconte des craques

Pour revenir au général Puga – qui a explosé les records de longévité à l'Élysée –, son style personnel était fait

---

général de l'Élysée, le conseiller diplomatique ; le Premier ministre (avec parfois son directeur de cabinet) ; les ministres de la Défense (avec parfois son chef de cabinet en bout de table avec le secrétaire de séance), des Affaires étrangères, de l'Intérieur, auxquels peuvent se joindre la Justice et l'Économie/Finances ; le chef d'état-major des armées (CEMA) ; les patrons de la DGSE (services secrets extérieurs) et de la DGSI (services secrets intérieurs). Le secrétariat de la réunion est tenu soit par le secrétaire général de l'Élysée, soit par le patron du SGDSN (secrétariat général de la défense et de la sécurité nationale). Depuis le 15 juillet 2016, il y a un conseil restreint par semaine (sans Justice ni Bercy).

pour séduire les psychologies diamétralement opposées d'un Sarkozy vindicatif et d'un Hollande collaboratif. L'homme frappe au premier abord par son style très carré, au cordeau. Son pedigree militaire est là pour convaincre un président que ce n'est pas du flan : il a bien l'air de ce qu'il est, un *ops* (un opérationnel dans le jargon militaire). Mais, même s'il a l'air d'une pièce, l'homme est subtil, délié, pragmatique et astucieux, voire « manœuvrier et retors » disent ses détracteurs. Il n'est pas chef à se perdre dans les méandres des questions d'intendance, non qu'il les méprise, mais parce qu'il sait déléguer pour se concentrer sur l'essentiel, le stratégique. Il l'a montré notamment dans son commandement du COS (opérations spéciales) en faisant confiance à ses subordonnés et en renvoyant systématiquement les membres de son état-major à leurs responsabilités, à leur niveau, quand ils avaient tendance à lui demander de trancher de tout.

En outre, son verbe était fait pour plaire à des présidents soûlés d'éléments de langage pesés au trébuchet. Il n'hésite pas à user de métaphores hardies – « on les extrait avec une fourchette à escargots [les terroristes d'AQMI]. Et après, on termine à la pince à épiler » – ou de mises en garde sans détour – « on vous raconte des craques », dit-il au chef des armées pour bien se faire comprendre[11]. Puga ne fut pas à l'Élysée le porte-parole des « chapeaux à plumes ». Cela lui a été reproché par certains de ses pairs et par le cabinet du ministre de la Défense, considérant qu'il n'avait pas suffisamment défendu le budget de la défense quand Bercy, une fois de plus, avait programmé un nouveau plan minceur. Ceux qui défendent sa méthode estiment qu'il a su, au contraire, influer pour préserver l'essentiel en évitant le travers des militaires demandant toujours dix pour obtenir cinq. Lui est du genre à demander fermement cinq d'emblée pour obtenir cinq. Et d'expliquer habilement pourquoi il est pertinent de les donner.

Les chefs d'État apprécient en connaisseurs ce type de langage rare dans l'espace politique, car ils ont été formés à la méfiance depuis leur première campagne électorale. Il semble d'ailleurs qu'il y ait eu, par la suite, une sorte d'osmose langagière au sein de la maison du président, le général Puga ayant l'habitude d'appeler un chat un chat et d'avoir peu de goût pour les contorsions verbales humanitaires germanopratines. Même les diplomates du cabinet présidentiel semblent s'être alignés sur ce mode de communication sans fioritures (voir plus bas ce qu'ils diront de l'opération *Serval*). Ce fut une sorte de vengeance posthume pour nombre de chefs d'état-major particulier souvent obligés de passer beaucoup de temps à manœuvrer pour tenter d'exister auprès du président face à des conseillers diplomatiques souvent en recherche d'omnipotence* et considérant parfois un officier général comme un simple technicien devant se tenir le doigt sur la couture du pantalon[12].

Dessine-moi un « bon chef »…

En inspection en Afghanistan (2006), le général Bentégeat me confiait la chose suivante : « Au sein des généraux, vous avez deux types de profils : ceux qui

* Protocolairement, le chef d'état-major particulier (CEMP) est le numéro deux du cabinet, derrière le directeur et devant le secrétaire général de la présidence. Cela n'empêche aucunement le sherpa et le « conseiller diplo » de jouer des coudes pour remiser le CEMP dans la case « technicien de surface militaire ». Bien en place en 2012, le général Puga n'a pas eu à souffrir de cette relégation, bien au contraire.

ont très vite oublié qu'ils avaient été lieutenant et ceux qui s'en souviennent toujours. » Nommé CEMA par la gauche (2014), le général Pierre de Villiers, saint-cyrien et cavalier, est un général du second type. Unanimement respecté pour sa simplicité, son professionnalisme, son sang-froid et son sens du service de la nation, il a accepté pour la première fois de témoigner de sa vision du rôle des chefs militaires au sein des institutions, quelles que soient les majorités. Il avait, dans les années précédentes, servi durant quatre années (2004-2006 ; 2008-2010) au sein du cabinet militaire des Premiers ministres de droite Raffarin et Villepin, incarnant chacun… la terre et le feu. De quoi forger une certaine capacité à évoluer dans les eaux complexes du politico-militaire.

« En France, on peut servir l'État sans esprit de système ou de particularisme politique », souligne-t-il d'emblée avant d'expliquer :

> J'ai beaucoup de respect et d'estime pour les hommes politiques. Les citoyens ne se rendent pas compte des contraintes extrêmes qui pèsent sur eux. C'est une vie très rude, quel que soit le bord. Je refuse d'ailleurs le discours que j'entends parfois sur le thème : il y a les « bons », les militaires ; et il y a les « mauvais », les politiques. C'est absurde ! Servir son pays à travers la politique est d'une grande noblesse. Dès l'âge de six ans, avec mon père – élu local – j'ai vu ce que c'était. Ce qui est vrai, en revanche, c'est que nous venons au départ de deux planètes différentes et que, au final, quand nous sommes en responsabilité, il faut que ces deux univers dialoguent et se comprennent, en n'oubliant pas que c'est le politique, soumis à élection, qui décide *in fine*. Dans leur parcours, les politiques se sont forgés dans le rapport de force et ont développé une méfiance assez naturelle à l'égard d'autrui car ils ont traversé bien des chausse-trappes. Dans l'armée, on fait confiance à son chef. On lui obéit et il faut que cette obéissance s'obtienne par adhésion et non

par contrainte. Pour nous, le cœur est fondamental. On n'emmène pas des jeunes au combat sans cette dimension. On se fait tuer pour son adjudant-chef, pour son lieutenant, son colonel… pour la France. La cohésion, la fraternité, la confiance, la solidarité, la discipline doivent faire partie du paquetage. Sinon, cela ne fonctionne pas. Du côté du monde politique, le rapport à l'autre est parfois plus froid, plus intéressé, plus cérébral et plus intellectuel. Cela ne veut pas dire que les politiques n'ont pas de cœur et que les militaires ne sauraient faire preuve d'intelligence… Quand les deux mondes se rencontrent pour le service de la France, il faut faire en sorte que la bonne fréquence se mette en place entre ces deux univers. Cela n'est pas toujours évident : nombre de militaires n'ont pas assez de sens politique et nombreux sont les hommes politiques à ne rien connaître à la chose militaire. Mais ce qui est certain, c'est qu'il faut être courageux avec eux, sinon on ne se trouve pas sur la même fréquence et l'on est balayé.

La jambe immobilisée par une mauvaise fracture – un sale tour dû à sa passion du football –, il ajoute pour conclure :

En tant que CEMA, j'ai une responsabilité mais je n'ai pas de pouvoir. Le « bon chef », qu'il soit civil ou militaire, est celui qui ne choisit pas le pouvoir pour le pouvoir. Toute autorité est un service. À l'armée, on apprend cela tout petit[13].

Le général Abrial, qui fut chef d'état-major de l'armée de l'air (2006-2009) – lui aussi passé par les cabinets de Matignon (Raffarin et Villepin*) et l'état-major particulier du chef de l'État (Jacques Chirac) –, confirme :

* Le colonel Pierre de Villiers était alors son adjoint-terre.

Souvent les politiques ont au départ à l'esprit que le militaire est un bon expert de son domaine et pas plus. Ils sont surpris de voir que l'on peut faire bien plus… D'autre part, il faut savoir que quand une nouvelle équipe politique arrive au pouvoir [président, Premier ministre, ministre de la Défense], elle trouve déjà en place… des militaires. Cabinets militaires et état-major particulier ne changent pas avec les élections et assurent à leur niveau la continuité de l'État. Mais cela peut créer une forme de suspicion car ils ont servi l'équipe précédente. En fait, on ne sert pas une «équipe», mais la France. Tous ne le comprennent pas tout de suite. Ensuite, une fois les préventions tombées et que nous pouvons montrer ce que nous apportons, l'alchimie se fait… ou non. Il suffit parfois d'une crise pour qu'en une semaine la confiance se mette en place. Ce qui est essentiel, c'est la capacité des militaires à parler aux politiques. Or le langage militaire n'est pas celui du politique. Il faut donc apprendre cette «langue étrangère». Il faut notamment savoir présenter un dossier sous un angle compréhensible et attractif[14].

Le Sahel

La première décision de François Hollande, chef des armées, est le retrait accéléré d'Afghanistan. Dans ce domaine, il fait de la surenchère sur son concurrent à l'élection présidentielle, en demandant que la France soit partie avant la fin 2012. La décision paraît alors extrêmement audacieuse et risquée car il n'y a pas plus vulnérable qu'une armée qui fait mouvement dans la précipitation pour se retirer en ambiance de guerre. Sous la houlette de son ami et ministre de la Défense Jean-Yves Le Drian, cette opération très complexe est conduite par les armées de façon remarquable, sans aucune casse et avec un coût financier maîtrisé. Sur ce point, les prévisions pessimistes développées dans les médias à l'époque par l'auteur se sont heureusement révélées inexactes.

Très vite, en revanche, le nouveau chef des armées affiche une détermination forte sur un autre dossier : la Syrie. Il semble partager la lecture de son prédécesseur sur le fait que le centre de gravité des intérêts de la France se trouve outre-Méditerranée et non en Asie centrale. Il est très allant pour tenter d'obtenir une résolution de l'ONU du type R2P (responsabilité de protéger). Il se heurte à l'hostilité de la Russie (échaudée par la Libye et se refusant à lâcher son allié syrien*) et de la Chine. Il envisage alors de fournir des armes à l'opposition syrienne dite modérée. Il semble avéré que la France l'a fait, tout en évitant de fournir du matériel lourd.

Mais son titre de gloire, il l'obtient en 2013 sur un autre théâtre : le Sahel. Depuis son arrivée en fonction, le très *real*-politicien Jean-Yves Le Drian tente de secouer la torpeur de la communauté internationale sur la situation de la bande sahélo-saharienne et singulièrement du Mali gangrené par AQMI (al-Qaida) et ses alliés touaregs radicalisés**. En vain. Le président lui-même était monté

* Les Russes ont une base navale à Tartous (Syrie) où ils déversent des tonnes de matériels militaires pour soutenir le régime. Des forces spéciales sont sur place pour veiller au bon transbordement de ces marchandises sensibles.

** Paris ne pouvait que s'alarmer de voir qu'en dix ans à peine le GSPC (groupe salafiste de prédication et de combat), ancêtre d'AQMI, rescapé de l'effroyable guerre civile algérienne (200 000 morts), était parvenu à se constituer un énorme trésor de guerre grâce au *business* des enlèvements d'Occidentaux et à nouer des liens étroits avec la population – jusqu'à marier certains de ses chefs de guerre avec des jeunes filles des grandes tribus de Tombouctou –, pour finir par occuper le nord du Mali avec l'aide d'alliés locaux indépendantistes touaregs de circonstance.

au créneau sur ce dossier dès le sommet de l'OTAN à Chicago (mai 2012). C'était sa première grande réunion internationale. Ce grand bain lui avait permis de mesurer tout de suite le poids de sa nouvelle charge. Il constate alors que tout le monde souhaite se hâter très lentement. Les sortilèges africains font peur à tout le monde. Chacun se souvient que la France était intervenue courageusement au Rwanda (opération *Turquoise* en 1994) pour sauver des milliers de vies et qu'elle s'était retrouvée quelques années plus tard accusée fallacieusement de «complicité de génocide». Depuis, la communauté internationale est extrêmement rétive à l'idée d'intervenir sur ce continent éruptif. François Hollande le constatera amèrement quand il cherchera à passer la main lors de l'opération *Sangaris* (2013-2016) – intervention militaro-humanitaire en Centre-Afrique qui a sans doute permis d'éviter le début d'un processus génocidaire*. Il ne trouvera que deux cent cinquante Européens disposés à s'impliquer à la place de ses 2000 soldats... Le fait que des plaintes aient été déposées contre une poignée de soldats français et de bérets bleus de l'ONU suspectés d'abus sexuels sur mineurs sera de nature à renforcer encore un peu plus les préventions européennes vis-à-vis de toute intervention en Afrique**. L'idée dominante, c'est que la France, compte tenu de son passé colonial et «gendarmesque», sait faire,

* Compte tenu des exactions commises de part et d'autre, de nombreux soldats français rentreront de ce théâtre très dur avec de lourdes blessures psychologiques.

** Fin 2016, certains témoignages recueillis ont été jugés par les enquêteurs comme trop standardisés et similaires pour être crédibles. L'enquête se poursuivait et n'était pas achevée à la fin de la rédaction de ce livre.

et doit donc agir… seule ou presque. Les Européens ne s'engagent du bout des lèvres que sur des processus d'encadrement d'élections ou de formation, sans prendre trop de risques. Tous les présidents français sont donc, peu ou prou, condamnés à jouer les « Africains »*.

Le terrain sahélien était déjà suivi de très près par l'équipe Sarkozy. Des coopérations discrètes avaient été mises en place par l'état-major des armées (EMA) – notamment avec la République islamique de Mauritanie (programme *Sabre* de formation au contre-terrorisme délivrée par le COS) – pour contrer la contagion du cancer salafo-totalitaire. Mais la France s'était heurtée à l'extrême prudence des chefs d'État du Sahel. Soumis à une influence salafiste au sein de leurs propres populations depuis plusieurs années**, ils craignaient de la renforcer en s'affichant avec l'ancienne puissance coloniale et en révélant au passage leur extrême nudité en matière de capacités antiterroristes. Ils avaient donc préféré pratiquer la politique de l'autruche face aux métastases d'AQMI, jusqu'au jour où le cancer était devenu trop virulent. Paris marchait donc sur des œufs, tout en faisant le maximum pour poser des pions dans ce paysage mouvant afin de ne pas être dépourvu quand la bise djihadiste serait venue. Des forces spéciales avaient ainsi été prépositionnées au Burkina Faso (Ouagadougou). Elles se révéleront infiniment précieuses le moment venu. À l'état-major

* Le Tchad étant notamment le point de passage obligé de tous les présidents, aucun n'y a échappé compte tenu de la position géostratégique du pays et des intérêts de la France dans la région.

** Sous l'influence du wahhabisme saoudien, grand dispensateur de dollars pour la propagation de sa vision sectaire et rigoriste de l'islam.

des armées, le colonel Grégoire de Saint-Quentin* («J5/plans») faisait plancher ses officiers sur plus d'un scénario d'engagement au Mali… au cas où. Paris travaillait en outre avec Washington. Très actif dans la zone, le renseignement américain venait utilement compléter celui des Français.

Pragmatique, le nouveau ministre de la Défense, Jean-Yves Le Drian, prend très vite la sage décision d'acheter sur étagères** des drones américains d'observation pour combler l'une des failles capacitaires françaises. «Hollande a dit à Le Drian qu'il fallait poursuivre la manœuvre onusienne pour impliquer la communauté internationale, mais qu'en même temps il voulait être militairement prêt à agir au cas où[15]…», souligne un haut personnage du ministère de la Défense.

Le Rubicon

Début 2013, comptant sur l'immobilisme international, les djihado-terroristes commettent une «boulette stratégique», pour reprendre l'expression de Jean-Claude Mallet, conseiller spécial de Jean-Yves Le Drian. Ils passent à l'attaque le 11 janvier : objectif Bamako. Sans que cela ait de lien, ce même 11 janvier François Hollande donne son feu vert pour une opération risquée d'extraction d'un agent de la DGSE, Denis Allex, retenu prisonnier depuis plusieurs années en Somalie par les milices islamiques d'Al-Shabaab. L'opération de la DGSE, appuyée par

---

* Il commandera l'opération *Serval*, puis le COS. Il est aujourd'hui sous-chef opérations à l'EMA.

** Expression consacrée dans le milieu de l'armement. Cela signifie que l'on achète directement à l'étranger le matériel que l'on n'a pas été capable de produire soi-même.

des moyens du commandement des opérations spéciales (COS) échoue. L'otage français est tué ainsi que deux membres du commando de la DGSE (dont le chef). Dix-sept miliciens sont tués dans les combats. La présence d'un milicien endormi et enroulé dans une couverture sable devant le mur d'enceinte a cassé l'effet de surprise quand un agent de la DGSE lui a marché dessus pour poser son échelle d'assaut. Le chef des armées assume publiquement cet échec cruel.

Au Mali, devant la progression des djihado-terroristes, François Hollande décide d'intervenir dans l'urgence*. Tout est prêt pour cela. La France a anticipé. Le sous-chef opérations de l'EMA, le général Didier Castres, est dans les *starting-blocks*. Quatre heures après le « go » présidentiel, les troupes françaises sont engagées. « C'est une chaîne de décision presque unique au monde sur la capacité d'engager le feu. Même les Américains étaient extrêmement étonnés de cette réactivité, qui n'existe pas chez eux avec cette force-là[16] », explique au journaliste du *Monde* David Revault d'Allonnes un haut responsable du ministère de la Défense. On se souvient de l'engagement de l'armée de l'air le 19 mars 2011. En quelques heures, les avions français avaient frappé les blindés de Kadhafi. De la même façon, le feu vert de destruction de la flotte aérienne ivoirienne avait été donné au général Poncet en quelques minutes (voir le chapitre Chirac). Le système politico-militaire français de la Ve République a apprivoisé la *fulgurance* et a remisé les lourdeurs de l'esprit Maginot. « Le processus de décision stratégique du président de la

* Quelques heures seulement après le début de la chevauchée djihadiste, la France engage les hélicoptères de ses forces spéciales (FS). Le premier mort français, le commandant Boiteux, est un pilote de Gazelle des FS.

République lui permet d'associer très vite toutes les parties prenantes à la décision et ensuite de donner des ordres directement aux [chefs] militaires. C'est le meilleur du monde[17] », explique le général Benoît Puga.

L'objectif de Paris est d'éviter une submersion du sud du pays après l'occupation du nord l'année précédente, puis une contamination de toute la bande sahélo-saharienne. C'est un risque bien réel dans une région où la victoire va à la rencontre des vainqueurs, grâce à l'apport d'innombrables laissés-pour-compte disponibles pour toutes les aventures potentiellement lucratives. Deux colonnes d'assaut foncent depuis le 11 janvier vers la capitale. Elles mêlent des Touaregs convertis à la charia (Ansar Eddine*), des islamo-mafieux locaux (le MUJAO**) et des djihadistes algériens et étrangers d'al-Qaida au Maghreb islamique (AQMI). Équipés de canons sans recul et chargés chacun de cinq à quinze combattants, les véhicules tout-terrain remplacent les rezzous à dos de dromadaire des raids crapuleux d'antan. Les deux groupes progressent à l'est vers Diabaly, à l'ouest vers Mopti-Sévaré. Deux verrous qu'ils veulent forcer pour déferler vers le sud. Ils ne pourront pas les passer. En trois semaines, le chef des armées fait engager par l'EMA 1 500 véhicules, une cinquantaine d'avions et d'hélicoptères de combat et de transport et plus de 4 000 hommes***, grâce notamment au soutien logistique de quelques pays alliés (la Belgique en particulier).

Le chef des armées s'implique directement dans la conduite sans pour autant aller jusqu'à donner des ordres sur le terrain. Son CEMP, le général Puga, le fait parfois, ce qui crée des frictions avec le cabinet du ministre de la

* « Les défenseurs de l'islam. »

** Le Mouvement pour l'unicité et le djihad en Afrique de l'Ouest.

*** Plus de 5 000 militaires ont été mobilisés au total sur cette opération.

Défense qui entend retrouver la plénitude de ses prérogatives et estime que c'est au CEMA de transmettre les ordres et non au CEMP, même placé au côté du président. À propos de l'implication du néophyte Hollande, son ami Jean-Yves Le Drian note :

> Il suit [les opérations] toute la nuit. Il veut savoir où on en est, partout, tout le temps. Quand je lui téléphone pour l'informer des avancées sur le terrain, je comprends qu'il a une carte devant lui sur laquelle il suit la situation ! Et si je ne le rappelle pas toutes les deux heures, c'est lui qui rappelle[18]...

Il ne cesse de lui demander : « Quand vas-tu sur Tombouctou[19] ? » La reprise de la « Perle de l'Islam » aux djihadistes aurait un impact psychologique majeur. Les djihadistes y ont détruit à la barre à mine les tombeaux des 333 saints de l'islam et la bibliothèque. Ce souhait présidentiel n'est pas tombé dans l'oreille d'un sourd. Le général Benoît Puga, ancien légionnaire du 2e REP ayant sauté sur Kolwezi, propose de le réaliser en faisant sauter la Légion sur la « Perle de l'Islam ». C'est chose faite dans la nuit du 27 au 28 janvier. Deux cents légionnaires du 2e régiment étranger de parachutistes (2e REP) sont largués sur cette ville mythique pour coiffer l'aéroport et sécuriser les environs afin de permettre l'arrivée de renforts*.

Dans ce pays grand comme deux fois et demie l'Hexagone, un énorme flux logistique est déversé :

---

* Adepte des assauts verticaux, il avait comme patron des forces spéciales (COS) convaincu en 2007 le général Jean-Louis Georgelin (chef d'état-major des armées) de faire sauter ses hommes sur Birao, en Centrafrique, pour bloquer *in extremis* une avancée rebelle et désenclaver au passage des éléments français bloqués au sol. Un succès peu connu. Le président Sarkozy avait donné son feu vert.

l'équivalent de ce qui était sorti d'Afghanistan durant toute l'année 2012[20]. La chaleur extrême (jusqu'à 65 °C), les élongations, la nature chaotique et changeante du terrain – entre sable et paysage lunaire – imposent aux hommes et aux machines des contraintes extrêmes. Pourtant, les premiers commandos des forces spéciales parviennent dans le nord du pays une vingtaine de jours seulement après le début de *Serval*. C'est un *Blitzkrieg* dans les sables que l'armée de métier française a conduit avec maestria.

La journée la plus importante…

Dès février, le président français se rend à Bamako, l'essentiel du pays a été libéré.

> […] Je veux vous dire, déclare-t-il après avoir été accueilli comme un sauveur par la population, que je viens sans doute de vivre *la journée la plus importante de ma vie politique* [souligné par nous], parce qu'à un moment une décision doit être prise, elle est grave, elle engage la vie d'hommes et de femmes.

Certains journalistes ont cru pertinent de se moquer de l'expression « la journée la plus importante de ma vie politique ». Elle a pourtant du sens. C'est celui que lui donne la décision d'un chef d'État qui ne joue plus avec des éléphants socialistes mais qui engage la vie de ses soldats. Il a déclenché la violence d'État et il en est responsable au premier chef. Il aura des comptes à rendre à l'histoire, et il en a dans l'immédiat à rendre à son opinion publique. Il faut avoir assisté à des cérémonies militaires autour de cercueils recouverts de tricolore pour mesurer ce que le chef des armées a voulu dire. Quand les choses se passent mal – comme lors de l'opération de la DGSE en Somalie –, il faut au chef des armées assumer le regard d'une veuve, des enfants, d'une mère, d'une famille. Plus ou moins bien préparés par leur expérience personnelle, tous les chefs d'État ont eu à vivre cette douloureuse épreuve. Ils sont en charge, donc responsables. Et très vite coupables en France si cela se passe mal. Le fils du président Hollande, Thomas, a livré à Antonin André et Karim Rissouli un témoignage très utile pour illustrer cette réalité tragique et il donne une clé essentielle du fonctionnement intérieur du mystérieux septième homme de l'Élysée :

> Charlie [2015], ça n'a pas changé Hollande, ça a changé la perception que les gens avaient de lui. Lui était déjà préparé à ce genre d'épreuves par les décisions d'engagement de l'armée au Mali [janvier 2013] ou en Centrafrique [décembre 2013]. Les moments où tu dois appeler les familles d'otages tués ou de militaires tués en opération, ce sont des événements qui te font habiter la fonction. [François Hollande] c'est quelqu'un qui est foncièrement indécis. Tant qu'il ne sait pas quelle est la bonne décision, il repousse, il attend. Mais dans les cas de prise d'otage ou d'opération militaire, il faut décider en cinq secondes. « Est-ce qu'on y va, est-ce qu'on n'y va pas ? » Cinq secondes pour choisir. Dans ces moments-là, il a forcé sa nature et ça l'a changé, ça lui a donné une dimension différente. Des familles d'otages qui vous reprochent d'être intervenu comme ce fut le cas pour Denis Allex, tué en Somalie, et qui vous reprochent de ne pas avoir payé une rançon. Ce genre d'épreuves renforce. Cela donne l'obligation d'être certain de son choix. Il faut l'assumer. On ne peut plus dire : je me suis trompé, quand un otage est mort par exemple. Ça crée une détermination et une absence d'hésitation[21].

Sans se dévoiler autant, François Hollande confirme le regard aiguisé de son fils en se confiant à ces deux mêmes journalistes :

> J'ai pris des décisions lourdes pendant ces trois jours [attentats de janvier 2015] mais finalement moins lourdes que sur le Mali ou la Centrafrique. Des soldats sont morts là-bas et c'est moi qui les ai envoyés. La mort d'Hervé Gourdel [guide de montagne tué par un groupe islamiste algérien rallié à Daech et voulant punir la France de son engagement contre l'État islamique], ça aussi c'est ma responsabilité [...]. J'ai appris, dans ce moment, sur le fonctionnement du gouvernement. La fluidité, la rapidité de la chaîne d'informations. Faire travailler les services les plus concurrentiels ensemble. On ne peut pas parler que d'économie à notre pays. Les Français ne vont pas dans la rue sur la crise ou le chômage. 2017 se jouera sur les valeurs aussi. On n'élit pas un président sur « il a fait un peu plus ou un peu moins de chômage ». On l'élit parce qu'il a su parler à la Nation, parce qu'elle s'est réveillée[22].

Profilage

Fin mars, au Mali, les opérations les plus rudes sont achevées. Le 11 juillet 2013, soit six mois après le début des hostilités, l'ONU prend le relais avec la MINUSMA*. Un mois plus tard, une élection présidentielle, conduite dans de bonnes conditions**, donne enfin au pays un pouvoir légal issu des urnes. Un résultat inconcevable quelques mois plus tôt. Le chef des armées a réussi sa première opération militaire d'envergure. En outre, l'exemple

---

* Mission des Nations unies pour la stabilisation du Mali. Elle a succédé à la MISMA, la force africaine de soutien au Mali, et l'a intégrée.

** Le 18 juin un accord est signé à Ouagadougou (Burkina Faso) entre les autorités maliennes et les groupes rebelles, dont le MNLA (Mouvement national de libération de l'Azawad – Touaregs), pour la tenue d'élections présidentielles et la présence de forces maliennes dans le Nord.

de la Libye a été médité. La France s'est impliquée de toutes ses forces dans le processus politique de transition avec l'Union européenne pour la formation de l'embryon d'armée malienne. Avec les hauts et les bas inhérents à l'hostilité latente entre le Nord et le Sud, malgré le bruit de fond meurtrier que les cellules djihado-terroristes entretiennent, il tient la route. Il reste fragile, comme toute chose en Afrique. Mais il existe. Le chef des armées s'est imposé dans un domaine où on ne l'attendait pas nécessairement. Certains de ses proches lui reprochent de manifester dans l'art de la guerre des capacités à trancher qui lui font singulièrement défaut dans l'espace intérieur.

Cette première opération lourde du quinquennat est riche de plusieurs enseignements sur les armées et sur leur chef. L'opération *Serval* est venue contredire bien des analyses érigées en vérités absolues peu de temps avant son lancement. La France est intervenue pratiquement seule, contrairement au *leitmotiv* selon lequel ce cas de figure ne pouvait plus exister. Elle ne s'est pas enlisée comme le prédisaient un certain nombre d'oracles. En outre, le risque d'une *betteravisation* d'une armée de terre contrainte, après son retrait d'Asie centrale, de revenir à une morne vie de caserne, s'est révélé inexistant. Petite ou grande, une guerre peut toujours en cacher une autre. La qualité des formations données dans les différents centres d'instruction et l'aguerrissement lors des dernières opérations (Balkans, Asie centrale, Afrique) ont permis aux soldats français de mener une opération particulièrement rude face à des ennemis à l'esprit kamikaze. La maturité opérationnelle de l'armée de métier a permis au chef des armées de disposer d'un outil qui a fait l'admiration de ses alliés, notamment américains et britanniques, et, comme on l'a vu, du président russe. Le 14 juillet 2013, les chefs d'État africains, invités à Paris dans la tribune présidentielle, sont tous allés dire à François Hollande : « Vous nous avez tous sauvés ! » Ils le répètent également au général Barrera[23] qui a commandé les forces terrestres de *Serval*. Chacun a bien compris que si Bamako était tombé, l'onde de choc se serait répercutée dans l'ensemble de la sous-région. Personne n'aurait été épargné. S'afficher avec la France n'est plus une tare... Le vent du boulet djihadiste n'est pas passé loin. La donne psychologique a complètement changé. Aussi la France propose-t-elle à cinq pays directement concernés par la menace terroriste (Tchad, Mauritanie, Niger, Mali et Burkina Faso) de travailler avec elle étroitement dans un « G5 Sahel ». L'idée maîtresse est notamment de partager le renseignement et de fédérer les énergies. D'autant que, plus au sud, le mouvement magico-islamiste Boko Haram (Nigeria) prend de l'ampleur et prête allégeance à Daech après l'avoir fait pour al-Qaida. Très souvent en tournée africaine, le chef d'état-major des armées, le général Pierre de Villiers, ne ménage pas sa peine pour faire vivre ce « G5 ». Plus que jamais la France est au cœur du dispositif africain et déploie ses forces : ici son état-major et ses avions (Tchad), là ses forces spéciales (Burkina Faso), ailleurs (Niger-Mali) ses pions terrestres pour lutter contre le retour des groupes de combat terroristes (GCT), tout en poursuivant la formation des commandos antiterroristes (Mauritanie). Ponctuelle, l'opération *Serval* s'est effacée devant l'opération *Barkhane* (3 500 hommes), plus pérenne. Cette dernière couvre désormais la bande sahélo-saharienne et lutte tout particulièrement contre les tentatives d'infiltration des anciens réseaux affiliés à al-Qaida ou de ceux séduits plus récemment par Daech[24].

S'agissant du chef de l'État, cinq traits structurants se dégagent de ce premier dossier géré en tant que chef des armées : son sens de la diplomatie, sa capacité à prendre des risques quand surseoir est impossible, son indifférence au discours écolo-pacifiste de son camp, sa confiance totale dans son ministre et ami Jean-Yves Le Drian et sa capacité très mitterrandienne à laisser vivre les querelles… Détaillons-les quelque peu :

1) La qualité de sa relation personnelle avec le président Bouteflika lui a permis d'obtenir en un temps record un *nihil obstat* pour le survol de l'espace aérien algérien par des Rafale partis de France (Saint-Dizier) pour un raid de 4 000 kilomètres*. Ce fut un tour de force diplomatique qui a surpris plus d'une chancellerie quand on connaît la relation complexe qu'Alger entretient avec Paris et sa réticence viscérale à voir l'ancienne puissance coloniale intervenir dans son arrière-cour.

2) Le rythme des opérations au Mali révèle un chef des armées qui ne faiblit pas dans l'action. Lui, l'indécis, en éprouve même comme une sorte d'ivresse. Sur ce dossier, il fonce, à la grande surprise de plus d'un chef militaire. La pression sur l'adversaire n'a jamais faibli jusqu'aux ultimes combats dans le donjon d'AQMI dans l'extrême nord du pays. Les Français ont notamment déclenché très vite la phase reconquête, quasiment simultanément avec le coup d'arrêt sur les pick-up de tête des djihadistes. Ils l'ont fait avec l'appui militaire des Tchadiens (2 000 hommes commandés par le fils du président Idriss Déby). Pris dans la nasse, les djihadistes n'avaient plus qu'à mourir sur place. Ce qu'ils ont fait. Mais cette action de conquête du donjon d'AQMI dans le Nord s'est faite alors même que les terroristes détenaient plusieurs otages français,

* Le raid le plus long de l'histoire aérienne française conduit par quatre Rafale : dix heures de vol, deux heures de combat sur zone, vingt objectifs traités.

comme on l'a vu plus haut. Dans l'esprit du président, il fallait détruire le noyau central du cancer, au risque de le voir renaître très vite. Il a opté pour cette posture délicate. Le général Puga le lui a conseillé. François Hollande a pris un risque politique et médiatique très substantiel. Il a gagné sur les deux tableaux. Le donjon est tombé, brisant l'échine d'AQMI, et les otages français de l'Adrar ont tous été libérés ultérieurement (grâce notamment à l'intermédiation du Niger).

3) Le président s'est montré totalement insensible à la culture du « soldat de la paix » si chère à François Mitterrand et à son propre camp. Il a fait la guerre sans états d'âme. Il a même adopté une rhétorique guerrière qui a surpris. « On n'allait pas faire une communication de centre-gauche sur un truc comme ça[25] », souligne-t-on à l'Élysée, non sans humour, après cette campagne. Influence sémantique et rhétorique du général Puga ? Sa présidence va d'ailleurs complètement réhabiliter ce mot de « guerre », hier obscène dans les médias et proscrit par des sociétés européennes confinées dans une culture de type « gentil bisounours ». Le mandat du président Hollande est pour la France celui de la prise de conscience du retour tragique de l'histoire.

4) Tout en s'appuyant fortement sur son CEMP (Puga)*, le chef des armées a laissé son ministre de la Défense jouer un rôle inédit depuis 1956 et l'opération de Suez contre l'Égypte nassérienne. À l'hôtel de Brienne, des réunions de cadrage et de coordination ont été tenues trois fois par jour autour du directeur de cabinet du ministre de la Défense, Cédric Lewandowski, surnommé pour sa poigne « le

* Après prolongation dans son poste au-delà de la limite d'âge – comme Jean-Louis Georgelin avec Nicolas Sarkozy –, le général Puga ne quittera ses fonctions de CEMP qu'en 2016, pour prendre la suite de Jean-Louis Georgelin comme grand chancelier de la Légion d'honneur.

Prussien». Un pilotage rênes courtes «pour éviter la déperdition d'information et de synergie», me disait-on dans l'entourage du ministre Jean-Yves Le Drian. Il traduisait également la volonté du ministre de mettre sa marque et de rompre avec l'effacement de son prédécesseur sous l'ère sarkozienne. Ces réunions avaient vocation également à préparer les conseils de défense autour du chef de l'État*. «Dans ces réunions, le président est carré. Les décisions sont rapidement prises. Les conseils de défense ne s'éternisent pas[26]», souligne le ministre Jean-Yves Le Drian.

La confiance entre les deux hommes est totale. À tel point qu'un général interrogé parle de «fusion» entre les deux personnages. À un degré moindre, elle n'est pas sans rappeler le duo Chirac-Millon. Les deux hommes, socialo-centristes deloriens, se connaissent de très longue date. Le chef de l'État sait pouvoir compter sur son ami quand une affaire, comme celle de la sortie du livre de son ex-compagne, Valérie Trierweiler, lui éclate à la figure. Considérant comme de peu d'importance son ministre de la Défense, Nicolas Sarkozy avait supprimé le traditionnel rendez-vous hebdomadaire avec Hervé Morin. Un signal fâcheux mais clair sur son poids réel dans le dispositif. Le pouvoir était au Palais et nulle part ailleurs. On était passé du domaine réservé à la chasse gardée. «François Fillon

---

* Étaient présents, outre Cédric Lewandowski : le conseiller spécial et sherpa du ministre, Jean-Claude Mallet; son conseiller communication, Sacha Mandel; le chef du cabinet militaire, le général Antoine Noguier; le général Didier Castres, sous-chef opérations (état-major des armées) ; le général Didier Bolelli (Direction du renseignement militaire/DRM) ; le général Frédéric Beth (Direction générale de la sécurité extérieure/DGSE) ; le général Christophe Gomart (forces spéciales) ; le général Jean-Pierre Bosser (Direction de la protection et de la sécurité de la défense/DPSD). Le Quai d'Orsay était également représenté à haut niveau.

qui connaît bien ces questions n'avait pas le droit de s'en occuper*. Quant à moi, si j'avais besoin de le voir, j'y allais. Finalement j'étais plus libre», explique Hervé Morin qui ne semble pas garder un mauvais souvenir de la séquence.

De façon institutionnalisée, François Hollande est revenu aux sources. Il voit son ministre de la Défense en tête à tête tous les quinze jours. «Mais, comme le souligne l'un des proches du ministre, en fait il le voit très souvent en dehors de ce créneau[27].» Et il ne parle pas que de défense. Cette proximité permet notamment au ministre de contrer les manœuvres traditionnelles de Bercy pour rogner les crédits de la défense. Le Drian travaille d'ailleurs main dans la main avec le chef d'état-major des armées (CEMA), le général Pierre de Villiers, et les présidents des deux commissions spécialisées du Parlement pour faire pièce au travail de sape… de l'ancien sapeur du génie – et autre ami historique du président – Michel Sapin, ministre des Finances et des Comptes publics (avril 2014). En mai 2014, le CEMA et les trois chefs d'état-major d'armée (terre, air et marine) ont fait savoir par la bande[28] qu'une nouvelle amputation de la LPM (loi de programmation militaire) entraînerait un dépôt collectif de képis et de casquettes. Le chef des armées a peu apprécié une manœuvre qui n'avait pu se dérouler qu'avec l'aval de son cher ami breton. Ce dernier, connaissant son François Hollande sur le bout des doigts, savait parfaitement jusqu'où aller. Il y a eu quelques explications tendues et les planètes se sont réalignées. Le ministre a gagné cette manche mais Bercy n'a pas dételé. L'effet des deux vagues terroristes (janvier, novembre 2015) a fini par submerger

* Député de la Sarthe, François Fillon a été président de la commission de la défense de l'Assemblée nationale (1986-1988).

ses murs. La forteresse n'a cependant pas dit son dernier mot et le huitième homme de l'Élysée sera confronté à des choix épineux.

5) Il n'a pas échappé au chef des armées que des tensions, parfois fortes, marquaient la relation entre son chef d'état-major particulier, le général Puga, et le cabinet de son très cher ami Jean-Yves Le Drian, celui-ci estimant que ce CEMP avait pris à l'Élysée de « mauvaises habitudes » sous le règne sarkozyste. Un autre que François Hollande aurait fait cesser ces querelles en tranchant dans le vif. C'est oublier son passé de premier secrétaire du PS, son art inné de la synthèse et son goût très mitterrandien de laisser vivre les conflits parce qu'ils dégagent de l'énergie, de la vie, de l'émulation, de l'imagination, et que de toute façon, *in fine*, c'est lui qui reste le maître du jeu de ces rivalités. « Les cathos à l'état-major [les généraux Puga et de Villiers], les francs-maçons au cabinet de la Défense[29] », souligne Louis Gautier, fin connaisseur des arcanes de l'hôtel de Brienne, qui laisse entendre qu'ainsi les vaches sacrées de la Défense sont bien gardées en Hollandie…

Alignement de planètes

Chaque chef des armées a son style. Mais il existe un schéma vertueux qui permet à la France d'optimiser son efficacité. Il s'agit de favoriser au maximum un alignement de planètes : Élysée, CEMP, CEMA, cabinet du ministre de la Défense*, cabinet des Affaires étrangères, sans oublier

* Le ministre est responsable de l'emploi des forces, le chef d'état-major des armées (conseiller du gouvernement mais placé de fait dans la main du chef des armées) l'est pour la conduite et la planification des opérations. Le CEMA joue également un rôle militaro-diplomatique

Matignon. Le Premier ministre, qui dispose de son propre cabinet militaire – où se font les dents de brillants officiers que l'on retrouve ensuite à l'Élysée ou à l'EMA –, a un rôle important à jouer dans ce domaine : que ce soit en matière de préparation des conseils de défense, d'arbitrage financier, de réunions interministérielles touchant la défense, de défense aérienne et d'autorité de l'État en mer. En fait, le poids réel du Premier ministre est variable selon son influence auprès du chef de l'État : il lui arrive donc d'être court-circuité, voire complètement oublié… « Ce qui est sûr, note le général Abrial, c'est que s'il y a mésentente entre le CEMP et le CEMA, le système bat de l'aile. »

Malgré les chicayas entre le général Puga et le cabinet du ministre de la Défense, les fortes divergences de vues entre la Défense (Le Drian) et les Affaires étrangères (Fabius), on peut considérer que l'alignement des planètes fut relativement harmonieux durant le mandat de François Hollande ou, en tout cas, moins disharmonieux qu'à certaines époques. Au début de son septennat, Jacques Chirac a eu tendance à traiter directement avec son « maréchal » Millon, en *bypassant* son ministre des Affaires étrangères, Hervé de Charette, qu'il n'aimait guère*, et en

---

très important (OTAN, UE, ONU, G5 Sahel, etc.) et pèse sur le processus permanent de « transformation » des armées.

* C'est ainsi que le ministre de la Défense a été en charge *de facto* de plusieurs dossiers de nature diplomatique : le chef de l'État l'a envoyé en Israël pour recoller les morceaux de sa dernière visite d'État. Jacques Chirac s'était emporté dans la vieille ville de Jérusalem contre les services de sécurité, menaçant de repartir séance tenante. La rue arabe en parle encore. De la même façon, c'est la Défense qui a mené la danse sur l'OTAN, comme sur la Bosnie. Fait rare sous la Vᵉ République, le ministre de la Défense était protocolairement placé devant les Affaires étrangères.

oubliant parfois d'informer Matignon (Alain Juppé) d'une opération militaire en cours. Quant à l'époque de Nicolas Sarkozy, il ne pouvait y avoir d'alignement de planètes puisqu'il n'y avait qu'un seul astre : lui. La constellation sarkozienne était plutôt faite d'anneaux concentriques autour d'une unique source d'énergie et de chaleur. Cela a néanmoins donné du résultat : sur la Géorgie, l'Afghanistan (après Uzbin), la Libye et la Côte d'Ivoire.

Volume et espace

Le démarrage de François Hollande dans ses habits tout neufs de président a imprimé un certain style, on l'a vu. Les militaires qui l'ont pratiqué relèvent tous son « extrême courtoisie » et le sentiment qu'il dégage d'avoir pour eux une considération non feinte. C'est ainsi qu'il a pris l'habitude de voir au moins une fois par mois en tête à tête le chef d'état-major des armées (CEMA), le général Pierre de Villiers. C'est une nouveauté sous la Ve République, un signal apprécié dans les armées et qui renforce le triptyque vertueux « chef des armées-CEMP-CEMA ». Un homme de l'intérieur décrit le mode de fonctionnement du président : « Il est bon dans les crises. Il écoute et il fait confiance à l'expertise des spécialistes. Contrairement à Nicolas Sarkozy, il n'est pas du genre à se mêler de tout et à vous dire qu'il faut passer par la droite de la corne du bois[30] » pour attaquer l'ennemi. Un officier général confie : « On n'entre pas dans son bureau en tremblant contrairement à la période précédente. » Mais, à l'entendre, on sent bien qu'il ne considère pas nécessairement cela comme un vrai compliment. Un autre officier éclaire cette réserve. Il a connu, vu ou rencontré les trois derniers présidents. Il note ceci :

Quand Jacques Chirac entrait dans une pièce, il émettait de fortes ondes de sympathie et d'autorité. Il polarisait l'attention, ne serait-ce que physiquement. Lors de la garden-party de l'hôtel de Brienne, tout le monde voulait se faire photographier avec lui, surtout les soldates. Dans les mêmes circonstances, Nicolas Sarkozy électrisait l'atmosphère par la boule d'énergie que l'on sentait en lui. Mais on percevait bien qu'il ne fallait pas effleurer ses doigts de pieds... Quand François Hollande entre quelque part, il dégage de la sympathie, de l'amabilité, une certaine bonhomie, on n'a pas peur de lui... mais il n'emplit pas l'espace comme ses deux prédécesseurs. Et ce n'est pas une question de gabarit... il a la même taille que Nicolas Sarkozy.

Ligne rouge

Il est toujours délicat de vouloir refaire l'histoire, de la réécrire avec quelques « si » commodes. Pourtant, on ne peut résister à la tentation de le faire concernant le dossier syrien. Le 21 août 2013, le régime de Bachar el-Assad franchit une nouvelle étape dans l'horreur. Il utilise l'arme chimique dans la banlieue de Damas (La Ghouta) tenue par des forces rebelles*. Les frappes ayant lieu durant la nuit, plus d'un millier de civils, notamment des femmes et des enfants qui dorment, sont tués. Or, quelques mois plus tôt, le président américain Barack Obama, prix Nobel de la paix, avait fait savoir qu'un tel mépris du

* Les alliés et amis de Damas ont tenté de faire croire que ce sont les rebelles eux-mêmes qui ont utilisé le chimique. Les rapports de services de renseignements occidentaux ne retiennent pas cette hypothèse. D'ailleurs, si les États-Unis avaient eu le moindre doute sur l'origine du tir, le président Obama se serait précipité sur ce doute pour justifier ses atermoiements.

droit des personnes constituerait le franchissement d'une «ligne rouge» et entraînerait une riposte militaire adaptée. Venant de la première puissance militaire du globe, l'avertissement valait son poids de bombes.

Une semaine plus tard, en conseil de défense, le chef des armées acte le fait que la France participera, avec ses alliés britanniques et américains, à des mesures de rétorsion militaires. Il s'agit de «punir[31]» (expression plutôt malhabile de François Hollande) le régime et non d'entrer en guerre contre lui. Il n'y a pas de résolution de l'ONU, mais le fait d'avoir en lice trois des cinq membres permanents du Conseil de sécurité offre, sinon une option légale, du moins une assise légitime. Les dossiers de frappes qui sont préparés, à l'instar de ce qui se passe du côté anglo-saxon, couvrent un champ d'action clairement annoncé et un autre secret. Le premier concerne la destruction des sites, postes de commandement, matériels et laboratoires syriens ayant un lien avec le chimique. Le second vise les implantations des djihadistes d'al-Nosra (al-Qaida). Le pseudo «État islamique» Daech n'existe encore que de façon embryonnaire et n'est pas apparu sur les radars des services secrets. On connaît la suite de l'histoire: les deux alliés vont faire faux bond. La Chambre des communes, qui se souvient des affabulations de Tony Blair sur l'Irak, refuse à David Cameron son blanc-seing. Quant au Prix Nobel de la paix Barack Obama, gêné aux entournures car il a été élu pour se désengager (Irak, Afghanistan) et non s'engager (Syrie), il préfère prudemment demander au Congrès ce qu'il en pense…

La France reste ferme, privilège du monarque français qui n'a pas de comptes à rendre dans la minute. Ses pilotes se préparent. Mais les spéculations vont bon train sur le poids respectif des faucons et des colombes du Capitole… Les Américains vont-ils suivre? La diplomatie russe, toujours alerte et imaginative, sent la faille entre les alliés. Elle s'y engouffre en proposant de convaincre son encombrant allié syrien de faire disparaître ses armes de destruction massive. À Washington, c'est un lâche soulagement. Le président américain ne perçoit pas la profondeur du piège russe. Le président Hollande est furieux de ce lâchage en rase campagne*. Pourtant, « les pays qui nous ont regardés ont dit : "Tiens, la France a été la seule à tenir bon", les pays du Golfe, les pays arabes ; on a obtenu la considération[32] », affirme le président au *Monde* en août 2016. En avril 2015, il reçoit des journalistes :

> Sur la Syrie [s'agissant de l'affaire du chimique], cela a été une frustration. Je ne sais pas ce que cela aurait donné si on avait frappé, peut-être qu'on se reverrait et que vous me diriez : « Vous avez frappé, mais il y a Daech qui est là, c'est de votre faute. » Ce que je peux vous dire, c'est qu'on n'a pas frappé... et il y a Daech[33].

En privé, le président Hollande fustigera maintes fois ce refus d'obstacle ; une intervention aurait pu avoir en Syrie un impact considérable en encourageant moralement et tactiquement la rébellion dite modérée.

> On ne peut pas refaire le scénario idéal en disant que les frappes auraient pu conduire à la défaite de Bachar, que les modérés auraient eu le vent en poupe, et que Daech

---

* François Hollande fait une « fixette » sur ce dossier. Il en parle souvent autour de lui, estimant que la France avait raison d'adopter cette position de fermeté et que la défection anglo-saxonne a refermé une fenêtre d'opportunité qui ne s'est jamais représentée. Pour appuyer son point de vue, la présidence aurait confié au *Monde* une copie classifiée « confidentiel défense » du plan de frappe en date du 29 août 2013 (*Le Monde* du 25 août 2016).

n'existerait pas, estime l'ancien sherpa de Nicolas Sarkozy, Jean-David Levitte. Mais elles auraient accéléré la chute de Bachar, montré au monde que les modérés avaient le soutien de l'Occident face à l'usage d'armes inacceptables. Cela a été un tournant majeur de la politique occidentale. Dans le monde entier le message d'inaction a été reçu cinq sur cinq[34].

Les historiens retiendront peut-être la période 2003-2013 comme celle du grand paradoxe américain : dans un cas un président (G. W. Bush) a envahi un pays, l'Irak, qui n'avait strictement aucune arme de destruction massive ; dans un autre, le chef de l'État (Obama) a refusé de frapper un pays qu'il avait menacé préalablement de mesures de rétorsion et qui avait réellement fait usage de ses armes de destruction massive… Comme le souligne très justement Jean-David Levitte, tout le monde a très vite compris qu'il n'y avait plus personne dans l'avion de chasse américain[35]. La Russie a alors senti qu'elle avait les coudées franches pour envahir et annexer la Crimée (mars 2014) et augmenter spectaculairement son intervention aux côtés de Damas. Quant à l'Arabie saoudite, elle a pris ses distances avec un allié historique qu'elle trouvait déjà très douteux depuis sa décision de laisser tomber son grand ami égyptien Hosni Moubarak. Ryad décide alors de se tourner vers son meilleur nouvel ami… le Français François Hollande. Les Saoud vont donc devenir durant son quinquennat son bailleur de fonds pour financer les achats d'armes françaises par l'Égypte et le Liban.

Pragmatisme… sans principes ?

Le royaume saoudien, chef du clan sunnite, a notamment fort apprécié la fermeté de la diplomatie française dans le dossier du nucléaire iranien*. Le président Hollande a été reçu en grande pompe à Ryad (mai 2014) au sein d'une instance d'ordinaire fermée au commun des chefs d'État, en l'occurrence le Conseil de coopération du Golfe (CCG). Il a vendu quelques semaines plus tôt vingt-quatre Rafale au Qatar. Cette proximité avec Ryad et Doha fait jaser car les deux pays sont suspectés d'alimenter, l'un, le courant intégriste wahhabite – dont deux des enfants monstrueux sont al-Qaida et Daech –, et l'autre, le salafisme politique avec la confrérie des Frères musulmans. Il est vrai, toutefois, que depuis que les Saoud ont réalisé que le Frankenstein irakien, Abou Bakr al-Baghdadi, calife autoproclamé de l'État islamique, s'est donné comme objectif de chasser la famille régnante d'Arabie saoudite des lieux saints de l'islam (La Mecque et Médine), l'Arabie saoudite est désormais franchement entrée dans la coalition anti-Daech. Et puis, dans un monde extrêmement volatil, la France hollandaise a cherché à tâtons quelques riches points d'appui du côté arabo-sunnite. C'est ainsi qu'elle a trouvé sous sa main le clan sunnite conduit par Ryad. Au diable les états d'âme devant un pays par ailleurs grand pratiquant de la décapitation au sabre. Les conseillers diplomatiques de l'Élysée ne pratiquent pas la langue de

* Un accord est trouvé et signé avec l'Iran en juillet 2015. Téhéran accepte la mise sous surveillance internationale de ses activités dans ce domaine et la destruction d'une bonne partie de son stock de matières nucléaires enrichies. En échange de cela, les fonds bloqués depuis la révolution iranienne sont débloqués progressivement.

bois pour justifier une politique étrangère du président qui décoiffe à gauche, mais parfois aussi à droite :

> Le pragmatisme n'est pas une théorie, mais une forte nécessité. Nous sommes face à des crises d'une complexité inouïe, avec des dynamiques dévastatrices. Face à cela, nous devons intégrer qu'il n'y a pas de plan d'ensemble pour la résolution de ces crises. Nous n'avons pas un agenda des valeurs, nous n'exportons pas un modèle. Nous faisons juste avec la réalité telle qu'elle est[36].

On disait jadis que le gaullisme était un pragmatisme à principes ; le hollandisme serait-il un pragmatisme à principes évolutifs ?

Riposte

La scène se déroule à l'Élysée, lors d'un conseil de défense. Nous sommes au mois d'août 2015 et la France, déjà frappée en janvier (dix-sept morts dans les attentats de Paris), vient d'échapper à une nouvelle attaque terroriste dans le Thalys Amsterdam-Paris (vendredi 21 août). L'intervention courageuse de plusieurs passagers français et étrangers (notamment deux soldats américains en vacances) a permis d'éviter un massacre. Outre une arme de poing, le djihadiste – qui est monté à Bruxelles – disposait d'un fusil d'assaut et de neuf chargeurs de trente cartouches chacun. Un des passagers, qui est parvenu à arracher la principale arme des mains du terroriste, a été gravement blessé à l'épaule par balle. Dans ce lieu clos, une telle puissance de feu (270 munitions) aurait pu faire un carnage[37].

« Qu'aurions-nous pu faire pour frapper les commanditaires en Syrie [si cet attentat avait réussi] ? » demande le chef des armées en se tournant vers son ministre de la Défense. « Rien ! » répond Jean-Yves Le Drian.

Le ministre de la Défense explique que, compte tenu de la position diplomatique française de non-intervention sans résolution de l'ONU et du « ni-ni » – ni Bachar, ni Daech* –, les armes de la France sont absentes du ciel syrien, où se trouvent notamment les avions américains qui frappent aussi bien ce pays que l'Irak. Or, les Américains ne sont pas partageux du renseignement avec ceux qui « n'en sont pas », fussent-ils des alliés. La France a tout ce qu'elle veut de Washington en Irak où elle est présente (opération *Chammal* déclenchée en septembre 2014**), par des frappes aériennes, par la formation par les forces spéciales des Peshmergas kurdes, par la fourniture de matériels militaires et de conseils de spécialistes du génie (la lutte contre les mines et les engins piégés). Sans renseignement détaillé sur les positions de Daech en Syrie, la France est aveugle et donc incapable de frapper les commanditaires. Si elle veut retrouver la vue et pouvoir frapper avec précision, il lui faut être *dedans*, en Syrie comme en Irak, même si elle entend conserver sa traditionnelle liberté d'appréciation et son autonomie de frappe au sein d'une indispensable planification aérienne entre alliés.

---

* Pas d'intervention contre Bachar el-Assad qui pourrait favoriser Daech ; pas de frappes contre Daech qui aideraient indirectement Damas.

** À la suite du vote de la résolution 2170 du Conseil de sécurité de l'ONU, consécutive à la demande d'aide internationale des autorités de Bagdad pour lutter contre Daech (acronyme arabe de l'État islamique/EI) qui a envahi depuis l'été 2014 une partie du pays (Mossoul, 2 millions et demi d'habitants, est tombée) à partir de solides bases arrière en Syrie, notamment de la ville de Rakka (nord du pays) proclamée capitale de l'EI.

Cela fait maintenant plusieurs mois que la Défense, qui a souvent un temps d'avance, bataille ferme contre le Quai d'Orsay, dirigé fermement par le ministre Laurent Fabius, pour faire valoir qu'intervenir en Irak sans le faire en Syrie est stratégiquement et tactiquement absurde. Cela revient, comme dans les films de cow-boys, à abandonner la poursuite des « méchants » quand ils ont franchi la frontière d'un État où s'arrête la juridiction du shérif. Or, la singularité de l'État islamique génocidaire et de ses combattants salafo-totalitaires, c'est justement d'avoir aboli la frontière entre les deux pays et de combattre sur un *continuum* territorial. L'attentat du Thalys met en pièces la position du Quai d'Orsay. Le président se voyait mal expliquer à ses concitoyens – s'il y avait eu cent cinquante morts dans le Thalys – qu'il n'avait aucun moyen de frapper les chefs de ceux qui « viennent jusque dans nos bras, égorger nos fils, nos compagnes »... Il décide donc de changer de pied : la France frappera désormais des deux côtés de la frontière (à partir du mois de septembre 2015) en invoquant « la légitime défense » faute de pouvoir s'appuyer sur une résolution de l'ONU systématiquement bloquée par les Russes. Côté syrien, elle entend notamment viser les sites où se trouvent les cellules actives de djihado-terroristes francophones* qui préparent des actions contre la France. Paris concentre ses frappes sur des objectifs fixes : outre ceux que l'on vient de citer, les dépôts d'armes, de munitions, de véhicules, les camps

* Français, tunisiens et belges notamment. Pour le Maghreb, la Tunisie est, en valeur relative, le premier pays contributeur pour ce qui est des combattants étrangers dans les rangs de Daech. La Belgique occupe cette première place pour les pays européens, avec le même type de calcul.

d'entraînement et les ateliers de fabrication d'IED (engins explosifs de fabrication artisanale). Les frappes s'intensifieront après les attentats de Paris (stade de Saint-Denis, Bataclan et terrasses en novembre 2015). Présente dans le Sahel, engagée en Mésopotamie et au Levant, active au Liban, avec sa marine au large de la Côte d'Ivoire (golfe de Guinée), avec ses forces de souveraineté partout dans le monde, la France fait feu de tout bois… au risque de la surchauffe d'un outil qui ne cesse depuis trois décennies d'être taillé au plus juste.

Plus de pertes civiles que militaires

François Hollande est le seul des sept chefs des armées de la Vᵉ République à devoir faire face à une situation tragique : le pays qu'il dirige compte désormais bien plus de civils tués sous les coups des terroristes et des kamikazes de Daech que de militaires tombés lors des opérations extérieures de ces dernières années : 234 pour un peu plus de 190 soldats (en remontant à la Bosnie). Le fameux *continuum* tant redouté des polémologues entre les menaces extérieures et intérieures – les OPEX (opérations extérieures) et les OPINT (opérations intérieures) – n'est plus une vue de l'esprit. La guerre, sournoise, indirecte, asymétrique, cybernétique, hybride, est de retour dans de nouveaux atours[38]. « Nous sommes en guerre parce que l'on nous a déclaré la guerre », clament désormais haut et fort François Hollande et Manuel Valls. Le Premier ministre, qui n'a jamais caché son intérêt pour les questions de défense, est particulièrement actif dans ce domaine et donne souvent le sentiment d'être encore plus combatif que son chef. Tous les militaires rencontrés confirment son implication forte sur ces dossiers et son souci d'établir des relations confiantes et même chaleureuses avec eux.

Avec deux séries d'attentats atroces et des répliques isolées, l'année 2015 a conduit le président à prendre des mesures dans l'urgence que la traditionnelle insouciance française[39] avait écartées depuis longtemps : arrêt des réductions drastiques d'effectifs dans l'armée*, lancement d'une garde nationale issue d'une montée en puissance de la réserve nationale (devant passer de 28000 à 40000), augmentation des effectifs gendarme-police-justice, renforcement du renseignement. Devenu chef de guerre « bi-fronts », François Hollande affirme désormais que le financier doit céder le pas devant le diptyque sécurité-défense. Pour la première fois depuis la guerre d'Algérie, avec l'opération *Sentinelle* les rues de France voient apparaître 10000 fusils d'assaut, approvisionnés-armés – donc prêts à tirer (ce qui n'était pas le cas avec *Vigipirate*) ; ces fameuses 10000 sentinelles inscrites dans le Livre blanc sur la défense et la sécurité nationale et qui paraissaient superfétatoires à certains par rapport à l'analyse de la menace. Les Français, notamment les trentenaires dont la génération a été cruellement frappée le 13 novembre 2015, ont retrouvé des réflexes patriotiques enfouis et méprisés : *Marseillaise* et drapeau tricolore. Lois sécuritaires, état d'urgence,

* L'armée de terre allait passer sous la barre symbolique des 100000 hommes, soit le volume de la Reichswehr allemande de 1919. Par comparaison, les personnels de la SNCF en France tournent autour des 130000. Le gouvernement avait programmé avant les attentats la suppression de 34000 postes (d'ici 2019), soit 12 % des effectifs, sachant que la loi de programmation 2009-2014 en avait déjà détruit 20 %. En 1970, l'armée comptait 500000 hommes, au début des années 1990, 450000, pour atteindre 200000 en 2020 si toutes les réductions programmées avaient été effectuées.

proposition de déchéance de nationalité (finalement abandonnée alors que c'était une mesure de simple bon sens), renforcement du renseignement avec une Europe ayant une guerre de retard sur ces questions comme, plus globalement, sur celle des réfugiés.

En 2015, dans cette situation dramatique, François Hollande avait trouvé les accents qu'il convient à un chef des armées responsable. Chaque Français patriote pouvait se reconnaître dans ses propos. D'ailleurs, la représentation nationale, réunie en congrès à Versailles le 16 novembre 2015, ne lui avait pas ménagé son soutien. « La France est en guerre ! » lâchait-il d'emblée dans une ambiance que tous les présents ont décrite comme d'une rare intensité, faite d'esprit patriotique et d'union nationale. Tous le pensent, la patrie est en danger.

> Les actes commis [...] sont des actes de guerre. [...] Ils constituent une agression contre notre pays, contre ses valeurs, contre sa jeunesse, contre son mode de vie [...]. Avec les actes de guerre du 13 novembre, l'ennemi a franchi une nouvelle étape. La démocratie a la capacité de réagir. La Déclaration des droits de l'homme et du citoyen affirme dans son article 2 que la sûreté et la résistance à l'oppression sont des droits fondamentaux. Alors, nous devons les exercer.

Le président désignait alors l'ennemi : « Daech et une armée djihadiste. » Il insistait sur la nécessité de les « détruire » et pas seulement de les contenir*. Le chef des armées a demandé, à Versailles, que l'article 42-7 du traité de l'Union (« tous pour un, un pour tous », en quelque sorte) soit activé pour aider la France dans son combat. « [...] L'ennemi n'est pas un ennemi de la France, c'est

---

* Le discours du président a été reproduit quasi *in extenso* dans *Le Monde* du 18 novembre 2015.

un ennemi de l'Europe», soulignait-il non sans raison. Le réveil de l'Europe sera timide. Il faut toutefois noter l'effort de l'Allemagne qui a envoyé des avions de surveillance dans le ciel irakien. Mais pour l'heure l'Union européenne souffre toujours de nanisme militaire.

Ultrarégalien

Las, en 2016, cette belle unanimité nationale a sombré, à la fois dans les méandres typiquement français du débat léonin sur la question de «la déchéance de nationalité» des terroristes binationaux et dans ceux de la constitution d'un nouveau gouvernement d'un modèle plus «IVe République finissante» que «Ve République combattante». Le terrible attentat de Nice (14 juillet 2016: quatre-vingt-six morts, plus de quatre cents blessés) a consacré la fin de l'Union sacrée et chacun a bien compris que la campagne présidentielle de 2017 était engagée. Droite et gauche se sont copieusement empoignées sous les regards consternés des Français. La cote de popularité du chef des armées a sombré dans les abysses du doute et du mécontentement (80 % de défiance). Chacun affûte ses arguments pour camper sur les terres de l'ultrarégalien, sachant que pour la première fois depuis plusieurs décennies la campagne présidentielle française va devoir parler des questions de défense et de sécurité désormais vitales. François Hollande sait pertinemment que cette carte de protecteur du peuple et du droit est la seule jouable pour entrer en lice et espérer vaincre à nouveau. Déjà certains de ses *missi dominici* font passer ouvertement aux armées le message selon lequel il est le seul à pouvoir proposer et tenir l'engagement, sur le prochain quinquennat, d'un budget militaire atteignant en fin de mandat les mythiques 2 % du PIB*.

En septembre 2016, déployant un préprogramme de campagne soigneusement concocté, il déclare lors d'une cérémonie à la mémoire des victimes des attentats :

> Nous devons pérenniser l'action qui a été engagée, je parle bien sûr de tous les moyens pour prévenir les attentats, pour les dissuader, pour les empêcher, et c'est un travail constant qui appellera des moyens encore supplémentaires au-delà même de ce que j'avais décidé pour les renforcer.

À l'automne 2016, la France renforce son potentiel contre Daech : envoi de canons Caesar et de conseillers supplémentaires en Irak dans le cadre de la préparation de la reprise de Mossoul, retour du *Charles de Gaulle* au large de la Syrie pour accentuer la pression sur les positions de l'État islamique. Pour autant, pas question pour le candidat putatif de marcher sur les brisées d'un George Bush, qui en France se nomme, selon lui, Nicolas Sarkozy.

Toujours fin 2016, salle Wagram (Paris) – devant un Premier ministre, Manuel Valls, au premier rang, rêvant sans doute d'être le huitième homme en cas de défection –, c'est en chef de guerre engagé contre « un fanatisme meurtrier » qu'il campe. « La menace est là, elle va durer », lance-t-il, en brandissant dans une main les foudres sécuritaires et dans l'autre les tables de la loi

* Ils reprennent et distillent notamment le message aux armées du président du début de l'année 2016, dans lequel François Hollande soulignait que la création nette pour les armées serait de 2 300 postes et que le budget 2016 serait augmenté de 700 millions de crédits supplémentaires, portant le budget des armées au-dessus de 32 milliards d'euros (voir *Armées d'aujourd'hui*, n° 404, février 2016).

républicaine. Plus que jamais, il espérait alors se succéder à lui-même en jouant de son statut régalien de «commandant en chef» pour distancer la cohorte de ses concurrents. Le 1er décembre 2016, il décidait finalement de jeter le gant et de renoncer à l'hypothèse d'une nouvelle candidature. Sur le plan des opérations militaires, il aura été dans la droite lignée de François Mitterrand en engageant les armées à l'extérieur et à l'intérieur jusqu'à la surchauffe.

Conclusion

En relisant le parcours et l'action des présidents de la Vᵉ République, on a pu mesurer à quel point l'histoire personnelle et la psychologie de ces sept hommes en responsabilité suprême ont pesé plus que les corpus doctrinaux sur lesquels ils ont été élus. Leur orientation politique initiale n'a pas coloré leurs mandats. Il n'y a pas un modèle de chef des armées de gauche et un autre de droite, Charles de Gaulle étant inclassable et hors concours. Tout juste note-t-on, à l'époque de François Mitterrand, quelques contorsions sémantiques («les soldats de la paix») pour ne pas désespérer tout de suite le «Billancourt pacifiste» du PS. Mais le premier président de gauche tranche très vite avec le prêt-à-porter idéologique de son camp en revêtant avec ravissement la pourpre *nuclearis*. On ne retrouve pas de ces précautions langagières du côté d'un François Hollande, désinhibé sur le sujet «guerre», même si son Premier ministre, Manuel Valls, l'est encore plus que lui. S'agissant de l'Alliance atlantique (OTAN) : de Gaulle est sorti du commandement intégré, Mitterrand n'y a rien changé, Chirac a voulu y revenir, Sarkozy l'a fait, Hollande l'a validé… Certains personnages sont à contre-emploi : rappelé pour faire la guerre en Algérie, Charles de Gaulle y fait la paix aux forceps. Mitterrand le pacifique entre en guerre dans le Golfe, Chirac le sabreur s'y refuse. Compte tenu des circonstances, on peut considérer qu'ils ont eu raison tous les deux. À tout moment, ces hommes ont, *nolens volens*, incarné l'une des meilleures définitions du gaullisme : « un pragmatisme à principes ».

Tous les présidents ont dû faire face à une réalité bouleversante : ils ont eu des morts sur leur conscience d'homme d'État et d'homme tout court. Aucun n'a engagé de troupes à la légère. Mais ils ont dû en assumer les responsabilités. Compte tenu du poids singulier du monarque républicain dans les institutions, le responsable d'un échec n'est jamais long à trouver. Sur le chemin de la guerre ou de la non-guerre – riche en nuits blanches, en phases interrogatives, voire dépressives – ils ont trouvé à leurs côtés, sans qu'ils les aient toujours choisis au départ, des conseillers militaires retaillés*, avisés et animés d'une haute idée du service de la France. En général, ils en ont été extrêmement heureux. Une constante de la Ve République montre d'ailleurs, contrairement à des idées reçues, que ces grands commandeurs ont plutôt incité leur chef à la modération belliciste qu'à l'inverse. Sans doute parce qu'ils savaient d'expérience que « le feu tue »... Cette intimité humaine, psychologique et parfois affective entre le chef des armées et ses grands subordonnés militaires est une donnée essentielle de l'alchimie secrète des décisions régaliennes prises à l'Élysée. C'est pour cela que le général Pierre de Villiers insiste souvent sur le fait que l'important ne réside pas tant dans les textes (notamment les différentes ordonnances qui encadrent la défense) que dans la façon dont les hommes les mettent en œuvre.

* Expression militaire qui veut dire : solide, expérimenté, avisé.

Cette présence des grands commandeurs à la charnière du politico-militaire, on l'a vu, va bien au-delà de la simple technique militaire. Elle permet d'éclairer le président, voire de le guider dans ses méandres personnels. Lui, simple mortel oint du suffrage universel, fait de chair et de sang, d'angoisse et d'espoir, sur qui pèse une charge terrible, doit décider et trancher dans l'urgence sous les regards des Français et du monde. Il est *le* président de la République française. Son pays est membre permanent du Conseil de sécurité, que sa cote de popularité soit au zénith ou dans les abysses. Malgré elle, il pèse. À travers lui, c'est la France qui demeure.

Tous ces hommes arrivés au faîte du pouvoir, tous ces êtres consubstantiellement *a-normaux* pour être là où ils sont, se sont dit à un moment ou à un autre : qu'est-ce que l'histoire retiendra de mon passage élyséen ? Quelle sera ma trace ? De Gaulle l'avait déjà faite avant d'être élu. Mais les autres, en se questionnant de la sorte, pensent à leur domaine réservé plus qu'à tout autre. Ailleurs, tout – opprobres et lauriers – est à partager avec un autre, un Premier ministre ou un ministre. Les lois ne portent jamais le nom des présidents. Le souverain est seul dans son pré carré, en majesté, pour le meilleur et pour le pire. Son sceau sur les grands événements l'identifie à jamais. L'histoire veille et le jugera. Est-ce pour cela que le président Hollande a cru utile de lui brûler la politesse, de prendre les devants en détaillant, commentant et illustrant lui-même à grands coups de confidences, d'articles et de livres *inspirés* un quinquennat fort contesté, jusque dans son propre camp ? Le paradoxe fut de le voir, l'année précédant l'élection présidentielle, éteindre lui-même les derniers feux d'une crédibilité moribonde et concentrée presque exclusivement autour de sa fonction régalienne de chef des armées. Il ne lui restait pourtant que cela comme viatique pour affronter 2017. En confiant à des journalistes du *Monde*[1] des informations hautement classifiées révélant notamment qu'il avait autorisé quatre opérations « homo » contre des terroristes*, que d'autres présidents en avaient engagé plus que lui..., le chef des armées a choqué un grand nombre de Français, de militaires, certains de ses partenaires internationaux et jusqu'à son propre ministre de la Défense[2]. Le scandale n'était pas dans l'acte lui-même, mais bien dans le fait de briser un tabou protégé depuis des lustres par tous ses prédécesseurs. Venu d'une gauche socialiste qui ne prise guère ce genre d'opérations, lui, l'homme indécis par construction, aurait donc cédé à la tentation de prouver par cet inopportun déballage qu'il était bien un chef à qui les décisions ultimes et radicales ne faisaient pas peur. Aura-t-il été involontairement sa dernière cible... celle d'une opération politique suicidaire auto-déclenchée ?

Au final, tout cela prouve quoi ? Que les réalités internationales et guerrières brisent – encore plus fortement que toutes les autres – les contours figés des postures-impostures du clivage droite-gauche à la française. C'est en se penchant sur cette matière fortement irriguée du sang

* « Homo » pour homicide. Opérations conduites par des agents des services secrets (DGSE pour la France). Tous les pays ayant des services secrets dignes de ce nom les pratiquent. Aucun n'en parle jamais – avant un délai très très long les faisant basculer dans l'histoire – car ces exécutions extrajudiciaires sont en rupture avec le droit habituel qui régit les relations entre les nations. La présidence française a également donné à des journalistes du même quotidien (qui pourtant n'a jamais ménagé le président), le fac-similé du *timing* secret d'attaque des avions français contre le régime de Damas après l'utilisation de l'arme chimique en 2013 (dans *Le Monde* du 25 août 2016). Du jamais vu à la connaissance de l'auteur dont le regard porte sur les quarante dernières années de cette République.

des soldats et des civils, versé ou épargné, que l'on s'en rend compte le mieux. Sans doute est-ce ce qui explique que, par capillarité, tous les civils qui ont servi au sein des structures de défense, quelle que soit leur appartenance politique, se sentent unis par une certaine complicité. Juste ou injuste, ils ont le sentiment d'avoir servi avant tout la France, la Nation, sa grandeur, la force de ses armées, son rang et son rayonnement sous les ors d'une République héritière de la monarchie et de l'Empire. Travailler au palais de l'Élysée, à l'hôtel de Matignon, à l'hôtel de Brienne ou au Quai d'Orsay commande. Sans que cela fasse taire les ambitions personnelles et les ego, chacun y travaille d'une certaine façon pour l'histoire, car en ces lieux tout parle de la grandeur de la France, de la continuité de l'État et de la relativité de son sentiment personnel de puissance, quelle que soit sa position d'autorité dans la structure.

Quel bilan institutionnel tirer de cette période 1958-2017 examinée à travers le prisme du cerveau et du cœur de ces sept hommes ? Le changement dans la continuité et la continuité du changement... *Mutatis mutandis*, on ne relève pas de rupture majeure en matière de politique étrangère, dont l'armée est l'un des bras. Le Général a forgé le couple franco-allemand comme pivot de la dynamique d'une union européenne qu'il regardait avec circonspection. Tous les autres présidents se sont inscrits dans cette filiation, en étant plus allants sur le chapitre de l'intégration européenne (sans aller jusqu'au fédéralisme). Sous la férule des chefs des armées, la défense – avec parfois de lourds traumatismes à la clé – est le corps social qui s'est le plus profondément réformé. Cela donne le vertige... car la *maison* a toujours dû fonctionner pendant les travaux... On se prend à rêver en songeant à ce que d'autres secteurs publics auraient pu devenir en ayant eu, autant que ce département ministériel, le sens de la transformation...

La dissuasion nucléaire, quant à elle, a été préservée, quelles qu'aient été les convictions intimes initiales du locataire de l'Élysée. Elle a confirmé l'intuition fondamentale du Général (et de certains hommes de la IVe République) : elle a empêché une gigantesque confrontation conventionnelle et/ou nucléaire entre les deux blocs. Dans la gamme des changements majeurs, en dehors de la période algérienne, la fin du XXe siècle a marqué un tournant exceptionnel : le passage de la conscription (héritée de la IIIe République) à l'armée professionnelle. Ce fut une secousse tellurique salutaire et incomplète. Elle force aujourd'hui les candidats au poste élyséen à se prononcer sur la question de la restauration « de quelque chose » : service militaire, service civique, service civico-militaire, obligatoire, volontaire, six mois, un an, pour garçons et filles... Ce « quelque chose » indispensable vient très vite buter sur la faiblesse des effectifs de l'armée pour un encadrement éventuel, sur la disparition de nombre d'emprises militaires vendues à la criée ou cédées pour un euro symbolique et sur le bruit sourd des caisses vides de l'État. Pourtant, il serait heureux que le huitième homme/femme fasse quelque chose et que cela soit substantiel.

Avec leur style propre, tous les présidents se sont montrés foncièrement patriotes, sincèrement soucieux de maintenir le rang de la France, même s'ils ont très vite considéré le budget de la défense comme une variable d'ajustement de leurs soucis récurrents de fin de mois. Ils ont taillé, taillé, taillé encore, tout en essayant de préserver le cœur de l'arbre avec plus ou moins de délicatesse et d'adresse dans la façon de manier le sécateur. Certains l'ont fait en parlant avec tendresse au chêne-défense, d'autres l'ont fait sans grands états d'âme pour les branches s'amoncelant à leurs pieds. Hollande y a mis un timide et tardif holà après la vague d'attentats de 2015. Mais tous ont bien mesuré que, malgré les difficultés économiques croissantes du pays et la chute parfois vertigineuse de leur popularité, ils continuaient à exister à l'international grâce à leur puissance militaire et à la force de leur réseau diplomatique. Dis-moi combien de divisions et d'ambassades tu as… et je te dirai ce que ta parole pèse dans le concert des nations. C'est un peu cynique mais de plus en plus vrai dans un monde qui se fracture en micro-guerres purulentes et dans lesquelles les imprécateurs poussent comme des champignons.

Mais l'assise économique du pays, sans laquelle il n'y a pas de défense qui vaille, s'effrite dangereusement. Il faudra au prochain chef des armées faire des choix : réduire les missions (OPINT) et les engagements (OPEX) ou réévaluer fortement les budgets de la défense et de la sécurité. Au sens cornélien du terme, c'est un dilemme. D'autant que le nouveau président sera confronté à une course de vitesse entre, d'un côté, un salafisme galopant (ici et plus loin), des tensions graves et persistantes à l'est de l'Europe (Russie-Ukraine-pays Baltes-Pologne), une montée en puissance d'une Chine impériale de plus en plus menaçante (en mer de Chine méridionale), une extension de la volonté d'Ankara de restauration néo-ottomane, les explosions de moins en moins amusantes des « pétards » nucléaires de la Corée du Nord, le grand bras de fer chiite-sunnite (Iran/Arabie saoudite) et, de l'autre côté, une Europe atone, désarmée au sens propre du terme, prise de vertige entre des forces centripètes, et une France bureaucratique et féodale dans son essence, toujours extrêmement lourde à bouger tant qu'il reste encore un mini-espace d'inertie corporatiste à préserver avant l'apocalypse. C'est dire que le huitième président ne peut rien seul et qu'il serait bon que les mânes du premier l'inspirent.

L'histoire est de retour ! Elle a le hoquet tragique. Le président élu en 2017 ne peut l'ignorer. Le pays est en guerre pour la première fois depuis cinquante ans. Même si c'est une « drôle de guerre » qui n'a rien d'amusant, le défi est bien là. Et pour longtemps. L'ennemi est à l'intérieur et à l'extérieur. Le prochain chef des armées n'aura pas d'état de grâce ; pas plus sur le front militaro-sécuritaire que sur les fronts économique, social et sociétal. Ces fronts sont d'ailleurs liés : il n'y a pas de défense solide sans économie prospère. Les entreprises sont des fers de lance majeurs de l'effort de défense. Qu'elles le veuillent ou non, qu'elles en aient conscience ou non, elles sont par essence « patriotiques » dans la période actuelle, qu'elles soient franco-françaises ou internationales. Certains leaders allemands l'ont bien compris qui verraient bien leur pays fonder sur sa puissance économique une armée solide et guigner demain un poste de membre permanent au Conseil de sécurité… sur les décombres de la France. Compte tenu de la psychologie du peuple allemand, on en est encore loin, mais cela donne une indication des anticipations négatives dont nous sommes l'objet de la part de nos meilleurs amis.

Le huitième personnage de notre série (2017-2022) devra engager les Français sur trois fronts : la guerre au salafisme djihadiste, le renouveau citoyen et identitaire, le combat économique et social. Les trois sont liés. Le général de Gaulle ne cessait de le dire, la défense est globale et n'est en aucune façon l'apanage des seuls militaires. Dans tous les dossiers cités plus haut, l'option militaire dans les crises n'a de sens qu'à côté des autres, et en synergie avec eux. Le chef des armées doit être à la fois « chef de guerre », « rassembleur » et « bâtisseur de ponts ». Un personnage capable de créer des ruptures indispensables par le déchaînement de la violence d'État contre les ennemis de notre culture et de lancer les ponts indispensables destinés à réduire les fractures intérieures et internationales. Cela demande un cortex, une configuration mentale, une expérience personnelle et psychologique très spécifiques. Il lui faudra être capable de travailler avec opiniâtreté avec tous les talents disponibles en France (et en Europe), et de le faire sur le temps court et le temps long. De ce point de vue, le passage du septennat au quinquennat fut une grave erreur (réforme Chirac-Jospin). Elle a coupé les ailes des locataires de l'Élysée.

Saisis par le doute et la peur, quittant doucement les rives de l'adolescence éternelle (les autres seront gentils avec moi si je suis gentil avec eux…, la guerre c'est moche), les Français sont en recherche de sens, d'engagement et de protection, dans des proportions variables d'un individu à l'autre. Cela n'a échappé ni au sixième (Sarkozy) ni au septième (Hollande) homme de l'Élysée. Ils ont tout fait, dès 2016, pour tenter de distancer leurs *outsiders* de droite et de gauche en se positionnant sur les sommets de l'ultrarégalien.

Peur et attentats obligent, la place prise par ces questions est une première, car depuis plus de quatre décennies elles sont les grandes absentes des élections présidentielles françaises. Désormais, tout le monde se sent concerné, et les signes extérieurs de patriotisme ont fait un retour fracassant depuis les attentats de 2015, notamment du côté de la jeune génération, « la génération Bataclan » des trentenaires. C'est dire qu'au-delà des questions stratégiques pendantes (quelle ambition internationale pour la France et l'Europe ?) et techniques (quels moyens, quelles forces pour les armées, quelles capacités, quelle force nucléaire ?), le huitième locataire de l'Élysée devra savoir stimuler la capacité à l'engagement citoyen et patriotique des Français. C'est la seule façon d'atteindre véritablement le cœur du cancer salafiste, ce nouveau totalitarisme génocidaire du

XXIe siècle qui gangrène une bonne partie de la planète. Les bombes n'y suffiront pas.

Tous les aspirants à la fonction présidentielle – bizuths ou redoublants – ont donc dû se positionner sur les perspectives budgétaires de la défense : le fameux 2 % du PIB (contre 1,78 % aujourd'hui) ; un objectif devenu presque mythique. Difficile pour un candidat qui veut vraiment entrer ou revenir à l'Élysée d'y échapper. Mais vu l'état des finances françaises et compte tenu du poids des corporatismes, nombre d'observateurs – dont l'auteur – craignent qu'il ne faille malheureusement encore beaucoup de morts civils ou militaires pour que ce coup de rein salvateur soit donné. L'histoire militaire contemporaine montre tragiquement que la France – par ailleurs bourrée de talents – se montre plus que d'autres indolente, insouciante, individualiste et idéologue. Elle n'accepte de se remettre vraiment en cause qu'après être passée par le feu brûlant de la défaite. La France ne pourra pas faire face aux défis sécuritaires qui vont aller croissant sans une révolution copernicienne de ses mœurs et de ses pratiques.

Le prochain exécutif saura-t-il renverser la vapeur avant qu'il ne soit trop tard ? Le huitième chef des armées sera-t-il l'élu d'un vieux pays au bout du rouleau, une sorte de liquidateur avant inventaire, un syndic de faillite, ou sera-t-il de la trempe des refondateurs sachant impliquer les Français dans un projet vital pour eux et leurs enfants ? Il ne faut pas rêver. Il n'y aura ni sauveur ni divine surprise. Sans les Français – cabochards et souvent merveilleux dans l'adversité –, le futur président ne pourra rien faire contre la poussée du cancer salafiste et la marche de la dislocation mondiale. Peut-être pourrait-il se laisser heureusement guider en s'appuyant sur deux préceptes : « Le chef est celui qui a besoin des autres » (Antoine de Saint-Exupéry) et « La manière de bien conduire une guerre, ce n'est pas de suivre mais de précéder les événements » (Démosthène).

Notes

Avant-propos

1. Dans Valéry Giscard d'Estaing, *Le Pouvoir et la Vie*, Paris, Compagnie 12, 1988.

Introduction

1. Voir sur la question le très éclairant livre de Jean Guisnel et Bruno Tertrais : *Le Président et la Bombe*, Paris, Odile Jacob, 2016.
2. Entretien avec l'auteur.
3. *Idem.*

1. Charles de Gaulle

1. Charles de Gaulle, *Mémoires de guerre*, t1, *L'Appel, 1940-1942*, Paris, Plon, 1954.
2. Max Gallo, *De Gaulle*, t1, *L'Appel du destin*, Paris, Robert Laffont, 1998.
3. Voir Pierre Servent, « Philippe Pétain et Charles de Gaulle. Un drame shakespearien », dans *Les grands duels qui ont fait la France*, Paris, Perrin, 2015.
4. Dans Pierre Messmer, *Après tant de batailles. Mémoires*, Paris, Albin Michel, 1992.

5. Pierre Miquel, *L'Armée française. 1880-1930. Un certain âge d'or*, Paris, Éditions Atlas, 1987.

6. Jean-Raymond Tournoux, *Pétain et de Gaulle*, Paris, Plon, 1964.

7. Dans Charles de Gaulle, *Mémoires de guerre*, t1, *L'Appel*, *op. cit.*

8. *Ibid.*

9. *Ibid.*

10. Marc Bloch, *L'Étrange Défaite*, Paris, Éditions André Sauret, 1957.

11. Voir la biographie du général Georges par Max Schiavon : *Général Georges. Un destin inachevé*. Chinon, Éditions Anovi, 2009.

12. Charles de Gaulle, *Mémoires de guerre*, t1, *L'Appel*, *op. cit.*

13. Karl-Heinz Frieser, *Le Mythe de la guerre éclair. La campagne de l'Ouest de 1940*, Paris, Belin, 2003.

14. Pierre et Anne Rouanet, *L'Inquiétude outre-mort du général de Gaulle*, Paris, Grasset, 1985.

15. Charles de Gaulle, *Mémoires de guerre*, t1, *L'Appel*, *op. cit.*

16. *Ibid.*, annexes.

17. Colonel Passy, *Souvenirs*, t. 1, *2e Bureau Londres*, Monte Carlo, Raoul Solar éditeur, 1947.

18. Georgette Elgey, *Histoire de la IVe République*, t4, *De Gaulle à Matignon. La République des Tourmentes. 1958-1959*, Paris, Fayard, 2012.

19. *Ibid.*

20. *Ibid.*

21. Jean Lacouture, *De Gaulle*, t3, *Le Souverain*, Paris, Le Seuil, 1986.

22. *Ibid.*

23. Georgette Elgey, *Histoire de la IVe République*, t4, *De Gaulle à Matignon. La République des Tourmentes. 1958-1959*, *op. cit.*

24. Jean-Raymond Tournoux, *La Tragédie du Général*, Paris, Plon, 1967.

25. Pierre Lefranc, *Avec qui vous savez. Vingt-cinq ans aux côtés de De Gaulle*, Paris, Plon, 1979.

26. Pierre Viansson-Ponté, *Lettre ouverte aux hommes politiques*, Paris, Albin Michel, 1976.

27. Jean Lacouture, *De Gaulle*, t3, *Le Souverain*, *op. cit.*

28. *Ibid.*

29. *Ibid.*

30. Lire notamment : Jean Birnbaum, *Un silence religieux*, Paris, Seuil, 2016.

31. Alain Peyrefitte, *C'était de Gaulle*, t3, Paris, De Fallois/Fayard, 2000.

32. Déclarations devant le tribunal le 30 mai 1961.

33. Pierre Messmer, *Après tant de batailles. Mémoires*, *op.cit.*

34. *Ibid.*

35. Jacques Fauvet et Jean Planchais, *La Fronde des généraux*, Paris, Arthaud, 1961.

36. Pierre Messmer, *Après tant de batailles. Mémoires*, *op.cit.*

37. Jean Lacouture, *De Gaulle*, t3, *Le Souverain*, *op. cit.*

38. Alain Peyrefitte, *C'était de Gaulle*, t3, *op. cit.*

39. Pierre Marie Gallois, *L'Aventure de la Bombe. De Gaulle et la dissuasion nucléaire (1958-1969)*, Paris, Plon, 1985.

40. Jean Lacouture, *De Gaulle*, t3, *Le Souverain*, *op. cit.*, cité par Jean Guisnel et Bruno Tertrais dans *Le Président et la Bombe*, *op. cit.*

41. Voir Pierre Servent, *Œdipe à Matignon : le complexe du Premier ministre*, Paris, Balland, 1989.

42. Georges Pompidou, *Pour rétablir une vérité*, Paris, Flammarion, 1982.

43. Témoignage de Michel Jobert (très proche collaborateur de Pompidou à Matignon) à l'auteur, en 1988, dans *Œdipe à Matignon*, *op. cit.*

2. Georges Pompidou

1. Alain Peyrefitte, *C'était de Gaulle*, *op. cit.*

2. Voir Pierre Servent, *Œdipe à Matignon*, *op.cit.*

3. Georges Pompidou, *Pour rétablir une vérité*, *op. cit.*

4. Éric Roussel, *Georges Pompidou*, Paris, JC Lattès, 1984.

5. *Ibid.*

6. *Ibid.*

7. *Ibid.*

8. Georges Pompidou, *Pour rétablir une vérité*, *op. cit.*

9. Merry Bromberger, *Le Destin secret de Georges Pompidou*, Paris, Fayard, 1965. Lire également sur le 141e RIA : Max Schiavon, *Les Combats héroïques du capitaine Manhès*, Villers-sur-Mer, Éditions Pierre de Taillac, 2015. Un passage élogieux est consacré au sous-lieutenant Pompidou.

10. Georges Pompidou, *Pour rétablir une vérité*, *op. cit.*

11. Éric Roussel, *Georges Pompidou, op. cit.*
12. Georges Pompidou, *Pour rétablir une vérité, op. cit.*
13. Jean-Raymond Tournoux, *Le Tourment et la Fatalité*, Paris, Plon, 1974.
14. Lire la très documentée étude du colonel (er) Michel Goya : « L'intervention militaire française au Tchad 1969-1972. Premier exemple de contre-insurrection moderne réussie », *Lettre du Retex-Recherche*, n° 6, Centre de doctrine d'emploi des forces (CDEF), 26 novembre 2013.
15. Jean Guisnel et Bruno Tertrais, *Le Président et la Bombe, op. cit.*
16. *Ibid.*
17. Valéry Giscard d'Estaing, *Le Pouvoir et la Vie*, t1, *op. cit.*

3. Valéry Giscard d'Estaing

1. Georges Valance, *VGE. Une vie*, Paris, Flammarion, 2011. C'est à notre sens la biographie la plus complète et la plus méticuleuse de toutes celles qui lui ont été consacrées.
2. *Ibid.*
3. Propos tenus à Agathe Fourgnaud, *Valéry Giscard d'Estaing Entretien*, Paris, Flammarion, coll. « Mémoire vivante », 2001.
4. *Ibid.*
5. Valéry Giscard d'Estaing, *Le Pouvoir et la Vie*, t1, *op. cit.*
6. Propos tenu à une amie, voir Jean Guisnel et Bruno Tertrais, *Le Président et la Bombe, op. cit.*
7. *Ibid.*
8. Raymond Aron, *Guerre et paix entre les nations*, Paris, Calmann-Lévy, 1962.
9. Cité par François d'Orcival dans *Le Nouveau Roman de l'Élysée*, Paris, Éditions du Rocher, 2014.
10. Voir *Le Pouvoir et la Vie*, t1, *op. cit.*
11. *Ibid.*
12. Général Bigeard, *De la brousse à la jungle*, Paris, Hachette/Carrère, 1994.
13. Valéry Giscard d'Estaing, *Le Pouvoir et la Vie*, t1, *op. cit.*
14. Georges Valance, *VGE. Une vie, op. cit.*
15. Valéry Giscard d'Estaing, *Le Pouvoir et la Vie*, t1, *op. cit.*
16. Georges Valance, *VGE. Une vie, op. cit.*

4. François Mitterrand

1. Entretien avec l'auteur.
2. Catherine Nay, *Le Noir et le Rouge, ou l'Histoire d'une ambition*, Paris, Grasset, 1984.
3. Voir Michel Winock, *François Mitterrand*, Paris, Gallimard, 2015.
4. Lettre de François Mitterrand à François Dalle en date du 5 novembre 1938. Archives J.-B. Dalle. Dans Éric Roussel, *François Mitterrand. De l'intime au politique*, Paris, Robert Laffont, 2015.
5. Article du 22 juin 1945. Cité par Pierre Péan, *Une jeunesse française*, Paris, Fayard, 1994.
6. Témoignage du général Laure à l'auteur.
7. Lettre de F. Mitterrand à sa cousine M.-C. Sarrazin du 16 octobre 1939. Archives L. Coppey. Dans Éric Roussel, *François Mitterrand. De l'intime au politique*, *op. cit.*
8. *Ibid.*
9. Pierre Péan, *Une jeunesse française*, *op. cit.*
10. *Ibid.*
11. Entretien avec l'auteur.
12. François Mitterrand, *Ma part de vérité*, Paris, Fayard, 1969.
13. Voir le remarquable et très équilibré article sur la question rédigé par Jean-Pierre Azéma : « De Vichy à la Résistance », *L'Histoire*, hors-série, « 20 ans après… Le dossier Mitterrand », décembre 2015. On peut également se reporter très utilement pour entrer dans le détail du parcours de François Mitterrand à Vichy aux biographies d'Éric Roussel et de Michel Winock déjà citées.
14. François Mitterrand, *Mémoires interrompus*, Paris, Odile Jacob, 1996.
15. Catherine Nay, *Le Noir et le Rouge*, *op. cit.*
16. Voir Georges-Marc Benamou, *Le Dernier Mitterrand*, Paris, Plon, 1996.
17. Témoignage recueilli par l'auteur. La personne a souhaité conserver l'anonymat.
18. Entretien avec l'auteur.
19. *Idem.*
20. *Idem.*
21. Intervention lors du colloque « François Mitterrand et la défense », les 20 et 21 mai 2015.
22. Auteur de *Mitterrand et son armée, 1990-1995*, Paris, Grasset, 1999.

23. Échanges entre Pierre Schwed et l'auteur, ancien auditeur de l'IHEDN comme lui.

24. Sur ce conflit long et complexe, se reporter au très complet article de Jean-François Soulet, professeur d'histoire contemporaine à Toulouse-Le Mirail, «France-Bosnie (1992-1995). Il y a vingt ans… L'exceptionnelle implication de la France dans le conflit bosniaque», *La Revue géopolitique* (diploweb.com).

25. Alexandra Schwartzbrod, *Le président qui n'aimait pas la guerre. Dans les coulisses du pouvoir militaire, 1981-1995*, Paris, Plon, 1995.

26. Voir le remarquable et très évocateur film de Patrick Barbéris : *François Mitterrand et la défense*, réalisé spécialement pour le colloque du même nom.

27. Archives de l'auteur.

28. Alexandra Schwartzbrod, *Le président qui n'aimait pas la guerre, op. cit.*

29. Archives de l'auteur.

30. Voir Pierre Servent, *Œdipe à Matignon, op. cit.*

31. Entretien avec l'auteur.

32. Témoignage de Jean-Pierre Chevènement à l'auteur.

33. Entretien avec l'auteur.

34. Jacques Lanxade, *Quand le monde a basculé*, Paris, Nil, 2001.

35. Témoignages *off the record* recueillis sur place à l'époque par l'auteur, alors envoyé spécial du *Monde* dans le Golfe.

36. Témoignage recueilli par l'auteur.

37. Entretien avec l'auteur.

38. Jacques Lanxade, *Quand le monde a basculé, op. cit.*

39. Entretien de l'auteur avec l'amiral Lanxade.

40. *Idem.*

41. *Idem.*

42. Témoignage de l'amiral Lanxade à l'auteur.

43. *Idem.*

44. Louis Gautier, *Mitterrand et son armée, op. cit.*

45. Entretien de l'auteur avec Hubert Védrine.

46. Jacques Lanxade, *Quand le monde a basculé, op. cit.*

47. Hubert Védrine, *Les Mondes de François Mitterrand*, Paris, Fayard, 1996.

48. Alexandra Schwartzbrod, *Le président qui n'aimait pas la guerre, op. cit.*

49. Pierre Servent, *Les guerres modernes racontées aux civils… et aux militaires*, Paris, Buchet-Chastel, 2009.

50. Voir notamment : Xavier Gautier, *Morillon et les casques bleus. Une mission impossible*, Paris, Édition n° 1, 1993 ; et également général Morillon, *Paroles de soldat*, Paris, Balland, 1996, et, du même, *Croire et oser. Chronique de Sarajevo*, Paris, Grasset, 1993.

51. Archives de l'auteur.

52. *Le Nouvel Observateur*, 17-23 février 1994.

53. Tribune dans les colonnes débats du *Monde* (17 février 1993).

54. Alain Rollat, *Delors*, Paris, Flammarion, 1993.

55. Voir *La Chute du faucon noir*, le film de Ridley Scott.

56. Voir la très réaliste fiction britannique *Warriors*, 1999.

57. Article dans *Libération* du 25 mai 1993. Cité par Alexandra Schwartzbrod, *Le président qui n'aimait pas la guerre*, *op. cit.*.

58. Voir Georges-Marc Benamou, *Le Dernier Mitterrand*, *op. cit.*

59. Dans François Mitterrand, *La France et sa défense. Paroles publiques d'un président, 1981-1995*, préface de Jean-Yves Le Drian et Hubert Védrine, textes édités sous la direction de Georges Saunier et Philippe Vial, Paris, Nouveau Monde éditions, 2015.

5. Jacques Chirac

1. Entretien avec l'auteur.
2. *Idem.*
3. *Idem.*
4. Témoignage de l'amiral Delaunay à l'auteur.
5. *Idem.*
6. Archives de l'auteur.
7. Jacques Chirac, *Chaque pas doit être un but*, Paris, Nil, 2009.
8. *Ibid.*
9. *Ibid.*
10. *Ibid.*
11. Jean-Charles Jauffret, *La Guerre d'Algérie. Les combattants français et leur mémoire*, Paris, Odile Jacob, 2016.
12. Jacques Chirac, *Chaque pas doit être un but*, *op. cit.*
13. Franz-Olivier Giesbert, *Jacques Chirac*, Paris, Seuil, 1987.
14. *Ibid.*
15. Interview à *Paris Match*, 24 février 1978.
16. Témoignage recueilli par l'auteur.
17. Cité par Catherine Nay, *La Double Méprise*, Paris, Grasset, 1980.

18. Entretien avec l'auteur.
19. Témoignage de Charles Millon recueilli par l'auteur.
20. Entretien avec l'auteur.
21. Témoignage recueilli par l'auteur.
22. « 27 mai 1995 : les marsouins reprennent le pont de Vrbanja » (www.defense.gouv.fr/terre/actu-terre/archives/27-mai-1995-les-marsouins-reprennent-le-pont-de-vrbanja).
23. Pour les détails de cet assaut, voir Pierre Servent, *Les guerres modernes racontées aux civils…*, *op. cit.*
24. Entretien avec l'auteur.
25. *Idem.*
26. Jacques Chirac, *Le Temps présidentiel, Mémoires*, t2, Paris, Nil, 2011 ; et entretien de l'auteur avec l'amiral Delaunay (alors CEMP).
27. Entretien avec l'auteur.
28. *Idem.*
29. Jean Guisnel et Bruno Tertrais, *Le Président et la Bombe*, *op. cit.*
30. Charles de Gaulle, *Mémoires de guerre*, tII, *L'Unité, 1942-1944*, Paris, Plon, 1956.
31. Voir sur ce général éclairé l'article du général (2S) Chaix, « Le général Alléhaut. Un théoricien militaire ignoré de l'entre-deux-guerres », *Guerres mondiales et conflits contemporains*, n° 184, octobre 1996.
32. Vente de l'étude Beaussant-Lefèvre du 23 février 1996.
33. Archives de l'auteur.
34. Rapporté par le journaliste Renaud Girard, *Le Figaro*, 10-11 septembre 2016.
35. Témoignage recueilli à l'époque auprès de Maurice Gourdault-Montagne, conseiller diplomatique (2002-2007) du président Chirac.
36. Archives de l'auteur.
37. Entretien avec l'auteur.
38. Jean-Louis Debré, *Ce que je ne pouvais pas dire*, Paris, Robert Laffont, 2015.

6. Nicolas Sarkozy

1. Nicolas Domenach, *Sarkozy. Au fond des yeux*, Paris, Éditions Jacob-Duvernet, 2004.
2. *Le Nouvel Observateur*, 14 décembre 2007.
3. Éric Roussel, *Nicolas Sarkozy, de près, de loin*, Paris, Robert Laffont, 2016.

4. *Ibid.*

5. Patrick Buisson, *La Cause du peuple. L'histoire interdite de la présidence Sarkozy*, Paris, Perrin, 2016.

6. Entretien avec l'auteur.

7. *Idem.*

8. *Idem.*

9. *Idem.*

10. Témoignages de deux de ses anciens collaborateurs à l'auteur.

11. Entretien avec l'auteur.

12. Éric Roussel, *Nicolas Sarkozy, de près, de loin, op. cit.*

13. Patrick Buisson, *La Cause du peuple, op. cit.*

14. Entretien avec l'auteur.

15. *Idem.*

16. Propos recueilli par l'auteur.

17. Nicolas Domenach, *Sarkozy. Au fond des yeux, op. cit.*

18. Propos recueillis par l'auteur auprès du ministre Hervé Morin.

19. Entretien avec l'auteur.

20. Voir son livre, *Prise d'otages sur* le Ponant, Paris, Michel Lafon, 2008.

21. Voir son témoignage exclusif de cette opération à hauts risques dans Pierre Servent, *Les guerres modernes racontées aux civils…, op. cit.*

22. Amiral Laurent Mérer, *À l'assaut des pirates du* Ponant, Paris, Éditions du Rocher, 2012.

23. Témoignage recueilli par l'auteur.

24. *Idem.*

25. Entretien avec l'auteur.

26. Pour aller plus loin sur cette opération, lire : amiral Laurent Mérer, *À l'assaut des pirates du* Ponant, *op. cit.*

27. Voir Pierre Servent, *Le Complexe de l'autruche*, Paris, Perrin, 2011.

28. Pierre Servent, *Les guerres modernes racontées aux civils…, op. cit.*

29. Entretien avec l'auteur.

30. *Idem.*

31. Lire Nathalie Guibert, « Quand les ex-forces spéciales étaient condamnées à l'arrêt », *Le Monde*, 27 avril 2015.

32. Voir Pierre Servent, *Les guerres modernes racontées aux civils…, op. cit.*

33. Voir Pierre Servent, « Il faut rester jusqu'au bout en Afghanistan », *JDD*, 21 janvier 2012.

34. Voir l'analyse de ce type de comportement récurrent en France dans Pierre Servent, *La Trahison des médias*, Paris, Bourin éditeur, 2007.

35. Jean-Christophe Notin, *La Vérité sur notre guerre en Libye*, Paris, Fayard, 2012.

36. *Le Figaro* du 17 mars 2014.

37. Assemblée nationale, rapport d'information sur la Libye : présidente Nicole Ameline (UMP) ; corapporteurs Philippe Baumel (PS) et Jean Glavany (PS). Mission d'information constituée le 4 mars 2015. On ne saurait trop recommander la lecture des rapports d'information et des commissions d'enquête du Parlement. Ce sont de précieuses sources traditionnellement sous-exploitées.

38. Jean-Christophe Notin, *La Vérité sur notre guerre en Libye, op. cit.*

39. *Ibid.*

40. Éric Roussel, *Nicolas Sarkozy, de près, de loin, op. cit.*

41. Archives de l'auteur.

42. Jean-Christophe Notin, *La Vérité sur notre guerre en Libye, op. cit.*

43. *Le Monde*, 8 mai 2015.

44. Sur cet épisode peu connu, voir le papier très complet de Jean-Paul Mari, l'un des meilleurs reporters de guerre de la place : « La bataille de N'Djamena », Grands reporters.com, 6 mars 2008.

45. Entretien avec l'auteur.

7. François Hollande

1. Voir Emmanuel Hecht et Pierre Servent (dir.), « *Blitzkrieg* au Mali », *1914-2014. Un siècle de sang*, Paris, Perrin-L'Express, 2014.

2. David Revault d'Allonnes, *Les Guerres du président*, Paris, Seuil, 2015.

3. Témoignages dans les années 1980 de François Hollande et Michel Sapin à l'auteur, journaliste politique du *Monde* et lui-même officier de réserve du génie issu du même parcours.

4. Entretien avec l'auteur.

5. David Revault d'Allonnes, *Les Guerres du président, op. cit.*

6. Entretien avec l'auteur.

7. *Idem.*

8. *Le Monde*, 7 juillet 2016.

9. Entretien avec l'auteur.

10. *Idem.*

11. Dans *Le Monde* du 7 juillet 2016.

12. Témoignages, notamment du général Bentégeat, à l'auteur.

13. Entretien avec l'auteur.

14. *Idem.*

15. *Idem.*
16. David Revault d'Allonnes, *Les Guerres du président, op. cit.*
17. Entretien avec l'auteur.
18. David Revault d'Allonnes, *Les Guerres du président, op. cit.*
19. Témoignage de Jean-Yves Le Drian à l'auteur.
20. *Bilan Géostratégique*, hors série, *Le Monde*, 2013.
21. Antonin André et Karim Rissouli, *Conversations privées avec le président*, Paris, Albin Michel, 2016.
22. *Ibid.*
23. Général Barrera, *Opération* Serval. *Notes de guerre. Mali 2013*, Paris, Seuil, 2015.
24. Pierre Servent, *Extension du domaine de la guerre*, Paris, Robert Laffont, 2016.
25. David Revault d'Allonnes, *Les Guerres du président, op. cit.*
26. Entretien avec l'auteur.
27. *Idem.*
28. Information relayée notamment par le très bien informé blog *Secret défense* de Jean-Dominique Merchet, journaliste à *L'Opinion*.
29. Propos rapportés par Nathalie Guibert, *Le Monde*, 7 juillet 2016.
30. Entretiens avec l'auteur.
31. Discours du président Hollande du 27 août 2013, lors de la traditionnelle réunion de rentrée dite « des ambassadeurs ».
32. *Le Monde*, 25 août 2016.
33. *Ibid.*
34. David Revault d'Allonnes, *Les Guerres du président, op. cit.*
35. Voir Pierre Servent, *Extension du domaine de la guerre, op. cit.*
36. David Revault d'Allonnes, *Les Guerres du président, op. cit.*
37. Voir le récit complet et les témoignages des acteurs dans *Le Figaro* des 20 et 21 août 2016.
38. Voir Pierre Servent, *Extension du domaine de la guerre, op. cit.*
39. Voir Pierre Servent, *Le Complexe de l'autruche, op. cit.*

Conclusion

1. Fabrice Lhomme et Gérard Davet, *« Un président ne devrait pas dire ça… » Les secrets d'un quinquennat*, Paris, Stock, 2016.
2. Révélé par *L'Express* du 18-25 octobre 2016.

Remerciements

Un grand merci à Benoît Yvert, directeur des éditions Perrin, pour sa confiance renouvelée à travers ce livre. Ma gratitude se porte tout naturellement vers Nicolas Gras-Payen qui m'a proposé ce très beau sujet lors d'un déjeuner pour le moins créatif. J'espère avoir été à la hauteur du défi stimulant qu'il m'avait lancé.

Toute mon amitié et ma reconnaissance à Pierre Bayle, porte-parole de la Défense jusqu'en 2016, ancien journaliste « défense » de l'AFP, pour ses éclairages et un compagnonnage amical, militaire et intellectuel de plus de trente ans.

Je souhaite également remercier très chaleureusement les personnalités civiles et militaires qui ont accepté de me rencontrer, souvent longuement et à plusieurs reprises, pour partager leurs analyses, leurs témoignages et leurs souvenirs. Ce livre aurait perdu beaucoup de son sel sans leurs apports. Certains témoignages ou récits remontent à des périodes antérieures à la mise en chantier de ce nouvel *opus*. Je les ai utilisés pour mieux éclairer le lecteur en fidélité de pensée avec leurs auteurs. Je pense notamment avec affection à l'un d'entre eux, aujourd'hui disparu : le général d'armée aérienne Jean-Philippe Douin, qui fut chef d'état-major des armées (CEMA) à l'époque de la présidence Chirac, puis grand chancelier de la Légion d'honneur. Un clin d'œil amical aux généraux Jean-Claude Lafourcade et Hubert de Quercize. Ils savent pourquoi.

Certaines personnes que j'ai rencontrées pour la rédaction de ce livre ont souhaité conserver l'anonymat : j'ai bien évidemment respecté cette précaution tout en faisant mon miel de leurs propos. Merci à eux.

Un grand merci également :

À Jean-Yves Le Drian, ministre de la Défense et à deux de ses collaborateurs les plus proches, Cédric Lewandowski, directeur du cabinet civil et militaire, et Jean-Claude Mallet, conseiller spécial, ancien secrétaire général de la défense nationale (SGDN).

Au général Pierre de Villiers, chef d'état-major des armées (CEMA).

Au général Benoît Puga, grand chancelier de la Légion d'honneur. Chef d'état-major particulier (CEMP) des présidents Sarkozy et Hollande lors de nos entretiens.

Aux anciens ministres de la Défense Jean-Pierre Chevènement, Charles Millon et Hervé Morin.

À Hubert Védrine, ancien ministre des Affaires étrangères (gouvernement Jospin) et ancien conseiller de François Mitterrand.

À Gérard Gibot, directeur, secrétaire général adjoint pour l'administration (SGA) du ministère de la Défense.

À l'amiral Jacques Lanxade, ancien CEMP et CEMA.

À l'amiral Jean-Luc Delaunay, ancien CEMP et chef d'état-major de la marine.

Au général Henri Bentégeat, ancien CEMP et CEMA.

Au général Jean-Louis Georgelin, ancien CEMP et CEMA. Grand chancelier de la Légion d'honneur lors de nos derniers échanges.

Au général Bernard Thorette, ancien chef d'état-major de l'armée de terre.

Au général Stéphane Abrial, qui fut chef d'état-major de l'armée de l'air et le premier chef d'un commandement stratégique de l'OTAN après le retour de la France dans le commandement intégré de l'Alliance.

Au général (gendarmerie) Denis Favier, ancien patron du GIGN et directeur général de la gendarmerie nationale (DGGN) jusqu'en 2016.

Au général (gendarmerie), Marc Watin-Augouard, ancien inspecteur général des armées.

À l'amiral Stéphane Verwaerde, qui fut major général de la marine et inspecteur général des armées.

À l'amiral Marin Gillier, commando marine, ancien Alindien (amiral commandant la zone maritime de l'océan Indien). Chef de la direction de la coopération de sécurité et de défense du Quai d'Orsay jusqu'en 2016.

Au général (air) Xavier Laure, aide de camp des présidents Mitterrand et Chirac.

Table

Imprimé en Allemagne par GGP Media GmbH, Pössneck

Composition : Soft Office
Dépôt légal : février 2017